孙合肥 ◎ 著

安徽商周金文汇编

北京师范大学出版集团
安徽大学出版社

圖書在版編目(CIP)數據

安徽商周金文彙編/孫合肥著.—合肥:安徽大學出版社,2016.10
ISBN 978-7-5664-1136-5

Ⅰ.①安… Ⅱ.①孫… Ⅲ.①金文－彙編－安徽省－商周時代
Ⅳ.①K877.33

中國版本圖書館 CIP 數據核字(2016)第 129599 號

教育部人文社會科學研究青年基金項目"安徽商周有銘青銅器整理研究"(項目批准號 12YJC770049)成果
安徽省哲學社會科學規劃青年項目"安徽出土金文集釋"(批准號 AHSKQ2014D127)階段性成果

安徽商周金文彙編
ANHUI SHANGZHOU JINWEN HUIBIAN

孫合肥 著

出版發行：	北京師範大學出版集團
	安 徽 大 學 出 版 社
	(安徽省合肥市肥西路 3 號 郵編 230039)
	www.bnupg.com.cn
	www.ahupress.com.cn
印　　刷：	合肥遠東印務有限責任公司
經　　銷：	全國新華書店
開　　本：	184mm×260mm
印　　張：	56
字　　數：	1120 千字
版　　次：	2016 年 10 月第 1 版
印　　次：	2016 年 10 月第 1 次印刷
定　　價：	380.00 圓

ISBN 978-7-5664-1136-5

策劃編輯：盧　坡　　　　　　　　　　　　　　　　　　　　裝幀設計：李　軍
責任編輯：盧　坡　王　勇　劉中飛　李　軍　李　君　盧　川　石的紅　　美術編輯：李　軍
責任印製：陳　如

版權所有　侵權必究
反盜版、侵權舉報電話：0551－65106311
外埠郵購電話：0551－65107716
本書如有印裝質量問題，請與印製管理部聯繫調換。
印製管理部電話：0551－65106311

序

孫合肥博士纂著《安徽商周金文彙編》一書竣稿，要我寫一篇序，這是難於推辭的。回憶上世紀五十年代，我爲了撰作《戰國題銘概述》等小文，曾多次檢讀徐乃昌的《安徽通志金石古物考稿》，對安徽省所出青銅器銘文的繁多豐富，獲有深刻印象。嗣後有機會多次前往安徽，在文博單位參觀學習，並繹讀《文物研究》等學術刊物，更對當地青銅器的重要性得有進一步認識。前幾年有崔恒昇先生《安徽出土金文訂補》一書（黃山書社，1998年），內容已頗可觀，但其收錄下限在八十年代。現在孫合肥博士的這部《安徽商周金文彙編》，搜輯更是完備。其中盡可能附出器形等材料訊息，吸收學術界新的研究成果，尤其便於各方面有關讀者，相信在出版之後一定會博得大家的歡迎。

今安徽省這一地區，夾處在江淮之間，扼南北、東西交通的要道，就秦以前古史而言，距離王朝中心雖較遙遠，然而若從全國大局角度着眼，却一直是多個國族、多種文化彼此接觸溝通、交錯融會的要地。這一特點甚至可上溯到史前，不久前蚌埠禹會村遺存的考古發掘，即已有所體現。及至三代王朝，政治中心在中原地方建立，但其向南擴充發展的趨向是持久和一貫的，因此安徽一帶的重要性就更突顯出來了。

我們看孫合肥博士書中，商代以及商周之際的有銘青銅器，數目之多，分佈之廣，都超過一般預期，不難想見那時王朝勢力向這一地區的積極推進。其中如冊羍、孤竹、亞弜、戈、酉、冈等族氏，在王朝均甚顯赫，很值得注意。

今安徽省境，在商、西周時期多有庶姓小國或部族，比如英、六、桐及群舒，傳爲偃姓；鐘離以及淮夷，則屬於嬴姓。這些國族大多有長遠的歷史，或自上古遺留，或由遠方遷徙，它們與王朝關係多變，時叛時服。王朝對那裏的控制也時強時弱，西周著名青銅器兮甲盤等所記王朝與淮夷關係正是如此。

西周經營東南，位於今河南上蔡的蔡國起了很大的作用，是向安徽等地區前進的出發點。到了周室東遷之後，王朝已無力發展，蔡國竟南遷至安徽境內。不過這完全不是周人的擴展,徙都後的蔡國,夾陷在吳、楚兩大國中間,完全失去了原來的優勢。由春秋到戰國,安徽地區成爲楚同吳、越反覆爭奪之地,最後作爲楚國的都邑所在而結束。凡此種種,在孫合肥博士書中所録大量青銅器銘文裏,都有相當詳盡的反映,足資研究。

孫合肥博士在書的"前言"裏說,他是要"力爭給學界提供一個完備的安徽金文資料彙編",這一目標他已經達到了,所以我樂於在此爲之作出推薦。

李學勤

2016 年 7 月 30 日

前　言

　　安徽商周金文即安徽境内出土商周青銅器銘文，是古文字中的重要資料之一。從時間範圍看，安徽商周金文從殷商時期至戰國晚期的每個時段都有發現。安徽商周金文出土地包括安慶市、蚌埠市、亳州市、阜陽市、合肥市、淮南市、黃山市、六安市、馬鞍山市、桐城市、宿州市、貴池縣、繁昌縣、肥西縣、鳳台縣、廣德縣、霍邱縣、霍山縣、嘉山縣、金寨縣、利辛縣、臨泉縣、廬江縣、南陵縣、潛山縣、壽縣、長豐縣、舒城縣、太和縣、太湖縣、望江縣、無爲縣、潁上縣等30餘處。從内容看，它提供了江淮地區研究的重要史料，在探討金文文字演變規律和不同時期文字特徵方面可提供一些重要參考，其對古文字研究、古史研究及多學科研究具有十分重要的意義。因此，對安徽出土商周金文資料做全面整理研究是非常必要的。

　　安徽商周有銘青銅器自宋代就有出土，前輩學者也做過整理研究。首先對安徽商周有銘銅器進行整理的是徐乃昌先生，其著《安徽通志金石古物考稿》對安徽商周有銘銅器進行收録，惜收録器物不多，流傳不廣。其後崔恒昇先生在徐乃昌先生整理研究的基礎上撰《安徽出土金文訂補》，其著録自宋代至1987年止，計139件安徽出土金文資料，著録較全面。隨着新資料的出土和研究的推進，安徽出土金文資料有待進一步系統整理。基於此，本書力争在學術界研究的基礎上對安徽出土金文進行系統整理。本書輯録安徽地區出土商周有銘青銅器的銘文、圖像，有摹繪器形及前人銘文摹本也一並收録，以表明器物之流傳。器物排列按器物年代先後爲序。銘文釋文努力吸收當今學術界最新的文字考釋成果，也包括作者對部分文字的考釋新見，力争給學界提供一個完備的安徽金文資料彙編。

　　書中疏漏失誤之處，祈盼方家指正。

凡　例

一、本書輯録安徽地區出土商周有銘青銅器的銘文、圖像,有摹繪器形及前人銘文摹本也一並收録,以表明器物之流傳。所收資料截至 2015 年 7 月。全書分正編、附編及附録三部分。

二、正編爲安徽商周金文彙編。包括兩大部分:圖版和器物信息。

(一)圖版

1. 圖版收録銘文所在的器形照片(或綫圖或拓本)及銘文拓片(無拓片或拓片不清者代之以摹本)。

2. 按器物時代分段,以器類爲綱,按照我國考古學界通常采用的商周銅器類别編次,而稍作調整。器物排列,先依時代順序,依次是:商代、西周、春秋和戰國;次依器類排列,先後順序是:樂器、炊器、盛食器、酒器、水器、雜器、兵器。

3. 各類器物的圖版拓片由于版面限制等原因,拓本不是原大。

4. 全書所收器物統一編號。

5. 書後附有本編附録,以便查檢。

(二)器物信息

1. 本項於每器之下羅列器名、時代、國族、字數、釋文、出土、流傳、現藏、形制、著録、說明等項。

2. 所列器名中每器盡量依作器者命名,並録每器曾經所用著録器名於其後。

3. 所注時代一般是大致的年代。器銘內證明確、向無爭議的標準器,又將所屬王世括注于後。

4. 釋文依原器銘行款,原銘文直書一律改爲横書,以便閱讀。釋文標準遵從學界通例,如銘文中異體字、假借字一般隨文注出正字和本字,外加圓括號"()";可據殘筆或文例釋出者,外加方括號"[]";不能釋出或不可辨識的字,釋文用"□"表示;字數不明者則以"……"表示。

5. 國族、出土、流傳、現藏等信息未能查明確定者,則闕如。

6. 著録項下所列均爲著録該器圖版的論著報刊,大體按出版先後爲序。所引用論著後的數字,爲書籍的卷號、頁碼及同頁内器物的順序號,數字間以點號相隔,如"三代8.2.2"指《三代吉金文存》第8卷第2頁第2件器物,其餘以此類推。期刊雜志一般詳列名稱、期數和頁碼。爲具體準確地反映著録原出,著録項中的出處皆依原著格式。

7. 説明項下簡要陳述銘文釋讀依據、説明器物國别理由等相關内容,以作者個人心得爲主。無所説明者,則該項不作説明。

三、附編爲安徽商周貨幣銘文,主要爲戰國楚幣。安徽出土戰國楚貨幣文字除了銅質的銅貝、布幣文字屬金文外,還有黄金質的金版和銀質貝幣,雖非金文,但同爲安徽出土楚貨幣,乃一並收録。

四、附録爲器名索引、器目索引、器物出土地索引、器物現藏地索引、器物國别索引,以便查檢。

目　録

序		1
前言		1
凡例		1
正編		1
1	戊鼎	3
2	孤竹鼎	4
3	寶鼎	5
4	父乙鬲	6
5	父乙卣	7
6	且己觚	9
7	交觚	10
8	父丁觚	12
9	父丁爵	14
10	戈爵	16
11	蔡爵	17
12	己冈爵	18
13	酋爵	20
14	酉爵	21
15	月己爵	23
16	月己爵	25
17	父辛爵	27
18	父辛爵	28
19	父辛爵	31
20	隼爵	32
21	父癸爵	34
22	白爵	36
23	父辛斝	38
24	父丁角	39
25	父丁卣	40
26	父丁尊	42
27	己入爵	43
28	父丁爵	44

29	父丁爵	45
30	子射簋	46
31	白矞簋	48
32	己鼎	50
33	竊曲紋盤	51
34	作寶尊彝盤	52
35	繁伯武君鬲	53
36	天甗	54
37	喬夫人鼎	55
38	㔾簋	58
39	曾太保慶盆	60
40	楚屈叔沱屈□之孫戈	61
41	蔡弔膚孜戈	65
42	童麗君柏鐘	67
43	童麗君柏鐘	69
44	童麗君柏鐘	71
45	童麗君柏鐘	73
46	童麗君柏鐘	75
47	童麗君柏鐘	77
48	童麗君柏鐘	79
49	童麗君柏鐘	81
50	童麗君柏鐘	83
51	吳王光鐘	86
52	吳王光殘鐘	90
53	季子康鎛	100
54	季子康鎛	106
55	季子康鎛	112
56	季子康鎛	118
57	季子康鎛	124
58	蔡侯龖鐘	130
59	蔡侯龖鐘	137
60	蔡侯龖鐘	141
61	蔡侯龖鐘	144
62	蔡侯龖鐘	147
63	蔡侯龖鐘	150
64	蔡侯龖鐘	153
65	蔡侯龖鐘	157
66	蔡侯龖鐘	161
67	蔡侯龖鎛	165

68	蔡侯■鎛	169
69	蔡侯■鎛	173
70	蔡侯■鎛	177
71	旨揚鎛	180
72	北句鑃	182
73	喬君鉦	184
74	■鼎	186
75	蔡侯■鼎	188
76	蔡侯■鼎	190
77	蔡侯■鼎	191
78	蔡侯■鼎	192
79	蔡侯■鼎	194
80	蔡侯■鼎	196
81	蔡侯■鼎	197
82	蔡侯■鼎	198
83	蔡侯■鼎	199
84	蔡侯■鼎蓋	200
85	蔡侯■鼎蓋	201
86	蔡侯■鼎蓋	202
87	蔡侯■鼎蓋	203
88	蔡侯■鼎蓋	204
89	子湯鼎	205
90	蔡侯■簠	207
91	蔡侯■簠	209
92	蔡侯■簠	211
93	蔡侯■簠	213
94	蔡侯■簠	215
95	蔡侯■簠	217
96	蔡侯■簠	219
97	蔡侯■簠	221
98	蔡侯■簠	222
99	蔡侯■簠	224
100	蔡侯■簠	225
101	蔡侯■簠	227
102	童麗君柏簠	229
103	童麗君柏簠	231
104	童麗君柏簠	234
105	童麗君柏簠	235

106	曾侯邲簠	236
107	王子臣俎	238
108	蔡侯䛗尊	241
109	蔡侯䛗尊	243
110	蔡侯䛗壺	248
111	蔡侯䛗壺	250
112	蔡侯䛗瓶	252
113	蔡侯䛗缶	254
114	蔡侯䛗缶	256
115	蔡侯䛗缶	257
116	蔡侯䛗缶	259
117	蔡侯䛗缶	261
118	蔡侯䛗缶	264
119	蔡侯䛗盤	266
120	蔡侯䛗盤	267
121	蔡大司馬盤	270
122	蔡大司馬匜	272
123	蔡侯匜	274
124	蔡侯䛗鑒	276
125	吳王光鑒	278
126	吳王光鑒	283
127	吳王光帶鉤	287
128	九里墩鼓座	288
129	蔡侯䛗戈	294
130	蔡侯䛗戈	296
131	蔡侯䛗戈	298
132	蔡侯䛗戈	300
133	蔡侯䛗戈	302
134	蔡侯䛗戟	305
135	蔡侯產戈	306
136	蔡侯產戈	307
137	蔡侯產戈	311
138	蔡侯朔戟	313
139	蔡公子果戈	315
140	蔡公子果戈	316
141	蔡公子果戈	318
142	蔡公子□戈	320
143	蔡公□宴戈	321
144	蔡加子戈	323

145	蔡弔子所戟	324
146	蔡公孫鱓戈	326
147	□侯戟	329
148	童麗公柏戟	335
149	童麗公柏戟	338
150	郳王戟	340
151	余子戈	342
152	自作用戈	345
153	子可朞戈	347
154	艤侯耆戈	349
155	宋公得戈	351
156	宋公䜌戈	353
157	工廬王姑發者阪戈	355
158	攻敔工叙戟	357
159	攻敔王夫差戈	359
160	虎鄭公佗戈	361
161	莊王之楚用戟	363
162	邵之瘠夫之行戈	365
163	武王攻扈戈	367
164	龏王之卯戈	368
165	郊戈	370
166	瓦思左王戟	372
167	工𢾰大子姑發胃反劍	374
168	攻敔王光劍	377
169	攻敔王光劍	379
170	攻敔王夫差劍	382
171	工𢾰王夫差劍	384
172	戉王之子欹耆劍	385
173	九里墩銅矛	387
174	王矛	388
175	王矛	389
176	乍寶尊彝卣	391
177	公卣	393
178	父乙尊	395
179	越王者旨於賜鐸	397
180	楚屎恩鼎	399
181	曾子化簠	400
182	曾姬無卹壺	401
183	曾姬無卹壺	403

184	王子臣戈	406
185	王子臣戈	408
186	王子臣戈	410
187	楚王酓璋戈	412
188	鑞鎛戈	414
189	子𦣞戈	416
190	戉王者旨於賜戈	418
191	戉王者旨於賜戈	421
192	戉王者旨於賜戈	424
193	洦陽戈	426
194	戉王者旨於賜劍	428
195	戉王者旨於賜劍	430
196	戉王者旨於賜劍	432
197	戉王者旨於賜劍	434
198	邻王者旨於賜劍	436
199	邻王者旨於賜劍	438
200	戉王丌北古劍	439
201	戉王州句劍	442
202	戉王州句劍	443
203	戉王嗣旨不光劍	444
204	楚王酓章劍	446
205	楚王酓章劍	448
206	蔡侯產劍	449
207	蔡侯產劍	451
208	蔡侯產劍	453
209	蔡公子從劍	455
210	戉王者旨於賜矛	457
211	王刮刀	459
212	王刮刀	461
213	王鐸	463
214	集䊮甋	464
215	集䊮甋	466
216	集脞甋	467
217	盤埜匕	469
218	盤埜匕	471
219	紹坴匕	473
220	紹坴匕	475
221	專秦匕	477
222	專秦匕	478

223	客豊慾鼎	479
224	客豊慾鼎	481
225	客豊慾鼎	482
226	客豊慾鼎	483
227	客豊慾鼎	484
228	慾鼎	485
229	集翁鼎	486
230	集翁鼎	488
231	集翁、佶翁、鳴脥翁鼎	490
232	巨苣鼎	494
233	巨苣王鼎	495
234	大子鼎	497
235	大子鼎	499
236	集脰鼎	501
237	集脰鼎	503
238	集脰鼎	505
239	集糈鼎	506
240	集酖鼎	507
241	王句小賸鼎	509
242	王句小賸鼎	511
243	王句小賸鼎	513
244	大句脰官鼎	514
245	大句脰官鼎	516
246	楚王酓腋鈚鼎	517
247	楚王酓腋鼎	519
248	楚王酓忎鼎	522
249	楚王酓忎鼎	525
250	壽春賸鼎	528
251	子首氏鼎	531
252	北鄉武里畢九鼎	532
253	大賸簋	534
254	王句六室簋	535
255	王句六室簋	536
256	王句六室簋	537
257	王句六室簋	538
258	王句六室簋	539
259	王句六室簋	540
260	王句六室簋	542
261	王句六室簋	543

262	王句六室簠	544
263	王句六室簠	545
264	楚王酓胐簠	546
265	楚王酓胐簠	548
266	楚王酓胐簠	550
267	大廈盉	552
268	王句六室豆	554
269	王句六室豆	556
270	王句六室豆	558
271	王句六室豆	560
272	王句六室豆	562
273	王句六室豆	564
274	集酷盉	565
275	余헊壺	568
276	㝬徛壺	570
277	鄡駒壺	572
278	尃秦勺	574
279	尃秦勺	576
280	尃秦勺	578
281	王句六室缶	579
282	王句六室缶	582
283	楚王酓胐盤	584
284	楚王酓忎盤	587
285	冏盤	589
286	苟膏匜	590
287	辻㾾匜	591
288	楚王鑄客匜	593
289	大右人鑒	594
290	王句六室鎬	596
291	王句六室鎬	597
292	集脰太子鎬	599
293	集脰太子鎬	601
294	大廈鎬	602
295	王衡杆	604
296	王衡杆	606
297	臥子環權	608
298	郢大廈量	610
299	陳郢量	612
300	絮夆車飾	614

301	鄂君啓車節	615
302	鄂君啓車節	618
303	鄂君啓車節	620
304	鄂君啓舟節	624
305	鄂君啓舟節	627
306	王命遵虎節	631
307	集酷爐	633
308	集既爐	635
309	集脞爐	636
310	集胆爐	637
311	辻䤾箕	638
312	大廥臥牛鎮	639
313	以共歲棠殘器	640
314	左屍馬衡	641
315	廿七年涑鄴戈	642
316	廿四年晉□上庫戈	646
317	七年大梁司寇綏戈	648
318	芒昜守命犛戈	650
319	三年奇命□戈	652
320	二年梁令長猷戟束	654
321	右敀戈	655
322	雠氏戈	656
323	十年宅陽倫隔登戟	658
324	八年亲城大命𣪊定戈	660
325	廿九年相邦肖狐戈	662
326	盧氏戈	664
327	十四年上郡守匽氏戈	665
328	十九年上郡守造戈	668
329	廿四年上郡守疾戈	670
330	平陘右戟	672
331	墜侯因脊戟	674
332	左廥戟	675
333	右屍戈	677
334	蒙戈	679
335	壽戈	681
336	新易戈	683
337	葴之玉造戈	685
338	南君戈	687
339	冶瘣戈	689

340	腳右戈	691
341	武城左冶戈	693
342	蒙劍	694
343	鄧左庫劍	695
344	王矛	696
345	王矛	698
346	王矛	699
347	王矛	701
348	葉矛	702
349	邦司寇陳授鈹	703
350	角刮刀	704

附編　貨幣銘文 …………………………………………………… 707
參考文獻 …………………………………………………………… 808
附錄一　器名索引 ………………………………………………… 826
附錄二　器目索引 ………………………………………………… 836
附錄三　器物出土地索引 ………………………………………… 848
附錄四　器物現藏地索引 ………………………………………… 858
附錄五　器物國別索引 …………………………………………… 868
後記 ………………………………………………………………… 879

安徽商周金文彙編

正編

1 戊鼎

1.1　　　　　　　　　1.2

器名：戊鼎（丙丁夔紋足鼎）

時代：商代晚期

出土：2006 年夏季望江縣賽口鎮南畈村

現藏：望江縣博物館

著錄：《考古》2010 年第 6 期第 90 頁（無拓片）；《安徽出土青銅器銘文研究》215

形制：淺腹，圓底，口上一對立耳，三扁足。口沿下飾一周獸面紋，間以六條短扉棱。三扁足爲形象龍形，長身，尾上卷，龍頭承托鼎底，外卷的龍尾構成穩定支撐。口沿下內壁鑄有銘文二字。

說明：銘文"🦅"，陳治軍先生釋爲"丙丁"合文，吳鎮烽先生釋爲"鈴"。按，銘文"🦅"爲族徽，未識。

字數：2

釋文：

□，戊。

2 孤竹鼎

2.1

器名：孤竹鼎
時代：商代晚期
現藏：臨泉縣博物館
著錄：《阜陽亳州出土文物文字篇》196；《安徽出土青銅器銘文研究》16
字數：5
釋文：
亞憲，孤竹，酒。

3 寶鼎

3.1

器名:寶鼎(分襠銘文鼎、"十貝"分襠鼎)
時代:商代
流傳:1965年蚌埠市土產站廢品倉庫揀選
現藏:阜陽博物館
著錄:《安徽省志》(文物志)第340～341頁(無拓片);《阜陽亳州出土文物文字篇》200;《安徽出土青銅器銘文研究》2
形制:圓唇,直耳,柱足,分襠。腹部飾三組以雲雷紋爲底的饕餮紋,器底有煙痕。
度量:通高22釐米,口徑17.5釐米。重1.9千克。
說明:此鼎1965年從蚌埠市土產站廢品倉庫揀選購回。據倉庫保管員介紹,此批廢銅,來自宿縣。具體出土情況不明。曾參加"全國流散文物珍品展覽"。《安徽省志》(文物志)介紹器物,無拓片。並認爲腹內壁有陰刻銘文三字,銘文銹蝕,可辨清一字。實際上銘文僅一字。
字數:1
釋文:
寶。

4 父乙鬲

4.1　　　　　　　　　4.2

器名：父乙鬲

時代：商代

出土：1983年金寨縣斑竹園

現藏：金寨縣文物管理所

著録：《安徽省志》（文物志）第335頁（無拓片）；《安徽出土青銅器銘文研究》191（無拓片）；《安徽江淮地區商周青銅器》045

形制：敞口斜直，束頸。圓柱狀足，分襠。頸上飾兩道凸弦紋，扁弓形鋬，鋬首飾牛首紋。鋬內側腹壁上有銘文二字。

度量：通高15.5釐米，口徑10.5釐米。

說明：《安徽省志》（文物志）記度量口徑13釐米。

字數：2

釋文：

父乙。

5 父乙卣

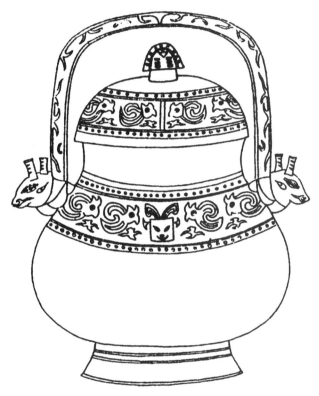

5.1

5.2（蓋）

5.3（底）

器名：父乙卣（父己人形彝、斝父己卣）
時代：商代晚期

出土：宋代李公麟得于壽陽紫金山（今安徽省壽縣東北淮河南岸），其蓋得于淮之硤石下（今安徽省鳳台縣、壽縣之間淮河西岸）。

流傳：廬江李公麟舊藏

著錄：《考古圖》卷四：三三；《歷代鐘鼎彝器款識法帖》二〇：4、二〇：5；《安徽通志金石古物考稿》一：三三：2；《殷周金文集成》04961；《安徽出土金文訂補》二；《商周金文資料通鑒》12711；《安徽出土青銅器銘文研究》48；《商周青銅器銘文暨圖像集成》12794

形制：橢圓形體，侈口束頸，鼓腹圈足，頸兩側有小鈕，套接索狀提梁，蓋面作球面形，上有花苞狀鈕。器頸飾連珠紋鑲邊的夔紋帶和浮雕犧首，蓋沿飾連珠紋鑲邊的夔紋帶，圈足飾兩道弦紋。蓋、底銘文內容相同，各有銘文三字。

度量：高 11 寸，縮 6 寸，衡 8 寸，深 5.5 寸。容 1.5 升。（《考古圖》）

說明："乙"《考古圖》釋"己"，定名為父己人形彝，《安徽通志金石古物考稿》釋"乙"，定名為父乙卣，並認為"父己"為"父乙"之誤。銘文"册㚘"為族氏。

字數：8（蓋 4，底 4）

釋文：

蓋：

册㚘，

父乙。

底：

册㚘，

父乙。

6 且己觚

6.1

6.2

器名：且己觚（🧍且（祖）己觚）
時代：商代
現藏：安徽省合肥市許氏
著錄：《周末賽寶會——"藏寶閣"百件珍品賞析》第152～153頁
形制：喇叭形口，頸腹較粗，平底，圈足座較高。圈足、腹、頸有四條扉棱，口下飾蕉葉紋，腹部飾獸面紋，圈足飾蟠虺紋，三角形扉棱上有斜線紋。圈足內壁有銘文三字。
說明：銘文"戈"爲族氏。
字數：3
釋文：
戈，
且（祖）己。

7 交觚

7.1

7.2

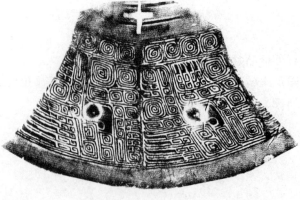

7.3

7.4

器名：交觚（獸面紋觚）

時代：商代

出土：1985 年肥西縣上派鎮顏灣倪小河南岸

現藏：肥西縣文物管理所

著録：《安徽江淮地區商周青銅器》018

形制：口外壁素面無紋，腰部及圈足飾雲雷紋底紋的饕餮紋，腰上部飾一周凸弦紋，圈足上部飾兩道凸弦紋。圈足上的十字鏤孔未打通。圈足内壁有銘文一字。

度量：通高 25.5 釐米，口徑 17.7 釐米。

說明：銘文"交"爲族氏。

字數：1

釋文：

交。

8 父丁觚

8.1

8.2

器名:父丁觚
時代:商代
出土:1985年肥西縣上派鎮顏灣倪小河南岸
現藏:肥西縣文物管理所
著錄:《肥西縣志》第524頁(無拓片);《安徽江淮地區商周青銅器》022
形制:形體粗矮,通體光亮。喇叭口,圓鼓腹,高圈足。頸飾蕉葉紋,腹飾兩副對稱獸面紋,豎置兩對扉牙,圈足上部飾三道凸弦紋,下部飾兩副對稱獸面紋,紋飾精細。圈足内壁有銘文四字。

度量:通高 15.3 釐米,口徑 10.8 釐米,底徑 8.1 釐米。重 0.525 千克。

字數:4

釋文:

犬交,父丁。

9　父丁爵

9.1　　　　　　　　　　　　　　　　9.2

器名：父丁爵
時代：商代
出土：1985年肥西縣上派鎮顏灣倪小河南岸
現藏：肥西縣文物管理所
著録：《安徽江淮地區商周青銅器》030
形制：前有流，後有尾，尖尾上翹，流旁有二菌柱，卵形腹，三棱尖錐足。柱頭飾渦紋，鋬兩側腹部飾三道凸弦紋。鋬內側腹外壁有銘文四字。
度量：通高21.3釐米，流至尾長17釐米。
說明：與同時出土的"父丁觚"銘文相同。

字數：4
釋文：
犬交,父丁。

10 戈爵

10.1　　　　　　　　10.2

器名：戈爵

時代：商代

出土：1985年肥西縣上派鎮顏灣倪小河南岸

現藏：肥西縣文物管理所

著錄：《肥西縣志》第524頁（無拓片）；《安徽江淮地區商周青銅器》031

形制：長流，短尾，卵形腹，尖錐足。流後側口沿二菌柱，三隻尖足微向外撇。二菌柱頂飾漩渦紋，腹部飾三道凸弦紋。鋬內側腹外壁有銘文一字。

度量：通高19.3釐米，流至尾長17釐米，足高8.2釐米。重0.063千克。

說明：銘文"戈"爲族氏。

字數：1

釋文：

戈。

11　蔡爵

11.1　　　　　　　　　　　　　11.2

器名：蔡爵（弦紋爵）
時代：商代
流傳：合肥市物質回收公司揀選
現藏：合肥市文物管理處
著録：《安徽江淮地區商周青銅器》035
形制：前有流，後有尾，尖尾上翹，流旁有二菌柱，卵形腹，三棱尖錐足。腹上部飾三道凸弦紋。鋬内側腹外壁有銘文一字。
度量：通高17釐米，流至尾長16.3釐米。
說明：銘文"蔡"爲族氏。
字數：1
釋文：
蔡。

12 己冈爵

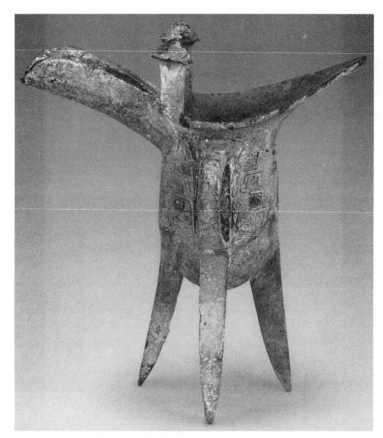

12.1

12.2

12.3

器名:己冈爵

時代:商代

流傳:六安市土產公司揀選

現藏:皖西博物館

著録:《安徽江淮地區商周青銅器》038

形制:窄流,尖尾上翹,流旁有二菌柱,卵形腹,三棱尖錐足。柱頭飾渦紋,腹飾雲雷紋底紋的饕餮紋。鋬内側腹外壁有銘文二字。

度量:通高 18.6 釐米,流至尾長 17.5 釐米。

字數:2

釋文:

己,冈。

13　酉爵

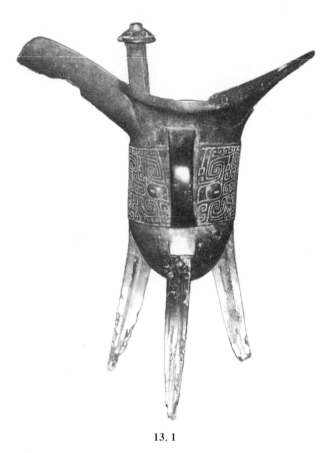

13.1　　　　　　　　　　　13.2

器名:酉爵

時代:商代

出土:2006年夏季望江縣賽口鎮南畈村

現藏:望江縣博物館

著錄:《考古》2010年第6期第90頁(無拓片);《安徽出土青銅器銘文研究》214

形制:窄流,尖尾上翹,流旁有二菌柱,卵形腹,三棱尖錐足。柱頭飾渦紋,腹飾雲雷紋底紋的饕餮紋。鋬内側腹外壁有銘文一字。

說明:銘文"酉"爲族氏。

字數:1

釋文:

酉。

14 酉爵

14.1　　　　　　　　14.2

器名：酉爵

時代：商代

出土：1972年安徽省潁上縣趙集王拐村

流傳：1971年11月和1972年1月，在離王崗10余公里的趙集王拐村徵集，據農民說是在淮河堤邊出土的。

現藏：阜陽博物館

著録：《文物》1985年第10期第38頁圖一三、第39頁圖一八；《殷周金文集成》07591；《安徽出土金文訂補》九八；《阜陽亳州出土文物文字篇》190；《安徽出土青銅器銘文研究》17；

《商周青銅器銘文暨圖像集成》06447

　　形制：窄流，尖尾上翹，流旁有柱，卵形腹，三棱尖錐足。柱頭有圓渦紋，腹飾雲雷底紋的饕餮紋，鋬飾牛首紋。鋬內側腹外壁有銘文一字。

　　度量：通高 20.5 釐米，柱高 3.5 釐米。

　　說明：銘文"酉"爲族氏。

　　字數：1

　　釋文：

　　酉。

15　月己爵

15.1

15.2

器名:月己爵

時代:商代

出土:1971年安徽省潁上縣趙集王拐村

流傳:1971年11月和1972年1月,在離王崗10余公里的趙集王拐村徵集,據村民說是在淮河堤邊出土的。

現藏:阜陽博物館

著錄:《文物》1985年第10期第38頁圖一四、第39頁圖一九;《殷周金文集成》08031;《安徽出土金文訂補》九九;《阜陽亳州出土文物文字篇》188;《安徽出土青銅器銘文研究》18-1;《商周青銅器銘文暨圖像集成》07306

形制:窄流,尖尾上翹,流旁有柱,卵形腹,三棱尖錐足。柱頭有圓渦紋,腹部飾雲雷底紋的饕餮紋,鋬飾牛首。鋬內側腹外壁有銘文二字。

度量:通高19.5釐米。

說明:銘文二字《殷周金文集成》釋"夕己"。

字數:2

釋文:

月己。

16 月己爵

16.1

16.2

器名:月己爵

時代:商代

出土:1972年春安徽省潁上縣王崗鄭小莊墓葬

流傳:阜陽地區博物館揀選收藏

現藏:阜陽博物館

著錄:《文物》1985年第10期第38頁圖一二、第39頁圖一六;《殷周金文集成》08032;《安徽出土金文訂補》一〇〇;《阜陽亳州出土文物文字篇》189;《安徽出土青銅器銘文研究》18－2;《商周青銅器銘文暨圖像集成》07307

形制:前有流,後有尾。近流處有柱,腹呈長卵形,下有三棱形足。鋬上飾牛首紋,腹飾雲雷底紋的饕餮紋,花紋細膩。鋬內側腹外壁有銘文二字。

度量:通高21釐米。

說明:銘文二字《殷周金文集成》釋"夕己"。

字數:2

釋文:

月己。

17　父辛爵

17.1

器名:父辛爵
時代:商代
現藏:臨泉縣博物館
著錄:《阜陽亳州出土文物文字篇》191;《安徽出土青銅器銘文研究》15
說明:銘文"祝"爲族氏。
字數:3
釋文:
祝,父辛。

18 父辛爵

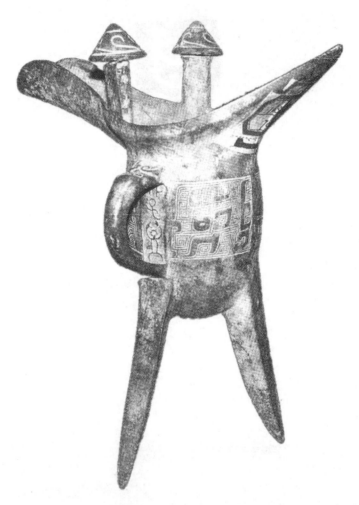

18.1

正 編

18.2

18.3

18.4

18.5（腹）　　　　　　　　18.6（柱）

器名：父辛爵
時代：商代
出土：1984年3月舒城縣古城鄉金墩村
流傳：1984年3月15日舒城縣古城鄉（現屬城關鎮）金墩村城墩隊村民杜全美挖出。
現藏：舒城縣文物管理所
著錄：《安徽出土青銅器銘文研究》200；《安徽江淮地區商周青銅器》032
形制：前有流，後有尾。近流處有二菌形柱，柱頂飾圓渦紋。卵形腹，下有三棱形足。一側有扉棱，一側有鋬。鋬上飾牛首紋，腹飾雲雷底紋的饕餮紋。鋬內側腹外壁陽鑄銘文二字，一柱外側有銘文二字。
度量：通高20.6釐米，流至尾長18.1釐米，腹徑6.5釐米，腹深9.5釐米，柱高4.4釐米，足高7.8釐。重0.85千克。
字數：4
釋文：
腹：
冊䇂。
柱：
父辛。

19　父辛爵

器名：父辛爵

時代：商代

出土：1978年太湖縣寺前區寺前河

現藏：太湖縣文物管理所（太湖縣博物館）

著録：《安徽省志》（文物志）第342～343頁（無拓片）

形制：前有流，後有尾。尾下有鋬，三棱尖足，兩菌柱，圓腹底。鋬飾獸首紋，菌柱頭有圓渦紋。腹有四瓣花組紋一周，每組四瓣花之間用雲雷紋間隔，其上下邊飾圈帶紋。鋬內側腹外壁有銘文"父辛"二字。

度量：通高19.5釐米，腹徑6.3釐米，腹深10釐米，柱高2.7釐米，足高9.5釐。

說明：《安徽省志》（文物志）著録相關信息，惜無拓片。

字數：2

釋文：

父辛。

20 隻爵

20.1

20.2

20.3

器名：隻爵（獸面紋爵）
時代：商代
出土：1985年6月太湖縣牛鎮區劉畈鄉墓葬
現藏：太湖縣文物管理所（太湖縣博物館）
著錄：《太湖館藏文物》第36頁；《安徽江淮地區商周青銅器》029
形制：前有流，後有尾。有鋬，三棱尖足，兩菌柱，圓腹底。鋬飾獸首紋，菌柱頭有圓渦紋。腹有四瓣花組紋一周，每組四瓣花之間用雲雷紋間隔，其上下邊飾圈帶紋。鋬內側腹外壁有銘文二字。

度量:通高 20 釐米,流至尾殘長 12.2 釐米,流長 7.8 釐米,腹徑 6.4 釐米。

說明:朱凤瀚先生指出銘文"隼(禽)"置於"▽"形邊框内。按,"▽"形邊框與商金文常見的"亞"字形相當,也可能是起到美飾的作用。

字數:1

釋文:

隼(禽)。

21 父癸爵

21.1

21.2

器名:父癸爵("父癸"銘爵)

時代:商代

出土:1983年金寨縣斑竹園

現藏:金寨縣文物管理所

著錄:《安徽省志》(文物志)第336頁(無拓片);《安徽出土青銅器銘文研究》192(無拓片);《安徽江淮地區商周青銅器》046

形制:上窄流,翹尖尾。流沿上有雙柱,頂爲半球形,飾旋渦紋,中心凸起。圓鼓腹,圓底,三棱形尖足。中腹飾饕餮紋,上下飾連珠紋,扁弓形鋬,鋬首飾牛頭紋。鋬內側腹外壁有銘文二字。

度量:通高22.5釐米,流至尾長19.3釐米。

說明:《安徽省志》(文物志)、《安徽出土青銅器銘文研究》著錄相關信息,並指出鋬內側腹外壁銘文二字爲"父癸"。

字數:2

釋文:

父癸。

22　白爵

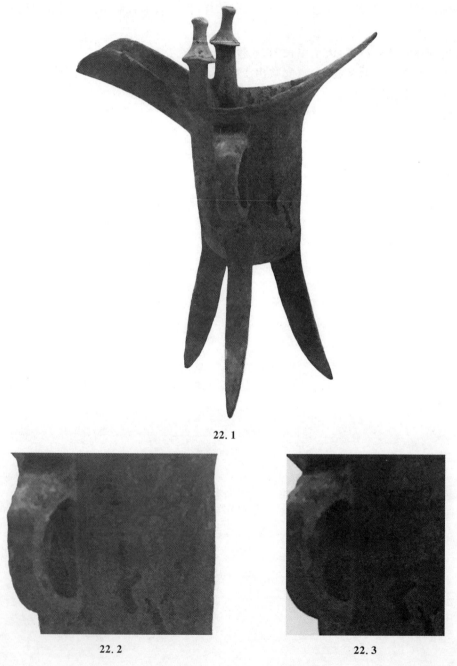

22.1

22.2　　　　　　　　　　　22.3

器名:白爵("戉伯"銘弦紋銅爵)
時代:商代
出土:淮南市
現藏:淮南市博物館
形制:上窄流,翹尖尾。一對菌狀柱立于口沿上。圓鼓腹,圓底,三棱形尖足。扁弓形鋬,鋬首飾牛頭紋。鋬內側腹外壁有銘文二字。
字數:2
釋文:
戉,白(伯)。

23　父辛斝

23.1

23.2

器名：父辛斝（子父辛斝）

時代：商代晚期

出土：安徽省嘉山縣泊崗引河工地

現藏：南京博物院

著錄：《東南文化》1991年第2期圖版伍：8、第269頁圖七、圖八；《安徽出土金文訂補》一三九；《新收殷周青銅器銘文暨器影彙編》1324；《新出殷周青銅器銘文整理與研究》992；《安徽出土青銅器銘文研究》41；《商周青銅器銘文暨圖像集成》11014。

形制：侈口，方唇。一對菌狀柱立于口沿上，其中一柱殘。柱一周飾三角蟬紋，腹部上細下粗，各飾扉棱兩道，並各用卷雲紋、竪綫紋、雷紋和乳丁紋組成花紋帶。平底微外凸。三角錐足外撇。單把，把手上部作羊頭裝飾。殘柱外側及頸部有銘文三字。

度量：通高33.5釐米，柱高12釐米，口徑24.3釐米，足高14.5釐米。

說明：或定其時代爲商代中期。（南京博物院：《南京博物院藏安徽文物選介》，《東南文化》1991年第2期，第270頁。）

說明：銘文"子"爲族徽。

字數：3

釋文：

子，父辛。

24　父丁角

24.1（蓋）

24.2（器）

器名：父丁角（亞弜父丁角）
時代：商代晚期或西周早期
出土：安徽省壽縣（《安徽通志金石古物考稿》）
流傳：安徽歙縣程氏舊藏
著錄：《貞松堂集古遺文》一〇·二三·6；《小校經閣金文拓本》6.81.2；《三代吉金文存》卷十六·四十四·2；《安徽通志金石古物考稿》一·三八·2；《金文總集》4223；《殷周金文集成》08891

形制：蓋、器各有銘文四字，內容相同。
說明：《小校經閣金文拓本》《安徽通志金石古物考稿》有蓋銘，《殷周金文集成》疑偽刻，未錄。
字數：8（蓋4，器4）
釋文：
蓋：
亞弜，父丁。
器：
亞弜，父丁。

25 父丁卣

25.1

25.2（蓋）

25.3（底）

器名：父丁卣（馬豖父丁卣、豖馬父丁卣、馬天豖父丁卣）
時代：西周早期
出土：1982年5月安徽省潁上縣王崗區鄭家灣
現藏：潁上縣文物管理所
著錄：《考古》1984年第12期第1132頁圖一：3、第1133頁圖二：6；《殷周金文集成》05062；《安徽出土金文訂補》一二〇；《阜陽亳州出土文物文字篇》192、193；《安徽出土青銅器銘文研究》21；《商周青銅器銘文暨圖像集成》13039
形制：橫截面呈橢圓形，長子口，斂頸，下腹外鼓，頸部有一對小環鈕，套接獏頭扁提梁，圈足較矮，蓋面隆起，沿下折作束腰形，蓋上中部有圈形捉手，兩側端有一對犄角。頸的前後飾浮雕獏頭。蓋和內底各有銘文四字，銘文相同。
度量：通提梁高22.5釐米，口縱長11釐米，口橫長9釐米，腹縱長17釐米，腹橫長14釐米，腹深12釐米，底徑13釐米，圈足2釐米。
字數：8（蓋4，底4）
釋文：
蓋：
御象，父丁。
底：
御象，父丁。

26 父丁尊

26.1

器名：父丁尊（馬天豕父丁尊、馬豙父丁尊、豙馬父丁尊）
時代：西周早期
出土：1982年5月安徽省潁上縣王崗區鄭家灣
現藏：潁上縣文物管理所
著錄：《考古》1984年第12期第1132頁圖一：4、1133頁圖二：7；《殷周金文集成》05737；《安徽出土金文訂補》一一九；《阜陽亳州出土文物文字篇》194；《安徽出土青銅器銘文研究》20；《商周青銅器銘文暨圖像集成》11538
形制：侈口，束頸，圈足，素面，質薄。上部口已破碎。內底有銘文四字。
度量：殘高21釐米，底徑13釐米。
字數：4
釋文：
御象，父丁。

26.2

27　己入爵

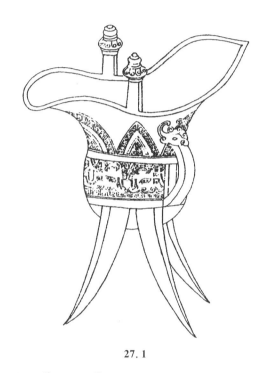

27.1　　　　　　　　　　　　　　27.2

器名:己入爵(入己爵)

時代:西周早期

出土:宋代李公麟得于壽陽紫金山(今安徽省壽縣東北淮河南岸)

流傳:廬江李公麟舊藏

著錄:《考古圖》卷五:五;《博古圖》卷一四:二六:1;《歷代鐘鼎彝器款識法帖》三五:6;《嘯堂集古錄》四五:4;《安徽通志金石古物考稿》一:三七:3;《殷周金文集成》08038;《安徽出土金文訂補》一;《安徽出土青銅器銘文研究》47;《商周青銅器銘文暨圖像集成》07690

形制:寬流,尖尾,近流處有兩個菌形柱,鼓腹,圓底,腹一側有獸首形鋬,腹上有三道扉棱,三棱錐足。柱頂飾渦紋,口下飾仰三角雲紋,器腹飾雲雷底紋的獸面紋。鋬內側腹外壁有銘文二字。

度量:高7寸,縮6寸,衡2寸,有半足高3寸。容4合。(《考古圖》)高7.3寸,深3.3寸,口徑長6寸,口徑闊2.6寸。容4合。重1.625斤。(《博古圖》)

字數:2

釋文:

己,入。

28　父丁爵

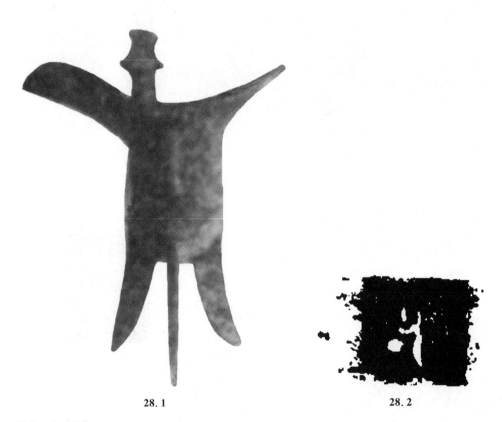

28.1　　　　　　　　28.2

器名：父丁爵

時代：西周早期

出土：1982年9月安徽省潁上縣王崗鄉鄭家灣村鄭小莊

現藏：潁上縣文物管理所

著錄：《考古》1984年第12期第1132頁圖一：1、第1133頁圖二：5；《殷周金文集成》07919；《安徽出土金文訂補》一一八；《阜陽亳州出土文物文字篇》195右；《安徽出土青銅器銘文研究》19－1；《商周青銅器銘文暨圖像集成》07596

形制：前有流，後有尾。近流處有兩個菌形柱，深腹，圓底，錐足，腹部有兩道弦紋。鋬內側腹外壁有銘文二字。

度量：通高21釐米，柱高3釐米，足高8釐米，腹深10釐米。

字數：2

釋文：

父丁。

29　父丁爵

　　29.1　　　　　　　29.2

器名：父丁爵

時代：西周早期

出土：1982年9月安徽省潁上縣王崗鄉鄭家灣村鄭小莊

現藏：潁上縣文物管理所

著録：《安徽出土金文訂補》一一八；《阜陽亳州出土文物文字篇》195左；《安徽出土青銅器銘文研究》19－2

　　形制：前有流，後有尾。近流處有兩個菌形柱，深腹，圓底，錐足，腹部有兩道弦紋。鋬内側腹外壁有銘文二字。

　　度量：通高21釐米，柱高3釐米，足高8釐米，腹深10釐米。

　　字數：2

　　釋文：

　　父丁。

30　子射簋

30.1

30.2

30.3

器名:子射簠(天射簠)
時代:西周中期
國族:越
出土:1965年1月安徽省屯溪市(今黃山市屯溪區)弈棋鄉三號墓(M3:1)
現藏:安徽博物院
著録:《文物研究》第四期第181頁圖三〇;《新收殷周青銅器銘文暨器影彙編》1314;《屯溪土墩墓發掘報告》第10頁圖一二、圖版三:16～17;《安徽出土青銅器銘文研究》221;《商周青銅器銘文暨圖像集成》03728
形制:簠口略外侈,束頸,鼓腹,圈足,腹飾如意雲紋。內底有銘文兩字。
度量:高8.9釐米,口徑14.4釐米,腹徑17.5釐米,圈足徑12.6釐米,圈足高0.9釐米。
說明:李國梁認爲年代爲春秋晚期至戰國早期。(李國梁:《皖南出土的青銅器》,《文物研究》第四期,合肥:黃山書社,1988年,第161～186頁。)此器有稱盂,但與有耳簠形制比例相類,惟缺雙耳。(李國梁主編:《屯溪土墩墓發掘報告》,安徽人民出版社,2006年,第9頁。)銘文"🌣",或釋"天"。
字數:2
釋文:
子射。

31　白甗簋

31.1

31.2

31.3　　　　　　　　　　31.4

器名:白⻊簠(伯辭簠、竊曲紋簠)
時代:西周
流傳:1955年無爲縣高士林捐獻
現藏:安徽博物院
著錄:《安徽省博物館藏青銅器》一二;《安徽出土青銅器銘文研究》185;《安徽江淮地區商周青銅器》056
形制:簠蓋有圓握手,握頸有一對方孔。蓋可反卻。蓋和器頸均飾竊曲紋,體作瓦紋(或稱橫溝紋)。獸耳垂珥,圈足飾斜角雲紋,下支三短柱。器頸竊曲紋有雷紋地,蓋上竊曲紋無地紋。
度量:通高24.6釐米,口徑20.7釐米,腹徑24.2釐米,足徑20.4釐米。重4.03千克。
說明:蓋口徑不盡合,疑非原蓋。殆出土後從外省流入。(《安徽省博物館藏青銅器》)
字數:12
釋文:
白(伯)⻊(辭)乍(作)幽白(伯)寶
段(簠),世子孫寶用。

32 己鼎

32.1　　　　　　　　　　　32.2

器名:己鼎

時代:西周晚期

出土:1984年11月17日利辛縣張村區柳東鄉管臺子莊西頭古淝河北岸西周銅器窖藏

現藏:利辛縣文物事業管理所

著錄:《安徽省志》(文物志)第341頁(無拓片);《安徽出土青銅器銘文研究》5

形制:兩耳直立於口沿上,微外撇。折沿。方唇。圓腹。腹上部飾一周變體竊曲紋,中部飾一周凸弦紋。圓底。三蹄足。兩耳內側刻有相同銘文各一字。

度量:通高4.5釐米,口徑40釐米,耳高10.2釐米,腹深23.3釐米,足高16.5釐米。重13.5千克。

說明:《安徽省志》(文物志)介紹器物,無拓片。

字數:2(兩耳同銘)

釋文:

己。

己。

33　竊曲紋盤

33.1

器名：竊曲紋盤
時代：西周
出土：1971年安徽省肥西縣紅衛公社小八里
現藏：安徽博物院
著錄：《安徽省博物館藏青銅器》一五；《安徽出土金文訂補》九七（無拓片）、圖版二〇：2；《安徽出土青銅器銘文研究》202
　　形制：平沿外折，雙附耳，圈足。腹飾竊曲紋，足飾垂鱗紋。盤底有銘文約十餘字。
　　度量：通高12.5釐米，口徑36.8釐米，腹深6.8釐米，足徑27.2釐米。重5.2千克。
　　說明：盤底銘文出土後被刮磨不清，只可看出"子孫"等少數幾個字。
　　字數：約10

34 作寶尊彝盤

34.1

器名:作寶尊彝盤
時代:西周
流傳:20世紀六七十年代蚌埠市廢品站揀選
現藏:阜陽博物館
著錄:《阜陽亳州出土文物文字篇》201
形制:器殘,僅存器底。盤內有銘文四字。
字數:4
釋文:
乍(作)寶隨(尊)彝。

35　繁伯武君鬲

35.1

35.2

器名：繁伯武君鬲

時代：春秋早期

出土：1987年12月安徽宿縣褚蘭區桂山鄉謝蘆村（今屬宿州市埇橋區褚蘭鎮）

現藏：宿州市文物管理局

著錄：《文物》1991年第11期第92頁圖一：5、圖二、圖版伍：6；《安徽出土金文訂補》一二四；《近出殷周金文集錄》135；《新收殷周青銅器銘文暨器影彙編》1319；《新出殷周青銅器銘文整理與研究》159；《安徽出土青銅器銘文研究》3；《商周青銅器銘文暨圖像集成》02944

形制：同出兩件，發表一件。兩件形制、大小、紋飾及銘文均相同。寬侈沿，束頸，鼓腹，分襠，三條袋形尖足。肩部飾竊曲紋。口沿四周有銘文十四字。

度量：通高13釐米，口徑15.6釐米。重0.88千克。

說明："繁"《近出殷周金文集錄》釋"萊"。器物時代李國梁先生或定爲西周晚期至春秋早期。《新收殷周青銅器銘文暨器影彙編》從之。（李國梁：《安徽宿縣謝蘆村出土周代青銅器》，《文物》1991年第11期，第92～93頁。）

字數：16（重文2）

釋文：

𦾔（繁）白（伯）武君媵（媵）告㠯（以）寶鬲，子（子子）孫=（孫孫）永寶用。

36　天甗

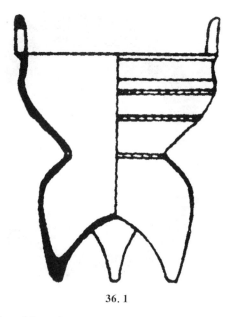
36.1

36.2

器名：天甗（🜊甗）

時代：春秋早期

出土：1993年10月安徽省潛山縣梅城鎮七里村黃嶺春秋墓

現藏：潛山縣文物局

著錄：《文物研究》第十三輯第126頁圖四：4、圖三：4；《新收殷周青銅器銘文暨器影彙編》1328；《近出殷周金文集錄二編》100；《安徽出土青銅器銘文研究》211；《商周青銅器銘文暨圖像集成》03316

形制：甗鬲連體。甗爲直口立耳，腹微鼓。鬲爲直口圓肩，弧襠，三空心足。口沿下有銘文一字。

度量：通高24.8釐米，口徑19.4釐米。

字數：1

釋文：

天。

37 喬夫人鼎

37.1

37.2

37.3

器名:喬夫人鼎

時代:春秋早期

出土:1970年安徽省合肥市四里河烏龜崗墓葬

現藏:安徽博物院

著錄:《文物》1972年第1期第77頁;《文化大革命期間出土文物》(第一輯)第99頁;《文物》1978年第8期第5頁圖六;《殷周金文集成》02284;《安徽省博物館藏青銅器》五七;《安徽省博物館》三九;《安徽出土金文訂補》九六;《商周青銅器銘文暨圖像集成》01742;《安徽江淮地區商周青銅器》073

形制:子口,直式方耳,圓形腹,弧襠。耳置腹肩處,直邊平形頂蓋。蓋中置弓形鼻鈕,外緣置三枚勾形鈕,腹上周飾竊曲紋,下周有一道凸弦紋。附耳內外側均有紋飾。三蹄足外側弧曲略成蹄形。蓋面外圈飾四組二方連續的斜角雲紋,蓋沿裙邊飾重環紋。蓋內圈鑄有銘文七字。

度量:通高25.7釐米,口徑19.8釐米,腹深11.3釐米,腹圍70釐米,足高7.5釐米。

說明:《文物》1972年第1期第77頁僅有器物釋文,《文物》1978年第8期第5頁圖6及《文化大革命期間出土文物》(第一輯)第99頁有器物圖像和釋文,未附銘文拓本。

字數:7

釋文:

喬夫人鑄丌(其)䏁(饋)鼑(鼎)。

38 㠯簋

38.1

38.2

38.3

器名:㠯簋
時代:春秋早期
出土:1975年12月安徽省壽縣枸杞鄉花門村肖嚴湖堤南側魏崗西南部
流傳:1976年2月安徽省壽縣枸杞鄉花門村徵集

現藏：壽縣博物館

著錄：《文物研究》第六輯第 171 頁圖五：3、第 182 頁圖二四：1；《文物》1990 年第 11 期圖版肆：3、第 65 頁圖一：6、第 66 頁圖六；《近出殷周金文集錄》385；《新收殷周青銅器銘文暨器影彙編》1698；《新出殷周青銅器銘文整理與研究》446；《文物選粹》第 6 頁；《璀璨壽春：壽縣文化遺產精粹》第 13 頁；《安徽出土青銅器銘文研究》185；《商周青銅器銘文暨圖像集成》03591

形制：蓋口外侈，蓋頂中有一圈足狀抓手。器身子母口，微內斂，深圓鼓腹。腹飾凸弦紋兩周，肩部置半圓環耳一對，下腹外鼓，低圈足，平底。蓋外壁口沿一側有銘文一字。

度量：通高 17.6 釐米，蓋高 4.3 釐米，口徑 12 釐米，蓋徑 13.2 釐米，底徑 13.2 釐米，腹深 12.6 釐米，腹圍 61.5 釐米。

字數：1

釋文：

□。

39　曾太保慶盆

39.1

器名：曾太保慶盆（曾太保慶皿）
時代：春秋早期
國族：曾
現藏：安徽某氏
著録：《古文字研究》第二十四輯第 166 頁；《阜陽亳州出土文物文字篇》199
形制：圓形，口大，底小，折肩，平底。頸部一周飾單道雲紋。腹內壁有銘文三行八字。
度量：通高 12.4 釐米，口徑 25.3 釐米，唇廣 3.5 釐米，底徑 12.5 釐米。
字數：8
釋文：
曾大（太）保
慶用
乍（作）寶皿。

40　楚屈叔沱屈□之孫戈

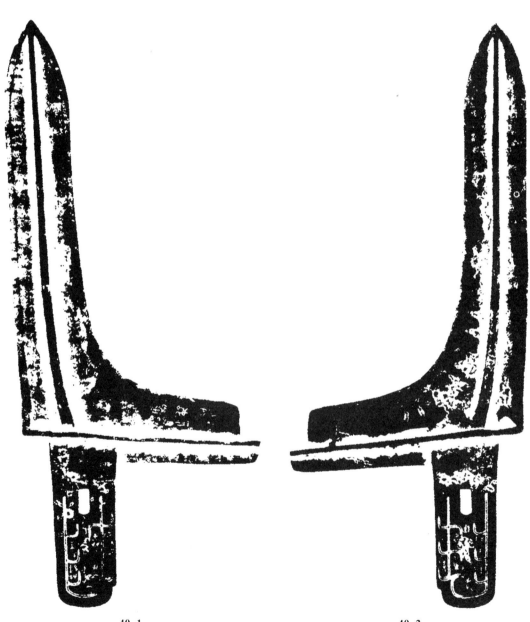

40.1　　　　　　　　　　　　　40.2

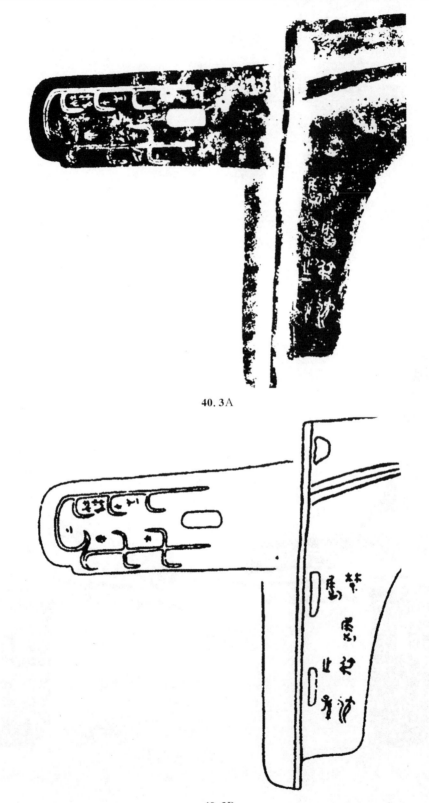

40.3A

40.3B

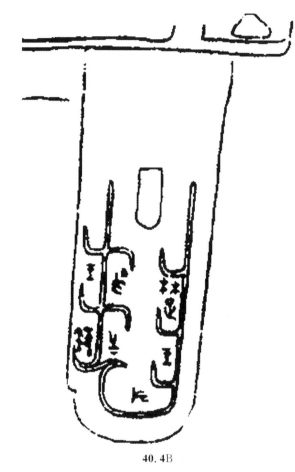

40.4A　　　　　　　　　　　　40.4B

器名：楚屈叔沱屈□之孫戈（楚王戈、楚屈叔沱戈）

時代：春秋早期

國族：楚

出土：安徽省壽縣（《安徽通志金石古物考稿》）

流傳：劉體智舊藏

著錄：《貞松堂集古遺文》一一：三五、一一：三六；《小校經閣金文拓本》一〇：六〇：1、一〇：六〇：2；《安徽通志金石古物考稿》一六：五：2；《三代吉金文存》卷十九：五十五：1、卷十九：五十五：2；《金文總集》7557；《殷周金文集成》11393；《安徽出土金文訂補》三八、圖版一二；《國史金石志稿》第2633頁；《安徽出土青銅器銘文研究》70；《商周青銅器銘文暨圖像集成》17328

形制：胡部與內部正、反面共存銘文二十字。

度量：通長28.6釐米，援長20.2釐米。

字數：存20

釋文：

楚屈弔（叔）沱

屈□之孫，

楚王

之
元右
王鐘，
□笙
□
□士。

41　蔡弔膚孜戈

41.1

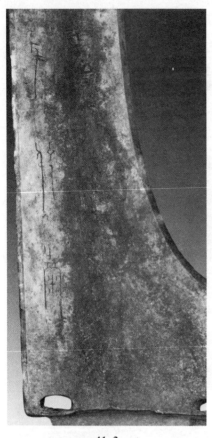 

41.2　　　　　　　　　　　　　41.3

器名：蔡弔膚孜戈（"蔡叔"雙聯銅戈、蔡叔雙聯戈）
時代：春秋早期
國族：蔡
出土：1996年1月壽縣壽春鎮南關村西圈墓地3號墓
現藏：壽縣博物館
著錄：《文物選粹》第38頁；《璀璨壽春：壽縣文化遺產精粹》第26、27頁；《安徽出土青銅器銘文研究》186
形制：雙援戈，由有內戈與無內戈兩件單戈組成。有內戈援部中起脊，援鋒銳利細長，闌側三穿，内部一橫穿並飾有雙陰綫變形蟠龍紋，內下端有一圓形穿孔。無內戈援部中起脊，援鋒細長，闌側三穿。有內戈的援及胡部有鳥篆銘文共六字。
度量：有內銘文戈通長25.2釐米，寬2.4釐米；無內戈長17.3釐米，寬2.8釐米。
說明："蔡叔膚孜之行"即"蔡叔膚孜之行戈"。《文物選粹》記有內銘文戈通長25.5釐米。
字數：6
釋文：
蔡弔（叔）膚
孜之行。

42　童麗君柏鐘

42.1

42.2

42.3

42.4A　　　　　　　　　　　42.4B

器名：童麗君柏鐘（鐘離君柏鐘）

時代：春秋晚期

國族：鐘離

出土：2006年12月至2008年8月安徽省蚌埠市雙墩村一號春秋墓葬（M1:1）

現藏：蚌埠市博物館

著錄：《東南文化》2009年第1期彩版三:6、第42頁；《考古》2009年第7期圖版十四:1、第42頁；《文物研究》第十六輯彩版三:1、第172頁；《文物》2010年第3期第10頁圖一六、一七；《商周青銅器銘文暨圖像集成》15186；《鐘離君柏墓》圖三八、三九、四〇、圖版六八(1、2)、圖版六九(1、2)、圖版七〇(1、2)、圖版七一(1、2)。

形制：同出編鐘一套九件，均爲鈕鐘，形制相同，橢圓筒形，橋鈕。出土時完整，體表銹蝕較重。大小依次遞減，爲完整的一套樂器。編鐘正面正部均有相同的銘文。背面正部、舞部、篆部和鼓部均有紋飾，枚和鈕爲素面。正背兩面都以凸弦紋爲界，分爲左右兩區，每區又分爲五個小區，其中篆部兩個小區飾重複單元方形蟠虺紋，另外三個枚區飾半圓素面乳丁，舞部和鼓部鑄以蟠虺紋組合成變形獸紋。背面鉦部中間鑄重複單元方形蟠虺紋。鐘的高度最大相差11釐米，每件之間遞減約1.38釐米。此爲第一件，標本M1:1，器形最大。正背面于口兩側有明顯的缺口。鉦部中間有銘文四行二十字，銘文行間距規整，字跡清晰。

度量：通高26釐米，中高21.9釐米，鈕高4.4釐米，鈕寬3.9釐米，鈕厚0.9釐米，銑長22.1釐米，銑間18釐米，于間13.8釐米，于厚0.8～1釐米，鼓高10釐米，鼓間13.6釐米，鉦高12.4釐米，舞橫15.2釐米，舞縱11.2釐米。重3.8千克。

字數：20

釋文：

佳（唯）王正月初

吉丁亥，童（鐘）麗（離）

君柏乍（作）其行

鐘，童（鐘）麗（離）之金。

43 童麗君柏鐘

43.1

43.2

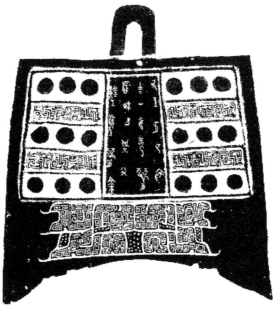

43.3

43.4A　　　　　　　　43.4B

器名:童麗君柏鐘(鐘離君柏鐘)
時代:春秋晚期
國族:鐘離
出土:2006年12月至2008年8月安徽省蚌埠市雙墩村一號春秋墓葬(M1:2)
現藏:蚌埠市博物館
著錄:《鐘離君柏墓》圖四一、四二、四三,圖版七二(1、2)、圖版七三(1、2)
形制:同出九件鈕鐘,按形制大小排序之第二件,標本M1:2。于口正背兩面有明顯的缺口。鉦部中間有銘文四行十九字,銘文行間距規整,字跡清晰。
度量:通高25.4釐米,中高21釐米,鈕長4.5釐米,鈕寬3.9釐米,鈕厚0.9釐米,銑長20.9釐米,銑間15.4釐米,于間13.3釐米,于厚0.6~1.2釐米,鼓高9.2釐米,鼓間13.1釐米,鉦高11.7釐米,舞横13.8,舞縱10.8釐米。重3.1千克。
字數:19
釋文:
隹(唯)王正月初
吉丁亥,童(鐘)麗(離)
君柏乍(作)其行
鐘,童(鐘)麗(離)金。

44　童麗君柏鐘

44.1

44.2

44.3A

44.4A　　　　　44.4B

器名：童麗君柏鐘（鐘離君柏鐘）

時代：春秋晚期

國族：鐘離

出土：2006年12月至2008年8月安徽省蚌埠市雙墩村一號春秋墓葬（M1:3）

現藏：蚌埠市博物館

著録：《鐘離君柏墓》圖四四、四五、四六，圖版七四(1、2)、圖版七五(1、2)

形制：同出九件鈕鐘，按形制大小排序此爲第三件，標本 M1:3。于口正面右側有明顯的缺口，背面兩側有缺口。鉦部中間有銘文四行二十字，銘文行間距規整，字跡清晰。

度量：通高24.8釐米，中高19.9釐米，鈕長4.1釐米，鈕寬3.7釐米，鈕厚0.9釐米，銑長20.5釐米，銑間15.6釐米，于間12.2釐米，于厚1～1.3釐米，鼓高10.4釐米，鼓間12釐米，鉦高10.2釐米，舞橫12.6，舞縱9.7釐米。重3.2千克。

字數：20

釋文：

隹（唯）王正月初

吉丁亥，童（鐘）麗（離）

君柏乍（作）其行

鐘，童（鐘）麗（離）之金。

45　童麗君柏鐘

45.1

45.2

45.3

 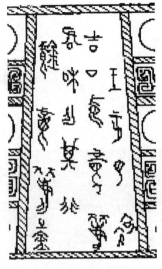

45.4A　　　　　　　　45.4B

器名：童麗君柏鐘（鐘離君柏鐘）

時代：春秋晚期

國族：鐘離

出土：2006年12月至2008年8月安徽省蚌埠市雙墩村一號春秋墓葬（M1:4）

現藏：蚌埠市博物館

著錄：《鐘離君柏墓》圖四七、四八，圖版七六(1、2)、圖版七七(1、2)

形制：同出九件鈕鐘,按形制大小排序此爲第四件,標本M1:4。于口正背兩側有缺口。鉦部中間有銘文四行二十字,銘文行間距規整,字跡清晰。

度量：通高22.5釐米,中高17.8釐米,鈕高4.2釐米,鈕寬3.75釐米,鈕厚0.9釐米,銑長18.2釐米,銑間14.8釐米,于間11.3釐米,于厚0.8～1.4釐米,鼓高8釐米,鼓間11.1釐米,鉦高10.3釐米,舞橫12,舞縱9.6釐米。重2.7千克。

字數：20

釋文：

隹（唯）王正月初

吉丁亥,童（鐘）麗（離）

君柏乍（作）其行

鐘,童（鐘）麗（離）之金。

46 童麗君柏鐘

46.1

46.2

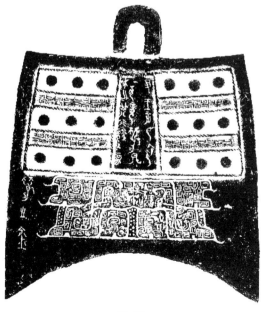

46.3A

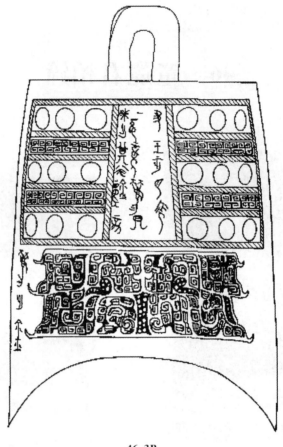

46.3B

器名：童麗君柏鐘（鐘離君柏鐘）

時代：春秋晚期

國族：鐘離

出土：2006年12月至2008年8月安徽省蚌埠市雙墩村一號春秋墓葬（M1∶5）

現藏：蚌埠市博物館

著錄：《鐘離君柏墓》圖四九、五〇，圖版七八（1、2）、圖版七九（1、2）

形制：同出九件鈕鐘，按形制大小排序此爲第五件，標本M1∶5。于口正背兩面完整無缺口。鉦部中間有銘文三行十七字，行間距不規整，正面鼓部左側有銘文三字。

度量：通高21.3釐米，中高17.3釐米，鈕高3.7釐米，鈕寬3.3釐米，鈕厚0.7釐米，銑長17.5釐米，銑間13.8釐米，于間10.4釐米，于厚0.6～1.3釐米，鼓高9.2釐米，鼓間10.3釐米，鉦高8.3釐米，舞橫11.6釐米，舞縱8.7釐米。重2.32千克。

字數：20

釋文：

佳（唯）王正月初吉

丁亥，童（鐘）麗（離）君

柏乍（作）其行鐘，童（鐘）

麗（離）之金。

47　童麗君柏鐘

47.1

47.2

47.3

47.4A　　　　　　　　47.4B

器名：童麗君柏鐘（鐘離君柏鐘）

時代：春秋晚期

國族：鐘離

出土：2006年12月至2008年8月安徽省蚌埠市雙墩村一號春秋墓葬（M1:6）

現藏：蚌埠市博物館

著錄：《鐘離君柏墓》圖五一、五二，圖版八〇（1、2）、圖版八一（1、2）

形制：同出九件鈕鐘，按形制大小排序此爲第六件，標本 M1:6。于口正背兩面有明顯缺口。正背兩面鉦部大小不等。正面鉦部中部有銘文四行二十字。

度量：通高 19.7 釐米，中高 16 釐米，鈕高 3.3 釐米，鈕寬 3 釐米，鈕厚 0.8 釐米，銑長 16.2 釐米，銑間 12.1 釐米，于間 9.6 釐米，于厚 0.6～1 釐米，鼓高 8.7 釐米，鼓間 9.4 釐米，鉦高 7.8 釐米，舞橫 10.1 釐米，舞縱 7.6 釐米。重 1.9 千克。

說明：銘文中從左至右，從上至下，第三行第三字"行"鑄刻不完整，第四字下有鑄刻的痕跡，但不構成完整字形，可能是錯刻而放棄所致。

字數：20

釋文：

佳（唯）王正月初吉丁

亥，童（鐘）麗（離）君柏

乍（作）其行鐘，

童（鐘）麗（離）之金。

48 童麗君柏鐘

48.1

48.2

48.3

 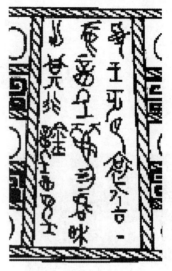

48.4A　　　　　　　　48.4B

器名：童麗君柏鐘（鐘離君柏鐘）

時代：春秋晚期

國族：鐘離

出土：2006年12月至2008年8月安徽省蚌埠市雙墩村一號春秋墓葬（M1:7）

現藏：蚌埠市博物館

著錄：《鐘離君柏墓》圖五三、五四，圖版八二(1、2)、圖版八三(1、2)

形制：同出九件鈕鐘，按形制大小排序此爲第七件，標本 M1:7。于口正背兩面有明顯的缺口。正面鉦部中部有銘文三行十七字，銘文行間距規整。

度量：通高18釐米，中高14.8釐米，鈕高3.3釐米，鈕寬3釐米，鈕厚0.8釐米，銑長15釐米，銑間11.4釐米，于間8釐米，于厚1~1.9釐米，鼓高7.8釐米，鼓間8.9釐米，鉦高7.4釐米，舞橫9.35釐米，舞縱7.9釐米。重1.7千克。

說明：此鐘可能與同出標本 M1:5 銘文形式相同。鉦部中間有銘文三行十七字，正面鼓部左側應有銘文"麗之金"三字，可能漏刻。

字數：17

釋文：

隹（唯）王正月初丁

亥，童（鐘）麗（離）君柏

乍（作）其行鐘，童（鐘）［麗（離）之金］。

49 童麗君柏鐘

49.1

49.2

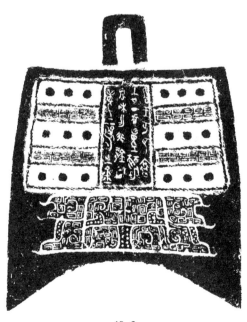

49.3

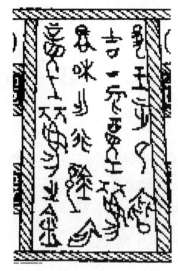

49.4A　　　　　49.4B

器名:童麗君柏鐘(鐘離君柏鐘)

時代:春秋晚期

國族:鐘離

出土:2006年12月至2008年8月安徽省蚌埠市雙墩村一號春秋墓葬(M1:8)

現藏:蚌埠市博物館

著錄:《東南文化》2009年第1期彩版三:6,第42頁;《考古》2009年第7期圖版十四:1,第42頁;《文物研究》第十六輯彩版三:1,第172頁;《文物》2010年第3期第10頁圖一六、一八;《安徽出土青銅器銘文研究》25;《商周青銅器銘文暨圖像集成》15187;《鐘離君柏墓》圖五五、五六,圖版八四(1、2)、圖版八五(1、2)

形制:同出九件鈕鐘,按形制大小排序此爲第八件,標本M1:8。于口背面有明顯的缺口。鉦間正面中部有銘文四行二十字,銘文行間距規整。

度量:通高17.2釐米,中高13.7釐米,鈕高3.1釐米,鈕寬2.9釐米,鈕厚0.9釐米,銑長13.85釐米,銑間10.7釐米,于間8釐米,于厚0.7~1.5釐米,鼓高7釐米,鼓間7.7釐米,鉦高7.1釐米,舞橫9釐米,舞縱6.6釐米。重1.3千克。

說明:銘文中"其"字位於"行鐘"二字之後,可能是發現漏字而只好加在了後面。《商周青銅器銘文暨圖像集成》所錄銘文照片正確,但銘文摹本誤,摹本實際上是M1:3(見前003,按形制大小排序的第三件)銘文的摹本。

字數:20

釋文:

隹(唯)王正月初

吉丁亥,童(鐘)麗(離)

君柏乍(作)行鐘其,

童(鐘)麗(離)之金。

50 童麗君柏鐘

50.1

50.2

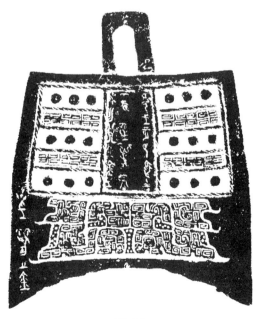

50.3A

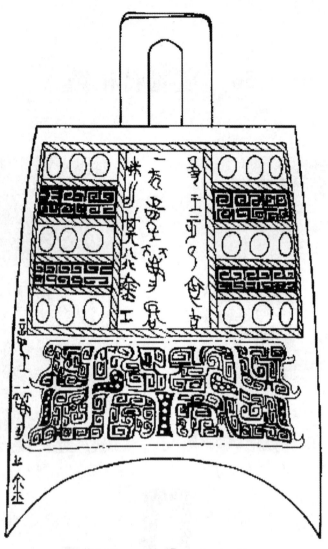

50.3B

器名：童麗君柏鐘（鐘離君柏鐘）

時代：春秋晚期

國族：鐘離

出土：2006年12月至2008年8月安徽省蚌埠市雙墩村一號春秋墓葬（M1:9）

現藏：蚌埠市博物館

著錄：《鐘離君柏墓》圖五七、五八，圖版八六（1、2）、圖版八七（1、2）

形制：同出九件鈕鐘，按形制大小排序之第九件，爲器形最小的一件。于口正背兩面有明顯的缺口。正面鉦部中部有銘文三行十六字，銘文行間距不規整，正面鼓部左側有銘文四字。

度量：通高15.7釐米，中高12.3釐米，鈕高3.2釐米，鈕寬2.8釐米，鈕厚0.9釐米，銑長12.2釐米，銑間9.7釐米，于間7.4釐米，于厚1.2～1.4釐米，鼓高6釐米，鼓間7.3釐米，鉦高6.3釐米，舞橫8.2釐米，舞縱6.2釐米。重1千克。

字數:20
釋文:
隹(唯)王正月初吉
丁亥,童(鐘)麗(離)君
柏乍(作)其行鐘,
童(鐘)麗(離)之金。

51 吴王光钟

51.1

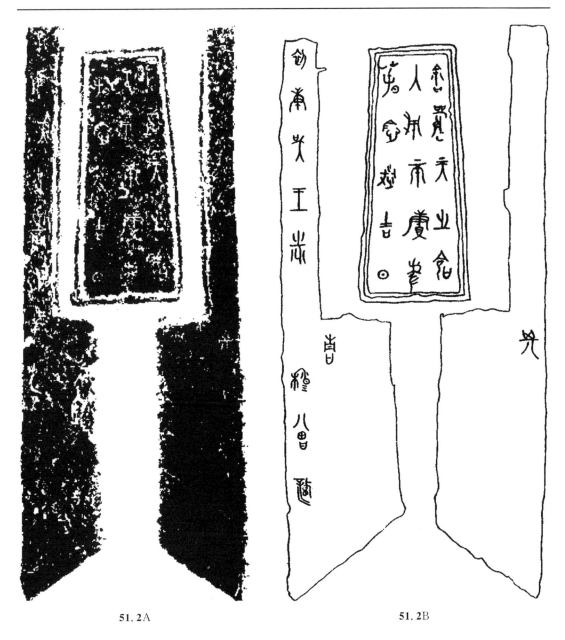

51.2A　　　　　　　　51.2B

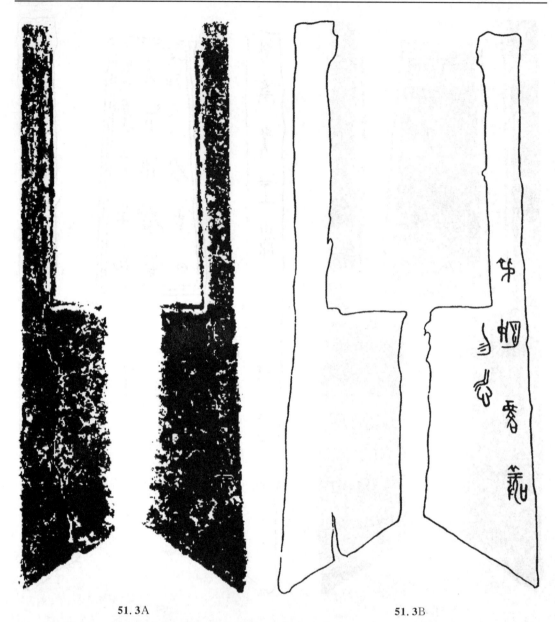

51.3A　　　　　　　　51.3B

器名：吳王光鐘（蔡侯甬鐘、蔡侯𦉢甬鐘、吳王光甬鐘）
時代：春秋晚期（吳王光，公元前 514 年至公元前 496 年）
國族：吳
出土：1955 年 5 月安徽省壽縣城西門蔡侯墓（M29.7）
現藏：中國國家博物館
著錄：《壽縣蔡侯墓出土遺物》圖版肆貳、肆叁；《陝西、江蘇、熱河、安徽、山西五省出土重要文物展覽圖錄》圖版五五；《商周金文集成》7941；《金文總集》7134；《殷周金文集成》00223；《安徽出土金文訂補》七五；《吳越文字彙編》011；《中國音樂文物大系》（北京卷）1.5.17；《中國古代青銅器藝術》052；《安徽出土青銅器銘文研究》164－1；《商周青銅器銘文暨圖像集

成》15369

形制：體作合瓦形，較闊，口緣內凹呈弧形，舞部正中爲上小下大的柱狀長甬，有干有旋，干作方形，枚作平頂兩段式。甬上、篆間和鼓部均飾浮雕形蟠虺紋。甬鐘九件，均鑄有銘文，字數不等，自名爲"行鐘"。由於銹蝕嚴重，僅此件銘文有著錄。兩面的兩欒和正面鉦間有銘文，存四十餘字。

度量：通高 79 釐米，甬高 33 釐米，鼓高 46 釐米，舞 30.5×23 釐米，口 28×26.5 釐米。

說明：《殷周金文集成》器物拓片與摹本不對應，相互混亂。（劉傳賓：《〈殷周金文集成（修訂增補本）〉存在的幾個問題》，《中國國家博物館館刊》，2012 年第 5 期，第 79 頁。）其他著錄亦如此。《安徽出土金文訂補》稱吳王光甬鐘。《安徽出土金文訂補》七五所錄無拓片，僅有相關著錄信息。發掘報告稱甬鐘，已知十二件，出土時殘破，較完整的有八件。（安徽省文物管理委員會、安徽省博物館：《壽縣蔡侯墓出土遺物》，北京：科學出版社，1956 年，第 10 頁。）或認爲同出十二件，僅一件有銘文。參看曾憲通先生《吳王光編鐘銘文的再探討》（《華學》第五輯）。因鐘銘銹蝕，銘文存 40 餘字，可辨識者 32 字。

字數：存 40 餘

釋文：

舍（余）廠（嚴）天之命，
入成（城）不賡，寺（之）
旾（春）念（今）歲，吉日
初庚，吳王光，
穆曾（贈）辟［金］，
青……
……黃，……
……弔（叔）姬，虔敬命
勿忘！

52 吳王光殘鐘

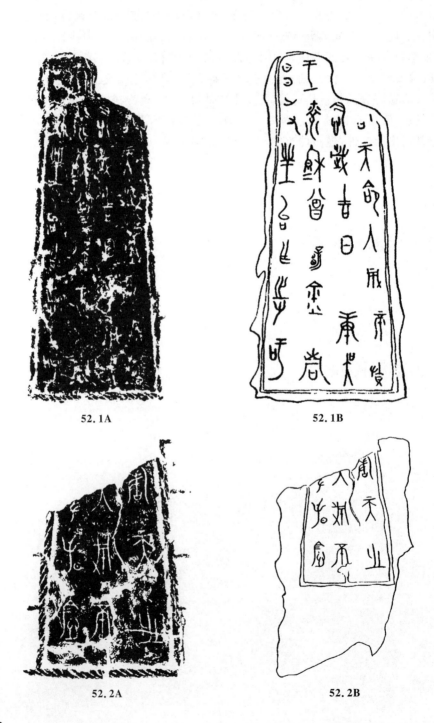

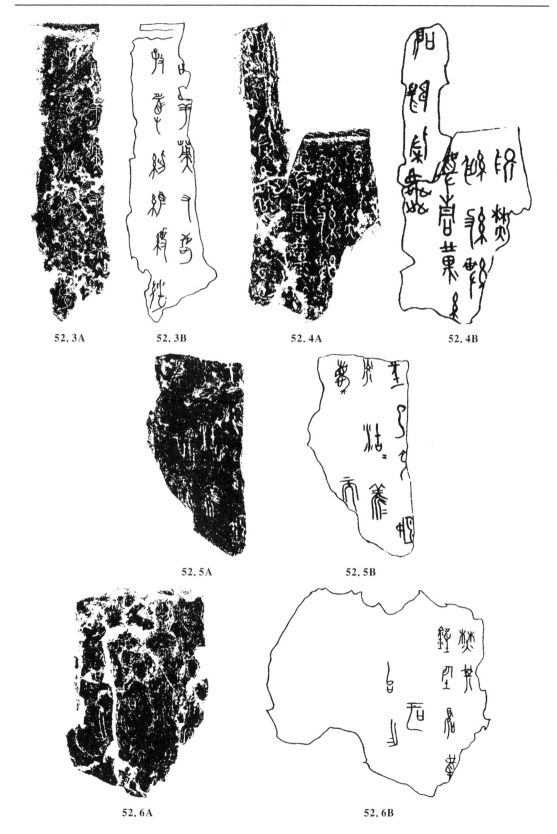

52.3A　52.3B　52.4A　52.4B

52.5A　52.5B

52.6A　52.6B

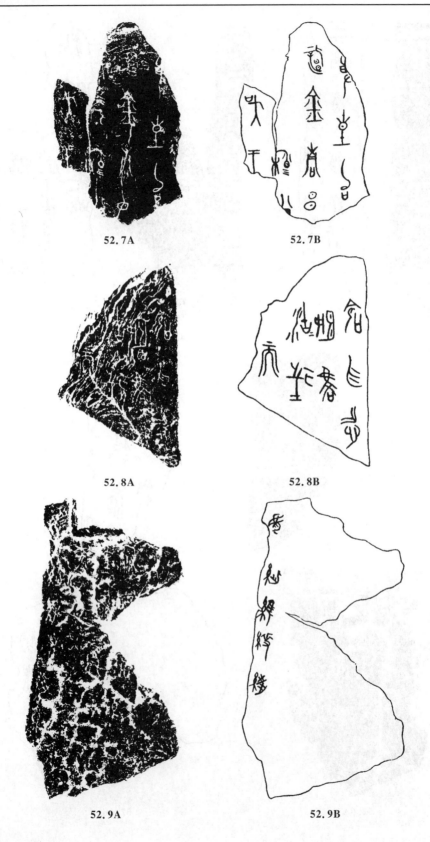

52.7A   52.7B

52.8A   52.8B

52.9A   52.9B

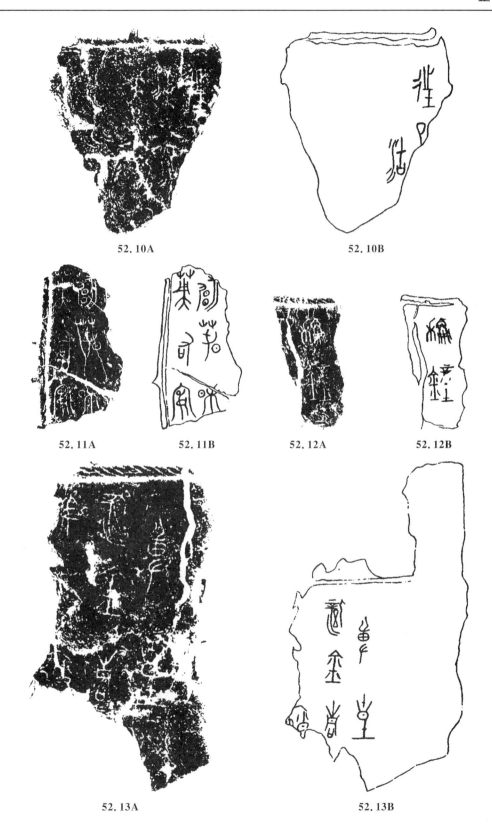

52.10A　　　　　　　　52.10B

52.11A　　52.11B　　52.12A　　52.12B

52.13A　　　　　　　　52.13B

安徽商周金文彙編

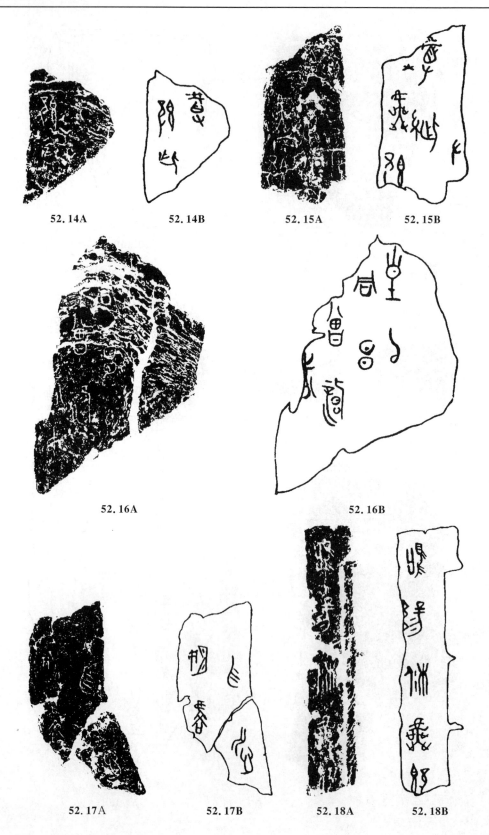

52.14A 52.14B 52.15A 52.15B

52.16A 52.16B

52.17A 52.17B 52.18A 52.18B

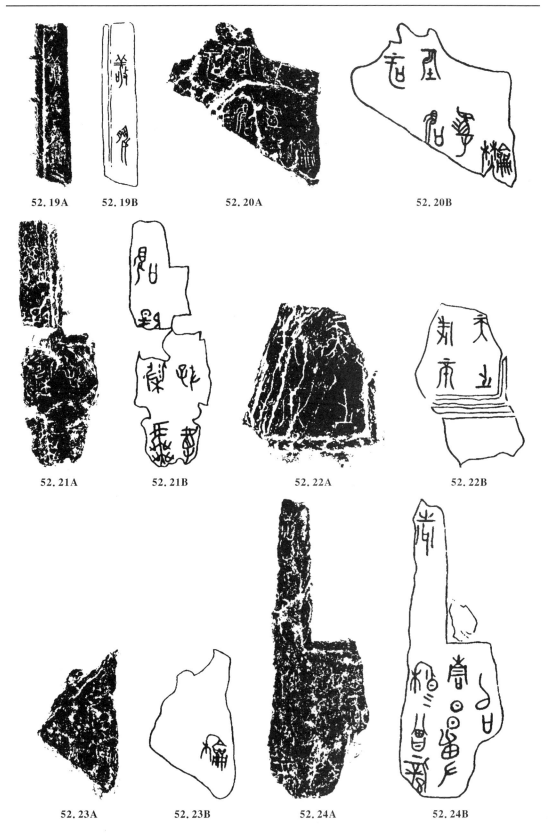

52.19A　52.19B　52.20A　52.20B

52.21A　52.21B　52.22A　52.22B

52.23A　52.23B　52.24A　52.24B

安徽商周金文彙編

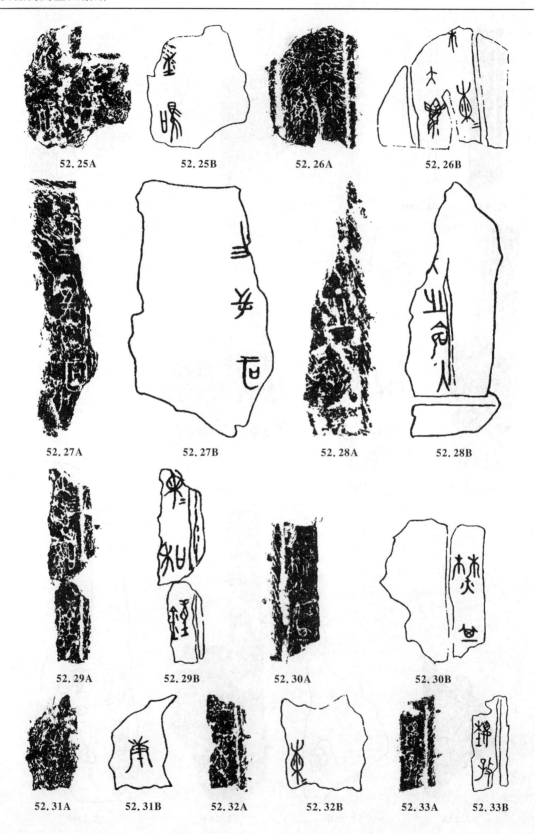

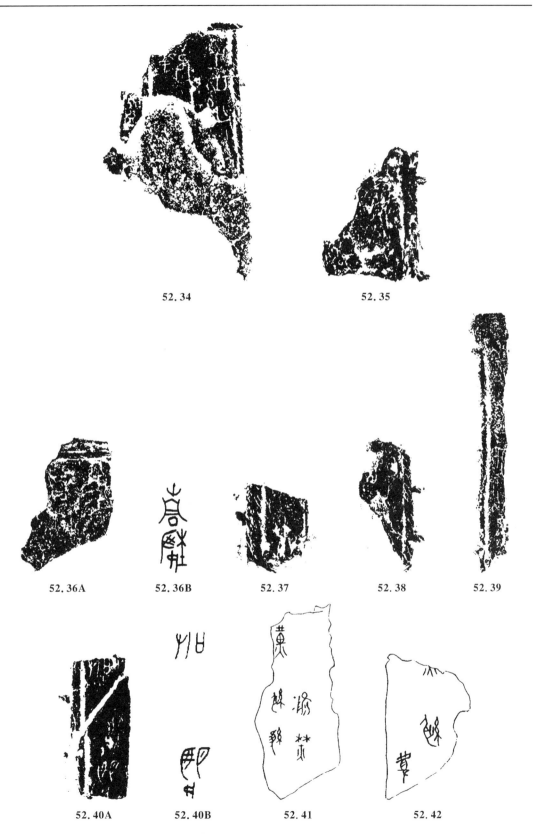

器名：吳王光殘鐘（蔡侯墓殘鐘、蔡侯鐘殘片，吳王光鐘、吳王光和鐘）
時代：春秋晚期（吳王光，公元前 514 年至公元前 496 年）
國族：吳
出土：1955 年 5 月安徽省壽縣城西門蔡侯墓（M95.1～47）
現藏：安徽博物院
著錄：《壽縣蔡侯墓出土遺物》圖版柒拾至柒伍；《商周金文集成》8005；《殷周金文集成》00224；《殷周金文集錄》868；《吳越徐舒金文集釋》第 52 頁；《吳越文字彙編》012；《安徽出土金文訂補》七六；《安徽出土青銅器銘文研究》164－2；《商周青銅器銘文暨圖像集成》15370；《吳越題銘研究》圖 21（摹）

形制：此爲吳王光編鐘殘片，曾憲通先生進行的復原，見所作《吳王光編鐘銘文的再探討》一文。《安徽出土金文訂補》稱吳王光和鐘。吳王光鐘有銘文殘片共四十七片，郭若愚先生參考上海市文物保管委員會的一套拓本，將銘文拼綴成四十五片之順序，共得五十三字（包括重文）。曾憲通先生根據中山大學圖書館所藏的拓本，參照壽縣吳王光甬鐘之七（原稱蔡侯鐘），將銘文編聯。

說明：殘鐘銘文發掘報告著錄爲四十七片。《殷周金文集成》（修訂增補本）在原著錄四十七片基礎上，吸收了學術界新成果，將鐘銘殘片四十七片拼綴成四十二片。《商周青銅器銘文暨圖像集成》著錄四十五片，其中有部分重複。

字數：存 53
釋文：
［舍（余）］［廠（嚴）］天之命，入成（城）不賡。［寺（之）］［旾（春）］念（今）歲，吉日初庚，吳王光穆曾（贈）辟金，青呂（鋁）專皇，台（以）乍（作）寺吁［龢］［鐘］。(52.1)

廠（嚴）天之［命］，入成（城）不［賡］。寺（之）旾（春）念（今）［歲］(52.2)

［埶］孜（梓）曼（紋）紫，維縊（繁）辟（譬）旾（春）］，華英右（有）慶。(52.3)

鳴陽（揚）條虡，［既（概）］曼（紋）青黃，埶（埶）孜（梓）曼（紋）紫；維縊（繁）辟旾（春）(52.4)

［華］［英］右（有）慶。［敬］［夙］而（爾）光，油＝（油油——悠悠）羕＝（羕羕——漾漾）。往巳（已）弔（叔）姬(52.5)

……焚（奮），其……鐘，鳴陽（揚）［條］［虡］，既（概）曼（紋）青黃，……，吁……，台（以）乍（作）寺……(52.6)

吳王……穆……辟金，青呂（鋁）專皇，台（以）(50.7)

而（爾）［光］，油＝（油油——悠悠）羕＝（羕羕——漾漾）。往［巳（已）］［弔（叔）］姬，虔［敬］命勿忘！(52.8)

……曼（紋）紫；維縊（繁）辟旾（春）(52.9)

……油＝（油油——悠悠）……，往巳（已）……(52.10)

宴（音）穆……。……辟旾（春），［華］英右（有）［慶］。(52.11)

龢鐘(52.12)

穆［曾（贈）］辟金，青［呂（鋁）］專皇(52.13)

曼（紋）……既（概）曼（紋）(52.14)

……條虡，既（概）……曼（紋）紫(52.15)

正　編

……穆曾(贈)辟……青呂(鋁)[専]皇,台(以)……(52.16)

……姬,虔[敬][命]勿忘!(52.17)

鳴陽(揚)條虞,既……(52.18)

敬夙……(52.19)

吁……屋(振)鳴……曼(紋)……龢(52.20)

鳴陽條(調)虞,既(概)曼(紋)……(52.21)

□天之□,□成(城)不……(52.22)

龢(52.23)

……光穆曾(贈)辟□,青呂(鋁)専□,台(以)……(52.24)

……鐘,鳴……(52.25)

□□束=(束束——闌闌)(52.26)

……乍(作)寺吁……(52.27)

……天之命,入……(52.28)

束=(束束——闌闌)和鐘(52.29)

……焚(奮),其……(52.30)

庚(52.31)

束(52.32)

埶孜(梓)……(52.33)

□□□(52.34)

□□(52.35)

青黃,埶□□(52.36)

□(52.37)

□□(52.38)

□□□(52.39)

敬夙(52.40)

……焚(奮),……紫;維……(52.41)

……曼(紋)紫;維……(52.42)

53 季子康鎛

53.1

53.2

53.3

53.4

53.5

53.6A

53.6B

53.7

器名:季子康鎛(季子康鎛甲、鐘離君柏季子康鎛鐘)

時代:春秋晚期

國族:鐘離

出土:2007年5月安徽省鳳陽縣卞莊一號春秋墓(M1:1)

現藏:鳳陽縣文物管理所

著錄:《考古與文物》2009年第3期第105頁圖六、第106頁圖七:11-7-3;《文物》2009年第8期第27頁;《鳳陽大東關與卞莊》圖五九、六一至六四、彩版三四至三八;《安徽出土青銅器銘文研究》42-1;《安徽文明史陳列》第118、119頁;《商周青銅器銘文暨圖像集

成》15787

形制：同出鎛鐘五件。基本完好，但銹蝕程度較重。形制相同，大小依次遞減。橢圓筒形，平口，鐘體正面和背面紋飾相同。空花扁鈕，呈梯形，上端窄下端寬。鈕分兩組相互對應，每組爲四條龍相互纏繞，龍身飾三角幾何紋。鈕未修復。鉦部呈梯形，上端窄下端寬，以凸弦紋分爲兩個區，每區又分五個小區，其中兩個小區内飾蟠螭紋，三個小區的每區内飾半圓乳丁三枚，每枚乳丁上又飾三小蛇。舞部前後兩個區飾蟠螭紋。鼓面飾由兩組蟠螭紋組合成的變形獸首紋。鐘體正、背兩面的鉦部、鐘體兩側和左右鼓角均鑄有銘文，同出五件銘文内容相同，鐘體正面銘文三十字，背面銘文三十三字。此爲第一件，即形體最大一件。銹蝕較重，保存基本完整。鐘體下部受壓變形，一面有十一釐米的裂紋，另一面中下部左側破損，有一處四釐米左右的不規則缺損。

度量：鐘體通高 30 釐米，中高 21 釐米，壁厚 0.7～0.8 釐米。鈕呈梯形狀，高 9 釐米，上寬 5.3 釐米，下寬 18 釐米，厚 0.7 釐米。舞呈橢圓形，長徑 18.7 釐米，短徑 14 釐米。橢圓形平口長徑 21 釐米，短徑 15.7 釐米，口厚 0.6 釐米。鉦呈梯形狀，高 10.6 釐米，上寬 5.3 釐米，下寬 6.2 釐米。篆與枚區高 10.6 釐米，寬 7.9 釐米。鼓高 9.1 釐米，鼓間 13.3 釐米。重 5.3 千克。

説明：《安徽文明史陳列》僅收録一組鎛鐘照片，無銘文信息。

字數：63（重文 4）

釋文：

隹（唯）正月初吉丁亥，余比

㽙（厥）于之

孫童（鐘）麗（離）

公柏之

季子康，

睪（擇）其吉金，自乍（作）龢（和）鐘之

趴，韹＝（穆穆）逖＝（和和），柏之季康是良，

台（以）從我

師行，台（以）

樂我甫（父）

䂞（兄），其釁（眉）壽無畺（疆），子＝（子子）孫＝（孫孫）永賨（保）是㝎（尚）。

54　季子康鎛

54.1

54.2　　　　　　　　54.3　　　　　　　　54.4

54.5　　　　　　　　54.6　　　　　　　　54.7

安徽商周金文彙編

54.8A

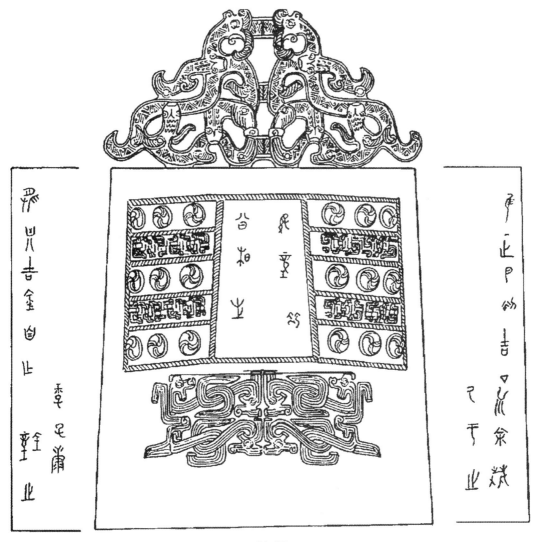

54.8B

54.9

器名：季子康鎛（季子康鎛乙、鐘離君柏季子康鎛鐘）
時代：春秋晚期
國族：鐘離
出土：2007 年 5 月安徽省鳳陽縣卞莊一號春秋墓（M1:2）
現藏：鳳陽縣文物管理所
著錄：《考古與文物》2009 年第 3 期第 102 頁圖一、第 103 頁圖二；《文物》2009 年第 8 期第 27 頁；《鳳陽大東關與卞莊》圖六〇、六五至六八、彩版三九至四三；《安徽出土青銅器銘文

研究》42－2；《安徽文明史陳列》第 118、119 頁；《商周青銅器銘文暨圖像集成》15788

形制：同出鎛鐘五件。依形制大小次序，此爲第二件。銹蝕較重，保存完整。椭圓筒形，平口，鐘體正面和背面紋飾相同。空花扁鈕，呈梯形，上端窄下端寬。鈕分兩組相互對應，每組爲四條龍相互纏繞，龍身飾三角幾何紋。鈕未修復。鉦部呈梯形，上端窄下端寬，以凸弦紋分爲兩個區，每區又分五個小區，其中兩個小區内飾蟠螭紋，三個小區的每區内飾半圓乳丁三枚，每枚乳丁上又飾三小蛇。舞部前後兩個區飾蟠螭紋。鼓面飾由兩組蟠螭紋組合成的變形獸首紋。鐘體正、背兩面的鉦部、鐘體兩側和左右鼓角均鑄有銘文，鐘體正面銘文三十字，背面銘文三十三字。

度量：鐘體通高 28.9 釐米，中高 20.4 釐米，壁厚 0.7～0.85 釐米。鈕呈梯形狀，高 8.5 釐米，上寬 4.9 釐米，下寬 17.2 釐米，厚 0.9 釐米。椭圓形舞長徑 16.6 釐米，短徑 13.9 釐米。椭圓形平口長徑 18.8 釐米，短徑 13.8 釐米，口厚 0.5～0.7 釐米。鉦呈梯形狀，高 9.3 釐米，上寬 4.3 釐米，下寬 5.5 釐米。篆與枚區高 9.2 釐米，寬 7 釐米。鼓高 9.2 釐米，鼓間 13.8 釐米。重 4.43 千克。

說明：《安徽出土青銅器銘文研究》所録拓片中，圖 42－2－1 與圖 42－2－2 相同。

字數：63（重文 4）

釋文：

隹（唯）正月初吉丁亥，余比

氒（厥）于之

孫童（鐘）麗（離）

公柏之

[季子康]，

羅（擇）其吉金，自乍（作）龢（和）鐘之

鈗，龖=（穆穆）迥=（和和），柏之季康是良，

台（以）從我

師行，台（以）

樂我甫（父）

䩀（兄），其鬜（眉）壽無畺（疆），子=（子子）孫=（孫孫）永賨（保）是宔（尚）。

55　季子康鎛

55.1

55.2

55.3

55.4

55.5

安徽商周金文彙編

55.6A

55.6B

55.7

器名：季子康鎛（季子康鎛丙、鐘離君柏季子康鎛鐘）
時代：春秋晚期
國族：鐘離
出土：2007年5月安徽省鳳陽縣卞莊一號春秋墓（M1:3）
現藏：鳳陽縣文物管理所
著錄：《考古與文物》2009年第3期第103頁圖三、第106頁圖七:9－3;《文物》2009年第8期第27頁;《鳳陽大東關與卞莊》圖六九、七一至七四、彩版四四至四八;《安徽出土青銅器銘文研究》42－3;《安徽文明史陳列》第118、119頁;《商周青銅器銘文暨圖像集成》15789

形制:同出鎛鐘五件。依形制大小次序,此爲第三件。鏽蝕較重,保存完整。椭圓筒形,平口,鐘體正面和背面紋飾相同。空花扁鈕,呈梯形,上端窄下端寬。鈕分兩組相互對應,每組爲四條龍相互纏繞,龍身飾三角幾何紋。鈕未修復。鉦部呈梯形,上端窄下端寬,以凸弦紋分爲兩個區,每區又分五個小區,其中兩個小區內飾蟠螭紋,三個小區的每區內飾半圓乳丁三枚,每枚乳丁上又飾三小蛇。舞部前後兩個區飾蟠螭紋。鼓面飾由兩組蟠螭紋組合成的變形獸首紋。鐘體正、背兩面的鉦部、鐘體兩側和左右鼓角均鑄有銘文,鐘體正面銘文三十字,背面銘文三十三字。

度量:鐘體通高 26.8 釐米,中高 19 釐米,壁厚 0.7~0.85。鈕呈梯形狀,高 7.8 釐米,上寬 5.2 釐米,下寬 14.9 釐米,厚 0.7 釐米。椭圓形舞長徑 16.2 釐米,短徑 12.4 釐米。椭圓形平口長徑 17.7 釐米,短徑 13.4 釐米,口厚 0.7~0.9 釐米。鉦呈梯形狀,高 9.7 釐米,上寬 4 釐米,下寬 5 釐米。篆與枚區高 9.7 釐米,寬 6.9 釐米。鼓高 8.1 釐米,鼓間 13.1 釐米。重 4.27 千克。

字數:63(重文 4)

釋文:

隹(唯)正月初吉丁亥,余比

毕(厥)于之

孫童(鐘)麗(離)

公柏之

季子康,

罢(擇)其吉金,自乍(作)龢(和)鐘之

兓,韹=(穆穆)迺=(和和),柏之季康是良,

台(以)從我

師行,台(以)

樂我甫(父)

[㝬(兄)],其䁬(眉)

壽無疆(疆),子=(子子)孫=(孫孫)永寶(保)是䎽(尚)。

56　季子康鎛

56.1

56.2

56.3

56.4

56.5

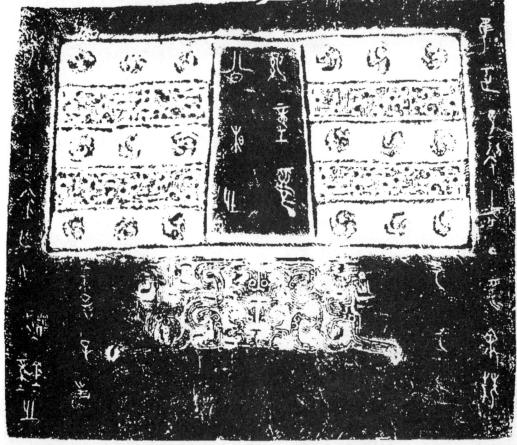

56.6A

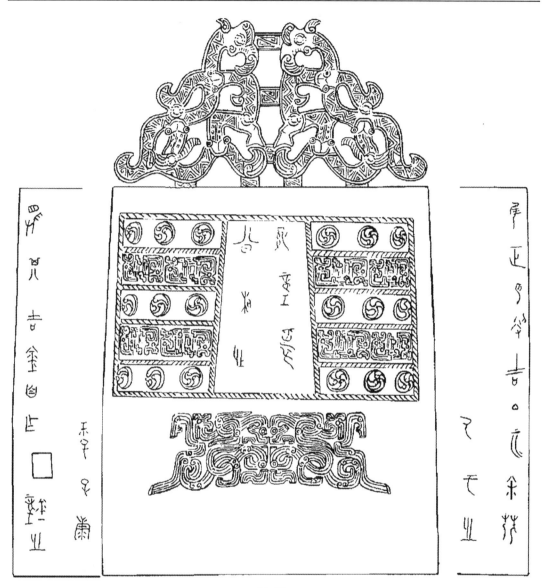

56.6B

56.7

器名：季子康鎛（季子康鎛丁、鐘離君柏季子康鎛鐘）

時代：春秋晚期

國族：鐘離

出土：2007年5月安徽省鳳陽縣卞莊一號春秋墓（M1:4）

現藏：鳳陽縣文物管理所

著錄：《東南文化》2009年第1期第46頁圖十；《考古與文物》2009年第3期104頁圖

四、106 頁圖七:10－3;《文物》2009 年第 8 期第 24 頁圖十、十一、第 27 頁;《鳳陽大東關與卞莊》圖七〇、七五至七八、彩版四九至五三;《安徽出土青銅器銘文研究》42－4;《安徽文明史陳列》第 118、119 頁;《商周青銅器銘文暨圖像集成》15790

形制:同出鎛鐘五件。依形制大小次序,此爲第四件。鏽蝕較重,保存完整。橢圓筒形,平口,鐘體正面和背面紋飾相同。空花扁鈕,呈梯形,上端窄下端寬。鈕分兩組相互對應,每組爲四條龍相互纏繞,龍身飾三角幾何紋。鈕未修復。鉦部呈梯形,上端窄下端寬,以凸弦紋分爲兩個區,每區又分五個小區,其中兩個小區內飾蟠螭紋,三個小區的每區內飾半圓乳丁三枚,每枚乳丁上又飾三小蛇。舞部前後兩個區飾蟠螭紋。鼓面飾由兩組蟠螭紋組合成的變形獸首紋。鐘體正、背兩面的鉦部、鐘體兩側和左右鼓角均鑄有銘文,鐘體正面銘文三十字,背面銘文三十三字。

度量:鐘體通高 25.7 釐米,中高 18.2 釐米,壁厚 0.7～0.85 釐米。鈕呈梯形狀,高 7.5 釐米,上寬 5.1 釐米,下寬 14.9 釐米,厚 0.8 釐米。橢圓形舞長徑 16 釐米,短徑 11.5 釐米。橢圓形平口長徑 16.3 釐米,短徑 12.4 釐米,口厚 0.4～0.5 釐米。鉦呈梯形狀,高 8.6 釐米,上寬 3.8 釐米,下寬 4.9 釐米。篆與枚區高 8.9 釐米,寬 6.3 釐米。鼓高 8.3 釐米,鼓間 12.3 釐米。重 3.84 千克。

字數:63(重文 4)

釋文:

隹(唯)正月初吉丁亥,余比

乓(厥)于之

孫童(鐘)麗(離)

公柏之

季子康,

罞(擇)其吉金,自乍(作)鯀(和)鐘之

虩,龣=(穆穆)迴=(和和),柏之季康是良,

台(以)從我

師行,台(以)

樂我甫(父)

蜺(兄),其鬙(眉)

壽無畺(疆),子=(子子)孫=(孫孫)永貸(保)是㝎(尚)。

57　季子康鎛

57.1

57.2

57.3

57.4

57.5

57.6A

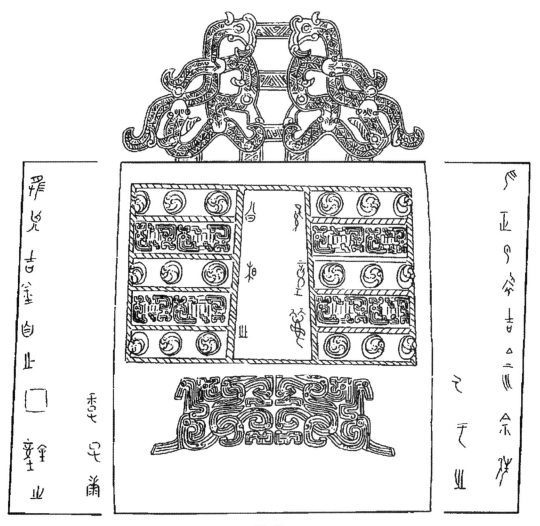

57.6B

57.7

器名：季子康鎛（季子康鎛戊、鐘離君柏季子康鎛鐘）
時代：春秋晚期
國族：鐘離
出土：2007年5月安徽省鳳陽縣卞莊一號春秋墓（M1:5）
現藏：鳳陽縣文物管理所
著錄：《考古與文物》2009年第3期第105頁圖五、第106頁圖七:11-3；《文物》2009年第8期第27頁；《鳳陽大東關與卞莊》圖七九至八三、彩版五四至五八；《安徽出土青銅器銘

文研究》42-5；《安徽文明史陳列》第118、119頁；《商周青銅器銘文暨圖像集成》15791

形制：同出鎛鐘五件。依形制大小次序，此爲第五件。銹蝕較重，保存完整。橢圓筒形，平口，鐘體正面和背面紋飾相同。空花扁鈕，呈梯形，上端窄下端寬。鈕分兩組相互對應，每組爲四條龍相互纏繞，龍身飾三角幾何紋。鈕未修復。鉦部呈梯形，上端窄下端寬，以凸弦紋分爲兩個區，每區又分五個小區，其中兩個小區内飾蟠螭紋，三個小區的每區内飾半圓乳丁三枚，每枚乳丁上又飾三小蛇。舞部前後兩個區飾蟠螭紋。鼓面飾由兩組蟠螭紋組合成的變形獸首紋。鐘體正、背兩面的鉦部、鐘體兩側和左右鼓角均鑄有銘文，鐘體正面銘文三十字，背面銘文三十三字。

度量：鐘體通高24.2釐米，中高16.7釐米，壁厚0.6～0.7釐米。鈕呈梯形狀，高7.4釐米，上寬4.6釐米，下寬14.3釐米，厚0.5釐米。橢圓形舞長徑14.3釐米，短徑11釐米。橢圓形平口長徑15釐米，短徑11.4釐米，口厚0.5～0.7釐米。鉦呈梯形狀，高8.7釐米，上寬2.7釐米，下寬3.6釐米。篆與枚區高8.7釐米，寬6.5釐米。鼓高7.2釐米，鼓間11.4釐米。重3.45千克。

字數：63（重文4）

釋文：

隹（唯）正月初吉丁亥，余比

乓（厥）于之

孫童（鐘）麗（離）

公柏之

季子［康］，

睪（擇）其吉金，自乍（作）龢（和）鐘之

鈗，鑐＝（穆穆）迥＝（和和），柏之季康是良，

台（以）從我

師行，台（以）

樂我甫（父）

［兑（兄），其釁（眉）

壽無］畺（疆），子＝（子子）孫＝（孫孫）永貲（保）是堂（尚）。

58 蔡侯㠯鐘

58.1

58.2　　　　　　　　　58.3　　　　　　　　　58.4

58.5A

58.5B

58.6A

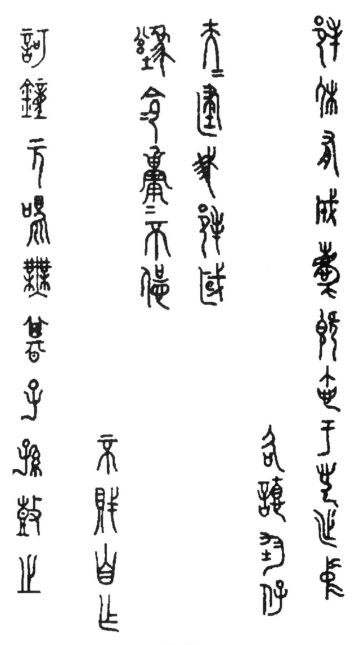

58.6B

器名：蔡侯𬯎鐘（蔡侯鈕鐘、蔡侯紳編鐘、蔡侯申歌鐘、蔡侯𬯎歌鐘甲）

時代：春秋晚期（蔡昭侯，公元前518年至公元前491年）

國族：蔡

出土：1955年5月安徽省壽縣城西門蔡侯墓（M31.1）

現藏：安徽博物院

著錄：《壽縣蔡侯墓出土遺物》圖版伍貳、伍叁；《考古學報》1956年第1期圖版貳；《陝西、江蘇、熱河、安徽、山西五省出土重要文物展覽圖錄》圖版五六；《金文總集》7125；《殷周金文集錄》866;《殷周金文集成》00210;《商周青銅器銘文選》590;《安徽省博物館藏青銅器》七七;《安徽省博物館》二四;《中國文物精華大辭典》(青銅卷)0775;《安徽出土金文訂補》七三;《安徽出土青銅器銘文研究》162－1;《安徽文明史陳列》第132、133頁;《商周青銅器銘文暨圖像集成》15533

形制:單鈕編鐘,同出九件,此爲最大的一件。長方鈕,兩面紋飾相同。鉦部飾六排十八個低矮的螺旋狀枚(有稱乳形枚)。舞、篆、鼓部飾蟠螭紋,於部微內曲,鈕飾三角紋組成的四方連續紋樣。兩面兩鼓和鉦間有銘文十二行八十二字。銘文"蔡侯"之下一字即蔡侯之名被鏟去。

度量:通高28.6釐米,甬高6釐米,舞修15.1釐米,舞廣11.1釐米,銑間17.4釐米,鼓間12.3釐米。重4.3千克。

字數:82(重文2、合文1)

釋文:
佳(唯)正五月初吉孟庚,蔡侯[䚟(申)]
曰:余唯(雖)末
少子,余非敢
寍(寧)忘(荒),有虔不
惕(易),輇(左)右楚
王,窜=(窜窜)䚟(爲)政,天命是遜,定均(君)庶
邦,休有成慶,既悥(聰)于心,延(誕)中
呼(厥)諡(德),均(君)仔(子)
夫=(大夫),建我邦國(國),
䚟(爲)令祗=(祗祗),不愆(愆)
不貳(貳),自乍(作)
訶(歌)鐘,元鳴無朞(期),子孫鼓之。

59 蔡侯𬭊鐘

59.1

安徽商周金文彙編

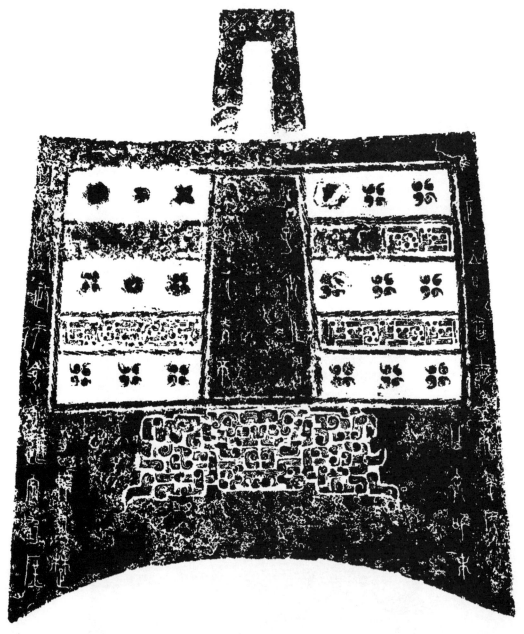

59.2A

59.2B

器名：蔡侯𬭚鐘（蔡侯鈕鐘、蔡侯申歌鐘、蔡侯𬭚歌鐘乙）

時代：春秋晚期（蔡昭侯，公元前518年至公元前491年）

國族：蔡

出土：1955年5月安徽省壽縣城西門蔡侯墓（M31.2）

現藏：中國國家博物館

著録：《壽縣蔡侯墓出土遺物》圖版伍肆、伍伍；《考古學報》1956年第1期圖版三；《金文總集》7126；《殷周金文集成》00211；《中國音樂文物大系》（北京卷）1:5:19；《安徽出土青銅器

銘文研究》162:2；《商周青銅器銘文暨圖像集成》15534

形制：單鈕編鐘，同出九件，依大小順序此爲第二件。長方鈕，兩面紋飾相同。鉦部飾六排十八個低矮的螺旋狀枚(有稱乳形枚)。舞、篆、鼓部飾蟠螭紋，於部微內曲，鈕飾三角紋組成的四方連續紋樣。兩面兩鼓和鉦間有銘文十二行八十二字。銘文"蔡侯"之下一字即蔡侯之名被鏟去。

度量：通高 26.7 釐米，銑間 16.2 釐米，鼓間 12.4 釐米。重 3.9 千克。

字數：82(重文 2、合文 1)

釋文：

佳(唯)正五月初吉孟庚,蔡侯[𩫖(申)]

曰：余唯(雖)未

少子,余非敢

寍(寧)忘(荒),有虔不

惕(易),輕(左)右楚

王,崔=(崔崔)鷪(爲)政,天命是遷,定均(君)庶

邦,休有成慶,既恩(聰)于心,延(誕)中

哔(厥)諡(德),均(君)仔(子)

夫=(大夫),建我邦國(國),

鷪(爲)令祇=(祇祇),不愆(愆)

不貳(貳),自乍(作)

訶(歌)鐘,元鳴無棋(期),子孫鼓之。

60 蔡侯🈳鐘

60.1

60.2

器名：蔡侯𧊒鐘（蔡侯鈕鐘、蔡侯申行鐘、蔡侯𧊒行鐘甲）
時代：春秋晚期（蔡昭侯，公元前518年至公元前491年）
國族：蔡
出土：1955年5月安徽省壽縣城西門蔡侯墓（M31.3）
現藏：安徽博物院
著錄：《壽縣蔡侯墓出土遺物》圖版伍陸、伍柒；《考古學報》1956年第1期圖版肆：3；《金文總集》7127；《殷周金文集錄》867；《殷周金文集成》00212；《安徽出土青銅器銘文研究》

162-3;《商周青銅器銘文暨圖像集成》15538

形制:單鈕編鐘,同出九件,依大小順序此爲第三件。長方鈕,兩面紋飾相同。鉦部飾六排十八個低矮的螺旋狀枚(有稱乳形枚)。舞、篆、鼓部飾蟠螭紋,於部微內曲,鈕飾三角紋組成的四方連續紋樣。鼓右有銘文兩行六字。

度量:通高 25 釐米,銑間 15.3 釐米,鼓間 11.7 釐米。重 3.45 千克。

字數:6

釋文:

蔡侯䍐(申)

之行鐘。

61 蔡侯龖鐘

61.1

61.2

器名：蔡侯𬭚鐘（蔡侯鈕鐘、蔡侯申行鐘、蔡侯𬭚行鐘乙）
時代：春秋晚期（蔡昭侯，公元前518年至公元前491年）
國族：蔡
出土：1955年5月安徽省壽縣城西門蔡侯墓（M31.4）
現藏：安徽博物院
著錄：《壽縣蔡侯墓出土遺物》圖版伍捌、伍玖；《考古學報》1956年第1期圖版肆：4；《金文總集》7128；《殷周金文集成》00213；《安徽出土青銅器銘文研究》162-4；《商周青銅器銘文

暨圖像集成》15539

形制：單鈕編鐘，同出九件，依大小順序此爲第四件。長方鈕，兩面紋飾相同。鉦部飾六排十八個低矮的螺旋狀枚（有稱乳形枚）。舞、篆、鼓部飾蟠螭紋，於部微內曲，鈕飾三角紋組成的四方連續紋樣。鼓右有銘文兩行六字。

度量：通高 23.3 釐米，銑間 13.9 釐米，鼓間 10.4 釐米。重 3.2 千克。

字數：6

釋文：

蔡侯䚘（申）

之行鐘。

62 蔡侯🈔🈔鐘

62.1

62.2

器名：蔡侯龖鐘（蔡侯鈕鐘、蔡侯申行鐘、蔡侯龖行鐘丙）
時代：春秋晚期（蔡昭侯，公元前518年至公元前491年）
國族：蔡
出土：1955年5月安徽省壽縣城西門蔡侯墓（M31.5）
現藏：安徽博物院
著錄：《壽縣蔡侯墓出土遺物》圖版陸拾、陸壹；《金文總集》7129；《殷周金文集成》00214；《安徽出土青銅器銘文研究》162－5；《商周青銅器銘文暨圖像集成》15540

形制:單鈕編鐘,同出九件,依大小順序此爲第五件。長方鈕,兩面紋飾相同。鉦部飾六排十八個低矮的螺旋狀枚(有稱乳形枚)。舞、篆、鼓部飾蟠螭紋,於部微內曲,鈕飾三角紋組成的四方連續紋樣。鼓右有銘文一行三字。

度量:通高 21.6 釐米,銑間 13.1 釐米,鼓間 9.9 釐米。重 3.25 千克。

字數:3

釋文:

蔡侯龖(申)。

63 蔡侯䪫鐘

63.1

63.2

器名：蔡侯龖鐘（蔡侯鈕鐘、蔡侯申行鐘、蔡侯龖行鐘丁）
時代：春秋晚期（蔡昭侯，公元前518年至公元前491年）
國族：蔡
出土：1955年5月安徽省壽縣城西門蔡侯墓（M31.6）
現藏：安徽博物院

著録:《壽縣蔡侯墓出土遺物》圖版陸貳、陸叁;《金文總集》7130;《殷周金文集成》00215;《安徽出土青銅器銘文研究》162－6;《商周青銅器銘文暨圖像集成》15541

形制:單鈕編鐘,同出九件,依大小順序此爲第六件。長方鈕,兩面紋飾相同。鉦部飾六排十八個低矮的螺旋狀枚(有稱乳形枚)。舞、篆、鼓部飾蟠螭紋,於部微內曲,鈕飾三角紋組成的四方連續紋樣。鼓右有銘文一行三字。

度量:通高 20.7 釐米,銑間 12 釐米,鼓間 8.9 釐米。重 2.2 千克。

字數:3

釋文:

之行鐘。

64 蔡侯𩦧鐘

64.1

64.2

64.3

器名：蔡侯𬬮鐘（蔡侯鈕鐘、蔡侯申歌鐘、蔡侯𬬮歌鐘戊）

時代：春秋晚期（蔡昭侯，公元前518年至公元前491年）

國族：蔡

出土：1955年5月安徽省壽縣城西門蔡侯墓（M31.7）

現藏：安徽博物院

著錄：《壽縣蔡侯墓出土遺物》圖版陸肆、陸伍；《金文總集》7131；《殷周金文集成》00216；《安徽出土青銅器銘文研究》162－7；《商周青銅器銘文暨圖像集成》15537

形制:單鈕編鐘,同出九件,依大小順序此爲第七件。長方鈕,兩面紋飾相同。鉦部飾六排十八個低矮的螺旋狀枚(有稱乳形枚)。舞、篆、鼓部飾蟠螭紋,於部微内曲,鈕飾三角紋組成的四方連續紋樣。兩鼓右有銘文共四行二十字。

度量:通高 19.2 釐米,銑間 11.6 釐米,鼓間 8.5 釐米。重 1.8 千克。

字數:20(重文 1)

釋文:

鵙(爲)令祗₌(祗祗),不愆(愆)不貳(貳),[自乍(作)]

訶(歌)鐘,元鳴無朞(期),子孫鼓之。

65 蔡侯𩰤鐘

65.1

65.2

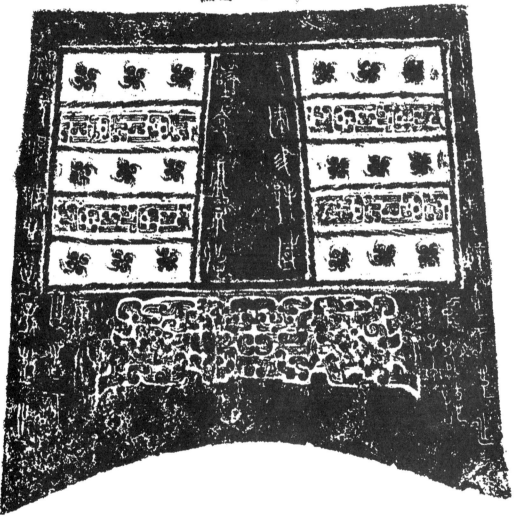

65.3

器名：蔡侯🅰🅱鐘（蔡侯鈕鐘、蔡侯申歌鐘、蔡侯🅰🅱歌鐘丙）
時代：春秋晚期（蔡昭侯，公元前518年至公元前491年）
國族：蔡
出土：1955年5月安徽省壽縣城西門蔡侯墓（M31.8）
現藏：安徽博物院
著録：《壽縣蔡侯墓出土遺物》圖版陸陸、陸柒；《考古學報》1956年第1期圖版肆·1、肆·2；《金文總集》7132；《殷周金文集成》00217；《安徽出土青銅器銘文研究》162－8；《商周青銅器銘文暨圖像集成》15535

形制：單鈕編鐘，同出九件，依大小順序此爲第八件。長方鈕，兩面紋飾相同。鉦部飾六排十八個低矮的螺旋狀枚（有稱乳形枚）。舞、篆、鼓部飾蟠螭紋，於部微内曲，鈕飾三角紋組成的四方連續紋樣。兩面兩鼓和鉦間有銘文十二行八十二字。銘文"蔡侯"之下一字即蔡侯之名被鏟去。

度量：通高 18.3 釐米，銑間 11.1 釐米，鼓間 8.2 釐米。重 1.65 千克。

字數：82（重文 2、合文 1）

釋文：

隹（唯）正五月初吉孟庚，蔡侯［龖（申）］

曰：余唯（雖）末

少子，余非敢

寍（寧）忘（荒），有虔不

惕（易），輕（左）右楚

王，窜=（窜窜）䎽（爲）政，天命是遲，定均（君）庶

邦，休有成慶，既䎽（聰）于心，延（誕）中

㽙（厥）諰（德），均（君）仔（子）

夫=（大夫），建我邦國（國），

䎽（爲）令祗=（祗祗），不愆（愆）

不貳（忒），自乍（作）

訶（歌）鐘，元鳴無䇞（期），子孫鼓之。

66 蔡侯䚦鐘

66.1

66.2

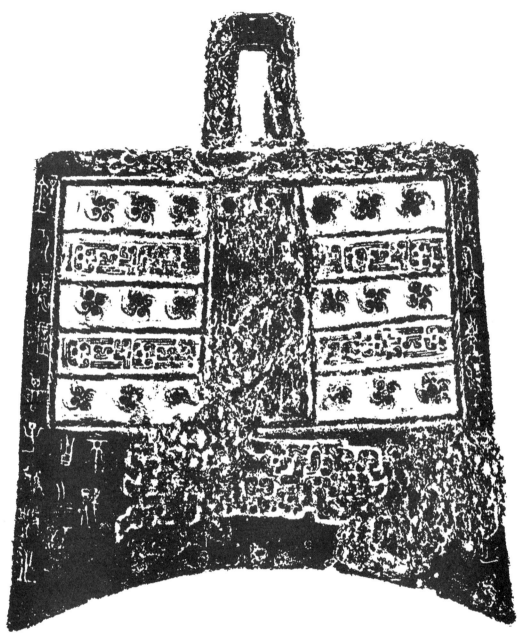

66.3

器名：蔡侯𬭚鐘（蔡侯鈕鐘、蔡侯申歌鐘、蔡侯𬭚歌鐘丁）

時代：春秋晚期（蔡昭侯，公元前518年至公元前491年）

國族：蔡

出土：1955年5月安徽省壽縣城西門蔡侯墓（M31.9）

現藏：安徽博物院

著錄：《壽縣蔡侯墓出土遺物》圖版陸捌、陸玖；《金文總集》7133；《殷周金文集成》00218；《安徽出土青銅器銘文研究》162－9；《商周青銅器銘文暨圖像集成》15536

形制:單鈕編鐘,同出九件,大小順序此爲第九件。長方鈕,兩面紋飾相同。鉦部飾六排十八個低矮的螺旋狀枚(有稱乳形枚)。舞、篆、鼓部飾蟠螭紋,於部微內曲,鈕飾三角紋組成的四方連續紋樣。兩面兩鼓和鉦間有銘文十二行八十二字。銘文"蔡侯"之下一字即蔡侯之名被鏟去。

度量:通高16.3釐米,甬高3.5釐米,舞修8.5釐米,舞廣6釐米,銑間10釐米,鼓間7.5釐米。重1.35千克。

字數:82(重文2、合文1)

釋文:

佳(唯)正五月初吉孟庚,蔡侯[䍒(申)]

曰:余唯(雖)末

少子,余非敢

寍(寧)忘(荒),有虔不

惕(易),軝(左)右楚

王,崔=(崔崔)䍒(爲)政,天命是逞,定均(君)庶

邦,休有成慶,既恖(聰)于心,延(誕)中

啨(厥)譓(德),均(君)仔(子)

夫=(大夫),建我邦或(國),

䍒(爲)令祇=(祇祇),不愆(愆)

不貮(忒),自乍(作)

訶(歌)鐘,元鳴無朞(期),子孫鼓之。

67 蔡侯䟊鎛

67.1

安徽商周金文彙編

67.2

67.3

器名：蔡侯❐鎛（蔡侯鎛、蔡侯❐編鎛、蔡侯❐鎛甲）
時代：春秋晚期（蔡昭侯，公元前518年至公元前491年）

國族:蔡

出土:1955年5月安徽省壽縣城西門蔡侯墓(M30.3)

現藏:安徽博物院

著錄:《壽縣蔡侯墓出土遺物》圖版肆肆、肆伍;《金文總集》7134、7205;《殷周金文集成》00219;《中國文物精華大辭典》(青銅卷)0774;《安徽出土金文訂補》七四:一;《中國音樂文物大系》(北京卷)1:5:18;《安徽出土青銅器銘文研究》163;《商周青銅器銘文暨圖像集成》15820

形制:此套編鎛共八件,大小相次。依大小順序,此爲第三枚。鏤空複鈕。舞、篆、鼓部飾蟠螭紋,兩面紋飾相同。于口平齊,鉦部飾六排十八個短圓枚(有稱螺旋枚)。兩面鼓部和鉦間有銘文十二行八十二字,銘文"蔡侯"之下一字即蔡侯之名被鏟去。

度量:通高38.5釐米,銑間25釐米,鼓間19.5釐米。重10.25千克。

說明:此組編鎛共八件,以往著録共收録其中四件,其餘四件銘文模糊不清,故未録。《安徽出土金文訂補》無拓片,僅收著録資訊。

字數:82(重文2、合文1)

釋文:

隹(唯)正五月初吉孟庚,蔡侯[䚇(申)]

曰:余唯(雖)末

少子,余非敢

寍(寧)忘(荒),有虔不

惕(易),輭(左)右楚

王,窟=(窟窟)䚇(爲)政,天命是遥,定均(君)庶

邦,休有成慶,既悤(聰)于心,延(誕)中

嘑(厥)諰(德),均(君)仔(子)

夫=(大夫),建我邦國(國),

䚇(爲)令祗=(祗祗),不愆(愆)

不貣(忒),自乍(作)

訶(歌)鐘,元鳴無碁(期),子孫鼓之。

68 蔡侯🅇鎛

68.1

68.2

68.3

器名：蔡侯☗鎛（蔡侯鎛、蔡侯☗编鎛、蔡侯☗鎛乙）
時代：春秋晚期（蔡昭侯，公元前 518 年至公元前 491 年）

國族:蔡
出土:1955 年 5 月安徽省壽縣城西門蔡侯墓(M30.4)
現藏:安徽博物院
著錄:《壽縣蔡侯墓出土遺物》圖版肆陸、肆柒;《金文總集》7206;《殷周金文集成》00220;《安徽出土金文訂補》七四:二;《安徽出土青銅器銘文研究》163;《商周青銅器銘文暨圖像集成》15821
形制:此套編鎛共八件,大小相次。依大小順序,此爲第四枚。鏤空複鈕。舞、篆、鼓部飾蟠螭紋,兩面紋飾相同。于口平齊,鉦部飾六排十八個短圓枚(有稱螺旋枚)。兩面鼓部和鉦間有銘文十二行八十二字,銘文"蔡侯"之下一字即蔡侯之名被鏟去。
度量:通高 36.5 釐米,銑間 23.5 釐米,鼓間 18.5 釐米。重 8.8 千克。
說明:《安徽出土金文訂補》無拓片,僅收著錄資訊。
字數:82(重文 2、合文 1)
釋文:
佳(唯)正五月初吉孟庚,蔡侯[䚻(申)]
曰:余唯(雖)末
少子,余非敢
寍(寧)忘(荒),有虔不
惕(易),輊(左)右楚
王,雈=(雈雈)鴋(爲)政,天命是遷,定均(君)庶
邦,休有成慶,既恖(聰)于心,延(誕)中
厥(厥)諰(德),均(君)仔(子)
夫=(大夫),建我邦國(國),
鴋(爲)令祇=(祇祇),不愆(愆)
不貳(貳),自乍(作)
訶(歌)鐘,元鳴無諆(期),子孫鼓之。

69 蔡侯䚄鎛

69.1

69.2

69.3

器名：蔡侯𬯀鎛（蔡侯鎛、蔡侯𬯀編鎛、蔡侯𬯀鎛丙）

時代：春秋晚期（蔡昭侯，公元前 518 年至公元前 491 年）

國族:蔡

出土:1955年5月安徽省壽縣城西門蔡侯墓(M30.6)

現藏:安徽博物院

著錄:《壽縣蔡侯墓出土遺物》圖版肆捌、肆玖;《考古學報》1956年第1期圖版壹;《金文總集》7207;《殷周金文集成》00221;《安徽出土金文訂補》七四·三;《安徽出土青銅器銘文研究》163;《商周青銅器銘文暨圖像集成》15822

形制:此套編鎛共八件,大小相次。依大小順序,此爲第六枚。鏤空複鈕。舞、篆、鼓部飾蟠螭紋,兩面紋飾相同。于口平齊,鉦部飾六排十八個短圓枚(有稱螺旋枚)。兩面鼓部和鉦間有銘文十二行八十二字,銘文"蔡侯"之下一字即蔡侯之名被鏟去。

度量:通高33.2釐米,銑間22釐米,鼓間16.6釐米。重7.9千克。

說明:《安徽出土金文訂補》無拓片,僅收著錄資訊。

字數:82(重文2、合文1)

釋文:

隹(唯)正五月初吉孟庚,蔡侯[䲣(申)]

曰:余唯(雖)末

少子,余非敢

寍(寧)忘(荒),有虔不

惕(易),輭(左)右楚

王,窨=(窨窨)䚽(爲)政,天命是遲,定均(君)庶

邦,休有成慶,既恩(聰)于心,延(誕)中

唔(厥)諥(德),均(君)仔(子)

夫=(大夫),建我邦國(國),

䚽(爲)令祇=(祇祇),不愆(愆)

不貮(貳),自乍(作)

訶(歌)鐘,元鳴無碁(期),子孫鼓之。

70 蔡侯𧊒鎛

70.1

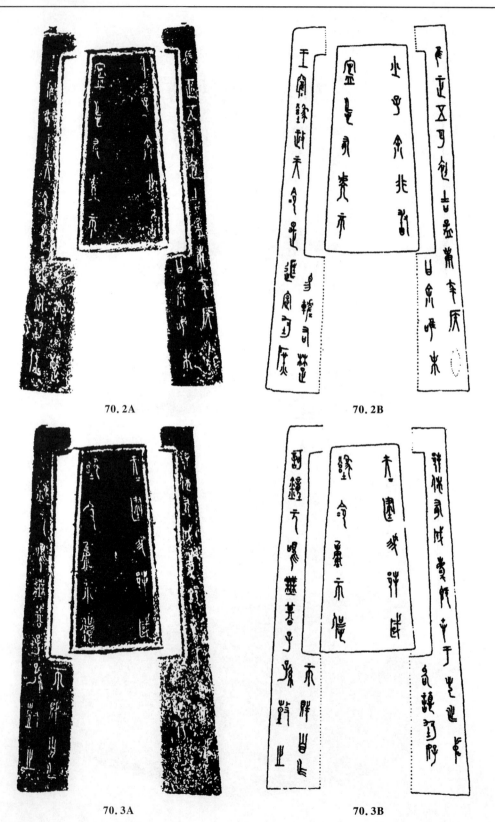

70.2A   70.2B

70.3A   70.3B

器名：蔡侯🀰鎛（蔡侯鎛、蔡侯🀰編鎛、蔡侯🀰鎛丁）
時代：春秋晚期（蔡昭侯，公元前 518 年至公元前 491 年）
國族：蔡
出土：1955 年 5 月安徽省壽縣城西門蔡侯墓（M30.7）
現藏：安徽博物院
著錄：《壽縣蔡侯墓出土遺物》圖版伍拾、伍壹；《陝西、江蘇、熱河、安徽、山西五省出土重要文物展覽圖錄》圖版五四；《金文總集》7208；《殷周金文集成》00222；《安徽省博物館藏青銅器》七八；《安徽省博物館》二五；《安徽出土金文訂補》七四：四；《安徽出土青銅器銘文研究》163；《商周青銅器銘文暨圖像集成》15823
形制：此套編鎛共八件，大小相次。依大小順序，此爲第七枚。鏤空複鈕。舞、篆、鼓部飾蟠螭紋，兩面紋飾相同。于口平齊，鉦部飾六排十八個短圓枚（有稱螺旋枚）。兩面鼓部和鉦間有銘文十二行八十二字，銘文"蔡侯"之下一字即蔡侯之名被鏟去。
度量：通高 31.2 釐米，鈕高 9 釐米，舞修 16.5 釐米，舞廣 13.3 釐米，銑間 19.3 釐米，鼓間 16.4 釐米。重 7.15 千克。
字數：82（重文 2、合文 1）
釋文：
隹（唯）正五月初吉孟庚，蔡侯［🀰（申）］
曰：余唯（雖）末
少子，余非敢
寍（寧）忘（荒），有虔不
惕（易），䡈（左）右楚
王，𨖷=（𨖷𨖷）䳄（爲）政，天命是遟，定均（君）庶
邦，休有成慶，既恩（聰）于心，延（誕）中
𠦪（厥）諐（德），均（君）仔（子）
夫=（大夫），建我邦國（國），
䳄（爲）令祗=（祗祗），不愆（愆）
不貳（貳），自乍（作）
訶（歌）鐘，元鳴無碁（期），子孫鼓之。

71　旨揚鎛

71.1

71.2　　　　　　　　　　　71.3　　　　　　　　　　　71.4

器名:旨揚鎛(蟠螭紋鎛鐘)
時代:春秋
出土:20世紀80年代肥西縣城西橋鄉偶崗村刺墩遺址
現藏:肥西縣文物管理所
著録:《肥西縣志》第524頁(無拓片);《安徽江淮地區商周青銅器》166

形制:扁鈕爲伏獸形,由八條螭獸組成,兩兩對峙。篆部、舞部和隧部飾蟠虺紋,鼓部兩側各伸出三條彎曲向前平視的三獸首,十八隻螺旋形小圓枚分三排綴于兩邊篆間,枚間無地紋,鎮部呈梯形。口平微内斜,左右兩銑及鎮部間有陰刻銘文四行十五字。銘文字細長形,反書,四行首字處有銹蝕斑痕。

度量:通高27.3釐米,舞部長15.3釐米,舞部寬12.6釐米,于部長18.6釐米,于部寬14.2釐米,枚高0.5釐米,口沿壁厚1.15釐米。重4.9千克。

説明:《安徽江淮地區商周青銅器》度量通高爲26.8釐米。

字數:15

釋文:

韓告公之子

旨(稽)揚羃(擇)

其吉金,

吕(以)鑄祭鐘。

72 北句鑃

72.1

72.2

器名:北句鑃

時代:春秋

出土:安徽省廣德縣高湖鄉張家大村

現藏:廣德縣文物管理所

著録:《皖南商周青銅器》81;《安徽館藏珍寶》045 乙組句鑃 3;《安徽出土青銅器銘文研究》217

形制:形體厚重,器身扁圓,全身素面沒有裝飾花紋。器壁較厚。口部內凹。柄爲扁方形實體。根部有紋飾。

度量:通高 40 釐米,甬長 16.4 釐米,銑間 14.8 釐米,鼓間 10.1 釐米,舞修 12 釐米,舞廣 8.8 釐米。

說明:《皖南商周青銅器》認爲"✸"爲紋飾。按,銘文應是"北"字。

字數:1

釋文:

北。

73 喬君鉦

73.1

73.2

器名:喬君鉦(嵩君鉦、喬君鉦鍼、無者俞鉦鍼、高君作無者俞鉦)

時代:春秋晚期

國族:許

出土:1962年4月安徽省宿縣許村公社蘆古城子遺址(今宿州市埇橋區桃園鎮蘆城孜村)

現藏:安徽博物院

著録:《文物》1964年第7期第30頁圖二、第31頁圖四、第32頁圖五;《金文總集》0730;《殷周金文集録》878;《殷周金文集成》00423;《商周青銅器銘文選》613;《安徽省博物館藏青銅器》五二;《安徽出土金文訂補》九四、彩版伍:二;《安徽出土青銅器銘文研究》1;《商周青銅器銘文暨圖像集成》15987

形制:素面無飾,無枚無篆。甬中部有穿,舞平,銑尖,于部内收成弧形。腹一面有銘文八行三十三字,重文一字。

度量:通高25釐米,甬長8.8釐米,舞修12釐米,舞廣9.3釐米,銑間15.2釐米,鼓間12釐米。重3.2千克。

字數:33(重文1)

釋文:

喬君淲虘

與朕㠯(以)贏

乍(作)無者俞寶鉦鋙(鐸),

其萬年用

享(享)用考(孝),用

旂(祈)覭(眉)壽,子=(子子)

孫(孫孫),永寶用之。

74 鼎

74.1

74.2

器名：鼎（獸首紋鼎、春秋環帶紋銅鼎、春秋交龍紋鼎、龍紋鼎）
時代：春秋晚期
出土：1987年安徽省桐城縣（今桐城市）範崗鎮

現藏:桐城市博物館

著録:《文物研究》第六輯第 180 頁圖二〇:9、第 182 頁圖二四:2;《新出殷周青銅器銘文整理與研究》221;《桐城文物精華》第 294 頁;《安徽出土青銅器銘文研究》212;《安徽江淮地區商周青銅器》096

形制:沿耳外侈,圓口,方唇,鼓腹,圓底,三蹄足。腹飾龍紋和一周凸弦紋,鼎底有三角形鑄縫。內底有銘文一字。

度量:通高 25.8 釐米,口徑 28.3 釐米,腹深 10.7 釐米,腹圍 81 釐米,足高 11.1 釐米。

說明:

字數:1

釋文:

□。

75 蔡侯𨟛鼎

75.1

75.2

器名：蔡侯𦉢鼎（蔡侯鼎、蔡侯紳鼎、蔡侯申鼎、蔡侯銅鼎鼎）

時代：春秋晚期（蔡昭侯，公元前518年至公元前491年）

國族：蔡

出土：1955年5月安徽省壽縣城西門蔡侯墓（M2.1）

流傳：安徽省博物館舊藏

現藏：中國國家博物館

著錄：《壽縣蔡侯墓出土遺物》圖版肆、叁壹：2、柒捌；《陝西、江蘇、熱河、安徽、山西五省出土重要文物展覽圖錄》圖版三八；《金文總集》0831；《殷周金文集成》02215；《商周青銅器銘文選》592；《中國青銅器全集》(7)六二；《中國文物精華大辭典》(青銅卷)0629；《安徽出土金文訂補》五六、彩版三：一；《楚文物圖典》第11頁；《中國美術全集》(青銅器)(三)第789頁；《中國古代青銅器藝術》053；《安徽出土青銅器銘文研究》167－1；《商周青銅器銘文暨圖像集成》01578

形制：侈口，平唇外折。口沿置長方形兩耳，外侈。斜頸，淺腹，束腰，平底。腹部置獸形扉棱六道。三獸足較粗短，足根部飾獸面紋。器外壁飾蟠虺紋。內壁鑄銘文兩行六字。

度量：通高46.5釐米，口徑44釐米，腹圍14.2釐米，耳高13釐米，足高16釐米。重18.6千克。

說明：出土七件。依次略小，均殘破。最大通高52釐米，最小通高12釐米。有銘文者三件，其他四件銘文部分殘缺。

字數：6

釋文：

蔡侯𦉢（申）

之鷈鼎。

75.3

76　蔡侯𪓐鼎

76.1　　　　　　　　　　　　　　76.2

器名：蔡侯𪓐鼎（蔡侯銅鼎、蔡侯申鼒）
時代：春秋晚期（蔡昭侯，公元前518年至公元前491年）
國族：蔡
出土：1955年5月安徽省壽縣城西門蔡侯墓
流傳：安徽省博物館舊藏
現藏：中國國家博物館
著錄：《中華人民共和國出土文物展》補 Coll. 7；《中國古代青銅器藝術》053
形制：侈口，平唇外折。口沿置長方形兩耳，外侈。淺腹，束腰，平底，腹部置六棱脊。三獸足較粗短，足根部飾獸面紋。器外壁飾蟠虺紋。內壁鑄銘文兩行六字。
字數：6
釋文：
蔡侯𪓐（申）
之䵼鼒。

77　蔡侯䑟鼎

77.1

77.2

器名：蔡侯䑟鼎（蔡侯殘鼎、蔡侯申殘鼎、蔡侯䑟殘鼎）
時代：春秋晚期（蔡昭侯，公元前518年至公元前491年）
國族：蔡
出土：1955年5月安徽省壽縣城西門蔡侯墓
流傳：安徽省博物館舊藏
現藏：中國國家博物館
著錄：《殷周金文集成》02226；《中國古代青銅器藝術》053；《安徽出土青銅器銘文研究》167－3；《商周青銅器銘文暨圖像集成》01590

形制：侈口，平脣外折。口沿置長方形兩耳，外侈。淺腹，束腰，平底，腹部置六棱脊。三獸足較粗短，足根部飾獸面紋。器外壁飾蟠虺紋。内壁鑄銘文兩行六字。

説明：銘文殘缺。

字數：6

釋文：

蔡侯䑟（申）

之［䇇鼎］。

78 蔡侯䚄鼎

78.1　　　　　　　　　　　　　　　78.2

器名:蔡侯䚄鼎(蔡侯鼎、蔡侯紳鼎、蔡侯申鼎、蔡侯申鼎)
時代:春秋晚期(蔡昭侯,公元前518年至公元前491年)
國族:蔡
出土:1955年5月安徽省壽縣城西門蔡侯墓(M1)
現藏:中國國家博物館
著錄:《中華文物集成》(首輯)(第一册)(銅器)貳捌;《壽縣蔡侯墓出土遺物》圖版叁、叁壹:1、柒陸、柒柒;《陝西、江蘇、熱河、安徽、山西五省出土重要文物展覽圖錄》圖版三七;《新中國的考古收穫》圖版肆玖:1;《中華人民共和國出土文物展》補 Coll.6;《商周銅器群綜合研究》圖版67.2~3;《金文總集》0830;《殷周金文集錄》851;《殷周金文集成》02216;《商周青銅器銘文選》591;《中國文物精華大辭典》(青銅卷)0628;《安徽出土金文訂補》五五;《中國古代

青銅器藝術》055;《安徽出土青銅器銘文研究》166;《商周青銅器銘文暨圖像集成》01579

形制:出土時已殘破,後修復。蓋上有六柱圈頂及三圓圈,圓底,底有黑烟痕迹,獸面紋膝,三蹄足。蓋内有銘文兩行六字,腹内銘文殘存一字。

度量:通高 69.7 釐米,高至口 55.3 釐米,口徑 62 釐米,腹圍 197 釐米,腹深 38 釐米,耳高 21 釐米,足高 36 釐米。

字數:6

釋文:

蔡侯🅧(申)

之飤鼒。

79　蔡侯䚄鼎

79.1

79.2

79.3

器名:蔡侯龘鼎(蔡侯鼎、蔡侯紳鼎、蔡侯申鼎、蔡侯銅伩鼎)
時代:春秋晚期(蔡昭侯,公元前518年至公元前491年)
國族:蔡
出土:1955年5月安徽省壽縣城西門蔡侯墓(M3.1)
現藏:安徽博物院
著錄:《安徽省博物館籌備處所藏楚器圖錄》(六三);《壽縣蔡侯墓出土遺物》圖版伍:1、叁壹:3(蓋銘)、叁貳:1(器銘);《考古學報》1956年第2期第95頁;《陝西、江蘇、熱河、安徽、山西五省出土重要文物展覽圖錄》圖版三九;《殷周金文集成》02217;《殷周金文集錄》853;《商周青銅器銘文選》593;《安徽省博物館藏青銅器》六三;《中國青銅器全集》(7)六二;《安徽出土金文訂補》五四、圖版一八:1;《楚文物圖典》第11頁;《中國美術全集》(青銅器)(三)第794頁;《安徽文明史陳列》第134、135頁;《安徽出土青銅器銘文研究》165-1;《商周青銅器銘文暨圖像集成》01580

形制:附耳,深腹,圓底。平蓋,蓋上置有三環鈕,中有鼻鈕銜環的捉手。腹上部有一道凸弦紋,腹下側置三個細高蹄足,足根部飾獸面紋。蓋和腹內均有銘文兩行六字。

度量:通高48.5釐米,口徑35.5釐米,腹圍11.2釐米,耳高15釐米,足高26釐米。重16.43千克。

說明:《壽縣蔡侯墓出土遺物》謂"鼎共九件(3.1～3.9),均殘破,已修復較大的三件",報告只發表了其中的3.1,其餘的幾件,情況不詳。陳夢家先生曰:"有蓋,六器成三對,大小不同,最大的一對(高48.5釐米),蓋器銘6字;其它三器不成對,大小不同。"(陳夢家:《壽縣蔡侯墓出土銅器》,《考古學報》,1956年第2期,第95頁。)

字數:12(蓋6,腹6)
釋文:
蓋:
蔡侯龘(申)
之伩鼎(鼎)。
腹:
蔡侯龘(申)
之伩鼎(鼎)。

80　蔡侯𰴡鼎

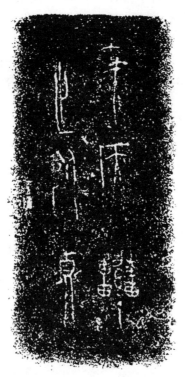

80.1

器名:蔡侯𰴡鼎(蔡侯殘鼎、蔡侯申殘鼎)
時代:春秋晚期(蔡昭侯,公元前518年至公元前491年)
國族:蔡
出土:1955年5月安徽省壽縣城西門蔡侯墓
現藏:安徽博物院
著錄:《殷周金文集成》02218;《安徽出土青銅器銘文研究》165-2;《商周青銅器銘文暨圖像集成》01581
說明:中國社會科學院考古研究所藏蔡侯墓殘鼎銘文拓本共十二紙,選用銘文完整清晰者八紙,有器,有蓋,器蓋搭配情況已不詳。(《殷周金文集成》)
字數:6
釋文:
蔡侯𰴡(申)
之飤鼎(鼎)。

81　蔡侯■鼎

81.1

器名：蔡侯■鼎（蔡侯殘鼎、蔡侯申殘鼎）
時代：春秋晚期（蔡昭侯，公元前518年至公元前491年）
國族：蔡
出土：1955年5月安徽省壽縣城西門蔡侯墓
現藏：安徽博物院
著錄：《殷周金文集成》02219；《安徽出土青銅器銘文研究》165－3；《商周青銅器銘文暨圖像集成》01582
字數：6
釋文：
蔡侯■（申）
之飤鼎（鼎）。

82　蔡侯𦉢鼎

82.1

器名：蔡侯𦉢鼎（蔡侯殘鼎、蔡侯申殘鼎）
時代：春秋晚期（蔡昭侯，公元前518年至公元前491年）
國族：蔡
出土：1955年5月安徽省壽縣城西門蔡侯墓
現藏：安徽博物院
著錄：《殷周金文集成》02220；《安徽出土青銅器銘文研究》165－4；《商周青銅器銘文暨圖像集成》01583
字數：6
釋文：
蔡侯𦉢（申）
之飤鼎（鼎）。

83 蔡侯䤔鼎

83.1

器名：蔡侯䤔鼎（蔡侯殘鼎、蔡侯申殘鼎）
時代：春秋晚期（蔡昭侯，公元前518年至公元前491年）
國族：蔡
出土：1955年5月安徽省壽縣城西門蔡侯墓
現藏：安徽博物院
著錄：《殷周金文集成》02225；《安徽出土青銅器銘文研究》167－2；《商周青銅器銘文暨圖像集成》01589
字數：6
釋文：
蔡侯䤔（申）
之飤鼎。

84　蔡侯𦅫鼎蓋

84.1

器名：蔡侯𦅫鼎蓋（蔡侯殘鼎蓋、蔡侯申殘鼎蓋）

時代：春秋晚期（蔡昭侯，公元前518年至公元前491年）

國族：蔡

出土：1955年5月安徽省壽縣城西門蔡侯墓

現藏：安徽博物院

著錄：《殷周金文集成》02221；《安徽出土青銅器銘文研究》165－5；《商周青銅器銘文暨圖像集成》01584

形制：殘損。

字數：6

釋文：

蔡侯𦅫（申）

之飤䵼（鼎）。

85　蔡侯⿱䖝䖝鼎蓋

85.1

器名：蔡侯⿱䖝䖝鼎蓋（蔡侯殘鼎蓋、蔡侯紳殘鼎蓋、蔡侯申殘鼎蓋）
時代：春秋晚期（蔡昭侯，公元前518年至公元前491年）
國族：蔡
出土：1955年5月安徽省壽縣城西門蔡侯墓
現藏：安徽博物院
著錄：《殷周金文集成》02222；《安徽出土青銅器銘文研究》168－1；《商周青銅器銘文暨圖像集成》01585
形制：殘損。
字數：6
釋文：
蔡侯⿱䖝䖝（申）
之頭鼎（鼎）。

86　蔡侯䲅鼎蓋

86.1

器名：蔡侯䲅鼎蓋（蔡侯鼎蓋、蔡侯紳之頵鼎蓋、蔡侯申鼎蓋）
時代：春秋晚期（蔡昭侯，公元前 518 年至公元前 491 年）
國族：蔡
出土：1955 年 5 月安徽省壽縣城西門蔡侯墓
現藏：安徽博物院
著錄：《安徽出土金文訂補》57；《商周青銅器銘文暨圖像集成》01588
說明：銘文著錄僅見摹本。依出土蔡侯䲅鼎蓋銘文體例，原銘文應當爲兩行。
字數：6
釋文：
蔡侯䲅（申）
之頵鼎（鼎）。

87 蔡侯䤞鼎蓋

87.1

器名:蔡侯䤞鼎蓋(蔡侯殘鼎蓋、蔡侯申殘鼎蓋)
時代:春秋晚期(蔡昭侯,公元前518年至公元前491年)
國族:蔡
出土:1955年5月安徽省壽縣城西門蔡侯墓
現藏:安徽博物院
著錄:《殷周金文集成》02223;《安徽出土青銅器銘文研究》168－2;《商周青銅器銘文暨圖像集成》01586
形制:殘損。
字數:6
釋文:
蔡侯䤞(申)
之頭鼎(鼎)。

88 蔡侯𰯼鼎蓋

88.1

器名：蔡侯𰯼鼎蓋（蔡侯殘鼎蓋、蔡侯申殘鼎蓋）
時代：春秋晚期（蔡昭侯，公元前518年至公元前491年）
國族：蔡
出土：1955年5月安徽省壽縣城西門蔡侯墓
現藏：安徽博物院
著錄：《殷周金文集成》02224；《安徽出土青銅器銘文研究》168－3；《商周青銅器銘文暨圖像集成》01587
形制：殘損。
字數：6
釋文：
［蔡侯］𰯼（申）
［之𩡧］鼎（鼎）。

89　子湯鼎

89.1

89.2

器名：子湯鼎（子湯簋、襄脽子湯鼎、子湯蓋鼎）

時代：春秋晚期

國族：楚

出土：1986年春安徽省六安市九里溝鄉九里溝村牛尾巴崗

流傳：安徽省皖西博物館徵集。

現藏：皖西博物館

著錄：《文物研究》第2期圖版壹：1、第39頁；《南方文物》1997年第4期第55頁圖七、圖一；《安徽出土金文訂補》一二一；《新收殷周青銅器銘文暨器影彙編》1310；《新出殷周青銅器銘文整理與研究》540；《近出殷周金文集錄二編》285；《安徽出土青銅器銘文研究》43；《商周青銅器銘文暨圖像集成》02039；《安徽江淮地區商周青銅器》094

形制：器蓋與身扣合。圓形蓋，平頂，直壁，頂中央立一小環鈕。器身直口，扁鼓形腹，三蹄足有趾、上部各有造型不同的獸首，腹中部以等間距飾凸弦紋三周，並有對稱的鏤空獸首半環耳。耳、足與器身系分鑄焊接，底外布滿烟炱，三足分襠處各有豎綫鑄痕一道。豐肩，肩部有陰刻銘文十四字。

度量：殘高21釐米，口徑13釐米，腹徑25.2釐米。重4.5千克。

說明：出土時三足均被挖殘，後修復。

字數：14（重文2）

釋文：

襄脽（助）子湯之䰞（煮），子=（子子）孫=（孫孫）永寶用之。

89.3

90 蔡侯🗚簋

90.1

90.2A（蓋）　　　90.2B（蓋）　　　90.3（腹）

器名：蔡侯龖簋（蔡侯申簋、蔡侯紳簋、蔡侯簋、蔡侯銅簋）
時代：春秋晚期（蔡昭侯，公元前518年至公元前491年）
國族：蔡
出土：1955年5月安徽省壽縣城西門蔡侯墓（M10.1）
現藏：安徽博物院
著錄：《壽縣蔡侯墓出土遺物》圖版伍：2、圖版叁叁：1、圖版捌拾；《陝西、江蘇、熱河、安徽、山西五省出土重要文物展覽圖錄》圖版四三；《新中國的考古收穫》圖版49.2；《金文總集》2227；《殷周金文集成》03592；《商周青銅器銘文選》594；《安徽省博物館藏青銅器》七〇；《中國青銅器全集》(7)六五；《中國文物精華大辭典》（青銅卷）0650；《安徽出土金文訂補》五八、彩版貳：一；《楚文物圖典》第41頁；《安徽出土青銅器銘文研究》169－1；《安徽文明史陳列》第130、131頁；《商周青銅器銘文暨圖像集成》04393

形制：器合蓋爲扁圓形。圓口，平折沿，微束頸。腹有兩獸首耳，垂珥。扁鼓腹，低圈足，下聯方座。蓋頂作五片蓮瓣形。蓋口周圍有四獸面作子口，下扣器。蓋、腹及方座飾蟠螭紋，耳飾重環紋。蓋內和腹內壁各有銘文兩行六字，銘文內容相同。

度量：通高36.5釐米，口徑23.5釐米，腹圍70.4釐米，腹深11.5釐米，座足縱24釐米，座足橫23釐米。重7.2千克。

說明：同出八件，出土時均殘破。銘文"鬲"，唐蘭先生釋爲甗，陳設之意。吳振武先生釋爲灑（灑），讀爲歷，訓列，陳列、一列。吳鎮烽先生讀爲淄、齋。

字數：12（蓋6，腹6）

釋文：

蓋：

蔡侯龖（申）

之鬲盤（簋）。

腹：

蔡侯龖（申）

之鬲盤（簋）。

91 蔡侯䑂簠

91.1

91.2（蓋）

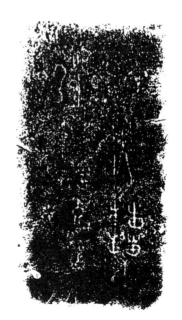

91.3（腹）

器名：蔡侯𦉢簠（蔡侯申簠、蔡侯簠）
時代：春秋晚期（蔡昭侯，公元前 518 年至公元前 491 年）
國族：蔡
出土：1955 年 5 月安徽省壽縣城西門蔡侯墓
流傳：安徽省博物館舊藏
現藏：中國國家博物館
著錄：《中國青銅器全集》(7)六四；《殷周金文集成》03593；《中國美術全集》（青銅器）(三)第 806 頁；《中國古代青銅器藝術》054；《安徽出土青銅器銘文研究》169－2；《商周青銅器銘文暨圖像集成》04394

形制：器合蓋爲扁圓形。蓋頂有鏤空五蓮瓣形捉手。蓋口周圍有四獸面作子口，下扣器。圓口，平折沿，微束頸。腹有兩獸首耳，垂珥。扁鼓腹，低圈足，下聯方座。蓋、腹及方座飾蟠螭紋，耳飾重環紋。蓋內和腹內壁各有銘文兩行六字，銘文內容相同。

度量：通高 36.7 釐米，口徑 23.9 釐米，座長 24.2 釐米，座寬 24 釐米。

說明：銘文"鬲"，唐蘭先生釋爲甗，陳設之意。吳振武先生釋爲灑（灑），讀爲歷，訓列，陳列、一列。吳鎮烽先生讀爲溜、簋。

字數：12（蓋 6，腹 6）

釋文：

蓋：

蔡侯𦉢（申）

之鬲簠（簠）。

腹：

蔡侯𦉢（申）

之鬲簠（簠）。

92 蔡侯𦉢簋

92.1

92.2(蓋)　　　　**92.3**(腹)

器名:蔡侯龘簠(蔡侯申簠)
時代:春秋晚期(蔡昭侯,公元前 518 年至公元前 491 年)
國族:蔡
出土:1955 年 5 月安徽省壽縣城西門蔡侯墓
流傳:安徽省博物館舊藏
現藏:中國國家博物館
著録:《中華人民共和國出土文物展》圖 8、補 Coll. 9;《殷周金文集成》03594;《文物選粹》第 28 頁;《中國古代青銅器藝術》054;《安徽出土青銅器銘文研究》169－3;《商周青銅器銘文暨圖像集成》04395

形制:器合蓋爲扁圓形。圓口,平折沿,微束頸。腹有兩獸首耳,垂珥。扁鼓腹,低圈足,下聯方座。蓋頂作五片蓮瓣形。蓋口周圍有四獸面作子口,下扣器。蓋、腹及方座飾蟠螭紋,耳飾重環紋。蓋内和腹内壁各有銘文兩行六字,銘文内容相同。

度量:通高 37.1 釐米,腹圍 74.5 釐米,口徑 24 釐米。方座邊長 23.6 釐米,高 13 釐米。

說明:銘文"鬲",唐蘭先生釋爲瓵,陳設之意。吴振武先生釋爲㴷(瀝),讀爲歷,訓列,陳列、一列。吴鎮烽先生讀爲淄、齍。

字數:12(蓋 6,腹 6)

釋文:

蓋:

蔡侯龘(申)

之鬲盤(簠)。

腹:

蔡侯龘(申)

之鬲盤(簠)。

93 蔡侯簠

93.1

93.2（蓋）

93.3（腹）

器名:蔡侯𰜩簠(蔡侯申簠)
時代:春秋晚期(蔡昭侯,公元前518年至公元前491年)
國族:蔡
出土:1955年5月安徽省壽縣城西門蔡侯墓
流傳:安徽省博物館舊藏
現藏:中國國家博物館
著錄:《殷周金文集成》03595;《中國古代青銅器藝術》054;《安徽出土青銅器銘文研究》169－4;《商周青銅器銘文暨圖像集成》04396
形制:器合蓋爲扁圓形。圓口,平折沿,微束頸。腹有兩獸首耳,垂珥。扁鼓腹,低圈足,下聯方座。蓋頂作五片蓮瓣形。蓋口周圍有四獸面作子口,下扣器。蓋、腹及方座飾蟠螭紋,耳飾重環紋。蓋內和腹內壁各有銘文兩行六字,銘文內容相同。
說明:銘文"鬻",唐蘭先生釋爲戬,陳設之意。吳振武先生釋爲㴊(瀝),讀爲歷,訓列,陳列、一列。吳鎮烽先生讀爲淄、齍。
字數:12(蓋6,腹6)
釋文:
蓋:
蔡侯𰜩(申)
之鬻盤(簠)。
腹:
蔡侯𰜩(申)
之鬻盤(簠)。

94 蔡侯簠

94.1

94.2（蓋）

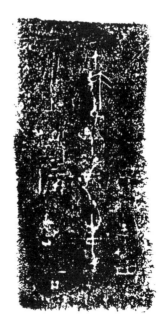

94.3（腹）

器名：蔡侯韄簠（蔡侯申簠）

時代：春秋晚期（蔡昭侯，公元前518年至公元前491年）

國族：蔡

出土：1955年5月安徽省壽縣城西門蔡侯墓

流傳：安徽省博物館舊藏

現藏：中國國家博物館

著錄：《殷周金文集成》03596；《中國古代青銅器藝術》054；《安徽出土青銅器銘文研究》169－5；《商周青銅器銘文暨圖像集成》04397

形制：器合蓋爲扁圓形。圓口，平折沿，微束頸。腹有兩獸首耳，垂珥。扁鼓腹，低圈足，下聯方座。蓋頂作五片蓮瓣形。蓋口周圍有四獸面作子口，下扣器。蓋、腹及方座飾蟠螭紋，耳飾重環紋。蓋内和腹内壁各有銘文兩行六字，銘文內容相同。

說明：銘文"鬻"，唐蘭先生釋爲甗，陳設之意。吳振武先生釋爲灑（瀝），讀爲歷，訓列，陳列、一列。吳鎮烽先生讀爲淄、齍。

字數：12（蓋6，腹6）

釋文：

蓋：

蔡侯韄（申）

之鬻盤（簠）。

腹：

蔡侯韄（申）

之鬻盤（簠）。

95 蔡侯𠫑篡

95.1（蓋）

95.2（腹）

器名：蔡侯𠫑簠（蔡侯申簠）
時代：春秋晚期（蔡昭侯，公元前518年至公元前491年）
國族：蔡
出土：1955年5月安徽省壽縣城西門蔡侯墓
現藏：安徽博物院
著録：《殷周金文集成》03597；《安徽出土青銅器銘文研究》169－6；《商周青銅器銘文暨圖像集成》04398
形制：器合蓋爲扁圓形。圓口，平折沿，微束頸。腹有兩獸首耳，垂珥。扁鼓腹，低圈足，下聯方座。蓋頂作五片蓮瓣形。蓋口周圍有四獸面作子口，下扣器。蓋、腹及方座飾蟠螭紋，耳飾重環紋。蓋内和腹内壁各有銘文兩行六字，銘文内容相同。
說明：銘文"𠫑"，唐蘭先生釋爲䚈，陳設之意。吳振武先生釋爲㴱（瀝），讀爲歷，訓列，陳列、一列。吳鎮烽先生讀爲淄、齋。
字數：12（蓋6，腹6）
釋文：
蓋：
蔡侯𠫑（申）

之䤿盤(篮)。
腹：
蔡侯䰲(申)
之䤿盤(篮)。

96 蔡侯䢊簠

96.1（蓋）　　　96.2（腹）

器名：蔡侯䢊簠（蔡侯申簠）
時代：春秋晚期（蔡昭侯，公元前 518 年至公元前 491 年）
國族：蔡
出土：1955 年 5 月安徽省壽縣城西門蔡侯墓
現藏：安徽博物院
著錄：《殷周金文集成》03598；《安徽出土青銅器銘文研究》169－7；《商周青銅器銘文暨圖像集成》04399

形制：器合蓋爲扁圓形。圓口，平折沿，微束頸。腹有兩獸首耳，垂珥。扁鼓腹，低圈足，下聯方座。蓋頂作五片蓮瓣形。蓋口周圍有四獸面作子口，下扣器。蓋、腹及方座飾蟠螭紋，耳飾重環紋。蓋內和腹內壁各有銘文兩行六字，銘文內容相同。

說明：銘文"鬵"，唐蘭先生釋爲觳，陳設之意。吳振武先生釋爲淛（瀝），讀爲歷，訓列，陳列、一列。吳鎮烽先生讀爲淄、齍。

字數：12（蓋 6，腹 6）

釋文：
蓋：
蔡侯䢊（申）

之䤞盤（簋）。
腹：
蔡侯䑈（申）
之䤞盤（簋）。

97　蔡侯䚄簠

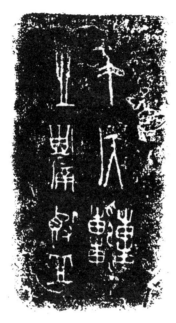

97.1

器名：蔡侯䚄簠（蔡侯申簠）
時代：春秋晚期（蔡昭侯，公元前518年至公元前491年）
國族：蔡
出土：1955年5月安徽省壽縣城西門蔡侯墓
現藏：安徽博物院
著錄：《殷周金文集成》03599；《安徽出土青銅器銘文研究》169－8；《商周青銅器銘文暨圖像集成》04400
形制：器合蓋爲扁圓形。圓口，平折沿，微束頸。腹有兩獸首耳，垂珥。扁鼓腹，低圈足，下聯方座。蓋頂作五片蓮瓣形。蓋口周圍有四獸面作子口，下扣器。蓋、腹及方座飾蟠螭紋，耳飾重環紋。蓋內和腹內壁各有銘文兩行六字，銘文內容相同。
說明：目前公布拓片僅6字，另6字拓片未見。銘文"䚄"，唐蘭先生釋爲𥂴，陳設之意。吳振武先生釋爲灕（瀝），讀爲歷，訓列，陳列、一列。吳鎮烽先生讀爲淄、齍。
字數：6
釋文：
蔡侯䚄（申）
之䚄盤（簠）。

98 蔡侯𦉢簠

98.1

98.2（蓋）　　　　　　98.3（底）

器名:蔡侯🐛簠(蔡侯簠、蔡侯紳臣、蔡侯銅簠、蔡侯申簠)
時代:春秋晚期(蔡昭侯,公元前 518 年至公元前 491 年)
國族:蔡
出土:1955 年 5 月安徽省壽縣城西門蔡侯墓(M11.1)
現藏:安徽博物院
著録:《壽縣蔡侯墓出土遺物》圖版伍:4、叁貳:2～3;《考古學報》1956 年第 2 期第 95 頁;《陝西、江蘇、熱河、安徽、山西五省出土重要文物展覽圖録》圖版四四(蓋銘);《金文總集》2867;《殷周金文集録》855;《殷周金文集成》04490;《殷周時代青銅器の研究——殷周青銅器綜覽》簠 21;《安徽省博物館藏青銅器》七一;《中國文物精華大辭典》(青銅卷)0673;《安徽出土金文訂補》五九、圖版一八:2;《楚文物圖典》第 37 頁;《安徽出土青銅器銘文研究》170－1;《商周青銅器銘文暨圖像集成》05771

形制:器和蓋的形狀相同,合上成一器,分開爲兩器。器和蓋各有兩獸面耳,近口處皆有直壁一段,足作曲尺形,蓋頂有花紋和四蝙蝠形足邊飾,蓋口有六個獸面子口扣器。器底無紋,無蝙蝠形飾,無獸面子口,底外有鑄疣。紋爲印製,壁範四塊,接縫在四角,底範一塊,兩耳嵌鑄。蓋内及器底各有銘文兩行六字,銘文内容相同。

度量:通高 24.1 釐米,口縱徑 24.4 釐米,口横徑 31 釐米,足縱徑 22.5 釐米,足横徑 26.7 釐米,腹深 6.5 釐米,足高 4 釐米。重 9.15 千克。

字數:12(蓋 6,底 6)

釋文:

蓋:

蔡侯🐛(申)

之飤臣(簠)。

底:

蔡侯🐛(申)

之飤臣(簠)。

99　蔡侯󠄀䍘簠

99.1　　　　　　　　　　　99.2

器名：蔡侯䍘簠（蔡侯簠、蔡侯申簠）

時代：春秋晚期（蔡昭侯，公元前518年至公元前491年）

國族：蔡

出土：1955年5月安徽省壽縣城西門蔡侯墓（M11）

現藏：安徽博物院

著錄：《考古學報》1956年第1期圖版五：2；《中華人民共和國出土文物展》補 Coll. 11；《殷周金文集成》04491；《安徽出土青銅器銘文研究》170－2；《商周青銅器銘文暨圖像集成》05774

形制：蓋、器形制相同，長方口，直壁斜腹，平底，四個矩形足外侈，兩側有獸首耳一對，除蓋頂和器足用四個蝙蝠紋作邊飾以外，通體無紋飾。內底有銘文兩行六字。

字數：6

釋文：

蔡侯䍘（申）

之飤簠（簠）。

100 蔡侯🈳簠

100.1（蓋）　　　100.2（底）

器名：蔡侯🈳簠（蔡侯簠、蔡侯申簠）
時代：春秋晚期（蔡昭侯，公元前518年至公元前491年）
國族：蔡
出土：1955年5月安徽省壽縣城西門蔡侯墓（M11）
現藏：中國國家博物館
著錄：《殷周金文集成》04492；《安徽出土青銅器銘文研究》170－3；《商周青銅器銘文暨圖像集成》05772
形制：蓋、器形制相同，長方口，直壁斜腹，平底，四個矩形足外侈，兩側有獸首耳一對，除蓋頂和器足用四個蝙蝠紋作邊飾以外，通體無紋飾。蓋及內底器各有銘文兩行六字，銘文內容相同。
度量：通高24.1釐米，口縱徑24.4釐米，口橫徑31釐米。重9.15千克。
字數：12（蓋6，底6）
釋文：
蓋：
蔡侯🈳（申）
之飤匿（簠）。

底：
蔡侯欁（申）
之飤臣（簠）。

101　蔡侯🩶簠

101.1（蓋）　　　101.2（底）

器名：蔡侯🩶簠（蔡侯簠、蔡侯申簠）
時代：春秋晚期（蔡昭侯，公元前518年至公元前491年）
國族：蔡
出土：1955年5月安徽省壽縣城西門蔡侯墓（M11）
現藏：中國國家博物館
著録：《文物參考資料》1955年第8期第29頁插圖一（底銘）；《考古學報》1956年第1期圖版五：3（底銘）；《殷周金文集成》04493；《安徽出土青銅器銘文研究》170－4；《商周青銅器銘文暨圖像集成》05773

形制：蓋、器形制相同，長方口，直壁斜腹，平底，四個矩形足外侈，兩側有獸首耳一對，除蓋頂和器足用四個蝙蝠紋作邊飾以外，通體無紋飾。蓋及內底器各有銘文兩行六字，銘文內容相同。

字數：12（蓋6，底6）

釋文：

蓋：

蔡侯🩶（申）

之飤臣（簠）。

底：
蔡侯�（申）
之飤臣（簠）。

102　童麗君柏簠

102.1

102.2

　　　102.3A（蓋）　　　102.3B　　　　102.4A（底）　　　102.4B

器名：童麗君柏簠（鍾離君柏簠、童麗君柏匼）

時代：春秋晚期

國族：鍾離

出土：2006年12月至2008年8月安徽省蚌埠市雙墩一號春秋墓葬（M1:376）

現藏：蚌埠市博物館

著錄：《鍾離君柏墓》圖二三、二五、圖版五一（1、2、3）、五二（1、2）

形制：長方形，矩形四足，方盒形四聯座，上、下兩部分器形相同，直口，折壁，平底，體兩側有一對獸首耳，蓋的口沿上有兩對卡扣，蹼形四足。通體遍佈細密的蟠虺紋。鏽蝕殘破修復。蓋內頂與器內底均刻有相同字數和相同內容的銘文三行十九字。同墓出土兩件，形制基本相同。

度量：通高20.8釐米，通長（連鋬）36.8釐米，口長32.7釐米，口寬25.6釐米，口厚0.5釐米，器座長30.8釐米，器座寬22.9釐米。

字數：38（蓋19，底19）

釋文：

蓋：

隹（唯）正月初吉丁亥，

童（鍾）麗（離）君柏睪（擇）甘（其）

吉金，乍（作）甘（其）飤匼（簠）。

底：

隹（唯）正月初吉丁亥，

童（鍾）麗（離）君柏睪（擇）甘（其）

吉金，乍（作）甘（其）飤匼（簠）。

103　童麗君柏簠

103.1

103.2

　　　103.3A(蓋)　　　　　103.3B　　　　　　103.4(底)　　　　　103.4B

器名：童麗君柏簠
時代：春秋晚期
國族：鐘離
出土：2006年12月至2008年8月安徽省蚌埠市雙墩一號春秋墓葬(M1:377)
現藏：蚌埠市博物館
著錄：《東南文化》2009年第1期第42頁圖五；《中國文物報》2009年4月3日；《考古》2009年第7期圖版拾肆:6、第43頁圖二；《文物研究》第十六輯彩版三:3、第172頁圖十七:1、第173頁圖十八:3；《文物》2010年第3期封二:2、第17頁圖四四；《安徽出土青銅器銘文研究》26；《商周青銅器銘文暨圖像集成》05898；《鐘離君柏墓》圖二四、二六、圖版五三(1、2)、五四(1、2、3)。
形制：長方形，矩形四足，方盒形四聯座，上、下兩部分器形相同，直口，折壁，平底，體兩側有一對獸首耳，蓋的口沿上有兩對卡扣，蹼形四足。通體遍佈細密的蟠虺紋。銹蝕殘破修復。蓋內頂與器內底均刻有相同字數和相同內容的銘文三行十九字。
度量：通高20.5釐米，通長(連鎜)36.7釐米，口長33.1釐米，口寬25.9釐米，口厚0.5釐米，器座長30.7釐米，器座寬22.8釐米。
說明：《東南文化》2009年第1期第42頁圖五，《中國文物報》2009年4月3日，《考古》2009年第7期圖版拾肆.6、第43頁圖二，《文物研究》第16輯彩版三.3、第172頁圖十七.1、第173頁圖十八.3，《商周金文資料通鑒》05966，《文物》2010年第3期封二:2、第17頁圖四四、《安徽出土青銅器銘文研究》26、《商周青銅器銘文暨圖像集成》05898，以上著錄銘文拓片標記爲M1:376，而從《鐘離君柏墓》公佈完整拓片信息來看，實則爲M1:377內底銘文的拓片。
字數：38(蓋19，底19)
釋文：

蓋：
隹（唯）正月初吉丁亥，
童（鐘）麗（離）君柏羃（擇）甘（其）
吉金，乍（作）甘（其）飤匡（簠）。
底：
隹（唯）正月初吉丁亥，
童（鐘）麗（離）君柏羃（擇）甘（其）
吉金，乍（作）甘（其）飤匡（簠）。

104　童麗君柏簠

104.1　　　　　　　　　　　　　　104.2

器名：童麗君柏簠（柏之臣）
時代：春秋晚期
國族：鐘離
出土：2006年12月至2008年8月安徽省蚌埠市雙墩村一號春秋墓葬（M1:432，原編號M1:376－1）
現藏：蚌埠市博物館
著錄：《安徽出土青銅器銘文研究》27－1；《鐘離君柏墓》圖二七、圖版五五（1、2、3）
形制：長方形，矩形四足，方盒形四聯座，上、下兩部分器形相同，直口，折壁，平底，體兩側有一對獸首耳，蓋的口沿上有兩對卡扣，蹼形四足。通體遍佈細密的蟠虺紋。銹蝕殘破修復。器內底有刻劃銘文三字。銘文似針刻，刻劃痕跡極其淺細。
度量：通高19.3釐米，通長（連鋬）33.8釐米，口長29.5釐米，口寬20釐米，口厚0.5釐米，器座長26.8釐米，器座寬19.2釐米。
字數：3
釋文：
　　柏之臣（簠）。

105　童麗君柏簠

105.1

105.2A

器名：童麗君柏簠（柏之匜）
時代：春秋晚期
國族：鐘離
出土：2006年12月至2008年8月安徽省蚌埠市雙墩一號春秋墓葬
現藏：蚌埠市博物館
著錄：《安徽出土青銅器銘文研究》27－2；《鐘離君柏墓》圖二八、圖版五六（1、2、3）

105.2B

形制：長方形，矩形四足，方盒形四聯座，上、下兩部分器形相同，直口，折壁，平底，體兩側有一對獸首耳，蓋的口沿上有兩對卡扣，蹼形四足。通體遍佈細密的蟠虺紋。銹蝕殘破修復。蓋內頂有刻劃銘文三字。銘文似針刻，刻劃痕跡極其淺細。

度量：通高19.2釐米，通長（連鋬）33.9釐米，口長29.4釐米，口寬20.1釐米，口厚0.5釐米，器座長26.9釐米，器座寬20釐米。

字數：3

釋文：

柏之匜（簠）。

106　曾侯邔簠

106.1

106.2

106.3A

106.3B

器名:曾侯邲簠(曾侯戈簠)
時代:春秋晚期
國族:曾
現藏:安徽某氏
著録:《古文字研究》第二十四輯第 167 頁;《阜陽亳州出土文物文字篇》197;《曾國青銅器》第 375、376 頁;《楚系金文彙編》第 643、644 頁;《近出殷周金文集録二編》460;《鳥蟲書通考》(增訂版)圖 337;《鳥蟲書字彙》圖 337
形制:長方形體,蓋、器形狀大小相同,斜壁,口沿處皆有一段直壁,平底,下附四隻對稱的蹼形足,蓋口緣有六個獸面形銜扣,腹部兩端各有一獸形耳,蓋、器外表飾很淺的蟠虺紋。器內底有銘文兩行五字。
度量:器通高 25 釐米,口橫徑 24 釐米,口縱徑 32 釐米,圈足長 31 釐米、寬 23 釐米,高 13 釐米,重 3.61 千克;蓋口橫徑 24 釐米,口縱徑 32.5～33 釐米,圈足長 31.5～32 釐米、寬 23 釐米、高 11.5～12 釐米,重 3.08 千克。
字數:5
釋文:
曾侯邲(戈)
乍(作)旹(持)。

107　王子臣俎

107.1

107.2

107.3

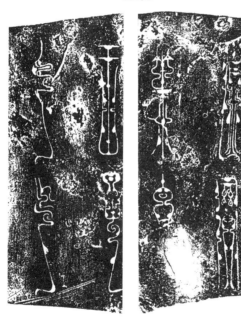

107.4

器名：王子臣俎（王子頤俎、王子臣銅俎）

時代：春秋晚期

國族：楚

出土：傳安徽出土

流傳：2009年7月見于虎泉攬翠網。北京虎泉齋舊藏。

現藏：中國國家博物館

著錄：《紀念中國古文字研究會成立三十周年國際學術研討會論文集》第98頁；《古文字研究》第二十八輯第325頁；《商周青銅器銘文暨圖像集成》06321；《鳥蟲書通考》（增訂版）圖311；《鳥蟲書字彙》圖311；《中國國家博物館百年收藏集粹》75

形制：俎作几形，面板呈長方束腰形，中部微向下凹，中部有"十"字形鏤孔，周圍有四個"L"形鏤孔，兩兩相對，面板下四條四棱高足，足向外撇，每兩足之間有扉牙相連，足斷面呈凹槽形。通體素面無紋。俎面兩端有銘文四行八字。

度量：通高 22 釐米，面長 30 釐米，面邊寬 15.5 釐米，面中寬 13 釐米。

說明：王子臣疑似楚平王庶子王子申，"臣"爲襌母真部字，"申"爲書母真部字，二字疊韻，聲母皆爲舌上音，襌、書旁紐雙聲，故二字有通假的可能。（呂章申主編：《中國國家博物館百年收藏集粹》，安徽美術出版社，2014 年，第 158 頁。）

字數：8

釋文：

王子

臣乍（作）

燕彝，

用冬（終）。

108 蔡侯𠫑尊

108.1

108.2

器名:蔡侯𬊈尊(蔡侯尊、蔡侯紳尊)
時代:春秋晚期(蔡昭侯,公元前 518 年至公元前 491 年)
國族:蔡
出土:1955 年 5 月安徽省壽縣城西門蔡侯墓(M16.2)
現藏:安徽博物院
著錄:《壽縣蔡侯墓出土遺物》圖版玖:1、叁陸:2;《考古學報》1956 年第 2 期第 112 頁;《金文總集》4821;《殷周時代青銅器の研究——殷周青銅器綜覽》觚形尊 1;《殷周金文集成》05939;《商周青銅器銘文選》588;《安徽省博物館藏青銅器》六九;《中國青銅器全集》(7)六九;《安徽出土金文訂補》六一、彩版貳:二;《楚文物圖典》第 67 頁;《安徽出土青銅器銘文研究》171－2;《商周青銅器銘文暨圖像集成》11721

形制:侈口,長頸,鼓腹,圈足。唇部鑲銅作三角形回紋。項腹間有銘文九字。

度量:通高 28.5 釐米,口外徑 23.5 釐米,口內徑 13 釐米,腹圍 53 釐米,腹深 21 釐米,足徑 17 釐米。重 4.8 千克。

字數:9

釋文:
蔡侯𬊈(申)乍(作)大孟姬䏋(媵)䧹(尊)。

109 蔡侯𠅏尊

109.1

109.2

109.2A

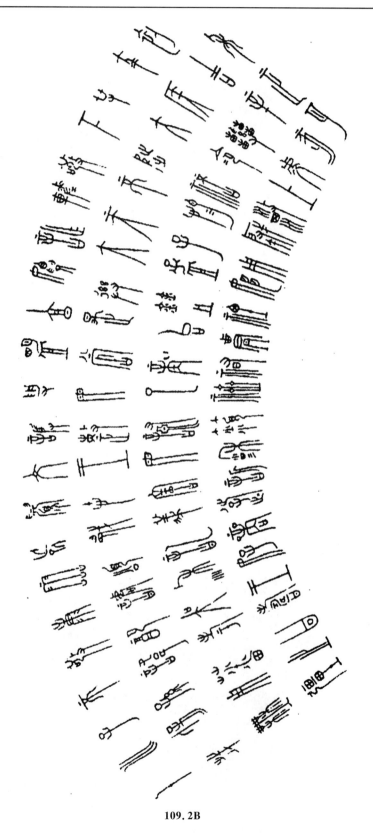

109.2B

器名：蔡侯䍇尊（蔡侯尊、蔡侯紳尊、蔡侯申尊）
時代：春秋晚期（蔡昭侯，公元前 518 年至公元前 491 年）
國族：蔡
出土：1955 年 5 月安徽省壽縣城西門蔡侯墓（M16.1）
現藏：中國國家博物館
著錄：《壽縣蔡侯墓出土遺物》圖版拾叁：1、叁柒；《考古學報》1956 年第 2 期第 96 頁；《陝西、江蘇、熱河、安徽、山西五省出土重要文物展覽圖錄》圖版 45；《中華人民共和國出土文物展》補 Coll.10；《商周銅器群綜合研究》圖版 69：3～4；《殷周金文集錄》856；《古文字研究》第八輯第 42 頁；《金文總集》4887；《殷周金文集成》06010；《商周青銅器銘文選》587；《中國書法全集》(3)28；《安徽出土金文訂補》六〇；《中國古代青銅器藝術》056；《安徽出土青銅器銘文研究》171－1；《商周青銅器銘文暨圖像集成》00815
形制：侈口，長頸，鼓腹，圈足。腹部飾獸面紋。唇連頸內有銘文二十三行九十五字。
度量：通高 29.7 釐米，口外徑 25 釐米，內口徑 13 釐米，腹圍 53 釐米，腹深 21 釐米，足徑 17 釐米。
字數：95（重文 3）
釋文：
元年正月，
初吉辛亥，
蔡侯䍇虔
共（恭）大命，上
下陟袥，敕（攝）
敬不惕（易），肇
輇（佐）天子，用
詐（作）大孟姬
䞠（媵）彝鎬（缶），禋
亯（享）是台（以），祗
盟嘗商，祐
受母（毋）已，齋
諆整諴（肅），籲
文王母，穆=（穆穆）
亹=（亹亹——亶亶），悤（聰）害訴
旟（揚），威義（儀）遊=（遊遊——優優），
霝（靈）頌託商，
康諧穆好，
敬配吳王，
不諱考壽，
子孫蕃昌，
永保用之，
冬（終）歲無疆。

110 蔡侯䑓壺

110.1

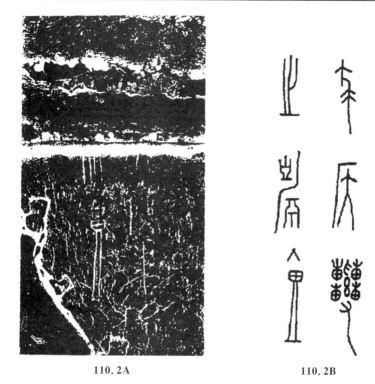

器名：蔡侯𦅫壺（蔡侯方壺、蔡侯申壺、蔡侯紳方壺、蔡侯𦅫方壺）
時代：春秋晚期（蔡昭侯，公元前518年至公元前491年）
國族：蔡
出土：1955年5月安徽省壽縣城西門蔡侯墓（M15.1）
現藏：中國國家博物館
著錄：《壽縣蔡侯墓出土遺物》圖版柒、捌、叁肆：1、捌叁、捌肆；《金文總集》5688；《殷周金文集成》09573；《商周青銅器銘文選》595；《中國青銅器全集》(7)七四；《中國文物精華大辭典》（青銅卷）0703；《安徽出土金文訂補》六二：一、彩版陸；《中國通史陳列》3－7－10；《安徽出土青銅器銘文研究》172－1；《商周青銅器銘文暨圖像集成》12187

形制：出土時殘破，已修復。方口，長頸，深圓腹，圈足。蓋頂作鏤空的蓮瓣形，頸部置兩獸形耳並附環。腹部飾帶紋，腹以上飾蟠虺紋。圈足四角有四獸，背承壺底，頭部昂起。頸內有銘文兩行六字。

度量：高79.8釐米，高至口69釐米，口縱徑18.3釐米，口橫徑18.5釐米，頸徑13釐米，腹圍107釐米，腹深51釐米，底徑28釐米，花瓣高7釐米，花瓣寬7.5釐米，耳高12.5釐米，耳長37.2釐米，足高14釐米。

說明：銘文"鬵"，唐蘭先生釋爲觑，陳設之意。吳振武先生釋爲渮（瀝），讀爲歷，訓列，陳列、一列。吳鎮烽先生讀爲淄、齌。

字數：6
釋文：

蔡侯𦅫（申）
之鬵壺。

111　蔡侯𦉢壺

111.1

111.2　　　　　　　　　　　　　　111.3

器名：蔡侯■壺（蔡侯方壺、蔡侯申壺、蔡侯紳方壺、蔡侯■方壺）
時代：春秋晚期（蔡昭侯，公元前518年至公元前491年）
國族：蔡
出土：1955年5月安徽省壽縣城西門蔡侯墓（M15.2）
現藏：安徽博物院
著録：《壽縣蔡侯墓出土遺物》圖版叁肆：2；《金文總集》5689；《安徽省博物館藏青銅器》六六；《殷周金文集成》09574；《安徽省博物館》22；《安徽出土金文訂補》六二：二；《安徽館藏珍寶》040；《文物選粹》第24～25頁；《中國美術全集》（青銅器）（三）第821頁；《安徽出土青銅器銘文研究》172-2；《安徽文明史陳列》第126、127頁；《商周青銅器銘文暨圖像集成》12188

形制：出土時殘破，已修復。方口，長頸，深圓腹，圈足。蓋頂作鏤空的蓮瓣形，頸部置兩獸形耳並附環。腹部飾帶紋，腹以上飾蟠虺紋。圈足四角有四獸，背承壺底，頭部昂起。頸內有銘文兩行六字。

度量：高80釐米，口縱徑18.2釐米，口橫徑18.7釐米，腹深51.4釐米，腹徑33釐米，底縱徑27釐米，底橫徑27.5釐米，蓋高18釐米，耳長37釐米，足高13釐米。重24.85千克。

說明：銘文"■"，唐蘭先生釋爲甗，陳設之意。吳振武先生釋爲瀝（瀝），讀爲歷，訓列，陳列、一列。吳鎮烽先生讀爲淄、齋。

字數：6
釋文：
蔡侯■（申）
之■壺。

112 蔡侯󰏤瓶

112.1 **112.2**

器名：蔡侯󰏤瓶（蔡侯瓶、蔡侯绅瓶、蔡侯申瓶）
時代：春秋晚期（蔡昭侯，公元前518年至公元前491年）
國族：蔡
出土：1955年5月安徽省壽縣城西門内蔡侯墓（M18）
現藏：安徽博物院
著錄：《壽縣蔡侯墓出土遺物》圖版拾:2、叁叁:3；《陕西、江蘇、熱河、安徽、山西五省出土重要文物展覽圖錄》圖版五三:一；《商周銅器群綜合研究》89；《金文總集》5806；《殷周金文集錄》857；《殷周金文集成》09976；《安徽出土金文訂補》六三；《楚文物圖典》87；《安徽出土青銅器銘文研究》173；《商周青銅器銘文暨圖像集成》14031

形制：出土時殘破，已修復。侈口，束頸，斜肩，深腹，平底，頸兩側各有一環耳。素面。頸部有銘文兩行五字。

度量：通高32釐米，口長16.7釐米，口寬11釐米，腹圍59.5釐米，底長12.5釐米，底寬8釐米。重2.5千克。
　　說明:銘文反書。
　　字數:5
　　釋文:
　　蔡侯飜(申)
　　之鉳(瓶)。

113 蔡侯🈳缶

113.1　　　　　　　　　　113.2

器名:蔡侯𠫑缶(蔡侯绅圆尊缶、蔡侯𠫑尊缶)
時代:春秋晚期(蔡昭侯,公元前518年至公元前491年)
國族:蔡
出土:1955年5月安徽省壽縣城西門蔡侯墓(M19.1)
現藏:安徽博物院
著錄:《考古學報》1956年第2期第96頁;《壽縣蔡侯墓出土遺物》圖版拾壹、叁肆:4;《陝西、江蘇、熱河、安徽、山西五省出土重要文物展覽圖錄》圖版四九:二;《金文總集》5821;《殷周金文集錄》859;《殷周金文集成》09994;《安徽出土金文訂補》六四;《安徽出土青銅器銘文研究》174;《商周青銅器銘文暨圖像集成》14065
形制:蓋頂微鼓,正中設一鈕,鈕外又等分複設四個豎環鈕。器作圓形,直口,方唇,口下置一周寬棱以承蓋,長頸,圓肩,鼓腹,平底,假圈足。肩下有四個獸首耳,兩兩對稱,殘缺尚未修復。腹部滿飾四圈獸紋,間以棱形紋作縱橫分隔。紋飾均用紅銅鑲嵌。出土時放在吳王光鑒內。蓋、器同銘,蓋內及口外沿均各有銘文一行六字。
度量:通高55釐米,高至口49.5釐米,口徑20釐米,腹圍130釐米,底徑23.5釐米。
說明:僅公布口沿拓片。同墓出土兩件,形制、紋飾、銘文內容相同。
字數:6
釋文:
蔡侯𠫑(申)之隋(尊)缶。

114 蔡侯䍌缶

114.1

器名：蔡侯䍌缶（蔡侯銅尊缶）
時代：春秋晚期（蔡昭侯，公元前518年至公元前491年）
國族：蔡
出土：1955年5月安徽省壽縣城西門蔡侯墓（M19.2）
現藏：安徽博物院
著錄：《楚文物圖典》第56頁
形制：蓋頂微鼓，正中設一鈕，鈕外又等分複設四個豎環鈕。器作圓形，直口，方唇，口下置一周寬棱以承蓋，長頸，圓肩，鼓腹，平底，假圈足。肩下有四個獸首耳，兩兩對稱，殘缺尚未修復。腹部滿飾四圈獸紋，間以梭形紋作縱橫分隔。紋飾均用紅銅鑲嵌。出土時放在吳王光鑒內。蓋、器同銘，蓋內及口外沿均各有銘文一行六字。
度量：通高54.5、口徑20、腹圍130、底徑23.5釐米。
說明：僅公布口沿拓片。
字數：6
釋文：
蔡侯䍌（申）之䚘（尊）缶。

115 蔡侯

115.1

115.2

115.3

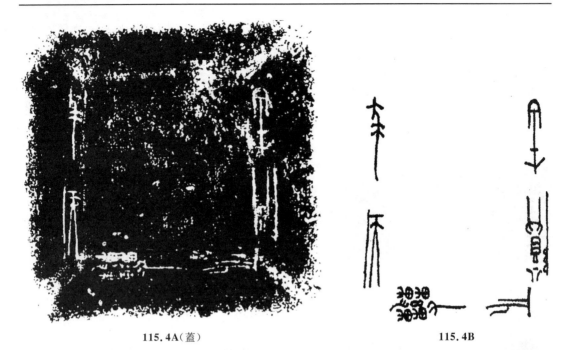

115.4A(蓋)　　　　　　　　　115.4B

器名:蔡侯𩰿缶(蔡侯绅方尊缶、蔡侯铜方尊缶、蔡侯𩰿方缶、蔡侯申尊缶)
時代:春秋晚期(蔡昭侯,公元前518年至公元前491年)
國族:蔡
出土:1955年5月安徽省壽縣城西門蔡侯墓(M20.1)
流傳:安徽省博物館舊藏
現藏:中国国家博物馆
著録:《考古學報》1956年第2期第96頁;《壽縣蔡侯墓出土遺物》圖版叁肆;5(口沿)、拾;3;《陝西、江蘇、熱河、安徽、山西五省出土重要文物展覽圖録》圖版四九:一(蓋銘);《金文總集》5820;《殷周金文集録》858;《殷周金文集成》09993;《中國青銅器全集》(7)七二;《中國古代青銅器藝術》057;《安徽出土青銅器銘文研究》175;《商周青銅器銘文暨圖像集成》14064

形制:方形,有蓋,蓋口沿四邊有四獸面作子口,下扣器,蓋頂上有四環鈕,中有一活環提手。上腹四面有四環耳,腹下內收。蓋口、器口及圈足均有密集花紋,周身嵌紅銅花紋。出土時放在方鑒內。蓋內及口內沿均各有銘文一行六字,內容相同。

度量:通高35釐米,高至口31釐米,口橫徑13釐米,口縱徑13.6釐米,底縱徑11.8釐米,底橫徑12.5釐米。

字數:12(蓋6,口6)

釋文:
蓋:
蔡侯𩰿(申)之隣(尊)缶。
口:
蔡侯𩰿(申)之隣(尊)缶。

115.5(口)

116 蔡侯󰀀󰀁缶

116.1

116.2A(蓋)

116.3(口)

器名:蔡侯龖缶(蔡侯绅方尊缶、蔡侯铜方尊缶、蔡侯龖方缶)
時代:春秋晚期(蔡昭侯,公元前 518 年至公元前 491 年)
國族:蔡
出土:1955 年 5 月安徽省壽縣城西門蔡侯墓(M20.2)
現藏:安徽博物院
著錄:《考古學報》1956 年第 2 期第 96 頁;《安徽省博物館藏青銅器》六七;《安徽省博物館》四一;《安徽出土金文訂補》六五;《楚文物圖典》第 57 頁;《安徽文明史陳列》第 136、137 頁
形制:方形,有蓋,蓋口沿四邊有四獸面作子口,下扣器,蓋頂上有四環鈕,中有一活環提手。上腹四面有四環耳,腹下內收。蓋口、器口及圈足均有密集花紋,周身嵌紅銅花紋。出土時放在方鑒內。蓋內及口內沿均各有銘文六字,內容相同。
度量:通高 35.2 釐米,口橫徑 13.2 釐米,口縱徑 13.6 釐米,底縱徑 11.8 釐米,底橫徑 12.2 釐米,腹徑 22.5 釐米,腹深 30.2 釐米,腹圍 92 釐米,蓋高 4.5 釐米。重 9.65 千克。
字數:12(蓋 6,口 6)
釋文:

蓋:

蔡侯

龖(申)之

隋(尊)缶。

口:

蔡侯龖(申)

之隋(尊)缶。

117 蔡侯𧊒缶

117.1

117.2

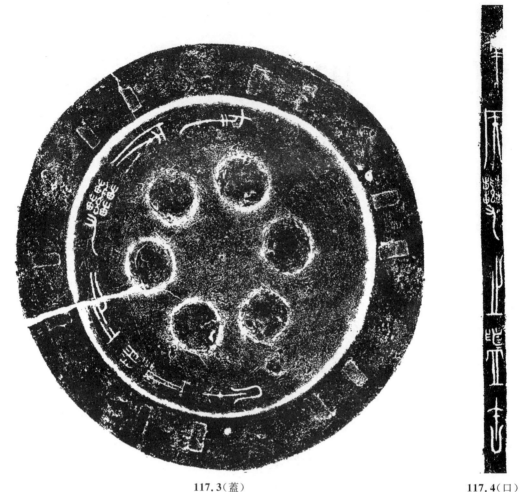

117.3（蓋）　　　　　　　　　　　　117.4（口）

器名：蔡侯龖缶（蔡侯盥缶、蔡侯紳盥缶、蔡侯龖盥缶）

時代：春秋晚期（蔡昭侯，公元前518年至公元前491年）

國族：蔡

出土：1955年5月安徽省壽縣城西門蔡侯墓（M22）

現藏：安徽博物院

著錄：《考古學報》1956年第2期第96頁；《壽縣蔡侯墓出土遺物》圖版拾貳：2、叁肆：6、叁伍：1、捌陸；《陝西、江蘇、熱河、安徽、山西五省出土重要文物展覽圖錄》圖版四八；《金文總集》5822；《殷周金文集錄》860、861；《殷周金文集成》09992；《安徽省博物館藏青銅器》六八；《安徽省博物館》二三；《中國青銅器全集》(7)七一；《中國文物精華大辭典》(青銅卷)0711；《安徽出土金文訂補》六七；《安徽館藏珍寶》041；《文物選粹》第26頁；《安徽出土青銅器銘文研究》176－2；《安徽文明史陳列》第128、129頁；《商周青銅器銘文暨圖像集成》14063

形制：器體圓，有蓋，蓋頂有六柱環握，蓋口包住器口。獸首形耳，圓肩，圓腹下內收。腹兩側原有雙鏈提梁，已殘失。假圈足。蓋上有六個、肩上有八個圓餅飾，圓餅飾間並鑄有陽紋細綫條的花紋，周身嵌紅銅獸紋。底範圓形，六柱環握系嵌鑄。出土時內附一小匜。蓋內及口沿外各有銘文一行六字，內容相同。

· 262 ·

度量:通高 36 釐米,高至口 30 釐米,口徑 21 釐米,腹圍 112 釐米,底徑 22.3 釐米,蓋高 8.5 釐米,蓋徑 12 釐米,腹深 28.5 釐米。重 12.8 千克。

說明:蔡侯墓中出土的兩件盥缶,形制相同,而大小稍有差別。較大的一件口內沿有銘文一行十字,現藏中國國家博物館。較小的一件蓋內及口外沿均有銘文一行六字,出土時附勺一個。此器爲較小的那件。

字數:12(蓋 6,口 6)

釋文:

蓋:

蔡侯䲅(申)之盥缶。

口:

蔡侯䲅(申)之盥缶。

118　蔡侯䍧缶

　　器名：蔡侯䍧缶（"大孟姬"銅盥缶、蔡侯盥缶、蔡侯绅作大孟姬盥缶、蔡侯盥缶、蔡侯申尊缶）

　　時代：春秋晚期（蔡昭侯，公元前518年至公元前491年）

　　國族：蔡

　　出土：1955年5月安徽省壽縣城西門蔡侯墓（M21）

　　現藏：中國國家博物館

　　著錄：《考古學報》1956年第2期第96頁；《壽縣蔡侯墓出土遺物》圖版拾貳：1、三陸：1；《金文總集》5823；《殷周金文集錄》862；《中國歷史博物館》67；《殷周金文集成》10004；《中國青銅器全集》(7)七〇；《中國文物精華大辭典》（青銅卷）0712；《安徽出土金文訂補》六六；《中國美術全集》（青銅器）（三）第829頁；《中國古代青銅器藝術》057；《安徽出土青銅器銘文研

究》176－1；《商周青銅器銘文暨圖像集成》14078

形制：器體圓，有蓋，蓋罩於器口外，蓋頂作六柱環握。獸首形耳，圓肩，肩兩側設有雙環鈕套環鏈的提手。圓腹下內收，假圈足。蓋上有六個、肩上有八個圓餅飾，周身嵌紅銅獸紋。底範圓形，六柱提手系嵌鑄。口內沿有銘文一行十字。

度量：通高 46 釐米，高至口 40.5 釐米，口徑 25 釐米，腹圍 143 釐米，底徑 27 釐米，蓋頂高 3.5 釐米，蓋徑 13 釐米。

說明：蔡侯墓中出土的兩件盥缶，形制相同，而大小稍有差別。較大的一件口內沿有銘文一行十字，現藏中國國家博物館。較小的一件蓋內及口外沿均有銘文一行六字，出土時附匜一個。此器爲較大的那件。較小的一件現藏安徽博物院。

字數：10

釋文：

蔡侯𬯀（申）乍（作）大孟姬騰（媵）盥缶。

119 蔡侯𦉢盤

119.1

器名：蔡侯𦉢盤（蔡侯盤、蔡侯紳之飤盤、蔡侯銅盤）

時代：春秋晚期（蔡昭侯，公元前 518 年至公元前 491 年）

國族：蔡

出土：1955 年 5 月安徽省壽縣城西門蔡侯墓（M25.2）

現藏：安徽博物院

著錄：《壽縣蔡侯墓出土遺物》圖版叁叁：2、拾肆：2；《金文總集》6700；《殷周金文集錄》863；《殷周金文集成》10072；《安徽出土金文訂補》六九（無拓片）；《楚文物圖典》第 79 頁；《安徽出土青銅器銘文研究》177－2；《商周青銅器銘文暨圖像集成》14387

形制：直口，方唇，窄沿，直壁，圓腹，平底。壁上分設四個小鈕銜環耳，圈足外侈。腹飾嵌紅銅獸紋。內底有銘文兩行六字。

度量：通高 11.3 釐米，口徑 36 釐米，腹深 9 釐米，足徑 32.5 釐米。重 6.25 千克。

字數：6

釋文：

蔡侯𦉢（申）

之䚶（尊）盥（盤）。

119.2

120 蔡侯䚄盤

120.1

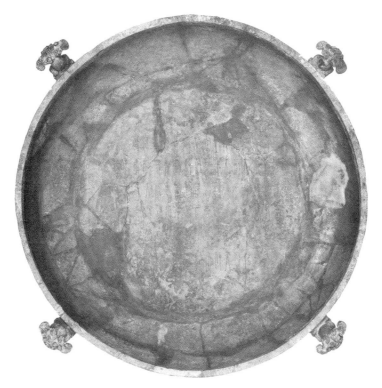

120.2

120.3

120.4

器名:蔡侯🔲盤(蔡侯紳盤、蔡侯申銅盤、蔡侯龖盤)
時代:春秋晚期(蔡昭侯,公元前518年至公元前491年)
國族:蔡
出土:1955年5月安徽省壽縣城西門蔡侯墓(M25.1)
流傳:1959年安徽省博物館調撥
現藏:中國國家博物館
著錄:《壽縣蔡侯墓出土遺物》圖版拾叁:2～3、叁捌;《陕西、江蘇、熱河、安徽、山西五省出土重要文物展覽圖錄》圖版五〇;《考古學報》1956年第1期第2～3頁圖版六;《考古學報》1956年第2期第108頁;《文物參考資料》1956年第12期第33頁;《中華人民共和國出土文物展》補 Coll.8;《古文字研究》第一輯第42～47頁;《三代吉金文存補》813;《金文總集》6788;《殷周金文集錄》869;《殷周金文集成》10171;《商周青銅器銘文選》589;《"中央"研究院歷史語言研究所集刊》第61本第1分第60頁附圖三;《中國書法全集》(3)29;《安徽出土金文訂補》六八、圖版一九:一;《安徽出土青銅器銘文研究》177-1;《商周青銅器銘文暨圖像集成》14535;《中國國家博物館百年收藏集粹》76;《中國青銅器辭典》第一册第320頁
形制:出土時殘破,已修復。盤橫截面呈圓形,直口方脣,四周有對稱四獸形耳,腹較深,稍鼓,腹外壁飾蟠螭紋,圈足,足沿外侈。底部有銘文十六行九十五字。
度量:通高16.2釐米,高至口14.3釐米,口徑49.2釐米,腹深9.5釐米,底徑38.5釐米,耳高4釐米,耳長12.5釐米。
說明:"龖"或釋"䚄";"唎"或釋"龥(啻)";"籥"或釋"𥷚"。(陳佩芬《中國青銅器辭典》)"穌"或釋"穆"。(吳鎮烽《商周青銅器銘文暨圖像集成》)
字數:95(重文3)
釋文:
元年正月初吉
辛亥,蔡侯龖(申)虔
共(恭)大命,上下陟
袛(否),敽(攝)敬不惕(易),肇
輴(佐)天子,用詐(作)大
孟姬嬀(媵)彝盥(盤),禋
㝬(享)是台(以),祗盟嘗
唎(諦),佑受母(毋)已,齋
諏(嘏)整齎(肅),籥文王
母,穆=(穆穆)亹=(亹亹——𦩻𦩻),恖(聰)害訴
旟(揚),威義(儀)遊=(遊遊——優優),靁(靈)頌
托商,康諧穌好,
敬配吳王,不諱
考壽,子孫蕃昌,
永保用之,冬(終)歲
無疆。

121　蔡大司馬燮盤

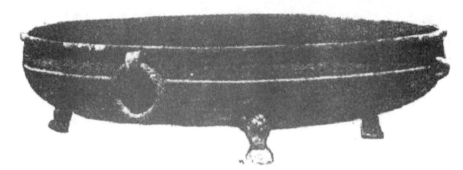

121.1

121.2

器名:蔡大司馬燮盤

時代:春秋晚期

國族:蔡

現藏:安徽某氏

著録:《古文字研究》第二十四輯第 168 頁;《阜陽亳州出土文物文字篇》198

形制:圓形,口沿外折,三蹄足。頸與腹之間有箍一圈,頸部飾細淺的蟠虺紋。唇與箍之間有兩個環形鼻,分别銜以繩紋銅環。另有兩個小型環形鼻在頸腹之間的箍上。盤内刻有銘文六行三十字。

度量:通高 9 釐米,口徑 40 釐米,腹深 6.5 釐米,足高 1.5 釐米。

字數:30

釋文:

隹(唯)正月初吉

丁亥,蔡大䣢(司)

馬燮乍(作)䲨(媵)孟

姬赤盥盤,其

䀠(眉)壽無萁(期),子

孫永保用之。

122　蔡大司馬燮匜

122.1

122.2

器名:蔡大司馬燮匜(蔡大司馬燮銅匜)
時代:春秋晚期
國族:蔡
流傳:中國國家博物館 2003 年徵集。
現藏:中國國家博物館
著錄:《中國國家博物館百年收藏集粹》77
形制:體呈瓢形,口呈橢圓形,微內斂,平底,前有流口,呈管筒狀,流蓋作浮雕獸面形,後附龍形鋬,作拱身卷尾狀。口沿下飾一周蟠虺紋,其下有一道絢索紋,腹飾蟠虺紋和三角紋。腹內有銘文六行三十字。
度量:通長 24.2 釐米,寬 20.6 釐米,高 14 釐米。
說明:匜作爲周朝沃盥之禮所用水器常與盤配套使用,某收藏家藏蔡大司馬燮盤所刻銘文與該器字體和內容近乎一致,應爲其組合器。(呂章申主編,《中國國家博物館百年收藏集粹》,安徽美術出版社,2014 年,第 162 頁。)
字數:30
釋文:
隹(唯)正月初吉
丁亥,蔡大嗣(司)
馬燮乍(作)媵(媵)孟
姬赤盥匜,其
䁅(眉)壽無碁(期),子
孫永保用之。

123 蔡侯匜

123.1

123.2A

123.2B

器名：蔡侯䀄匜（蔡侯绅盥匜、蔡侯盥鑑、蔡侯铜匜、蔡侯匜）
時代：春秋晚期（蔡昭侯，公元前 518 年至公元前 491 年）
國族：蔡
出土：1955 年 5 月安徽省壽縣城西門蔡侯墓（M27）
現藏：安徽博物院
著錄：《壽縣蔡侯墓出土遺物》圖版拾柒：5、叁伍：2；《陝西、江蘇、熱河、安徽、山西五省出土重要文物展覽圖錄》圖版五二：1；《金文總集》6808；《殷周金文集錄》864；《殷周金文集成》10189；《安徽省博物館藏青銅器》七六；《安徽出土金文訂補》七〇、圖版一九：二；《楚文物圖典》第 84 頁、彩版一六：2；《安徽出土青銅器銘文研究》179；《商周青銅器銘文暨圖像集成》14867
形制：口呈橢圓形，微內斂，平底，前有流口，呈管筒狀，後附鋬，鋬已缺失。流口處飾鏤空蟠螭紋，口沿飾模印雷紋帶。腹內有銘文兩行六字。
度量：高 13.5 釐米，口徑寬 11 釐米，口徑長 19 釐米，腹圍 56.5 釐米，底徑寬 10 釐米，底徑長 14 釐米。重 1.1 千克。
字數：6
釋文：
蔡侯䀄（申）
之盥鑑（匜）。

124　蔡侯𠫑鑒

124.1　　　　　　　　　　　　　　124.2A　124.2B

器名：蔡侯𠫑鑒（蔡侯紳方鑒、蔡侯𠫑方鑒、蔡侯方鑒、蔡侯銅方鑒、蔡侯申方鑒）
時代：春秋晚期（蔡昭侯，公元前 518 年至公元前 491 年）
國族：蔡
出土：1955 年 5 月安徽省壽縣城西門蔡侯墓（M24.1）
現藏：安徽博物院
著錄：《壽縣蔡侯墓出土遺物》圖版拾肆：3、叁肆：3、捌柒；《考古學報》1956 年第 2 期第 96 頁；《陝西、江蘇、熱河、安徽、山西五省出土重要文物展覽圖錄》圖版五二：2；《商周銅器群綜合研究》圖版柒零：4～5；《殷周金文集成》10290；《商周青銅器銘文選》596；《安徽省博物館藏青銅器》七四；《中國青銅器全集》(7)七六；《安徽出土金文訂補》七二；《楚文物圖典》第 87 頁；《中國美術全集》（青銅器）（三）第 842 頁；《安徽出土青銅器銘文研究》180；《商周青銅器

銘文暨圖像集成》15054

形制：鑒形似方斗，口大底小，平口折沿，束頸，鼓腹。兩側壁有鈕耳套環，底有低圈足。口緣、腹部和圈足的弦紋上飾蟠螭紋，其餘均嵌紅銅獸紋和夔紋。鑄法爲壁範八塊，在四隅和四面中點，皆顯接縫。底範一塊，方形，正中有鑄疙凸起。兩鈕耳嵌鑄，嵌耳處內壁有凸起厚 0.2 釐米的長方形銅疤，爲增加牢固之用。腹內壁距底 5.1 釐米處，四壁各嵌鑄一小環鈕，推測其爲架冰之用。出土兩件，出土時一件殘破。器外頸下有銘文一行六字。

度量：通高 28.3 釐米，口縱徑 37 釐米，口橫徑 38.5 釐米，腹深 25 釐米，腹徑 37 釐米，底徑 23.5 釐米，足縱徑 27.5 釐米，口橫徑 28 釐米。重 12.7 千克。

字數：6

釋文：

蔡侯■（申）之尊（尊）鑑（匜）。

125　吴王光鉴

125.1

125.2

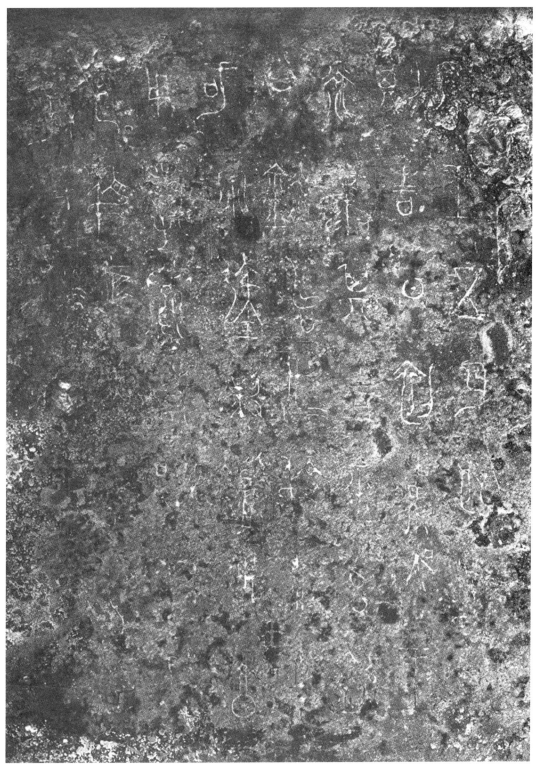

125.3

125.4A

125.4B

器名：吳王光鑒（吳王光鑒甲）

時代：春秋晚期（吳王光，公元前514年至公元前496年）

國族：吳

出土：1955年5月安徽省壽縣城西門蔡侯墓（M23.1）

現藏：中國國家博物館

著錄：《考古學報》1956年第1期第6頁圖版七、八；《壽縣蔡侯墓出土遺物》圖版拾伍、叁玖；《陝西、江蘇、熱河、安徽、山西五省出土重要文物展覽圖錄》圖版五一；《金文通釋》589；《書道全集》第26卷第7頁圖2；《中華人民共和國出土文物展》補Coll.12；《金文集》486；《中國古代青銅器》第117頁；《金文總集》6888；《商周金文集成》7663；《古文字研究》第八輯第39頁；《殷周金文集成》10298；《吳越文化新探》第322頁；《殷周金文集錄》871；《商周青銅器銘文選》538；《古文字研究》第十七輯第79頁；《吳越徐舒金文集釋》第46、49頁；《中國青銅器全集》(11)五一；《中國書法全集》(3)71；《中國文物精華大辭典》（青銅卷）0755；《吳越文字彙編》028；《安徽出土金文訂補》七一：一、彩版壹：一；《安徽館藏珍寶》042；《文物選粹》第22～

23頁;《中國美術全集》(青銅器)(四)第887頁;《安徽出土青銅器銘文研究》178-1;《安徽文明史陳列》第150、151頁;《商周青銅器銘文暨圖像集成》05066;《吳越題銘研究》圖19;《中國青銅器辭典》第一冊第314頁左

形制:大口,方唇平折沿,短直頸,深鼓腹,腹部下收,平底。兩獸耳相對,各穿一游環。腹內有四枚對稱游環,推測其作用上可架冰,下留空隙,以備冰融貯水。上腹飾羽紋、圓圈紋等細緻花紋,下腹飾垂葉紋。出土時內置尊缶和小匜各一件。腹內壁有銘文八行五十三字。

度量:通高35.7釐米,口徑57釐米,腹徑60釐米,腹深35釐米,腹圍188釐米,底徑32釐米。重28.6千克。

說明:"彊"施謝捷先生釋爲"壓"。"孫₌"爲"子孫"合文,或釋爲"孫孫"重文,不確。

字數:53(合文1)

釋文:
隹(唯)王五月,既字白(霸)

期,吉日初庚,吳王

光睪(擇)其吉金,玄銑(鑛)

白銑(鑛),台(以)乍(作)弔(叔)姬寺

吁宗彝(彝)薦鑑,用言(享)

用孝,覭(眉)壽無疆。往

巳(矣)弔(叔)姬,虔敬乃后,

孫₌(子孫)勿忘。

126 吳王光鑒

126.1

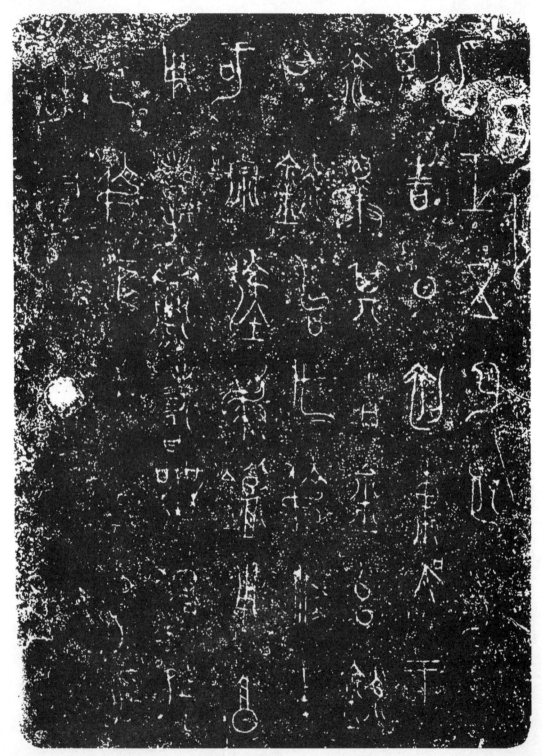

126.2A

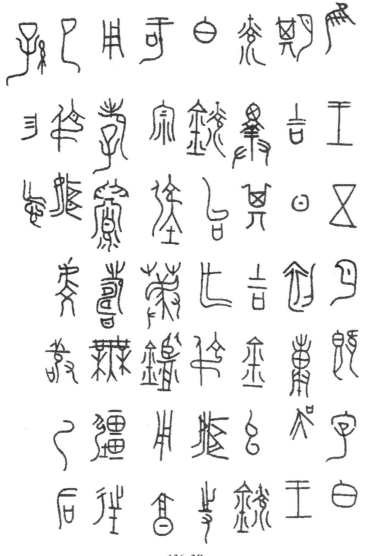

126.2B

器名：吳王光鑒（吳王光鑒乙）

時代：春秋晚期（吳王光，公元前514年至公元前496年）

國族：吳

出土：1955年5月安徽省壽縣城西門蔡侯墓（M23.2）

現藏：中國國家博物館

著錄：《壽縣蔡侯墓出土遺物》圖版肆拾；《商周銅器群綜合研究》圖版柒零：1；《金文總集》6889；《商周金文集成》7664；《殷周金文集錄》872；《殷周金文集成》10299；《吳越文化新探》第322頁；《安徽省博物館藏青銅器》七五；《吳越文字彙編》029；《安徽出土金訂補》七一：二；《中國通史陳列》3－7－7；《安徽出土青銅器銘文研究》178－2；《商周青銅器銘文暨圖像集成》15067；《吳越題銘研究》圖20

形制：大口，方唇平折沿，短直頸，深鼓腹，平底，底徑內收。兩獸耳相對，各鑄一套環，周壁皆印製有蟠虺紋、圓圈紋等構成的細密花紋。鑄法爲壁範四分,接痕明顯,底範圓形,壓邊較寬,底中有長四釐米的鑄疤,兩耳嵌鑄。腹内有四枚對稱游環,亦嵌鑄,推測其作用似爲架冰,下留空隙,以備冰融貯水。出土時内置尊缶和小匜各一件。腹内壁有銘文八行五十三字。

度量:通高 35 釐米,口徑 57 釐米,腹徑 60 釐米,腹圍 188 釐米,底徑 33 釐米,耳高 8.5 釐米,耳長 16.5 釐米。

說明:"彜"施謝捷先生釋爲"䘚"。

字數:53(合文 1)

釋文:

隹(唯)王五月,既字白(霸)

期,吉日初庚,吳王

光羃(擇)其吉金,玄銑(鐄)

白銑(鐄),台(以)乍(作)弔(叔)姬寺

吁宗彜(彜)薦鑑,用言(享)

用孝,覉(眉)壽無疆。往

巳(矣)弔(叔)姬,虔敬乃后,

孫=(子孫)勿忘。

127　吳王光帶鉤

127.1　　　　　127.2　　　　　127.3

器名:吳王光帶鉤("衣鼻"帶鉤)
時代:春秋晚期(吳王光,公元前514年至公元前496年)
國族:吳
出土:亳州市
現藏:亳州博物館
著錄:《阜陽亳州出土文物文字篇》220;《安徽出土青銅器銘文研究》4;《吳越題銘研究》圖36
形制:四棱狀鉤體。鉤體正面及兩側各有一行銘文,共十一字。
字數:11
釋文:
工吾(吳)王
光初尋(得),甘(其)
鑄作用丩(鉤)。

128　九里墩鼓座

128.1

128.2

128.3A2

128.3A3

128.3B

器名：九里墩鼓座（龍虎四環銅器座、龍虎四環器、龍虎紋鼓座）
時代：春秋晚期
國族：鐘離
出土：1980年9月安徽省舒城縣孔集公社九里墩春秋墓
現藏：安徽博物院
著錄：《考古學報》1982年第2期第235頁圖六、第236頁圖七；《安徽省考古學會會刊》第五輯第36頁圖十一、第37～44圖十二；《殷周金文集成》00429；《古文字研究》第十四輯第35～40頁、第41頁圖1；《安徽省博物館藏青銅器》五六；《安徽省博物館》二一；《安徽出土金文訂補》一一四、彩版壹：二；《安徽館藏珍寶》039；《安徽出土青銅器銘文研究》197；《安徽文明史陳列》第109頁；《商周青銅器銘文暨圖像集成》19305；《安徽江淮地區商周青銅器》162
形制：器呈圓圈形，圈外圍有四個鋪首銜環，環下垂與圈下部齊平，無底。圈上略有殘缺，上沿四周有虎頭和龍螭繞。虎豎耳，怒目圓睜，張口作吼嘯狀。龍獨角上翹。器身滿飾蟠螭紋。外壁飾有銘文約一百五十字，上圈約九十八字，下圈約五十二字。
度量：殘高29釐米，直徑80釐米。重47千克。
字數：存約150（上圈98，下圈52）
釋文：
上圈：
隹（唯）正月初吉庚午，余比𠂤（厥）于之玄孫童（鐘）鹿（離）公𫔎，𢾿（擇）其吉金，玄鏐鈍（純）呂，自乍（作）㠯（鼍）鼓。命從若愷，呲（廣）盅（淑）聞于王東吳毅，逆（迎）［于］郐（徐）人、陳［人］，迭（却）蔡于寺，其神其臭，□□□□□□□□□□□□□□吕（以）□野（野）于陳□□山之下，余寺
可參□□，其［㠯］（鼍）鼓芍＝（茯茯），乃于之雩，永祀是拥。
下圈：
□公隻（獲）飛龍曰夜白，□即撞□□□□余吕（以）共旒（毓）示□帝（嫡）庶子，余吕（以）盒（會）同生（姓）九禮，吕（以）飤大夫、倗（朋）友，［余吕（以）］□于東土，至于淮之上。世萬子孫永保。

129 蔡侯𧊒戈

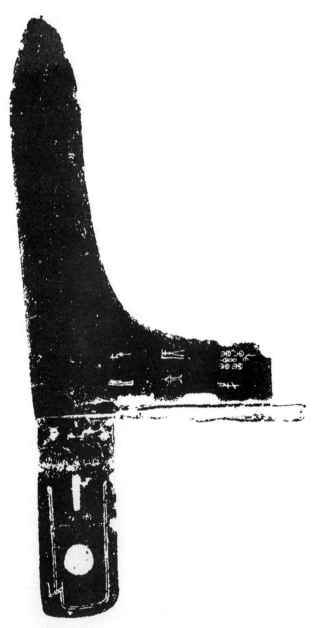

129.1

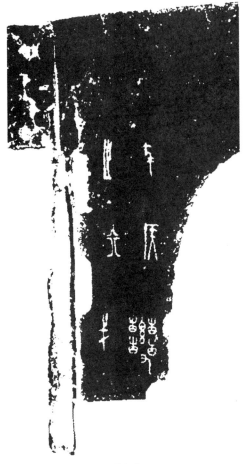

129.2

器名:蔡侯🈳戈(蔡侯紳之行戈、蔡侯申之行戈)
時代:春秋晚期(蔡昭侯,公元前518年至公元前491年)
國族:蔡
出土:安徽省壽縣(《安徽通志金石古物考稿》)
流傳:黟縣黃氏(《周金文存》)、松江程氏(《貞松堂集古遺文》)舊藏
著錄:《周金文存》6.23.2;《貞松堂集古遺文》11.29.2;《韡華閣集古錄跋尾》癸1;《安徽通志金石古物考稿》一六:四:3;《三代吉金文存》卷十九:四十五:2;《金文總集》7448;《殷周金文集成》11140;《安徽出土金文訂補》五二、圖版一六;《國史金石志稿》第2615頁;《安徽出土青銅器銘文研究》78;《商周青銅器銘文暨圖像集成》16830
形制:直援,直内,短胡,闌側二穿,内上有一橫穿和一圓孔,内後端圓角。内部裝飾雙綫紋。胡部有銘文兩行六字。
度量:通長22.7釐米,援長15釐米。
字數:6
釋文:
蔡侯🈳(申)
之行戈。

130 蔡侯🗌🗌戈

130.1

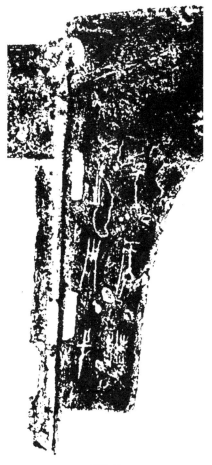

130.2

器名:蔡侯𦆊戈(蔡侯紳之用戈、蔡侯申戈)

時代:春秋晚期(蔡昭侯,公元前518年至公元前491年)

國族:蔡

出土:1955年5月安徽省壽縣城西門蔡侯墓(M34.1)

現藏:安徽博物院

著錄:《文物參考資料》1955年第8期第31頁插圖二;《壽縣蔡侯墓出土遺物》圖版肆壹;《陝西、江蘇、熱河、安徽、山西五省出土重要文物展覽圖錄》圖版五七:3;《金文總集》7449;《殷周金文集錄》870;《殷周金文集成》11141;《安徽出土金文訂補》七七;《安徽出土青銅器銘文研究》181-1;《商周青銅器銘文暨圖像集成》16831

形制:直援尖鋒,短胡,闌側三穿,長方形内,内上有一横穿。内部有纖細的花紋。胡部刻有銘文兩行六字。

度量:通長22釐米,胡長10釐米。

字數:6

釋文:

蔡侯𦆊(申)

之用戈。

131　蔡侯𝄞戈

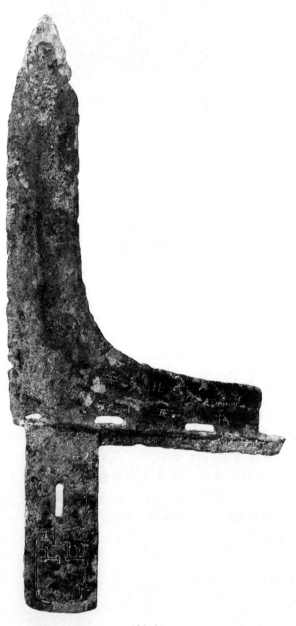

131.1

正　編

131.2

器名:蔡侯䱩戈(蔡侯申戈)

時代:春秋晚期(蔡昭侯,公元前518年至公元前491年)

國族:蔡

出土:1955年5月安徽省壽縣城西門蔡侯墓

現藏:中國國家博物館

著錄:《中國古代青銅器藝術》061

形制:直援狹長,尖鋒,短胡,闌側三穿,長方形直內,內上有一橫穿。內上有纖細的花紋。胡部刻有銘文兩行六字。

度量:通長21.6釐米,胡長10.3釐米。

字數:6

釋文:

蔡侯䱩(申)

之用戈。

132　蔡侯𪓰戈

132.1

132.2

正 編

132.3

器名：蔡侯䜌戈（蔡侯申戈）
時代：春秋晚期（蔡昭侯，公元前518年至公元前491年）
國族：蔡
出土：安徽省壽縣城西門蔡侯墓
現藏：臺灣某氏
著錄：《雪齋學術論文二集》第86頁（編號18）；《新收殷周青銅器銘文暨器影彙編》1967；《近出殷周金文集錄二編》1133；《鳥蟲書通考》（增訂版）圖255；《鳥蟲書字彙》圖255
形制：直援狹長，尖鋒，短胡，闌側三穿，長方形直內，內前部有一橫穿，後部有一圓穿。內上有纖細的花紋。援部及胡部刻有錯金鳥篆銘文六字，其中援部二字，胡部兩行四字。
說明：吳振武先生提供器物彩版圖片。吳先生指出其出土於安徽省壽縣城西門蔡侯墓，出土後流失。
字數：6
釋文：
蔡侯
䜌（申）之
用戈。

133　蔡侯𠤳戈

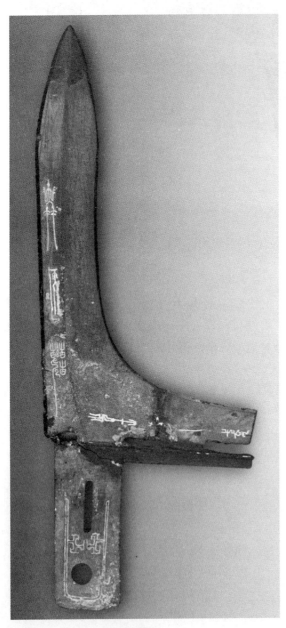

133.1

133.2

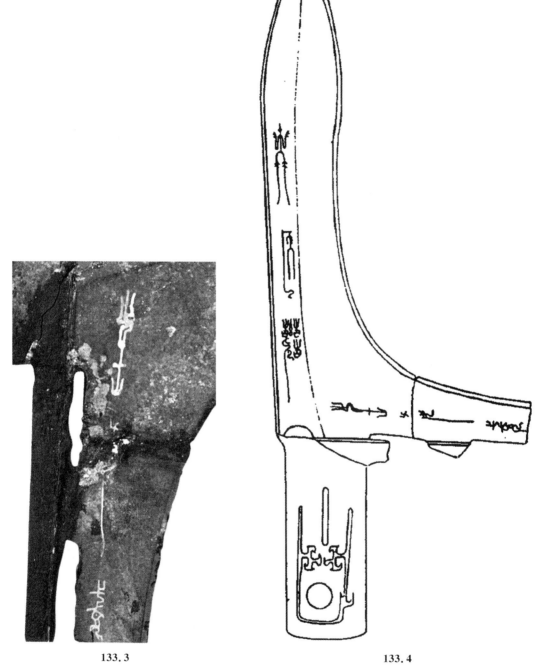

133.3　　　　　　　　　　133.4

器名：蔡侯𧻚戈（蔡侯紳之用戈、蔡侯申戈）
時代：春秋晚期（蔡昭侯，公元前518年至公元前491年）
國族：蔡
出土：1980年3月安徽省霍山縣南岳公社上元街大隊十八塔生產隊小山頭墓葬
現藏：霍山縣文物管理所（霍山縣博物館）

著録:《文物》1986年第3期第45頁圖五、六;《殷周金文集成》11142;《東周鳥篆文字編》137;《鳥蟲書通考》圖94;《安徽出土金文訂補》一一三;《安徽出土青銅器銘文研究》190;《商周青銅器銘文暨圖像集成》16832;《安徽江淮地區商周青銅器》168

形制:出土時,前鋒殘缺,胡、内折斷。援微揚,援中起脊,短胡,闌側三穿。長方形内,前部一橫穿,後部一圓穿,兩面飾錯金花紋。援至胡部有錯金鳥篆銘文六字。

度量:通長22.5釐米,出土時殘長16釐米。

字數:6

釋文:

蔡侯䲨(申)
之用戈。

134 蔡侯𬀩戟

134.1

器名:蔡侯𬀩戟(蔡侯紳之用戟)
時代:春秋晚期(蔡昭侯,公元前518年至公元前491年)
國族:蔡
現藏:安徽某氏
著録:《楚文化研究論集》(第五集)第363頁(無拓片);《阜陽亳州出土文物文字篇》215
形制:援中起脊,闌側三穿。内部一穿,内穿尾部有花紋。胡部有銘文一行六字。
度量:援長16.8釐米,胡長10.5釐米,内長7.5釐米。
字數:6
釋文:
蔡侯𬀩(申)之用戎(戟)。

135　蔡侯產戈

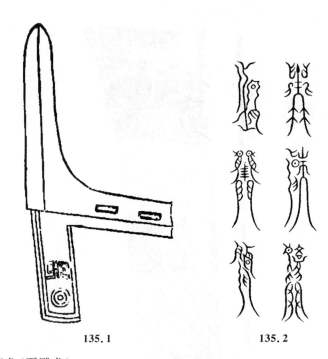

135.1　　　　　135.2

器名：蔡侯產戈（夏雕戈）
時代：春秋晚期（蔡聲侯，公元前471年至公元前457年）
國族：蔡
出土：安徽省壽縣紫金山漢淮南王故宮（《考古圖》）
流傳：李伯時舊藏（《歷代鐘鼎彝器款識法帖》）
著錄：《考古圖》卷六·一七；《歷代鐘鼎彝器款識法帖》一·夏珝戈一；《安徽通志金石古物考稿》一六·四·2；《燕京學報》第16期《鳥書考》圖三；《中山大學學報》1964年第1期《鳥書考》圖二二；《殷周金文集成》11144；《東周鳥篆文字編》24；《安徽出土金文訂補》三；《楚系金文彙編》第180頁七三·一·②；《鳥蟲書通考》圖96；《安徽出土青銅器銘文研究》49；《商周青銅器銘文暨圖像集成》16836；《鳥蟲書通考》（增訂版）圖96；《鳥蟲書字彙》圖257
形制：直援有脊，長方形內，長胡二穿，內上飾雷紋。胡部有鳥篆銘文兩行六字。
度量：戈以漢弩機尺度之，刃廣寸半，內長四寸半，胡長六寸，援長七寸半。（《考古圖》）
字數：6
釋文：
蔡侯產
之用戈。

136　蔡侯產戈

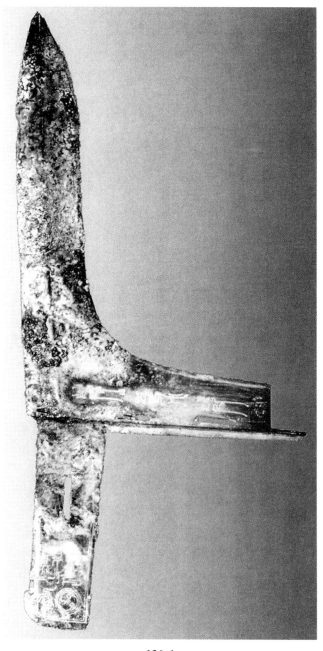

136.1

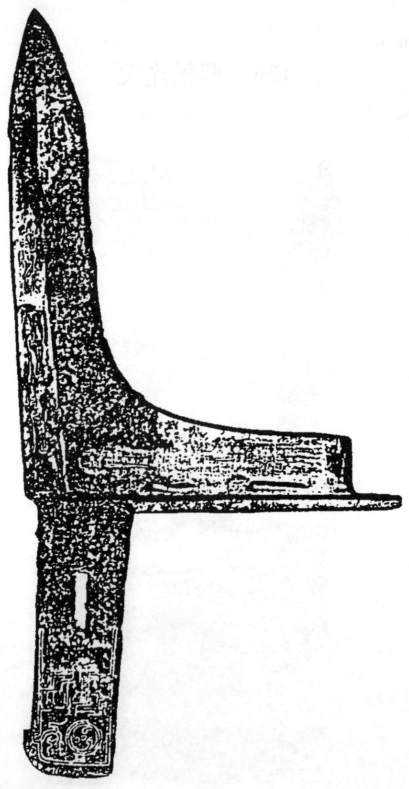

136.2

136.3

136.4A1　　　　　　　136.4A2　　　　　136.4B

器名：蔡侯產戈（永用戈、之用戈）

時代：春秋晚期（蔡聲侯，公元前471年至公元前457年）

國族：蔡

出土：安徽省壽縣（《安徽通志金石古物考稿》）

流傳：劉體智舊藏，後爲南京中央博物院收購。

現藏：臺北故宫博物院

著録：《安徽通志金石古物考稿》一六：三：2；《小校經閣金文拓本》十：二九；《善齋吉金録》七：二五；《燕京學報》第 16 期《鳥書考》第 201 頁圖一六；《中山大學學報》1964 年第 1 期《鳥書考》圖三七；《故宫銅器圖録》第 307、310 頁；《故宫文物月刊》1990 年第 93 期第 94～95 頁圖一五、一六；《東周鳥篆文字編》25；，《吴越地區青銅器研究論文集》第 209 頁圖七，第 233～256 頁圖五、六；《安徽出土金文訂補》一二九、圖版二九；《鳥蟲書通考》圖 97；《故宫文物月刊》2008 年第 300 期第 107 頁；《新收殷周青銅器銘文暨器影彙編》1677；《楚系金文彙編》第 181 頁七三：1：③；《近出殷周金文集録二編》1138；《新出殷周青銅器銘文整理與研究》1322；《安徽出土青銅器銘文研究》50、60；《商周青銅器銘文暨圖像集成》16837、16508；《鳥蟲書通考》(增訂版)圖 260；《鳥蟲書字彙》圖 260

形制：直援尖鋒，援中有脊，長胡，闌側三穿，長方形内，上有一横穿，後部飾圓渦紋和雷紋。援後部與胡部有錯金鳥篆銘文六字，胡部三字，援部三字。

度量：通長 33 釐米，闌高 10 釐米，内長 7.2 釐米，内寬 2.3 釐米，胡長 15 釐米。重 476 克。(《燕京學報》：援連内長一尺四寸三分，胡長六寸四分。《中山大學學報》：援連内長市尺九寸九分，胡長四寸五分。)

説明：援部三字原爲重銹所掩，故劉氏《善齋吉金録》著録時依僅所見三字稱爲"永用戈"(10.25)，容庚先生初作《鳥書考》時稱"作用戈"，重作後改稱"之用戈"。1958 年臺北故宫博物院籌備商周青銅兵器特展，以 X 光透視，始發現援部也有三字，經剔銹處理援部三字重現，雖有殘損，但筆畫可辨。陳芳妹先生經過仔細分析對照，推測爲"蔡侯産"三字。(《鳥蟲書通考》(增訂版)第 301 頁)《小校經閣金文拓本》十：二九、《安徽通志金石古物考稿》一六：三：2、《燕京學報》第 16 期《鳥書考》圖一六、《中山大學學報》1964 年第 1 期《鳥書考》圖三七、《安徽出土金文訂補》一二九、圖版二九、《商周金文資料通鑒》17047、《安徽出土青銅器銘文研究》60、《商周青銅器銘文暨圖像集成》16508 稱作"之用戈"。

字數：6

釋文：

蔡侯産

之用戈。

137 蔡侯產戈

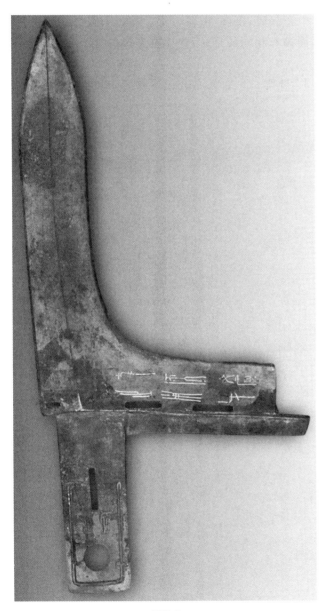

137.1　　　　　　　137.2

器名：蔡侯產戈

時代：春秋晚期（蔡聲侯，公元前471年至公元前457年）

國族：蔡

出土：1997年6月安徽省六安市城西窑廠5號墓

現藏：皖西博物館

著録：《文物研究》第十一輯第 325 頁圖版壹、圖一；《文物》1999 年第 7 期第 34 頁圖一〇、一一、第 35 頁一二、一三；9；《近出殷周金文集録》1155；《新收殷周青銅器銘文暨器影彙編》1311；《新出殷周青銅器銘文整理與研究》1328；《安徽出土青銅器銘文研究》44；《商周青銅器銘文暨圖像集成》16838；《安徽江淮地區商周青銅器》167

形制：前鋒作弧形，鋒尖，寬援有脊，中脊起棱，下闌，闌側三穿。長内上有二穿，中部爲長方形，近端部爲圓穿，二穿間及周圍兩面鑄有相同的鳥紋，内與援連接處折斷。胡部有錯金銘文兩行六字。

度量：通長 21.6 釐米，援長 14.6 釐米，援寬 2.6 釐米，脊厚 0.8 釐米，胡長 6.2 釐米，内長 6.7 釐米。

字數：6

釋文：

蔡侯産

之用戈。

138 蔡侯朔戟

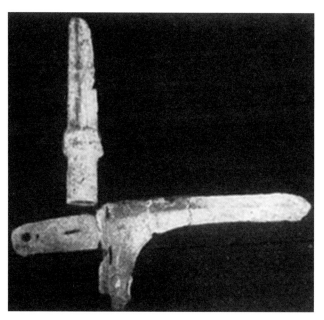

138.1

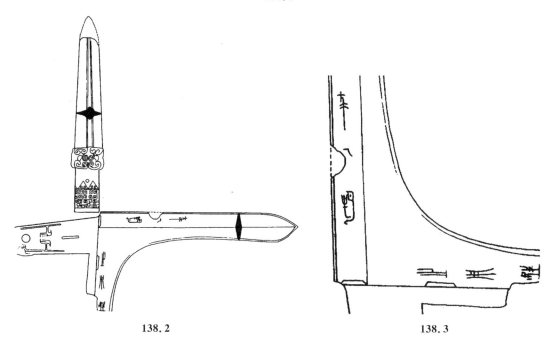

138.2   138.3

器名:蔡侯朔戟(蔡□□戟、蔡侯逆戟、蔡侯毛戈、蔡侯朔之用戟)
時代:春秋晚期(蔡成侯,公元前490年至公元前472年)
國族:蔡
出土:1980年9月安徽省舒城縣孔集九里墩墓葬
現藏:安徽博物院
著錄:《江淮論壇》1981年第3期第111頁;《考古學報》1982年第2期第233頁圖四:1、圖版一八:4;《安徽省考古學會會刊》第五輯第35頁圖十;《古文字研究》第十四輯第43頁圖五;《殷周金文集成》11150;《安徽出土金文訂補》一一五;《楚文物圖典》第127頁;《文物》2000年第8期第89頁圖1;《安徽出土青銅器銘文研究》198;《商周青銅器銘文暨圖像集成》16834
形制:戈、矛分鑄,出土時柲已腐朽,位置尚未改動。矛爲三棱形脊,扁圓形骹,骹上端有箍,箍上飾卷雲紋。戈援較細,平直,闌側三穿,中脊隆起,內上有長方形和圓形兩穿,後緣略圓,內上有錯金花紋。援胡上有錯金銘文兩行六字。
度量:戈通長24釐米。矛殘長15釐米。
字數:6
釋文:
蔡侯朔
之用戠(戟)。

139　蔡公子果戈

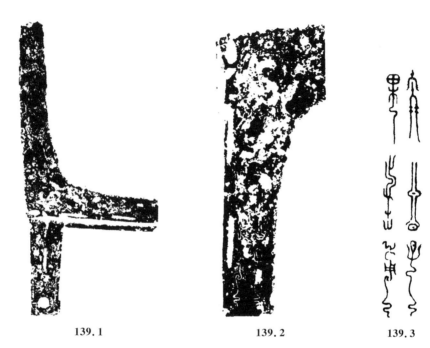

139.1　　　　　139.2　　　　　139.3

器名:蔡公子果戈
時代:春秋晚期
國族:蔡
出土:安徽省壽縣
著錄:《三代吉金文存》卷十九:三十八:1;《金文總集》7451;《殷周金文集成》11145;《東周鳥篆文字編》65;《中國書法全集》(3)31;《安徽出土金文訂補》一二五:三(無拓片);《鳥蟲書通考》圖105(摹);《楚系金文彙編》第184頁七五:③;《國史金石志稿》2622;《安徽出土青銅器銘文研究》53;《商周青銅器銘文暨圖像集成》16899;《鳥蟲書通考》(增訂版)圖274;《鳥蟲書字彙》圖274
形制:窄長援,有中脊,鋒殘,長胡。闌側一小穿二長穿,內上一橫穿一圓穿。內部有陰綫紋飾,後段有雙綫鳥形紋飾。胡部有鳥篆銘文兩行六字。
度量:殘長22.3釐米,援寬2.1釐米,內長7.6釐米,寬2.3釐米。
字數:6
釋文:
蔡公子
果之用。

140　蔡公子果戈

140.1

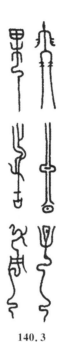

140.2　　　　　　　　140.3

器名:蔡公子果戈

時代:春秋晚期

國族:蔡

出土:安徽省壽縣(《安徽通志金石古物考稿》)

流傳:程文龍舊藏(《周金文存》)、松江程氏舊藏(《貞松堂集古遺文》《安徽通志金石古物考稿》)

著録:《三代吉金文存》卷十九:四十六:2;《周金文存》6.24.1;《貞松堂集古遺文》11.30.1;《韡華閣集古録跋尾》癸3;《安徽通志金石古物考稿》一六:五:1;《金文總集》7450;《殷周金文集成》11146;《東周鳥篆文字編》101;《安徽出土金文訂補》一二五:二(無拓片);《鳥蟲書通考》圖103;《楚系金文彙編》第184頁七五:①;《國史金石志稿》第2614頁;《安徽出土青銅器銘文研究》51、54;《商周青銅器銘文暨圖像集成》16901;《鳥蟲書通考》(增訂版)圖272;《鳥蟲書字彙》圖272

形制:内、援均殘失。短援長胡,闌側一小穿二長穿,援有脊,内甚長,上有一横穿一圓孔。飾雙綫鳥頭紋。胡部有鳥篆銘文兩行六字。

度量:通長17.4釐米,援寬2釐米,闌高10.4釐米,内長7.5釐米,寬2.2釐米。

字數:6

釋文:

蔡公子

果之用。

141　蔡公子果戈

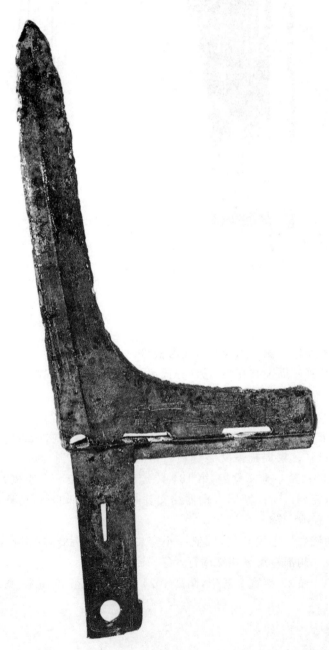

141.1

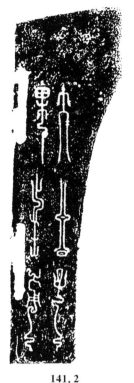

141.2　　　　　141.3

器名:蔡公子果戈
時代:春秋晚期
國族:蔡
出土:安徽省壽縣
流傳:陳雙風舊藏
現藏:上海博物館

著錄:《文物》1964年第7期第33頁圖一、第34頁圖二;《金文總集》7452;《殷周金文集錄》873;《商周青銅器銘文選》600;《殷周金文集成》11147;《"中央"研究院歷史語言研究所集刊》第61本第1分第64頁附圖十三;《東周鳥篆文字編》29;《吳越地區青銅器研究論文集》第237頁圖一〇、第253頁圖三〇;《安徽出土金文訂補》一二五:一;《鳥蟲書通考》圖104;《夏商周青銅器研究》五四五;《楚系金文彙編》第184頁七五:②;《安徽出土青銅器銘文研究》52;《商周青銅器銘文暨圖像集成》16900;《鳥蟲書通考》(增訂版)圖273;《鳥蟲書字彙》圖273

形制:援部狹長,尖鋒,中脊凸起,長胡,闌側三穿。內窄長,呈長方形,上有一橫穿,後部有一圓孔。內前後有陰綫紋飾。胡部有鳥篆銘文兩行六字。

度量:通長23.9釐米,闌高10.1釐米,援長16.5釐米,內長7.4釐米。重160克。

字數:6

釋文:
蔡公子
果之用。

142　蔡公子□戈

142.1

142.2

器名:蔡公子□戈(蔡公子戈)

時代:春秋晚期

國族:蔡

現藏:安徽某氏

著錄:《楚文化研究論集》(第五集)第 362 頁;《阜陽亳州出土文物文字篇》216

形制:援部狹長,尖鋒,中脊凸起,長胡,闌側二穿。內殘。胡部有銘文兩行六字。

度量:援長 15.5 釐米,胡長 10.2 釐米,內殘長 3.5 釐米。

字數:6

釋文:

蔡公子

□(從?)之用。

143　蔡公□宴戈

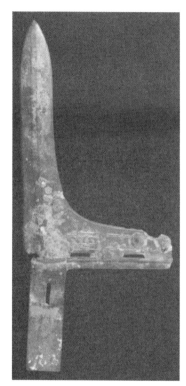

143.1

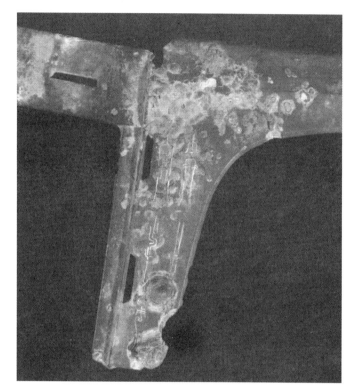

143.2

143.3

143.4　　　　　　　143.5

器名：蔡公□宴戈

時代：春秋晚期

國族：蔡

現藏：池州市秀山門博物館

著録：《中原文物》2014年第2期第64頁圖一；《周末賽寶會——"藏寶閣"百件珍品賞析》第162頁

形制：援部狹長，尖鋒，中脊凸起，長胡，闌側三穿。內窄長，呈長方形，上端近闌處有一長方形橫穿。內部無紋飾。胡部有錯金鳥篆銘文兩行六字。

度量：通長24釐米，寬10.6釐米，援長16.4釐米，援寬3.1釐米，內長7.6釐米，內寬2.4釐米。

說明：銘文"公"下一字殘缺，疑爲"子"或"孫"。

字數：6

釋文：

蔡公[子？]宴之用。

144　蔡加子戈

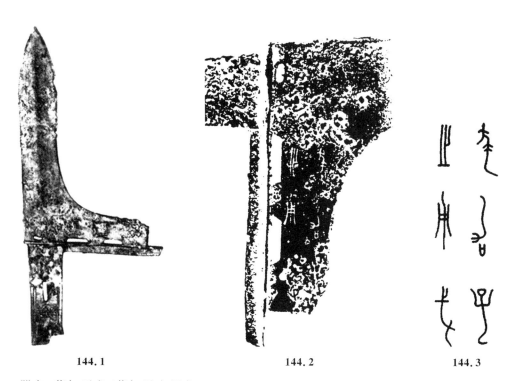

144.1　　　　　　144.2　　　　　144.3

器名：蔡加子戈（蔡加子之用戈）
時代：春秋晚期
國族：蔡
出土：1942年安徽省壽縣（《岩窟吉金圖録》）
流傳：于省吾、梁上椿舊藏
著録：《雙劍誃古器物圖録》上四七；《岩窟吉金圖録》下四二；《金文總集》7454；《殷周金文集成》11149；《安徽出土金文訂補》五〇；《鳥蟲書通考》圖107；《安徽出土青銅器銘文研究》76；《商周青銅器銘文暨圖像集成》16771
形制：前鋒尖鋭，直援，有脊，中胡三穿，闌下端有齒。内爲長方形，上端抹角，中部有一橫穿，兩面飾雙綫鳥首紋。胡部刻有銘文兩行六字。
度量：通長23釐米，内長7釐米，援長16釐米，胡長10.2釐米。
字數：6
釋文：
蔡加子
之用戈。

145　蔡弅子所戟

145.1　　　　　　　　145.2

145.3

器名：蔡弔子所戟（蔡叔戈、蔡叔戟）

時代：春秋晚期

國族：蔡

出土：安徽省壽縣

現藏：安徽博物院

形制：此爲雙戈戟，兩戈均窄援甚長，前鋒鋭利，援上有脊，中胡，闌下的齒已殘，闌側二長穿一小穿，第一戈内上有一横穿。第二戈無内。援部和胡部鑄有錯金鳥篆銘文六字。

著録：《商周青銅器銘文暨圖像集成》16810

説明：此戈資料來自中華青銅器網，第二戈的資料未公布。（《商周青銅器銘文暨圖像集成》）

字數：6

釋文：

蔡弔（叔）子所之告（造）。

146 蔡公孫霝戈

146.1

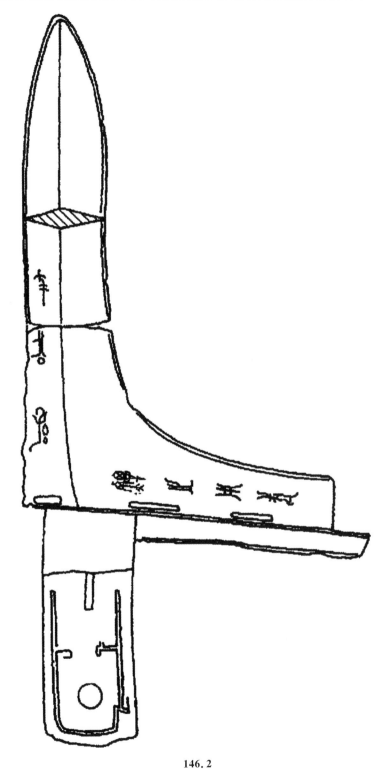

146.2

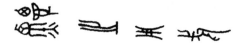

146.3

器名：蔡公孫鐔戈（蔡公孫戈、蔡公孫鰓戈）
時代：春秋晚期
國族：蔡
出土：2006年12月安徽省六安市九里溝第三輪窯廠土坑墓（M3283）
現藏：六安市文物局
著錄：《中原文物》2014年第2期第66頁圖十四；《文物》2014年第5期第72頁圖二、圖三：2；《鳥蟲書通考》（增訂版）圖277；《鳥蟲書字彙》圖277
形制：內部與援部均斷裂。戈援起脊，闌側三穿。內部前端一長條形穿，後端一圓穿。內兩面飾雙陰綫圖案。銘文七字，援部三字，胡部四字。
度量：通長21.9釐米，寬10.5釐米，援長14.8釐米，寬2.6釐米，脊厚0.7釐米。
字數：7
釋文：
蔡公孫
鐔之用戈。

147　□侯戟

147.1

147.2A

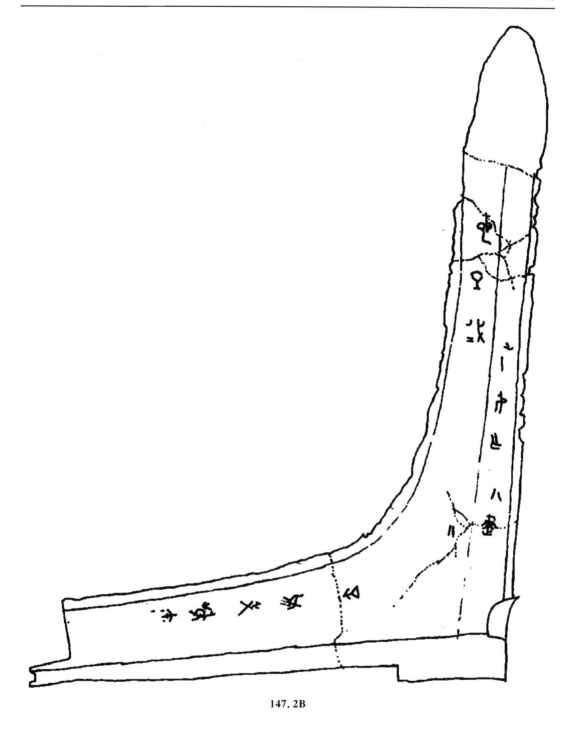

147.2B

安徽商周金文彙編

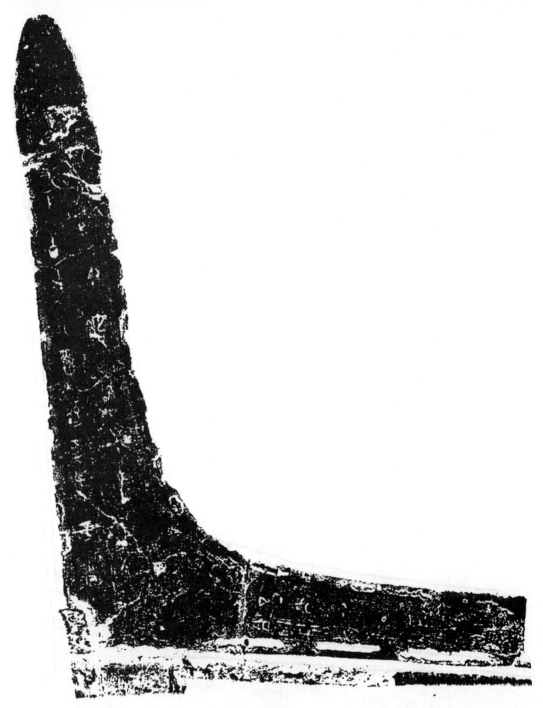

147.3A

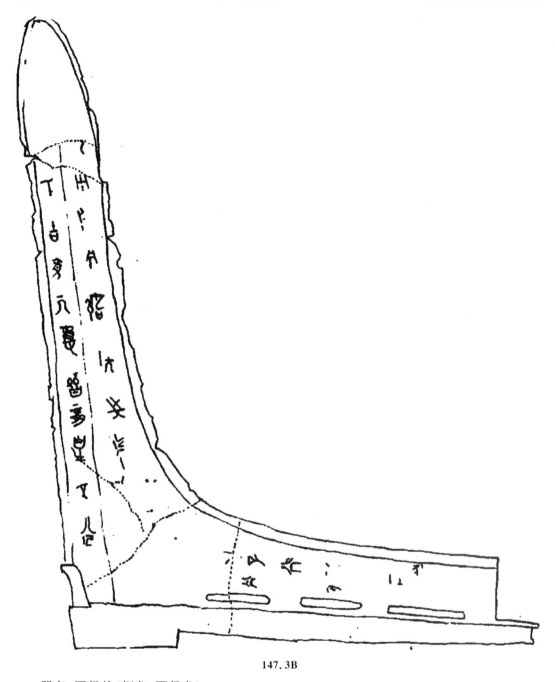

147.3B

器名：□侯戟（銅戈、□侯戈）
時代：春秋晚期
出土：1959年12月安徽省淮南市蔡家崗北趙家孤堆二號戰國墓（M2:19.2）
現藏：安徽博物院
著錄：《考古》1963年第4期圖版三：8、第207頁圖二；《殷周金文集成》11407；《安徽出土金文訂補》八三、圖版二一；《安徽出土青銅器銘文研究》32；《商周青銅器銘文暨圖像集成》17364

形制：胡三穿，援一圓穿，穿上有鼻飾，短內無穿。援胡正背面有兩行銘文約七十字，惜銹重不易辨識。

度量：援長 16 釐米，胡長 12.8 釐米，內長 1 釐米。

字數：約 70

釋文：

……母（毋）乍（作）丌𢆶（迹），□□或……子……

㐨（厥）□□禦□，下吉勿而隻（獲）晉，隻（獲）于公尚，……侯□□已胃……

148 童麗公柏戟

148.1

148.2

148.3

148.4A

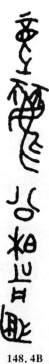

148.4B

器名：童麗公柏戟（鐘離公柏戟）

時代：春秋晚期

國族：鐘離

出土：2006年12月至2008年8月安徽省蚌埠市雙墩一號春秋墓葬（M1：397）

現藏:蚌埠市博物館

著録:《東南文化》2009年第1期第42頁圖四;《考古》2009年第7期第43頁圖三;《文物研究》第十六輯第172頁圖一七:2;《文物》2010年第3期第17頁圖四五、第13頁圖二九:中、右;《安徽出土青銅器銘文研究》28;《商周青銅器銘文暨圖像集成》17055;《鐘離君柏墓》圖八六、九〇:1,圖版一一五:2、3

形制:戟爲戈與矛組合。援較長,無脊。闌出頭,闌側三穿,長方形,上部一穿較短,下部兩穿稍長。内部一條形穿。窄葉式矛,有脊,兩面刃,翼面有凹槽。骹較短,上部一寬箍。戟戈胡部有銘文七字。

度量:戟戈通長28.7釐米,援長20.5釐米,援厚0.7釐米,胡長7.2釐米,闌長12釐米,内長8釐米,内寬2.8釐米;矛通長12釐米,寬2.1釐米,骹徑2釐米。

字數:7

釋文:

童(鍾)麗(離)公柏之用𢧭(戟)。

149　童麗公柏戟

149.1

149.2

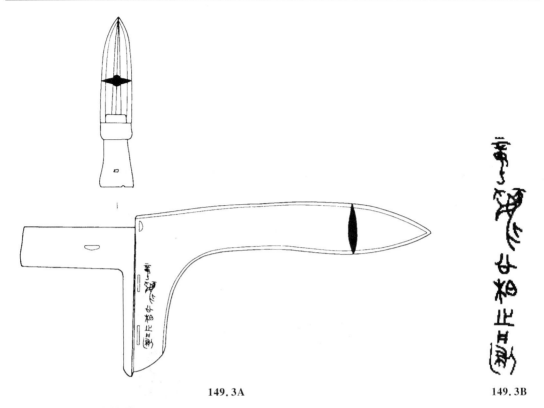

149.3A　　　　　　　　　　　　　　　149.3B

器名:童麗公柏戟

時代:春秋晚期

國族:鐘離

出土:2006年12月至2008年8月安徽省蚌埠市雙墩一號春秋墓葬(M1:383)

現藏:蚌埠市博物館

著錄:《鐘離君柏墓》圖八八,圖版一一六:2

形制:戟爲戈與矛組合。援較長,無脊。闌出頭,闌側三穿,長方形,上部一穿較短,下部兩穿稍長。内部長方形穿。窄葉式矛,有脊,兩面刃,翼面有凹槽。骹較短,上部一寬箍。戟戈胡部有銘文七字。

度量:戟戈通長29.4釐米,援長21釐米,援厚0.6釐米,胡長6釐米,闌長11.3釐米,内長8.2釐米,内寬2.4釐米,内厚0.4釐米;矛通長12釐米,寬2.3釐米,骹徑1.3釐米。

字數:7

釋文:

童(鍾)麗(離)公柏之用斷(戟)。

150　郘王戟

150.1

150.2　　　　　　　　　　　　150.3

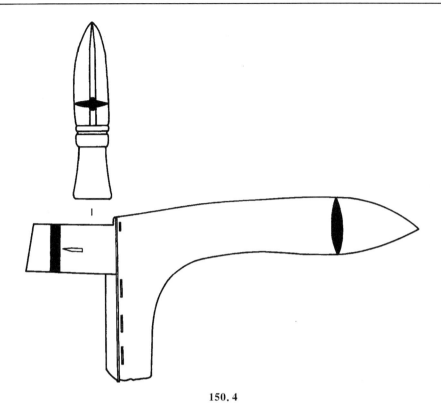

150.4

器名:郐王戟(余王戟、徐王容居戈)

時代:春秋晚期

國族:徐

出土:2006年12月至2008年8月安徽省蚌埠市雙墩一號春秋墓葬(M1:382)

現藏:蚌埠市博物館

著錄:《古文字研究》第二十九輯第418頁,《安徽出土青銅器銘文研究》30;復旦大學出土文獻與古文字研究中心網 2012 年 10 月 29 日 http://www.gwz.fudan.edu.cn/SrcShow.asp? Src_ID=1954,《文物》2013年第3期第78頁圖二、圖五、第79頁圖六:3;《鐘離君柏墓》圖八九、九〇:2,圖版一一七:1、2

形制:戟戈援較長,微弧,無脊。身較窄,中部有脊。前鋒凸出,呈三角形,鋒利,雙面刃,欄出頭。斜直內,內中部有一橫穿,後端有殘。胡上四穿,上端一短條形穿,下端三長條形穿。窄葉式矛,有脊,翼面有凹槽,兩面刃。短骹,骹上端有一寬箍。戟戈胡部刻有銘文,銹蝕嚴重,約十二字。

度量:戟戈通長28.5釐米,援長22釐米,援厚0.7釐米,胡長7.4釐米,闌長11.5釐米,內長6.4釐米,內寬3.4釐米,內厚0.6釐米;矛通長12.5釐米,寬2.5釐米,骹徑2釐米。

字數:約12

釋文:

郐(徐)王[容取吉金自作其元用戈]。

151　余子戈

151.1

151.2

151.3

151.4

151.5

 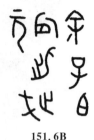  

151.6A　　　　151.6B　　　　151.7A　　　　151.7B

器名：余子戈（余子白以戈、徐王容居戈）
時代：春秋晚期
國族：徐
出土：2006年12月至2008年8月安徽省蚌埠市雙墩一號春秋墓葬（M1:47）
現藏：蚌埠市博物館
著錄：《古文字研究》第二十九輯第419頁；《安徽出土青銅器銘文研究》29；復旦大學出土文獻與古文字研究中心網2012年10月30日http://www.gwz.fudan.edu.cn/SrcShow.asp?Src_ID=1954；《文物》2013年第3期第77頁圖一、第78頁圖三、圖四、第79頁圖六:1、圖六:2；《鐘離君柏墓》圖九一:1、2，圖九二:1、2，圖版一一八:1、2、3。
形制：援較長，微弧。身較窄，中部有脊。前鋒凸出，呈三角形，鋒利，雙面刃，闌出頭。援跟部有一長方形穿。闌側三穿。直內，內中部有一橫穿，後端有殘。內部末端有銘文八字。胡部有銘文七字。
度量：通長20釐米，援長14釐米，援寬2.5釐米，援厚0.7釐米，胡長5.6釐米，內長5.6釐米，內寬2.7釐米，內厚0.3釐米。
說明：胡部有銘文七字，爲在原器上加刻的。（胡長春、闞緒杭：《徐王義楚耑"永保鈠身"新解及安徽雙墩一號鐘離墓的年代推定》，復旦大學出土文獻與古文字研究中心網2012年10月30日。）
字數：15（內8，胡7）
釋文：
內：
余（徐）子白（伯）
匀（𦥑）此之
元戈。
胡：
童（鐘）麗（離）公柏雈（隻——獲）郐（徐）人。

152 自作用戈

152.1A

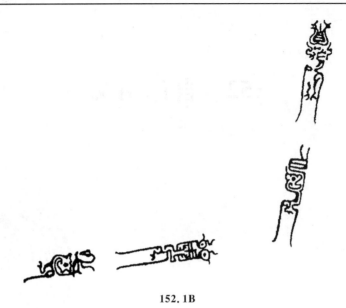

152.1B

器名:自作用戈
時代:春秋晚期
國族:越
出土:安徽省壽縣(《安徽通志金石古物考稿》)
著錄:《貞松堂集古遺文》11.26.2;《燕京學報》第16期《鳥書考》圖一五;《三代吉金文存》卷十九:三十七:2;《安徽通志金石古物考稿》一六:四:1;《中山大學學報》1964年第1期《鳥書考》圖三五;《金文總集》7395;《商周金文集成》8242;《殷周金文集成》11028;《東周鳥篆文字編》22;《安徽出土金文訂補》一二八、圖版二八;《鳥蟲書通考》圖153;《中國書法全集》(3)36;《吳越文字彙編》189;《國史金石志稿》第2583頁;《安徽出土青銅器銘文研究》59;《商周青銅器銘文暨圖像集成》16695;《鳥蟲書通考》(增訂版)圖379;《鳥蟲書字彙》圖379
形制:尖鋒,長胡,援上揚,闌側四穿,長方內,前端有一橫穿,後部飾雙綫龍紋。援和胡部有銘文4字。
度量:援長10.3釐米,胡長9釐米,內長7釐米。
說明:此戈李零先生以為越器。(李零:《古文字雜識(六篇)》,《古文字研究》第十七輯,北京:中華書局,1989年,第282~290頁。)施謝捷先生從之。(施謝捷:《吳越文字彙編》,南京:江蘇教育出版社,1998年,第589頁)
字數:4
釋文:
自乍(作)用戈。

153　子可朞戈

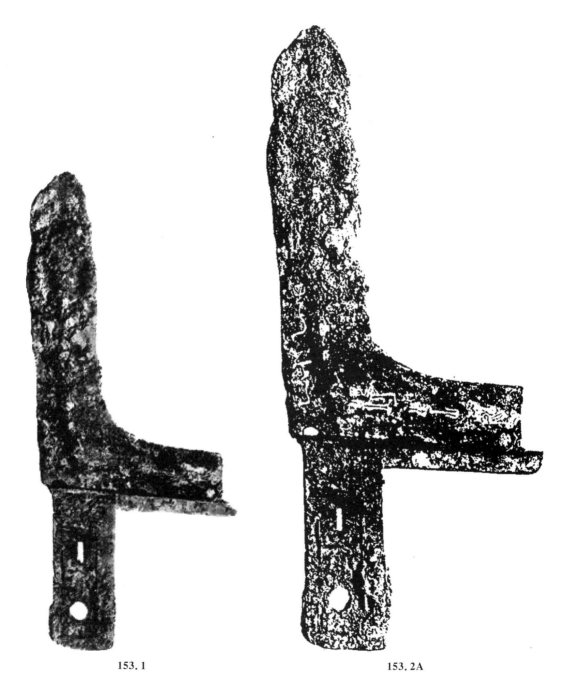

153.1　　　　　　　　　153.2A

153.2B

器名：子可朞戈（□子可朞戈、子可朞戈）

時代：春秋晚期

出土：安徽省壽縣

流傳：梁上椿舊藏

著錄：《燕京學報》第 16 期《鳥書考》圖一七；《岩窟吉金圖錄》下四一；《殷周金文集成》11072；《東周鳥篆文字編》126；《安徽出土金文訂補》一三一、圖版三一；《鳥蟲書通考》圖 112；《楚系金文彙編》第 678 頁三四；《安徽出土青銅器銘文研究》55；《商周青銅器銘文暨圖像集成》16767；《鳥蟲書通考》(增訂版)圖 377；《鳥蟲書字彙》(增訂版)圖 377

形制：直援有脊，中胡，闌下出齒，闌側有一小穿二長穿，內上有一橫穿和一圓孔。銘文五字，援後部二字，胡部三字。

度量：援長 16.3 釐米，內長 8.3 釐米。

說明：可(何)朞期(忌)，人名。曹錦炎先生指出此戈文字特點與蔡公子諸器甚爲相似。(曹錦炎：《鳥蟲書通考》(增訂版)，第 482 頁。)

字數：5

釋文：

子可(何)

朞(忌)之用。

154 艦侯耆戈

154.1

154.2

器名：艂侯耆戈（滕侯耆之造戈、滕侯耆戈）
時代：春秋晚期
出土：1942年安徽省壽縣城北
流傳：梁上椿舊藏
現藏：北京故宮博物院
著錄：《岩窟吉金圖錄》下四三；《金文總集》7420；《殷周金文集成》11078；《商周青銅器銘文選》808；《安徽出土金文訂補》五一；《故宮博物院50年入藏文物精品集》92；《安徽出土青銅器銘文研究》77；《商周青銅器銘文暨圖像集成》16751
形制：尖鋒中胡，長闌三穿。方形內，較長，內首略作弧綫形，前端有一橫穿。闌側有銘文五字，銘文反書。
度量：通長20.2釐米，胡高11.8釐米，內長8釐米。
字數：5
釋文：
艂（滕）侯耆之鋯（造）。

154.3
（銘文翻轉）

155 宋公得戈

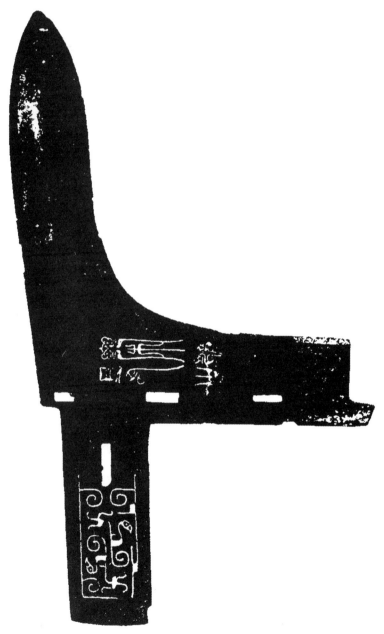

155.1

155.2　　　　　　　　　　　　　155.3

器名:宋公得戈

時代:春秋晚期(宋昭公,公元前619年至公元前611年)

國族:宋

出土:安徽省壽縣(《中山大學學報》)

著錄:《中山大學學報》1964年第1期《鳥書考》圖二七;《書道全集》第1卷103;《金文總集》7456;《殷周金文集成》11132;《商周青銅器銘文選》796;《東周鳥篆文字編》42;《安徽出土金文訂補》一二六;《鳥蟲書通考》圖140;《安徽出土青銅器銘文研究》56;《商周青銅器銘文暨圖像集成》16828;《鳥蟲書通考》(增訂版)圖343;《鳥蟲書字彙》圖343

形制:闌側一小穿二長穿,内上一橫穿。胡部有錯金鳥篆銘文六字,正面兩行四字,背面二字。

度量:援長14.3釐米,胡長12.3釐米,内長8釐米。

字數:6

釋文:

宋公

㝁(得)之

貽(造)戈。

156 宋公欒戈

156.1

156.2

156.3

156.4

156.5

156.6

器名:宋公䜌戈(宋公欒戈)
時代:春秋晚期(宋景公,公元前516年至公元前469年)
國族:宋
出土:1936年安徽省壽縣(《燕京學報》)
流傳:于省吾舊藏,後歸上海博物館。
現藏:中國國家博物館
著錄:《燕京學報》第23期《鳥書三考》圖三;《雙劍誃古器物圖錄》上四三;《中山大學學報》1964年第1期《鳥書考》圖二六;《上海博物館藏青銅器》86;《三代吉金文存補》八四二;《金文總集》7455;《殷周金文集成》11133;《商周青銅器銘文選》793;《"中央"研究院歷史語言研究所集刊》第61本第1分第73頁附圖三十八;《東周鳥篆文字編》43;《吳越地區青銅器研究論文集》第240頁圖一一;《中國文物精華大辭典》(青銅卷)0788;《安徽出土金文訂補》四六、圖版一五;《鳥蟲書通考》圖139;《安徽出土青銅器銘文研究》72;《商周青銅器銘文暨圖像集成》16829;《鳥蟲書通考》(增訂版)圖342;《鳥蟲書字彙》圖342

形制:短援,短胡,胡部三穿,內部較長,內有一穿。內兩面下端有錯金變形獸紋一組。胡部有錯金鳥篆銘文六字,正面兩行四字,背面二字。

度量:通長22.3釐米,援長14釐米,胡長9.7釐米,內長8.3釐米。
字數:6
釋文:
宋公
䜌(欒)之
䣙(造)戈。

157　工盧王姑發者阪戈

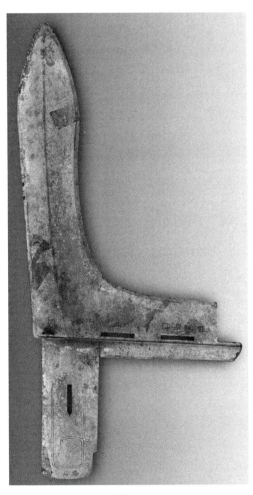
157.1

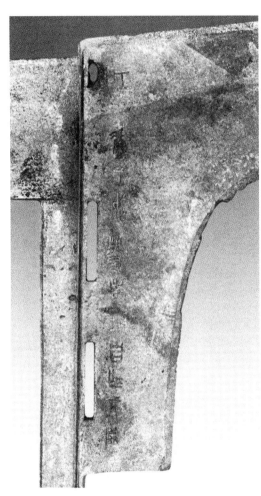
157.2

器名：工盧王姑發者阪戈（工盧王姑發者阪戈、吳王姑發戈）
時代：春秋晚期（吳王諸樊，公元前560年至公元前548年）
國族：吳
出土：1995年7月11日安徽省六安市九里溝村第一輪窰廠春秋墓
現藏：皖西博物館
著錄：《文物研究》第十三輯第320頁圖一、圖二；《新收殷周青銅器銘文暨器影彙編》1312；《近出殷周金文集錄二編》1193；《安徽出土青銅器銘文研究》45；《商周青銅器銘文暨圖

像集成》17139;《吴越题铭研究》图 3;《安徽江淮地区商周青铜器》169

形制:宽援有脊,援基一小穿,胡基二穿。长方形内略上翘,中间一穿,两面均饰双线勾划的变形鸟纹。胡部有铭文一行十一字。

度量:通长 24.3 厘米,援长 17 厘米,援宽 3.4 厘米,脊厚 0.7 厘米,胡长 16 厘米。重 299 克。

字数:11

释文:

工(句)虘(吴)王姑發(發)者(諸)阪(樊),自乍(作)元用。

158　攻敔工叙戟

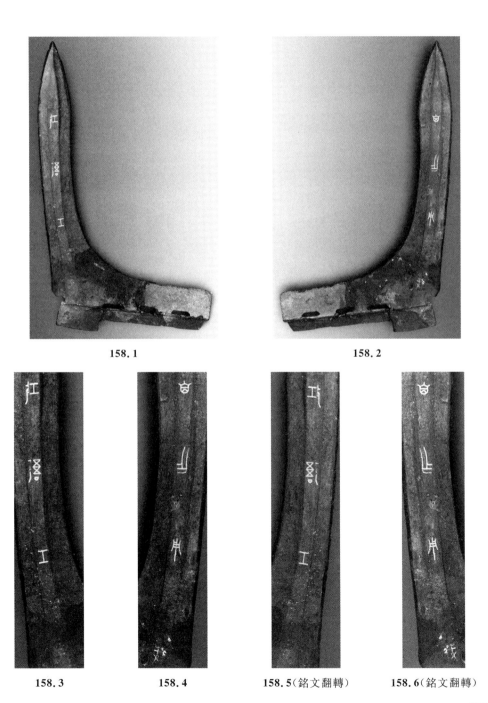

158.1　　　　　　　　　158.2

158.3　　　158.4　　　158.5（銘文翻轉）　　158.6（銘文翻轉）

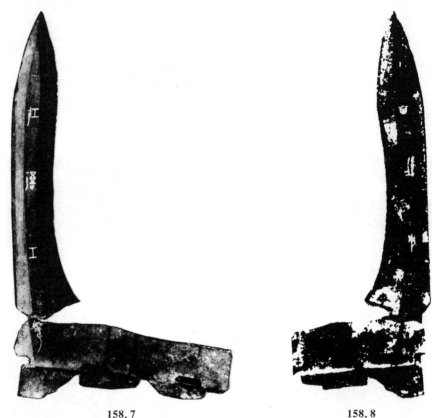

158.7　　　　　　　　　　　158.8

器名：攻敔工叙戟（攻敔工差戟、攻敔工叙戟、攻吳工差戟、攻敔戟、攻敔王差戟、吳王夫差戟）

時代：春秋晚期（吳王夫差，公元前 495 年至公元前 473 年）

國族：吳

出土：1980 年 3 月安徽省霍山縣南岳上元街十八塔小山頭墓葬

現藏：霍山縣文物管理所（霍山縣博物館）

著錄：《文物》1986 年第 3 期第 44 頁圖一至四、第 47 頁；《殷周金文集成》11258；《吳越文化新探》第 334 頁；《東南文化》1990 年第 1、2 合期第 72 頁；《吳越徐舒金文集釋》第 99～100 頁；《安徽出土金文訂補》一一二；《吳越文字彙編》088；《安徽出土青銅器銘文研究》189；《商周青銅器銘文暨圖像集成》17083；《吳越題銘研究》圖 49；《安徽江淮地區商周青銅器》170

形制：戟爲戈、矛分體式。只存戈，無矛。援窄長，微揚，援中起平脊。下刃微內凹，長胡，闌側四穿，出土時內已斷失。體灰色，刃口黑亮。援胡部正反兩面各有錯金銘文四字。

度量：通長 17.7 釐米，援長 16 釐米，胡長 10.2 釐米。

說明：銘文反書。

字數：8

釋文：

攻敔（敔——吳）工叙，

自乍（作）用戠（戟）。

159　攻𠨗王夫差戈

159.1

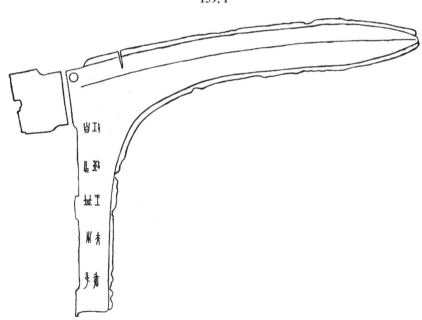

159.2

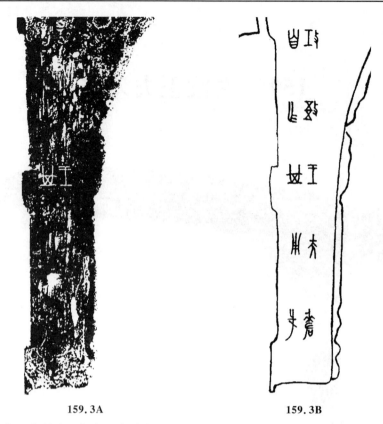

159.3A   159.3B

器名：攻敔王夫差戈（攻敔王夫差戈）

時代：春秋晚期（吳王夫差，公元前495年至公元前473年）

國族：吳

出土：1959年12月安徽省淮南市蔡家崗北趙家孤堆二號戰國墓（M2∶19.1）

現藏：安徽博物院

著錄：《考古》1963年第4期圖版三∶7、第205頁圖一∶2；《考古》1965年第9期第467圖一；《金文總集》7353、7516；《商周金文集成》8390；《殷周金文集成》11288；《吳越文化新探》第341頁圖十五；《古文字研究》第十七輯第82頁；《吳越徐舒金文集釋》第132頁；《安徽出土金文訂補》84；《吳越文字彙編》073；《安徽出土青銅器銘文研究》33；《商周青銅器銘文暨圖像集成》17124；《吳越題銘研究》圖50

形制：胡兩穿，援一圓穿，穿上有鼻飾，沿穿裝柲的槽殘，內一殘穿，援微曲。胡部背面有銘文兩行十字。

度量：援長19.5釐米，胡殘長12.7釐米，內殘長2.9釐米。

字數：10

釋文：

攻敔（敔——吳）王夫差，

自乍（作）𠀠（其）用戈。

160 虎鄭公佗戈

160.1

160.2

器名：虎鄭公佗戈（虎婁公佗戈）

時代：春秋晚期

國族：楚

出土：安徽地區

現藏：安徽阜陽某氏

著錄：《安徽阜陽所見楚銘文兵器綜述》圖九；《紀念中國古文字研究會成立三十周年國際學術研討會論文集》第98頁圖三；《鳥蟲書通考》（增訂版）圖328；《鳥蟲書字彙》圖328

形制：援中起脊。內中部一長穿，尾端一圓穿，內尾飾竊曲紋。闌側三穿。胡部有銘文兩行六字。

度量：通長19.8釐米，援長14釐米，內長6釐米，內寬2.5釐米，闌長9.5釐米，闌寬0.7釐米，胡長9釐米。

字數：6

釋文：

虎鄭（婁）公

佗之用。

161 莊王之楚用戟

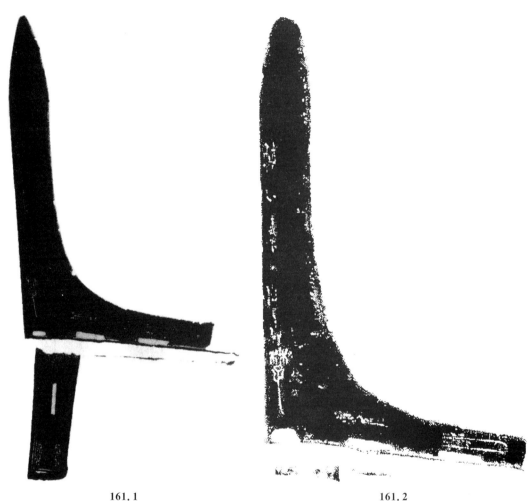

161.1　　　　　　　　161.2

器名：莊王之楚用戟
時代：春秋晚期
國族：楚
現藏：安徽某氏
著録：《中國歷史文物》2007 年第 5 期第 16 頁圖四
　形制：此爲雙援戟，由有内戈與無内戈組成。有内戈爲狹援狹胡式。援中起脊，前鋒弧形尖削，内一長穿，内尾下部有一小凸起。胡部三穿。無内戈援細長平直，援中起脊。二戈援中脊上部和胡部各有鳥篆銘文六字，銘文内容相同。

度量：有内戈通長 26.1 釐米，援長 18.3 釐米，援寬 2.3 釐米，闌長 12.5 釐米，闌寬 0.8 釐米，胡長 11.2 釐米，胡下端寬 1.5 釐米。無内戈通長 18.3 釐米，援長 16.8 釐米，援寬 2 釐米，内長 1.5 釐米，内寬 2.6 釐米，闌長 11.5 釐米，闌寬 0.8 釐米，胡長 10.3 釐米，胡下端寬 1.3 釐米。

字數：12（有内戈 6，無内戈 6）

釋文：

有内戈：

臧（莊）王之楚

用戏（戟）。

無内戈：

臧（莊）王之楚

用戏（戟）。

162　邵之瘠夫之行戈

161.1

161.2

器名：邵之瘠夫之行戈
時代：春秋晚期
國族：楚
現藏：安徽某氏
著錄：《中國歷史文物》2007 年第 5 期第 17 頁圖五
形制：中脊偏上，援鋒如舌形，援身上翹。內長方形上翹，一長穿，內尾兩面飾鳳鳥紋，下角有缺口。胡部三穿。援身和胡部有鳥篆銘文三行七字。
度量：通長 20 釐米，援長 12.5 釐米，援寬 2.5 釐米，內長 7.1 釐米，內寬 2.3 釐米，闌長 10 釐米，闌寬 0.6 釐米，胡長 8.5 釐米，胡下端寬 1.9 釐米。
字數：7
釋文：
邵之瘠
夫之
行戈。

163 武王攻㤻戈

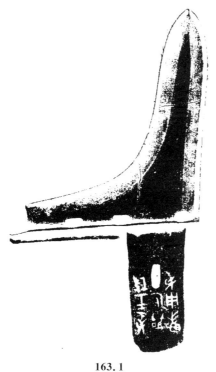

163.1　　　　　　　163.2

器名:武王攻㤻戈(武王馭用戈)
時代:春秋早期
國族:楚
現藏:安徽某氏
著錄:《紀念中國古文字研究會成立三十周年國際學術研討會論文集》第97頁圖一
形制:短援,闊内。脊爲寬帶形。闌部有一横長穿,内尾下部留一小缺口。胡部三長穿。内的後部有銘文三行八字。
度量:通長18.5釐米,援長11.4釐米,援寬2.6釐米,闌長10釐米,闌寬0.7釐米,内長6.4釐米,内寬2.9釐米,胡長9釐米。重0.205千克。
字數:8
釋文:
武王攻
㤻乍(作)
爲用戈。

164　龏王之卯戈

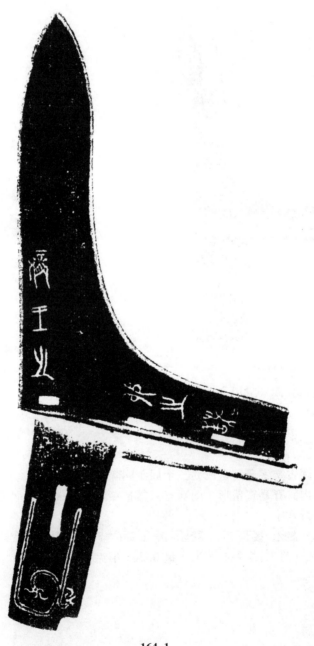

164.1

164.2

器名:龏王之卯戈(龏王止卯之造戟)

時代:春秋晚期

國族:楚

現藏:安徽某氏

著錄:《南方文物》2004年第4期第43頁;《阜陽亳州出土文物文字篇》217

形制:援狹,胡長。援脊有棱,前鋒向上尖削,援根部一穿,闌側二穿,內尾下方有缺,內身飾二龍紋,內中一穿。援部和胡部共有銘文七字,援部三字,胡部四字(合文一),自援部至胡部呈弧形排列。

度量:通長19.3釐米,援長12.5釐米,援寬2.5釐米,胡長8.7釐米,內長6.5釐米,內寬2.5釐米,闌寬0.8釐米。

字數:7(合文1)

釋文:

龏王之

卯之戠₌(告戈——造戈)。

165　郯戈

165.1

165.2

器名:郊戈(六公佋僳爲六造王戈)

時代:春秋晚期

國族:楚

現藏:安徽某氏

著錄:《南方文物》2004年第4期第43頁;《阜陽亳州出土文物文字篇》218

形制:援狹,內長。援脊無棱,援根部一穿,穿上方侈出崖。闌側二穿,下穿殘,內尾下圓弧,內中一穿。援部和胡部刻有銘文九字,援部四字,胡部五字(存四字),自援部至胡部呈弧形排列。

度量:援殘長13釐米,援寬1.8釐米,胡殘長8.8釐米,內長10釐米,內寬2釐米。

字數:存8

釋文:

郊(六)公卲僳

爲郊(六)賠(造)王□。

166　瓦思左王戟

166.1

166.2

器名：亙思左王戟（亙思公智上爲亙思左王造戟）
時代：春秋晚期
國族：楚
現藏：安徽某氏
著錄：《紀念中國古文字研究會成立三十周年國際學術研討會論文集》第 98 頁圖四
形制：援有中脊。內部一長穿，內尾向下有一小凸起，內的兩面有簡單的竊曲紋飾。闌部三穿。援部和胡部有銘文十二字，自援部至胡部弧形排列，援下部七字，胡部五字。
度量：通長 27.5 釐米，援長 19 釐米，內長 8 釐米，內寬 2.5 釐米，闌寬 0.8 釐米，闌長 11 釐米，胡長 9.9 釐米。
字數：12
釋文：
亙（期）思公智上爲亙（期）
思右王告（造）戈（戟）。

167　工獻大子姑發𦉢反劍

167.1

167.2

167.3

167.4A 167.4B

器名：工𢼳大子姑發𦀚反劍（攻吳太子諸樊劍、姑發𦀚反劍、工𢼳太子姑發𦀚反劍、吳太子姑發𦀚反劍）

時代：春秋晚期（吳王諸樊，公元前 560 年至公元前 548 年）

國族：吳

出土：1959 年 12 月安徽省淮南市蔡家崗北趙家孤堆二號戰國墓（M2：18.6）

現藏：安徽博物院

著錄：《中山大學學報》1963 年第 3 期第 68 頁；《考古》1963 年第 4 期圖版肆：9、第 205 頁圖一：1；《中山大學學報》1964 年第 1 期第 94 頁；《金文通釋》599；《金文總集》7744；《商周金文集成》8663；《殷周金文集錄》877；《殷周金文集成》11718；《商周青銅器銘文選》537；《吳越文化新探》第 333 頁；《古文字研究》第十七輯第 71 頁；《吳越徐舒金文集釋》第 90 頁；《吳越文字彙編》042；《中國文物精華大辭典》（青銅卷）0795；《安徽出土金文訂補》八六；《安徽出土青銅器銘文研究》35；《安徽文明史陳列》第 152 頁；《商周青銅器銘文暨圖像集成》18076；《吳越題銘研究》圖 1；《中青銅器辭典》第一冊第 313 頁右

形制：喇叭形柄，半空。環形鐔。窄格，無紋飾。脊隆起，呈三棱形。一面臘上有銘文兩行三十五字。

度量：通長 36.4 釐米，鋒刃長 27.9 釐米，最寬處 3.8 釐米，莖長 8.3 釐米。重 0.39 千克。

說明："𦀚"或釋"䁈"；"云"或釋"㠯（以）"。（陳佩芬《中國青銅器辭典》）"南"字下之"北"，舊釋"行"，董珊先生改釋爲"北"。（董珊《吳越題銘研究》）

字數：35（重文 1，合文 1）

釋文：

工（句）𢼳（吳）大（太）子姑發𦀚（聶——諸）反（樊），自乍（作）元用。才（在）行之先，云（員）

用云（員）隻（獲），莫敢致（御）余=（余。余）處江之陽，至于=南北西行。

168　攻敔王光劍

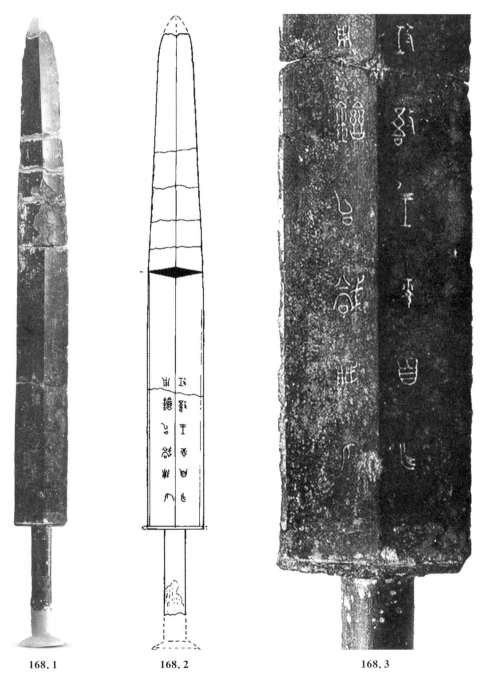

168.1　　　168.2　　　168.3

器名:攻敔王光劍(攻吳光劍、攻敔王光劍)

時代:春秋晚期(吳王光,公元前514年至公元前496年)

國族:吳

出土:1978年5月安徽省南陵縣三里、何灣兩鄉交界處小山頭土墩墓

現藏:南陵縣文物管理所

著錄:《文物》1982年第5期第59頁;《金文總集》7722;《商周金文集成》8644;《殷周金文集成》11654;《中國古代兵器圖冊》第53頁圖7;《商周青銅器銘文選》540;《古文字研究》第十七輯第77頁;《中國書法》1991年第1期第24頁圖3;《吳越徐舒金文集釋》第107頁;《吳越文字彙編》054;《安徽出土金文訂補》一一一;《皖南商周青銅器》132;《安徽出土青銅器銘文研究》205;《商周青銅器銘文暨圖像集成》17918;《吳越題銘研究》圖28

形制:莖爲圓柱形,有兩道箍棱。窄臘,無飾紋;有脊。近臘處有銘文兩行十二字。

度量:通長約50釐米,殘長約43.4釐米。

字數:12

釋文:

攻敔(敌——吳)王光,自乍(作)

用鐱(劍),台(以)戱(擋)戝(撠)人。

168.4

169 攻敔王光劍

169.1

169.2

169.3A　　　　　　169.3B

器名：攻敔王光劍（攻吳王光劍、吳王光劍、攻敌王光劍）
時代：春秋晚期（吳王光，公元前514年至公元前496年）
國族：吳
出土：1974年安徽省廬江縣湯池公社邊崗大隊
現藏：安徽博物院
著錄：《文物》1986年第2期第64頁圖一、圖二；《殷周金文集成》11666；《吳越徐舒金文集釋》第109頁；《吳越文字彙編》055；《安徽出土金文訂補》一〇四；《中國巢湖文物精華》第50頁；《安徽館藏珍寶》043；《安徽出土青銅器銘文研究》204；《安徽文明史陳列》第153頁；《商周青銅器銘文暨圖像集成》17920；《吳越題銘研究》圖33；《安徽江淮地區商周青銅器》171
　　形制：劍身較寬，狹前鍔束收成鋒，中有凸脊成直線，斜從。凹形格，較寬厚上有鑲嵌綠松石花紋，綠松石已脫落。莖作橢圓柱形，莖上置兩道箍棱。劍首缺失。近劍格處有銘文兩行十六字。

度量:殘長54釐米,格寬5釐米。

字數:16

釋文:

攻歔(敔——吳)王光,自乍(作)用鐱(劍),

逗余允至(鷙),克戩(捷)多攻。

170 攻𫑶王夫差劍

170.1　　　　　170.2A　　　　　170.2B

器名:攻致王夫差劍(攻吳王夫差劍、吳王夫差劍)
時代:春秋晚期(吳王夫差,公元前495年至公元前473年)
國族:吳
出土:1935年安徽省壽縣西門內(或傳河南洛陽金村)
流傳:于省吾舊藏,後歸北京故宮博物院。
現藏:中國國家博物館
著錄:《雙劍誃古器物圖錄》上四一;《北京晚報》1961年10月8日第3版;《殷周金文集成》11637;《商周青銅器銘文選》544甲;《古文字研究》第十七輯第82頁左;《尊古齋金石集》第228頁;《尊古齋古兵精拓》第204~205頁;《吳越徐舒金文集釋》第135頁;《吳越文字彙編》076;《商周青銅器銘文暨圖像集成》17935;《吳越題銘研究》圖61
形制:窄長扁條形,前段較窄,圓莖中空,劍首向外翻卷成圓箍形,內有內有數道同心圓紋。劍格飾以綠松石鑲嵌花紋,劍身有脊。劍身靠格處的脊兩側有銘文十字。
度量:通長58.2釐米,寬4.7釐米。
字數:10
釋文:
攻致(敔——吳)王夫差,
自乍(作)其元用。

171　工𫓧王夫差劍

器名：工𫓧王夫差劍（吳王夫差自作用劍、吳王夫差劍）
時代：春秋晚期（吳王夫差，公元前 495 年至公元前 473 年）
國族：吳
現藏：安徽某氏
著錄：《楚文化研究論集》（第五集）第 362 頁；《阜陽亳州出土文物文字篇》214；《吳越題銘研究》圖 56
形制：柳葉形劍身，隆脊，窄格，莖呈喇叭形，中空，圓首。鍔微殘，臘部有銘文兩行十字，直行左讀。
度量：通長 50.5 釐米，劍身長 40.5 釐米，莖長 9.5 釐米，劍首直徑 4.5 釐米。
字數：10
釋文：
工（攻）𫓧（敔——吳）王元〈夫〉差，
自乍（作）其夫〈元〉用。

171.1

172　戉王之子欪耆劍

172.1

172.2A

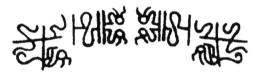

172.2B

172.3A

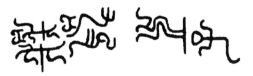

172.3B

器名:戉王之子欨耂劍(越王句戔之子劍、越王之子勾踐劍)
時代:春秋晚期(越王勾踐,公元前 520 年至公元前 465 年)
國族:越
出土:安徽省壽縣(《金匱論古初集》)
流傳:陳仁濤、黃浚舊藏
著錄:《金匱論古初集》第 36 頁(初 4.03～04);《商周金文錄遺》593;《中山大學學報》1964 年第 1 期《鳥書考》圖八;《金文總集》7698;《殷周金文集成》11594;《商周青銅器銘文選》551;《古文字研究》第十七輯第 91 頁器 2;《尊古齋古兵精拓》201;《吳越徐舒金文集釋》第 200 頁;《殷周金文集成》11594;《東周鳥篆文字編》70;《吳越文字彙編》121;《鳥蟲書通考》圖 28;《商周青銅器銘文暨圖像集成》17875;《吳越題銘研究》圖 71;《鳥蟲書通考》(增訂版)圖 44;《鳥蟲書字彙》圖 44
形制:凹字形格,中有脊。莖的中部有兩道箍,圓餅形首微向內凹,有同心圓紋六道。劍格兩面有鳥篆銘文八字,重出二字,銘文爲陽文。
度量:通長 47 釐米,寬 4.5 釐米,莖長 8.4 釐米,首徑 3.7 釐米,劍格寬 5.1 釐米。
字數:8(重出 2)
釋文:
戉(越)王戉(越)王
之子欨(句)耂(踐)。

173　九里墩銅矛

器名:九里墩銅矛(銅矛)
時代:春秋晚期
出土:1980年9月安徽省舒城縣孔集公社九里墩春秋墓
現藏:安徽博物院
著錄:《考古學報》1982年第2期第233頁圖四:4;《安徽出土金文訂補》一一六、圖版二四:二;《安徽出土青銅器銘文研究》199
形制:柳葉形,中脊隆起,斷面呈菱形,兩刃鋒利,骹作扁圓形,中空直達矛鋒,末端有對稱兩個正方形穿。骹末端飾有羽狀花紋。矛身有銘文兩行六字,銹蝕不清,難以辨認。
度量:殘長14.2釐米。
字數:6
釋文:
　□□□
　□□□

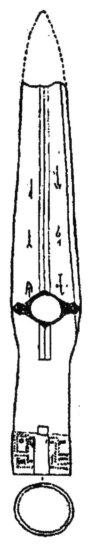

173.1

174 王矛

器名：王矛
時代：春秋
國族：越
出土：1990年安慶市大楓鄉黃花村春秋墓葬
著錄：安慶市博物館網站 http://www.aqbwg.cn/include/web_view.php? id＝5826；《安徽出土青銅器銘文研究》209
現藏：安慶市博物館
形制：寬體窄刃，中起脊，脊兩側分飾兩條勾連雲紋。矛體一面兩翼各有菱形血槽。骹橫截面呈橢圓形骹口內凹，呈月牙形。骹一面有一雙勾銘文"王"字。
度量：通長26釐米，骹長5.7釐米。
字數：1
釋文：
王。

174.1　　174.2

175　王矛

175.1

175.2

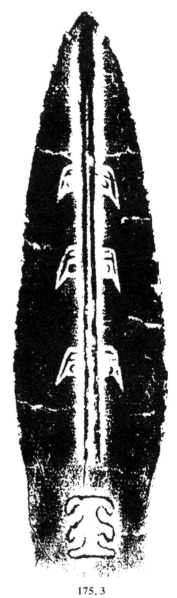

175.3

器名：王矛
時代：春秋
國族：越

出土:安徽省繁昌縣孫村鎮犁山村
現藏:繁昌縣博物館
著録:《皖南商周青銅器》142;《安徽出土青銅器銘文研究》206
形制:骹較爲寬大,兩側呈弧形坡面。刃部鋒鋭,葉狹長而均匀,中脊起棱,刃下端的本作圓弧形,骹的正面偏下側有一橋形鈕,橢圓形銎。身飾三個蟬形紋。骹的上端正面有一雙綫"王"字。
度量:殘長 17.5 釐米。
說明:銘文中空雙線。《皖南商周青銅器》定其時代爲春秋,《安徽出土青銅器銘文研究》從之。按,當爲戰國時期。"此式矛流行與戰國早中期。"(《楚文物圖典》第 124 頁)骹的上端正面有一雙綫"王"字,稱其爲紋飾,不當。字爲雙綫,如《殷周金文集成》11425"息矛"的"息"字等。《新收殷周青銅器銘文暨器影彙編》收有"王矛"兩件:1192、1414。
字數:1
釋文:
王。

176　乍寶尊彝卣

176.1

176.2（蓋）　　　　　　**176.3**（底）

器名：乍寶尊彝卣（夔紋卣）
時代：春秋晚期至戰國早期（《屯溪土墩墓發掘報告》）
國族：越
出土：1965年1月安徽省屯溪市（今黃山市屯溪區）弈棋鄉三號墓（M3:08）
現藏：安徽博物院

著録:《文物研究》第四期第163頁圖五、181頁圖二九;《安徽出土金文訂補》九一;《新收殷周青銅器銘文暨器影彙編》1316;《屯溪土墩墓發掘報告》第13頁圖一五、彩版二:9、圖版四:20;《新出殷周青銅器銘文整理與研究》624;《近出殷周金文集錄二編》524;《安徽出土青銅器銘文研究》220;《商周青銅器銘文暨圖像集成》12986

形制:橫截面呈橢圓形,長子口,腹部向外傾垂,矮圈足外撇。蓋面隆起,上有圈狀捉手,兩端有一對犄角。提梁飾蟬紋。頸飾相對回首紋,中置浮雕犧首。蓋、器均飾對鳳紋,鳳首回顧,羽冠相交下垂。器身兩面的紋飾稍异。蓋、底銘文內容相同,各有銘文四字。

度量:通高23釐米,口縱徑9.8釐米,口橫徑13釐米,圈足縱徑13.1釐米,圈足橫徑16釐米,足高2.3釐米。

說明:或認爲器物時代爲西周早期。(《商周青銅器銘文暨圖像集成》)

字數:8(蓋4,底4)

釋文:

蓋:

乍(作)寶䵼(尊)彝。

底:

乍(作)寶䵼(尊)彝。

正 編

177 公卣

177.1

177.2（蓋）

177.3（底）

器名:公卣(鳳紋卣)
時代:春秋晚期至戰國早期(《屯溪土墩墓發掘報告》)
國族:越
出土:1965年1月安徽省屯溪市(今黃山市屯溪區)弈棋鄉三號墓(M3:07)
現藏:安徽博物院
著錄:《安徽省博物館藏青銅器》二四;《文物研究》第四期第181頁圖二八、圖版陸:6;《安徽省博物館》九;《安徽出土金文訂補》九二;《中國青銅器全集》(六)一一九、一二〇;《長江流域古代美術》(史前至東漢)(青銅器)(上)第158頁;《新收殷周青銅器銘文暨器影彙編》1315;《屯溪土墩墓發掘報告》第12頁圖一四、彩版二:8、圖版四:19;《安徽館藏珍寶》014;《新出殷周青銅器銘文整理與研究》644;《近出殷周金文集錄二編》543;《中國美術全集》(青銅器)(二)第567頁;《安徽出土青銅器銘文研究》219;《安徽文明史陳列》第98、99頁;《商周青銅器銘文暨圖像集成》13256
形制:扁圓形器體,垂腹甚低,圈足外撇。蓋頂隆起,圓形喇叭狀捉手,蓋左右有直立的犄角,蓋緣不折邊、呈圓弧狀。獸首形提梁,置于器的兩側,兩端作獸首,提梁上飾蟬紋,間飾乳釘紋。卣頸飾相對回首夔紋,中置高浮雕犧首。蓋和器腹飾對鳳紋,鳳首回顧,羽冠交纏下垂。器身兩面紋飾基本相同。蓋內、器底各有銘文兩行十字,內容相同。
度量:通高23釐米,口縱徑10.2釐米,口橫徑12.8釐米,圈足縱徑12釐米,圈足橫徑15.5釐米,足高2.3釐米。重2.6千克。
說明:或認爲器物時代爲西周。(《安徽省博物館藏青銅器》)
字數:20(蓋10,底10)
釋文:
蓋:
公乍(作)寶隣(尊)彝,
甘(其)孫子永用。
底:
公乍(作)寶隣(尊)彝,
甘(其)孫子永用。

178 父乙尊

178.1

178.2

器名：父乙尊（子翌父乙尊）

時代：春秋晚期至戰國早期（《屯溪土墩墓發掘報告》）

國族：越

出土：1959年3月安徽省屯溪市（今黃山市屯溪區）奕棋鄉（M1∶90）

現藏：安徽博物院

著錄：《考古學報》1959年第4期圖版伍：1、第85頁圖一四、第74頁圖一一：2；《殷周金文集錄》850；《安徽省博物館藏青銅器》二七；《殷周金文集成》05725；《文物研究》第四期第163頁圖一、第181頁圖二七；《安徽出土金文訂補》九〇；《屯溪土墩墓發掘報告》第36頁圖

七五、彩版五:24、圖版二二:118;《新出殷周青銅器銘文整理與研究》607;《安徽出土青銅器銘文研究》218;《商周青銅器銘文暨圖像集成》11474

形制:侈口,鼓腹,圓底,高圈足,頸較長。腹飾一道凸弦紋,圈足飾兩道凸弦紋。腹飾饕餮紋、夔紋、鳳鳥紋和雷紋。腹範兩分。內底有銘文三字。

度量:通高 29.7 釐米,口徑 24 釐米,腹徑 14.6 釐米,腹深 23.9 釐米,圈足徑 16.4 釐米,圈足高 8.5 釐米。重 4.1 千克。

說明:或認爲器物時代爲西周早期。(《商周青銅器銘文暨圖像集成》)銘文"翆"爲族徽。

字數:3

釋文:

翆,父乙。

179 越王者旨於賜鐸

179.1

179.2

179.3

179.4

179.5　　　　　　　　　　179.6

器名：越王者旨於賜鐸

時代：戰國早期（越王鼫與，公元前464年至公元前459年）

國族：越

現藏：安徽省宣城市李氏

著録：《鳥蟲書通考》（修訂版）圖247；《鳥蟲書字彙》圖247

形制：青銅鐸體，呈合瓦形，短闊，口略凹弧，頂部有方銎。頂部及方銎之外側均飾以小圓點爲地紋的卷雲紋。銘文在鐸身正、背面兩側，每行四字，共十六字。

說明：銘文"鐸"前一字，下部從"収"，上部殘泐不清，曹錦炎疑爲"戒"。（曹錦炎：《鳥蟲書通考》（修訂版），上海辭書出版社，2014年，第274頁。）

字數：16

釋文：

戉（越）王者（諸）旨（稽）

於賜睪（擇）乒（厥）

晶（鑄）金，自乍（作）

兵罨（鐸）用之。

180 楚屖恖鼎

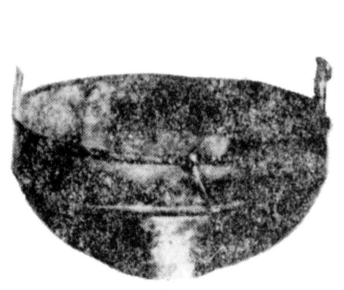

180.1

180.2

器名：楚屖恖鼎（楚弩鼎）

時代：戰國早期

出土：1977年8月安徽省貴池縣里山公社紅旗大隊徽家沖（今池州市貴池區街道）

現藏：安徽博物院

著錄：《文物》1980年第8期第23頁圖一：11、第25頁圖二；《金文總集》0750；《殷周金文集成》02243；《安徽出土金文訂補》一〇六；《安徽出土青銅器銘文研究》216；《商周青銅器銘文暨圖像集成》01761

形制：出土時殘已破。斂口，折沿，長方形雙立耳，淺腹，圓底，蹄形足。腹部有一道凸弦紋。內壁存反刻銘文兩行七字，銘文有殘缺。

度量：殘高12釐米，口徑19釐米，腹徑21釐米，腹深9釐米，耳高2.8釐米，耳寬3.8釐米。

說明：銘文反書。

字數：存7

釋文：

……余䣄俿（楚）屖恖之鍨。

181　曾子化簠

181.1

器名：曾子化簠
時代：戰國早期
國族：曾
現藏：安徽某氏
著録：《阜陽亳州出土文物文字篇》203
字數：18
釋文：
曾子化（蒿）自乍（作）飤臣（簠），
其鬙（眉）壽無其（期），子子
永保用之。

182　曾姬無卹壺

182.1

182.2

器名：曾姬無卹壺
時代：戰國早期
國族：楚
出土：1933 年安徽省壽縣朱家集南李三孤堆（今屬淮南市楊公鎮）楚幽王墓
流傳：劉體智舊藏，後歸中央博物院。
現藏：臺北故宮博物院（館藏號 JW52－32）
著錄：《善齋吉金錄》禮 3.54；《壽縣所出銅器考略》圖二；《小校經閣金文拓本》4.92.3；《古代銘刻匯考續編》39；《善齋彝器圖錄》104；《三代吉金文存》卷十二：二十五：2；《兩周金文辭大系圖錄考釋》圖 190、錄 181.2；《故宮銅器圖錄》下下 286 右；《中日歐美澳紐所見所拓所摹金文彙編》4.169；《金文總集》5782；《殷周金文集成》09711；《讀金日札》第 91 頁三十三；《商周青銅酒器》第 200 頁；《安徽出土金文訂補》二六：二（無拓片）；《古文字研究》第二十三輯第 107 頁；《曾國青銅器》第 411 頁、第 413 頁壺 1；《楚系金文彙編》第 392 頁一〇三：壺一；《安徽壽縣朱家集出土青銅器銘文集釋》第 362 頁圖六八；《安徽出土青銅器銘文研究》142；《商周青銅器銘文暨圖像集成》12425

形制：體呈橢方形，壺下腹橫截面作圓角長方形，上腹近方形。口微侈承低平的蓋，蓋呈盝頂形，上有四個 S 形飾鈕。長頸，頸兩側有一對爬獸形耳。器壁由頸部經轉折而至腹部，鼓腹，圈足沿下折。蓋頂、耳鈕和圈足飾蟠虺紋，頸部飾兩道蟠虺紋帶，其上爲仰葉蟠虺紋，腹部以十字寬帶分成八個區間，上部四個區間飾蟠虺紋，下腹素面無紋飾。器口以下內壁有銘文五行三十九字，銘文字間可見網格綫。

度量：通蓋高 78.6 釐米，腹深 56 釐米，口橫徑 19 釐米，口縱徑 20.7 釐米，底橫徑 23.4 釐米，底縱徑 24.8 釐米，腹圍 111.7 釐米。重 28.335 千克。

字數：39

釋文：

隹（唯）王廿又六年，聖趄（桓）
之夫人曾姬無卹（恤），虗（吾）
宅丝（兹）漾陵蒿閒（間）之無
嗎（匹），甬（用）乍（作）宗彝隣（尊）壺，逡（後）
嗣甬（用）之，䛑（職）才（在）王室。

183　曾姬無卹壺

183.1

183.2

器名：曾姬無卹壺
時代：戰國早期
國族：楚
出土：1933年安徽省壽縣朱家集南李三孤堆（今屬淮南市楊公鎮）楚幽王墓
流傳：劉體智舊藏，後歸中央博物院。
現藏：臺北故宮博物院（館藏號 JW53－32）

著錄：《善齋吉金錄》4.56；《壽縣所出銅器考略》圖三；《小校經閣金文拓本》4.92.2；《楚器圖釋》5.13.14；《善齋彝器圖錄》105；《安徽通志金石古物考稿》一：三三、一八：一〇；《三代吉金文存》卷十二：二十五：1；《書道全集》第1卷285、286；《金文叢考》428；《商周彝器通考》442.43、圖744；《兩周金文辭大系圖錄考釋》圖191、錄181.1、考166；《殷周青銅器通論》59.7、圖211又第99頁插圖29；《中華文物集成》（首輯）（第一冊）（銅器）伍貳；《定本書道全集》285、286；《古史考存》圖112；《故宮銅器圖錄》下 286 左；《金文集》477、478；《金文通釋》40.552；《中日歐美澳紐所見所拓所摹金文彙編》4.168；《金文總集》5781；《殷周金文集成引得》6432；《殷周金文集成》09710；《商周青銅器銘文選》700；《文史》第33輯第11頁（摹）；《商周青銅酒器》第 202 頁;《楚系青銅器研究》第 459 頁 69;《安徽出土金文訂補》二六:一;《古文字研究》第二十三輯第 107 頁;《商周姓氏制度研究》第 328 頁;《楚系銘文綜合研究》第 352 頁(一一三);《曾國青銅器》第 412 頁、第 413 頁壺 2;《楚系金文彙編》第 392 頁一〇三:壺二;《國史金石志稿》第 400 頁;《安徽出土青銅器銘文研究》141;《商周青銅器銘文暨圖像集成》12424

形制:體呈橢方形,壺下腹橫截面作圓角長方形,上腹近方形。口微侈承低平的蓋,蓋呈盝頂形,上有四個 S 形飾鈕。長頸,頸兩側有一對爬獸形耳。器壁由頸部經轉折而至腹部,鼓腹,圈足沿下折。蓋頂、耳鈕和圈足飾蟠虺紋,頸部飾兩道蟠虺紋帶,其上爲仰葉蟠虺紋,腹部以十字寬帶分成八個區間,上部四個區間飾蟠虺紋,下腹素面無紋飾。器口以下內壁有銘文五行三十九字,銘文字間可見網格綫。

度量:通蓋高 78.1 釐米,腹深 57.5 釐米,口橫徑 18.9 釐米,口縱徑 21 釐米,底橫徑 23.3 釐米,底縱徑 25.1 釐米,腹圍 113 釐米。重 25.135 千克。

字數:39

釋文:

隹(唯)王廿又六年,聖趆(桓)

之夫人曾姬無卹(恤),虖(吾)

宅茲(兹)漾陵蒿閒(間)之無

噍(匹),甬(用)乍(作)宗彝隣(尊)壺,遂(後)

嗣甬(用)之,識(職)才(在)王室。

184　王子臣戈

184.1

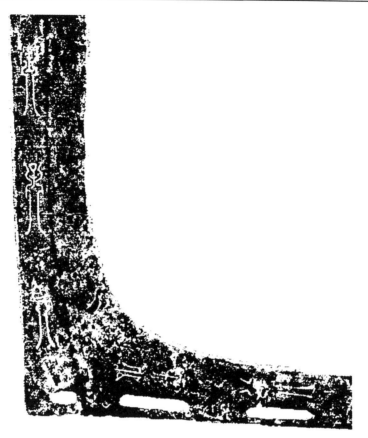

184.2

器名:王子臣戈
時代:戰國早期
國族:楚
現藏:安徽某氏
著錄:《紀念中國古文字研究會成立三十周年國際學術研討會論文集》第97頁圖二甲
形制:援有中脊。內部一長穿,內尾向下有一凸起,內尾兩面鑄有蟠虺紋。援部和胡部共用銘文字五字,援部三字,胡部二字。
度量:通長 25 釐米,援長 17.3 釐米,內長 7 釐米,內寬 2.6 釐米,闌寬 0.7 釐米,闌長 11.5 釐米;胡長 10.5 釐米。
字數:5
釋文:
王子臣
之用。

185　王子臣戈

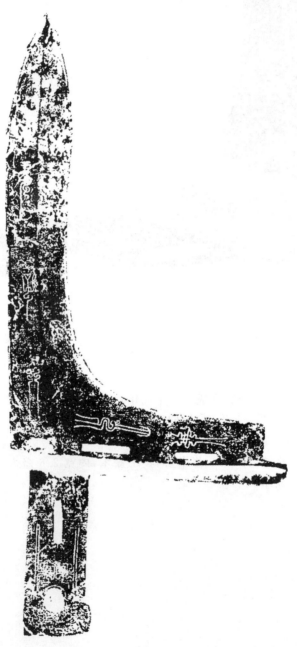

185.1

185.2

器名：王子臣戈

時代：戰國早期

國族：楚

現藏：安徽某氏

著錄：《紀念中國古文字研究會成立三十周年國際學術研討會論文集》第 97 頁圖二乙

形制：援有中脊。內部一長穿，內尾向下有一凸起，內尾兩面鑄有蟠虺紋。援部和胡部共用銘文字五字，援部三字，胡部二字。

度量：通長 25.4 釐米，援長 18 釐米，內長 7 釐米，內寬 2.6 釐米，闌寬 0.7 釐米，闌長 11.5 釐米，胡長 10.5 釐米。

字數：5

釋文：

王子臣

之用。

186　王子臣戈

186.1

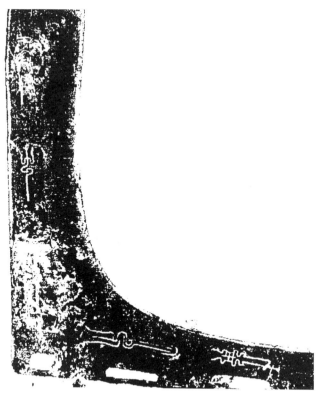

186.2

器名:王子臣戈

時代:戰國早期

國族:楚

現藏:安徽某氏

著録:《紀念中國古文字研究會成立三十周年國際學術研討會論文集》第97頁圖二丙

形制:鍔稍殘,援有中脊。内部一長穿,内尾向下有一凸起,内尾兩面鑄有蟠虺紋。援部和胡部共用銘文字五字,援部三字,胡部二字。

度量:通長25.4釐米,援長18釐米,内長7釐米,内寬2.6釐米,闌寬0.7釐米,闌長11.5釐米,胡長10.5釐米。

字數:5

釋文:

王子臣

之用。

187　楚王酓璋戈

187.1

187.2A

器名：楚王酓璋戈

時代：戰國早期（楚惠王熊章，公元前488年至公元前432年）

國族：楚

出土：安徽省壽縣朱家集（《金文分域編》），傳河南省洛陽（《燕京學報》《中山大學學報》）

流傳：廬江夏黃氏舊藏

現藏：北京故宮博物院

著錄：《金文分域編》4；《燕京學報》第23期《鳥書三考》圖二；《雙劍誃古器物圖錄》上四五；《殷周青銅器通論》第100頁插圖27；《中山大學學報》1964年第1期《鳥書考》圖二一；《殷周青銅器通論》第100頁插圖二七；《金文總集》7554；《殷周金文集成》11381；《商周青銅器銘文選》657；《尊古齋古兵精拓》87；《"中央"研究院歷史語言研究所集刊》第61本第1分第65頁附圖十四；《故宮青銅器》295；《吳越地區青銅器研究論文集》第252頁圖二六；《鳥蟲書通考》圖119；《東周鳥篆文字編》44；《中國書法全集》(3)6；《楚文物圖典》第120頁；《故宮博物院藏文物珍品大系——青銅禮樂器》175；《楚系金文彙編》第202頁八一：三；《安徽出土青銅器銘文研究》158；《商周青銅器銘文暨圖像集成》17322；《鳥蟲書通考》（增訂版）圖308；《鳥蟲書字彙》圖308

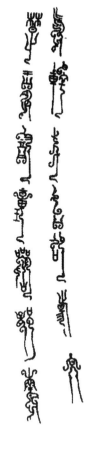

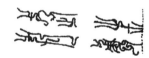

187.2B

形制：長援凸脊，方內上有一長穿，胡有殘缺並留有一長穿。援及殘胡部有錯金鳥篆銘文二十字。援部兩行十四字，胡部兩行六字。

度量：通長22.3釐米，援寬7.2釐米，胡長7.7釐米，內長6.4釐米，寬2.8釐米。重0.22千克。

說明：胡部銘文缺二字，曹錦炎先生據文意補"自""德"二字。（曹錦炎：《鳥蟲書通考》（增訂版），上海：上海辭書出版社，第382頁。）

字數：20

釋文：

楚王酓璋嚴狱南

戉（越），用［自］

乍（作）鞞（䤩）戈，台（以）卲（昭）鴋（揚）文

武之［德］。

188　鑞鏄戈

188.1

188.2

器名:鑞鎛戈

時代:戰國早期

出土:安徽省壽縣(《安徽通志金石古物考稿》)

流傳:劉體智舊藏

現藏:上海博物館

著録:《善齋吉金圖録》10.51;《小校經閣金文拓本》10.19.3;《安徽通志金石古物考稿》一六:二:3;《金文總集》7351;《殷周金文集成》10917;《安徽出土金文訂補》一三二;《國史金石志稿》第 2573 頁;《安徽出土青銅器銘文研究》62;《商周青銅器銘文暨圖像集成》16436

形制:援平伸,中胡,闌側三穿,內較長,後端圓角。胡部有銘文二字。

度量:通長 18 釐米,援長 10.4 釐米。(《商周青銅器銘文暨圖像集成》)通長 10 寸,胡長 4.7 寸(《善齋吉金圖録》)。

字數:2

釋文:

鑞鎛。

189　子眀戈

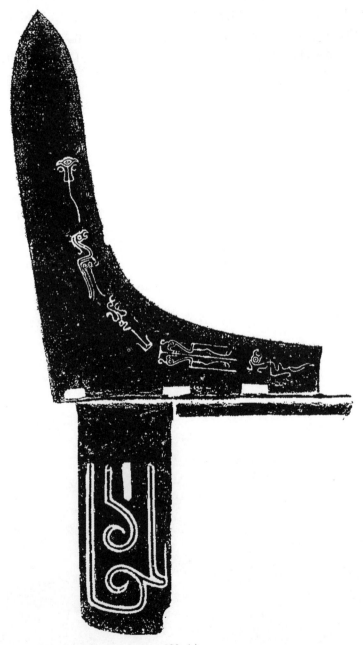

189.1A

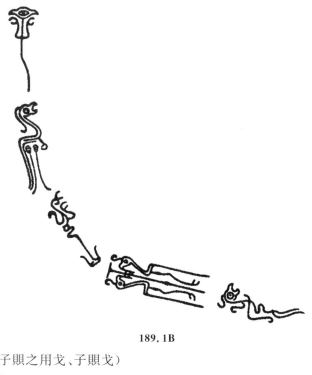

189.1B

器名:子賏戈(子賏之用戈、子賏戈)

時代:戰國早期

出土:1935 年安徽省壽縣(《燕京學報》)

現藏:上海博物館

著録:《燕京學報》第 23 期《鳥書三考》圖一;《商周金文録遺》567;《中山大學學報》1964 年第 1 期《鳥書考》圖二九;《金文總集》7427;《商周金文集成》8284;《古文字研究》第十輯第 148 頁;《殷周金文集成》11100;《東周鳥篆文字編》18;《吴越文字彙編》070;《安徽出土金文訂補》四五、圖版一四;《鳥蟲書通考》圖 136;《楚系金文彙編》第 677 頁三三;《安徽出土青銅器銘文研究》71;《商周青銅器銘文暨圖像集成》16735;《鳥蟲書通考》(增訂版)圖 378;《鳥蟲書字彙》圖 378

形制:尖鋒,援上揚,中胡,闌側三穿,内上一横穿,内飾雙綫勾紋。援部和胡部有銘文五字,自援部至胡部呈弧形排列。

度量:援長 14.7 釐米,胡長 10.3 釐米,内長 8 釐米。

説明:"子賏",人名。此器施謝捷先生將國别歸爲吴。(施謝捷:《吴越文字彙編》,江蘇教育出版社,1998 年,第 548 頁。)曹錦炎先生認爲從文字風格看,當爲三晉地區之物,國别待考。(曹錦炎:《鳥蟲書通考》(增訂版),上海:上海辭書出版社,2014 年,第 487 頁。)

字數:5

釋文:

子賏之用戈。

190　戉王者旨於睗戈

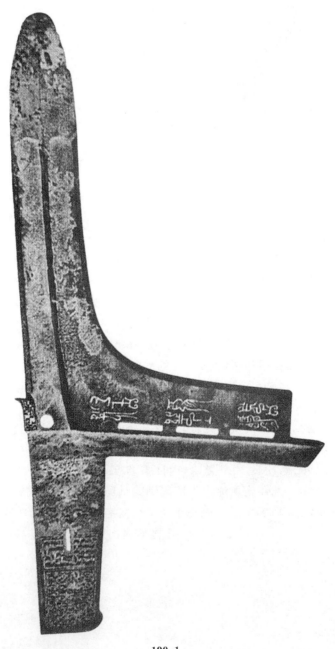

190.1

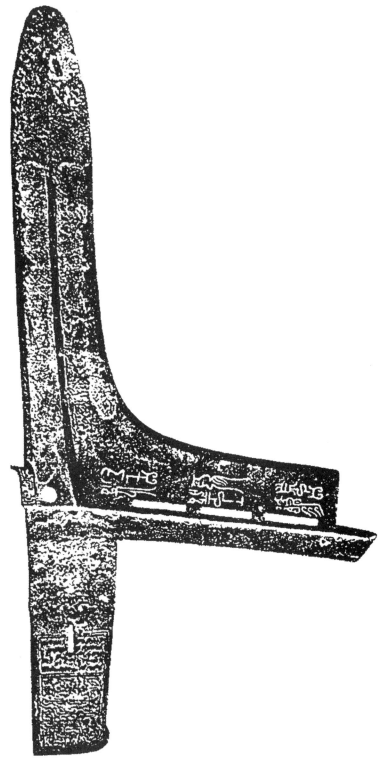

190.2

190.3A　　　190.3B

器名：戉王者旨於賜戈（越王者旨於賜戈、越王者旨於睗戈）

時代：戰國早期（越王鼫與，公元前 464 年至公元前 459 年）

國族：越

出土：安徽省壽縣

流傳：陳仁濤舊藏

現藏：日本東京國立博物館

著錄：《金匱論古初集》5.11（第 50 頁下）；《海外遺珍》（銅器續）第 142 頁；《東周鳥篆文字編》79；《吳越地區青銅器研究論文集》第 229 頁圖一；《吳越文字彙編》124；《鳥蟲書通考》圖 39；《新收殷周青銅器銘文暨器影彙編》1803；《吳越歷史與考古論叢》第 186 頁圖五；《近出殷周金文集錄二編》1157；《新出殷周青銅器銘文整理與研究》1318、1323；《安徽出土青銅器銘文研究》68；《商周青銅器銘文暨圖像集成》16932；《吳越題銘研究》圖 76；《鳥蟲書通考》（增訂版）圖 68；《鳥蟲書字彙》圖 68

形制：直援，有中脊，中胡，胡部有三穿，援上邊近內處有一圓穿，其上有花紋裝飾，內中部有一橫穿，後部飾陽綫回互紋和陰綫回互紋，援上邊連內點有翼形小塊凸起，飾陽綫回互紋。胡部有錯金銘文兩行六字。

度量：通長 21.2 釐米，高 10 釐米。

說明：銘文順序錯亂，應爲"戉（越）王者（諸）旨（稽）於睗"。曹錦炎先生指出，這種造成銘文次序錯亂的原因，主要是銘文係用單字印範鑄（錯金者再嵌以金絲），工匠稍有疏忽（或因不識字）便致誤植，造成銘文位置互易，遂不成文。（曹錦炎：《鳥蟲書通考》（修訂版），上海辭書出版社，2014 年，第 89 頁）

字數：6

釋文：

戉（越）王睗

旨（稽）於者（諸）。

191　戉王者旨於睗戈

191.1

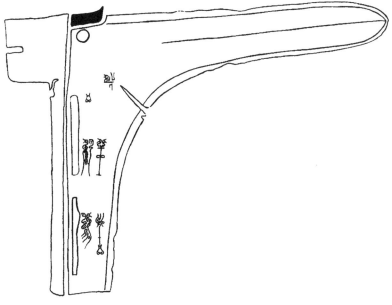

191.2

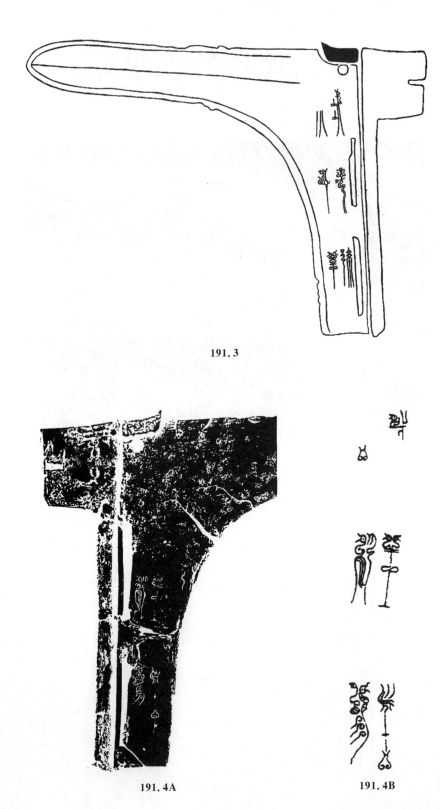

191.3

191.4A   191.4B

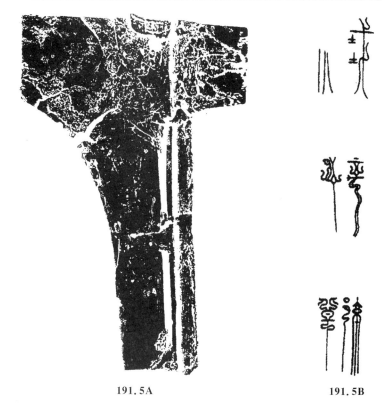

191.5A　　　　　　　　191.5B

器名:戈王者旨於賜戈(越王者旨於賜戈、越王諸稽於賜戈)
時代:戰國早期(越王鼫與,公元前 464 年至公元前 459 年)
國族:越
出土:1959 年 12 月安徽省淮南市蔡家崗北趙家孤堆二號戰國墓(M2:19.3)
現藏:安徽博物院
著錄:《考古》1963 年第 4 期圖版肆:5、第 209 頁圖四;《中山大學學報》1964 年第 1 期《鳥書考》圖七;《金文總集》7520;《殷周金文集成》11310;《商周青銅器銘文選》556;《吳越徐舒金文集釋》第 223 頁;《東周鳥篆文字編》77;《吳越地區青銅器研究論文集》第 230 頁圖四、第 241 頁圖一三;《安徽出土金文訂補》八五:二;《吳越文字彙編》125;《鳥蟲書通考》圖 37;《安徽出土青銅器銘文研究》34－2;《商周青銅器銘文暨圖像集成》16933;《吳越題銘研究》圖 74;《鳥蟲書通考》(增訂版)圖六六;《鳥蟲書字彙》圖六六
形制:胡兩穿,援一圓穿,穿上有鼻飾,內一殘穿。胡部正背面有錯金銘文十二字。
度量:援長 9.3 釐米,胡殘長 13.3 釐米,內殘長 3.2 釐米。
字數:12
釋文:
戉(越)王者(諸)
旨(稽)於賜,
戋(癸)亥,郐(徐)
侯至(致)王。

192　戉王者旨於賜戈

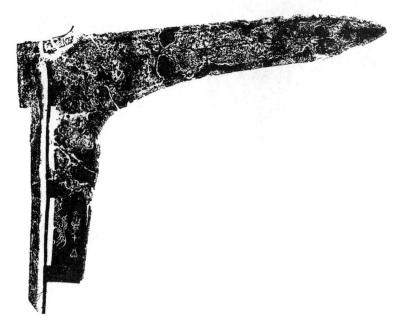

192.1

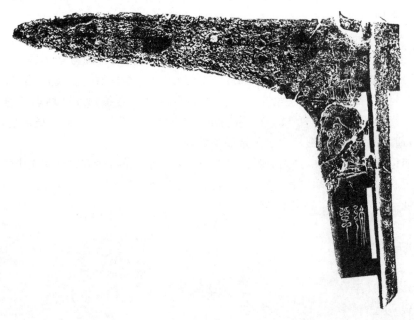

192.2

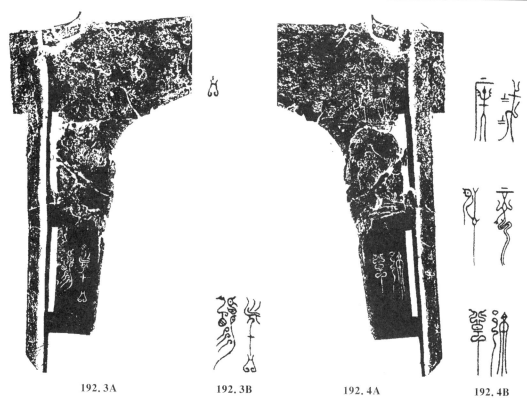

192.3A　　　192.3B　　　192.4A　　　192.4B

器名：戉王者旨於賜戈（越王者旨於賜戈、越王者旨於賜戈、越王諸稽於賜戈）
時代：戰國早期（越王鼫與，公元前464年至公元前459年）
國族：越
出土：1959年12月安徽省淮南市蔡家崗北趙家孤堆二號戰國墓（M2:19.4）
現藏：安徽博物院
著錄：《考古》1963年第4期圖版肆:4、第208頁圖三；《考古》1963年第8期第448頁；《古文字研究》第十輯第220頁；《金文總集》7519；《殷周金文集成》11311；《東周鳥篆文字編》78；《吳越徐舒金文集釋》第224頁；《安徽出土金文訂補》八五:一（無拓片）；《吳越文字彙編》126；《鳥蟲書通考》圖38；《安徽出土青銅器銘文研究》34-1；《商周青銅器銘文暨圖像集成》16934；《吳越題銘研究》圖75；《鳥蟲書通考》（增訂版）圖67；《鳥蟲書字彙》圖67
形制：胡兩穿，援一圓穿，穿上有鼻飾，內一殘穿。胡部正背面有錯金銘文十二字。
度量：援長14.8釐米，胡長11.6釐米，內長1.1釐米。
字數：12
釋文：
［戉（越）王］者（諸）
旨（稽）［於］賜，
戜（癸）亥，郐（徐）
侯至（致）王。

193　訢陽戈

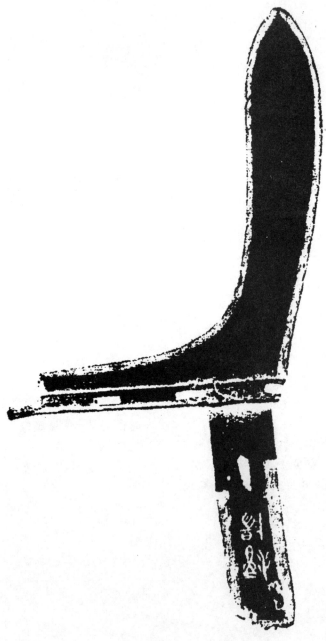

193.1

193.2

器名:洡陽戈
時代:戰國早期
國族:魏
現藏:安徽某氏
著錄:《古文字研究》第二十七輯第 326 頁圖一
形制:援狹長,援中有脊。內上端、下端和末端有刃,內部一穿。闌側三穿。內部有銘文二字。
度量:通長 22.5 釐米,援長 13.6 釐米,內長 8.1 釐米,闌長 10.5 釐米,闌寬 0.8 釐米,胡長 9.5 釐米,胡下端 1 釐米。
字數:2
釋文:
洡陽。

194　戉王者旨於賜劍

194.1

194.2A

194.2B

194.3A

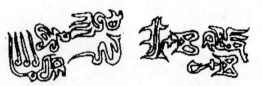

194.3B

器名:戉王者旨於賜劍(戉王者旨於賜劍、越王者旨於賜劍)
時代:戰國早期(越王鼫與,公元前464年至公元前459年)
國族:越
出土:傳出安徽省壽縣
流傳:德國楊寧史舊藏。
現藏:北京故宮博物院
著録:《殷周金文集成》11597;《吳越文字彙編》133;《鳥蟲書通考》圖32;《故宮青銅器》267;《商周青銅器銘文暨圖像集成》17878;《吳越題銘研究》圖86;《鳥蟲書通考》(增訂版)圖49;《鳥蟲書字彙》圖49

形制:窄長條,中有脊,尖鋒,從的前部略有弧曲,莖作實心橢圓柱形,莖上兩道箍棱,格寬而厚。劍首呈圓盤形。劍刃前部略有弧曲。劍格文字間鑲嵌綠松石。劍格兩面有鳥篆銘文八字,重出二字。

度量:通長64釐米,寬4.7釐米。重1千克。

字數:8(重出2)

釋文:

戉(越)王戉(越)王

者(諸)旨(稽)於賜。

195　戉王者旨於賜劍

195.1

195.2

195.3

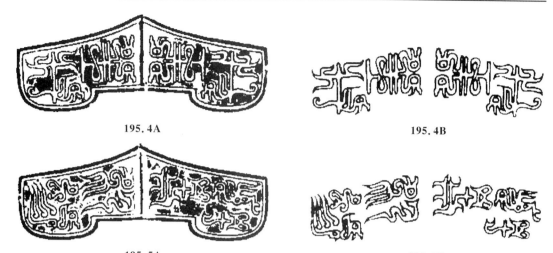

195.4A 195.4B

195.5A 195.5B

器名：戉王者旨於賜劍（戉王者旨於賜劍、越王者旨於賜劍）
時代：戰國早期（越王鼫與，公元前464年至公元前459年）
國族：越
出土：傳20世紀30年代安徽省壽縣
流傳：舊藏黃濬、北京尊古齋
現藏：上海博物館
著錄：《燕京學報》第23期《鳥書三考》圖四：越王劍一乙；《上海博物館藏青銅器》92；《中山大學學報》1964年第1期第78頁《鳥書考》圖五；《金文總集》7701；《殷周金文集成》11598、11599；《商周青銅器銘文選》555；《中國書法大辭典》第1041頁；《吳越文化新探》第352頁圖十七；《古文字研究》第十七輯第97頁右；《尊古齋古兵精拓》第200頁；《吳越徐舒金文集釋》第213頁；《東周鳥篆文字編》83、又157；《書法研究》1996年第3期第72頁圖32；《吳越地區青銅器研究論文集》第231頁圖七；《吳越文字彙編》134；《安徽出土金文訂補》一三五；《鳥蟲書通考》圖33、34；《夏商周青銅器研究》五八七：（一）；《安徽出土青銅器銘文研究》64、66；《商周青銅器銘文暨圖像集成》17879；《吳越題銘研究》圖81；《鳥蟲書通考》（增訂版）圖50；《鳥蟲書字彙》圖50

形制：劍體窄長，至四分之三以後逐步收斂，中有脊，尖鋒，從的前部略有弧曲，厚格呈凹字形，莖作實心橢圓柱形，中有兩道箍棱，文字間鑲嵌綠松石。劍首呈圓餅形。劍格兩面有鳥篆銘文八字，重出二字。

度量：通長56.3釐米，格寬5.2釐米，首莖3.9釐米。重0.87千克。
說明：《殷周金文集成》11598劍格銘文反印。
字數：8（重出2）
釋文：
戉（越）王戉（越）王
者（諸）旨（稽）於賜。

196　戉王者旨於賜劍

196.1

196.2

196.3

196.4　　　　　　　　　　　196.5

器名：戉王者旨於睗劍（戉王者旨於睗劍、越王者旨於睗劍）
時代：戰國早期（越王鼫與，公元前464年至公元前459年）
國族：越
出土：傳20世紀30年代安徽省壽縣
流傳：黃濬舊藏。1995年自香港徵集。
現藏：上海博物館
著錄：《夏商周青銅器研究》五八七：（二）；《新收殷周青銅器銘文暨器影彙編》1480；《近出殷周金文集錄二編》1281；《商周青銅器銘文暨圖像集成》17880；《吳越題銘研究》圖83；《鳥蟲書通考》(增訂版)圖51；《鳥蟲書字彙》圖51
形制：劍體窄長，中有脊，尖鋒，從的前部略有弧曲，厚格呈凹字形，莖作實心橢圓柱形，兩道箍棱，格寬而厚，文字間鑲嵌綠松石。劍首呈圓餅形。劍格兩面有鳥篆銘文八字，重出二字。
度量：通長54.7釐米，格寬4.8釐米，首莖3.8釐米。重0.86千克。
字數：8（重出2）
釋文：
戉（越）王戉（越）王
者（諸）旨（稽）於睗。

197　戉王者旨於睗劍

197.1

197.2

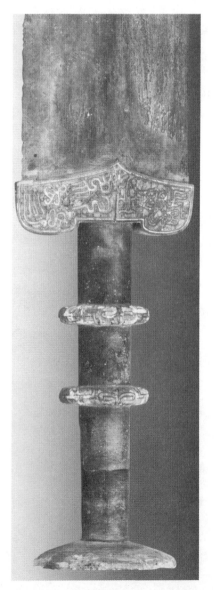

197.3

　　　　　197.4　　　　　　　　　　　　　197.5

器名：戉王者旨於賜劍（戉王者旨於賜劍、越王者旨於賜劍）

時代：戰國早期（越王鼫與，公元前464年至公元前459年）

國族：越

出土：1996年1月壽縣壽春鎮南關村西圈墓地3號墓

現藏：壽縣博物館

著錄：《文物選粹》第39頁；《璀璨壽春：壽縣文化遺産精粹》第32、33頁；《安徽出土青銅器銘文研究》187；《鳥蟲書通考》（增訂版）圖48；《鳥蟲書字彙》圖48

形制：劍體窄長，隆脊，尖鋒，前鍔內狹收，從的前部略有弧曲，格寬而厚，厚格呈凹字形。莖作實心橢圓柱形，兩道箍棱，箍棱飾雲紋。劍首呈圓餅形，飾三組同心圓弦紋和尖角幾何紋。劍格兩面有雙鈎鳥篆銘文八字，重出二字，文字間鑲嵌綠松石。

度量：通長54.5釐米，柄長8.6釐米，刃寬4.6釐米，格寬4.8釐米。

字數：8（重出2）

釋文：

戉（越）王戉（越）王

者（諸）旨（稽）於賜。

198 邻王者旨於賜劍

198.1

198.2

198.3

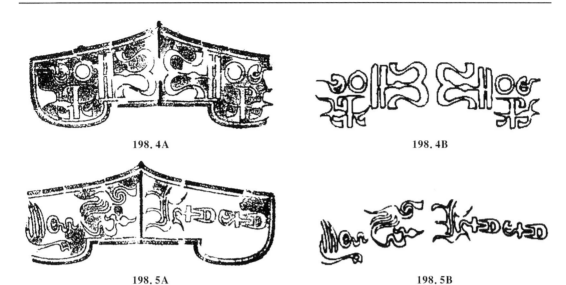

器名：邘王者旨於賜劍（戉王者旨於賜劍、越王者旨於賜劍）
時代：戰國早期（越王鼫與，公元前464年至公元前459年）
國族：越
出土：傳20世紀30年代安徽省壽縣
流傳：黃濬、于省吾舊藏（《吳越文字彙編》），後藏北京尊古齋，後歸上海博物館。
現藏：中國國家博物館
著錄：《燕京學報》第23期《鳥書三考》圖五：越王劍二乙；《商周金文錄遺》594；《中山大學學報》1964年第1期第78頁《鳥書考》圖六；《金文總集》7699；《商周金文集成》8614；《殷周金文集成》11600；《古文字研究》第十七輯第95頁左；《尊古齋古兵精拓》第199頁；《吳越徐舒金文集釋》第214頁右圖；《東周鳥篆文字編》158；《書法研究》1996年第3期第71頁圖28；《中國文物精華大辭典》（青銅卷）0969；《吳越地區青銅器研究論文集》第231頁圖六；《吳越文字彙編》131；《安徽出土金文訂補》一三六；《鳥蟲書通考》圖35；《安徽出土青銅器銘文研究》65；《商周青銅器銘文暨圖像集成》17881；《吳越題銘研究》圖82；《鳥蟲書通考》（增訂版）圖64；《鳥蟲書字彙》圖64
形制：窄長條，中有脊，尖鋒，從的前部略有弧曲，莖作實心橢圓柱形，兩道箍棱，格寬而厚，文字間鑲嵌綠松石。劍首呈圓餅形。劍格兩面有鳥篆銘文八字，重出二字。
度量：通長56.5釐米，格寬4.8釐米。重0.86千克。
字數：8（重出2）
釋文：
邘（越）王邘（越）王
者（諸）旨（稽）於賜。

199　邔王者旨於睗劍

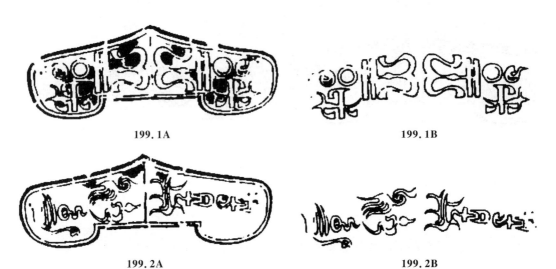

199.1A　　　　　　　　199.1B

199.2A　　　　　　　　199.2B

器名：邔王者旨於睗劍（戉王者旨於睗劍、越王者旨於睗劍）
時代：戰國早期（越王鼫與，公元前 464 年至公元前 459 年）
國族：越
出土：20 世紀 30 年代安徽省壽縣
著錄：《商周青銅器銘文選》554；《吳越徐舒金文集釋》第 214 左圖、第 215 頁；《東周鳥篆文字編》81；《吳越文字彙編》132；《新出殷周青銅器銘文整理與研究》1458；《商周青銅器銘文暨圖像集成》17887；《吳越題銘研究》圖 90
形制：劍格兩面有鳥篆銘文八字，重出二字。
說明：舊多將此劍與《集成》（《殷周金文集成》）11600 視爲同一件，從劍格銘文觀之，顯然不妥。《鳥篆編》（《東周鳥篆文字編》）81 的釋文、著錄和現藏均爲該書 158 號越王者旨於睗劍七的釋文、著錄和現藏。（吳鎮烽：《商周青銅器銘文暨圖像集成》第 33 卷，上海古籍出版社，2012 年，第 233 頁。）
字數：8（重出 2）
釋文：
邔（越）王邔（越）王
者（諸）旨（稽）於睗。

正 編

200　戉王丌北古劍

200.1

200.2A

200.2B 200.2C

200.3A 200.3B

200.4A

200.4B

器名：戉王丌北古劍（越王丌北古劍）

時代：戰國早期（越王不壽，公元前457年至公元前448年）

國族：越

出土：1987年6月安徽省安慶市迎江寺東王家山第二自來水廠戰國墓（M1）

現藏：安慶市博物館

著錄：《"中央"研究院歷史語言研究所集刊》第61本第1分第64頁附圖十二；《文物》2000年第8期封三：1～4、第85頁圖四：5、第87頁圖九；《故宮文物月刊》第11期第116頁；《中國文物精華》（1992年）一〇八；《吳越文字彙編》143；《新收殷周青銅器銘文暨器影彙編》1317；《吳越歷史與考古論叢》第106頁

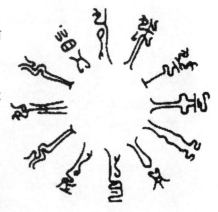

200.4C

圖五;《安徽館藏珍寶》046;《新出殷周青銅器銘文整理與研究》1501;《近出殷周金文集録二編》1300;《安徽出土青銅器銘文研究》208;《安徽文明史陳列》第 154、155 頁;《商周青銅器銘文暨圖像集成》18026;《吴越題銘研究》圖 97;《鳥蟲書通考》(增訂版)圖 136;《鳥蟲書字彙》圖 136

形制:斜從厚格式。近鋒處收狹,前鋒尖鋭,中起脊綫。倒凹字形格,圓莖,内實,有兩箍棱,棱上飾凸起的雲雷紋,圓盤形首。劍格正反兩面各有鳥篆銘文十字,劍首有鳥篆銘文十二字。其中共有十六字錯金,每隔一字,錯金一字,與未錯金銘文相間排列。

度量:通長約 64 釐米,莖長 9.6 釐米,格寬 5.2 釐米,首徑 3.8 釐米。

字數:32(重出 10)

釋文:

劍格:

戉(越)王丌北古,戉(越)王丌北古,

自乍(作)用僉(劍)自。自乍(作)用僉(劍)自。

劍首:

隹(唯)戉(越)王丌北,自乍(作)元之用之僉(劍)。

201　戉王州句劍

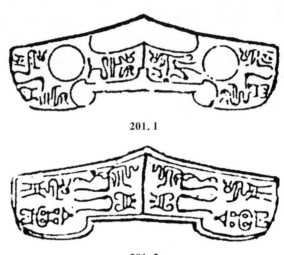

201.1

201.2

器名：戉王州句劍（越王州句劍）

時代：戰國早期（越王朱句，公元前 448 年至公元前 412 年）

國族：越

現藏：安徽某氏

著錄：《楚文化研究論集》（第五集）第 362 頁；《阜陽亳州出土文物文字篇》213；《鳥蟲書通考》（增訂版）圖 90；《鳥蟲書字彙》圖 90

形制：劍中有脊。莖的中部有兩道曲綫紋凸箍，扁圓形首，首飾同心圓，刃部略殘。劍格兩面鑄有銘文，一面六字，一面八字，單綫陽文，其中鳥篆十字，字的空隙處鑲嵌綠松石。

度量：通長 41 釐米，劍身長 30.7 釐米，劍身寬 4.5 釐米，劍格寬 1.9 釐米，圓形莖長 8.6 釐米，劍首直徑 3.5 釐米。

字數：14（重出 6）

釋文：

戉（越）王州句州句，

自乍（作）用僉（劍）。自乍（作）用僉（劍）。

202　戉王州句劍

202.1

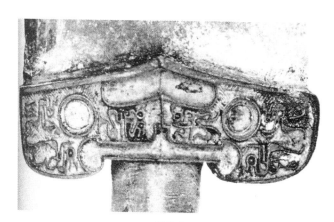
202.2

202.3

器名：戉王州句劍（越王州句劍）
時代：戰國早期（越王朱句，公元前448年至公元前412年）
國族：越
出土：20世紀70年代初安徽省壽縣
流傳：集雅堂舊藏
著録：《鳥蟲書通考》（增訂版）圖98；《鳥蟲書字彙》圖98
形制：劍格鑄有銘文。一面六字，一面八字。
字數：14（重文6）
釋文：
戉（越）王州丩（句）州丩（句），
自乍（作）用僉（劍）。自乍（作）用僉（劍）。

203　戉王嗣旨不光劍

203.2A

203.3A

203.2B

203.3B

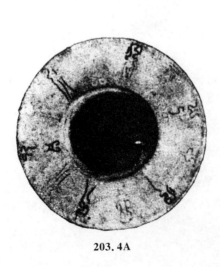

203.4A

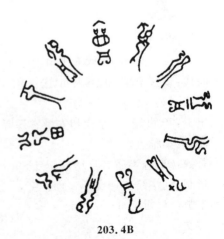

203.4B

203.1

器名：戉王嗣旨不光劍（越王嗣旨不光劍、越王劍、旨卲豕蕾劍）
時代：戰國早期（越王無顓，公元前 360 年至公元前 343 年）
國族：越
出土：20 世紀 30 年代安徽省壽縣
流傳：陳仁濤舊藏
著錄：《金匱論古初集》第 38 頁（初 4.11～14）；《殷周金文集成》11692；《東周鳥篆文字編》119；《吳越文字彙編》166；《鳥蟲書通考》圖 76；《商周青銅器銘文暨圖像集成》17870；《吳越題銘研究》圖 143；《鳥蟲書通考》（增訂版）圖 111；《鳥蟲書字彙》圖 111
形制：尖鋒，長條臘，臘的前部稍作收束，臘中有脊，窄格，圓筒形莖，壁形首。劍格一面四字，二字重出，另一面八字，劍首環列十二字，全銘計二十四字。銘文隔字錯金。
度量：臘長 53.8 釐米，近格處寬 5 釐米，莖長 9.4 釐米，首徑 4.3 釐米。臘長 53.8 釐米，近格處寬 5 釐米，莖長 9.4 釐米，首徑 4.3 釐米。
說明：劍格八字銘文一面看不清楚，曹錦炎先生據同形劍銘補作"訇（嗣）旨不光，自乍（作）用僉（劍）"。（曹錦炎：《鳥蟲書通考》（增訂版），上海辭書出版社，2014 年，第 124 頁。）
字數：24（重出 2）
釋文：
劍格：
戉（越）王戉（越）王，
訇（嗣）旨不光，自乍（作）用僉（劍）。
劍首：
旨卲豕蕾丌（之）卲（造）僉（劍），隹（唯）尻（處）匃之居。

204　楚王酓章劍

204.1　　　　　　　　204.2

器名:楚王酓章劍
時代:戰國早期(楚惠王熊章,公元前488年至公元前432年)
國族:楚
出土:1933年安徽省壽縣朱家集南李三孤堆(今屬淮南市楊公鎮)楚幽王墓
流傳:國立北平圖書館舊藏(《楚器圖釋》)

現藏:北京故宮博物院
著録:《壽縣所出銅器考略》圖一;《楚器圖釋》九;《十二家吉金圖録》尊二八;《三代吉金文存》卷二十:四十五:4;《金文總集》7711;《殷周金文集成》11659;《商周青銅器銘文選》656;《安徽出土金文訂補》三九;《國史金石志稿》第 2802 頁;《商周青銅器銘文暨圖像集成》17972
形制:莖無箍,有鐔,有格,圓柱柄中空,中脊長鋒。劍身有銘文兩行,殘存十三字。
度量:通長 50.5 釐米,臘長 41.5 釐米,寬 4.5 釐米。重 0.82 千克。
字數:存 13
釋文:
楚王酓(熊)章爲赹(從)士[鑄]劍,用[行用]征。

205　楚王酓章劍

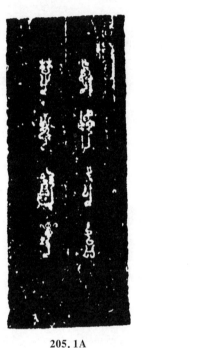

　　　205.1A　　　　　　205.1B

　　器名：楚王酓章劍
　　時代：戰國早期（楚惠王熊章，公元前488年至公元前433年）
　　國族：楚
　　出土：安徽省壽縣朱家集
　　流傳：陳仁濤舊藏
　　著錄：《金匱論古初集》第40頁（初4.21～22）；《東周鳥篆文字編》45；《鳥蟲書通考》圖120；《商周青銅器銘文暨圖像集成》17973
　　形制：尖鋒，長臘，中有脊，臘前部微收束，無格，扁條莖上左右各出一齒。劍身有鳥篆銘文八字。
　　度量：臘長50釐米，近格處寬5.3釐米，莖長9釐米。
　　說明：此劍銘文系節錄楚王酓章戈之銘文，不全，或疑為偽作。（曹錦炎：《鳥蟲書通考》，上海：上海書畫出版社，1999年，第163頁。）
　　字數：8
　　釋文：
　　楚王酓璋乍（作）鞣戈，台（以）

206 蔡侯產劍

206.1

206.2A

206.2B

器名:蔡侯產劍(蔡侯作畏教劍)
時代:戰國早期(蔡聲侯產,公元前471年至公元前457年)
國族:蔡
出土:1959年12月安徽省淮南市蔡家崗北趙家孤堆二號戰國墓(M2:18.10)
現藏:安徽博物院
著錄:《考古》1963年第4期圖版叁:6、圖版肆:2;《中山大學學報》1964年第1期《鳥書考》圖二四;《金文總集》7688;《殷周金文集成》11602;《文物研究》第二期第95頁圖三;《商周青銅器銘文選》604:1;《"中央"研究院歷史語言研究所集刊》第61本第1分第62頁附圖九:2;《東周鳥篆文字編》28;《吳越地區青銅器研究論文集》第237頁圖七:二;《中國書法全集》(3)38甲;《安徽出土金文訂補》八八:二;《鳥蟲書通考》圖99;《楚系金文彙編》第182頁七三:2圖一;《安徽出土青銅器銘文研究》37-2;《商周青銅器銘文暨圖像集成》17833;《鳥蟲書通考》(增訂版)圖263;《鳥蟲書字彙》圖263
形制:柄扁平,無鐔,無格。圓莖,莖端有箍,外側有同心圓紋,箍飾雲紋,鑲嵌綠松石。一面臘上有錯金鳥篆銘文兩行六字。
度量:通長55.8釐米,鋒刃長45.4釐米,最寬處3.6釐米,莖長9釐米。
字數:6
釋文:
蔡侯產
乍(作)畏(威)教。

207 蔡侯產劍

207.1

207.2A

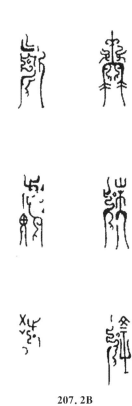

207.2B

器名：蔡侯產劍（蔡侯作畏教劍）
時代：戰國早期（蔡聲侯產，公元前471年至公元前457年）
國族：蔡
出土：1959年12月安徽省淮南市蔡家崗北趙家孤堆二號戰國墓（M2:18.11）
現藏：安徽博物院

著録:《考古》1963年第4期圖版叁:2、肆:3;《中山大學學報》1964年第1期《鳥書考》圖二五;《金文總集》7687;《殷周金文集成》11603;《文物研究》第二期第95頁圖二;《"中央"研究院歷史語言研究所集刊》第61本第1分第62頁附圖九:1;《東周鳥篆文字編》26;《吳越地區青銅器研究論文集》第237頁圖七:三;《安徽出土金文訂補》八八:1;《鳥蟲書通考》圖100;《楚系金文彙編》第182頁七三:2圖二;《安徽出土青銅器銘文研究》37-1;《商周青銅器銘文暨圖像集成》17834;《鳥蟲書通考》(增訂版)圖264;《鳥蟲書字彙》圖264

形制:柄呈圓柱形,中部有箍形飾,格較寬。柄有箍形飾兩道,箍上飾雲紋,嵌綠松石。格飾雲紋,嵌綠松石。一面臘上有錯金鳥篆銘文兩行六字。

度量:通長52.3釐米,鋒刃長43.3釐米,最寬處5釐米,莖長9釐米。重0.85千克。

字數:6

釋文:

蔡侯產

乍(作)畏(威)㦰。

208 蔡侯產劍

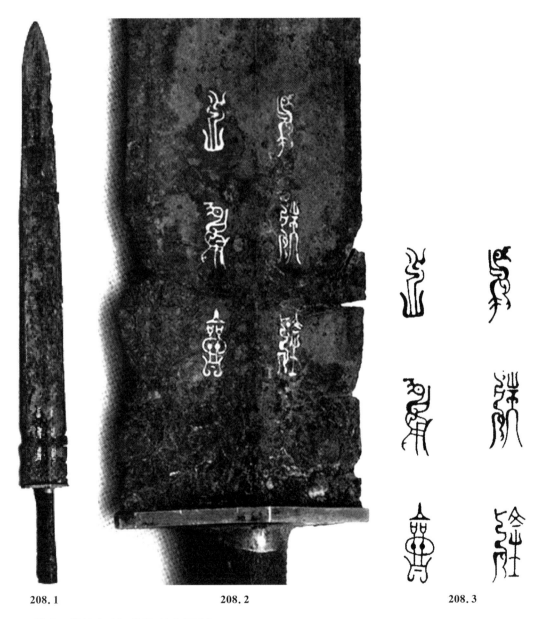

208.1　　　　208.2　　　　208.3

器名：蔡侯產劍（蔡侯產之用劍）
時代：戰國早期（蔡聲侯產，公元前471年至公元前457年）
國族：蔡

出土：1959年12月安徽省淮南市蔡家崗北趙家孤堆二號戰國墓（M2:18.12）

現藏：安徽博物院

著錄：《考古》1963年第4期圖叁：1、肆：1；《中山大學學報》1964年第1期《鳥書考》圖二三；《金文總集》7689；《商周青銅器銘文選》六〇四：2；《殷周金文集成》11604；《"中央"研究院歷史語言研究所集刊》第61本第1分第62頁附圖九：3；《東周鳥篆文字編》27；《吳越地區青銅器研究論文集》第237頁圖七：一；《中國文物精華大辭典》（青銅卷）0793；《中國書法全集(3)》38乙；《安徽出土金文訂補》八七；《鳥蟲書通考》圖98；《楚系金文彙編》第182頁七三：2圖三；《安徽出土青銅器銘文研究》36；《安徽文明史陳列》第139頁；《商周青銅器銘文暨圖像集成》17835；《鳥蟲書通考》（增訂版）圖262；《鳥蟲書字彙》圖262

形制：柄呈喇叭形，中空部分約爲柄長的三分之一，格狹窄，無紋飾。柄中空部分用黃金堵塞，格系黃金質，缺鐔。一面臘上有錯金鳥篆銘文兩行六字。

度量：通長59.4釐米，鋒刃長50.7釐米，最寬處4.8釐米，莖長8.5釐米。

說明：或定其時代爲春秋後期。（《中國文物精華大辭典》（青銅卷））

字數：6

釋文：

蔡侯產

之用僉（劍）。

209　蔡公子從劍

209.1　　　　　209.2

器名:蔡公子從劍(蔡公子用劍)
時代:戰國早期
國族:蔡
出土:安徽省壽縣(《安徽通志金石古物考稿》)
現藏:美國芝加哥某氏(《書道全集》第 1 卷)。芝加哥賽芝威克(《東周鳥篆文字編》)。
著錄:《安徽通志金石古物考稿》一六:六:2;An Exhibition of Ancient Chinese Ritual Bronzes.(《中國古代青銅禮器展覽圖錄》)55;《書道全集》第 1 卷 107;《三代吉金文存補》845;《金文總集》7690;《殷周金文集成》11605;《東周鳥篆文字編》31;《安徽出土金文訂補》一三四;《鳥蟲書通考》圖 110;《楚系金文彙編》第 188 頁七七:2 圖一;《安徽出土青銅器銘文研究》58;《商周青銅器銘文暨圖像集成》17837;《鳥蟲書通考》(增訂版)圖 269;《鳥蟲書字彙》圖 269
形制:長條形,中有脊,橫截面呈菱形,凹字形格,莖作圓柱形,上有箍兩道,首呈圓餅形。中脊兩側有綠松石錯金銘文兩行十二字,重出六字。
度量:通長約 37.5 釐米;最寬處 3.5 釐米。
字數:12(重出 6)
釋文:
蔡公子從之用,
蔡公子從之用。

210 戉王者旨於睗矛

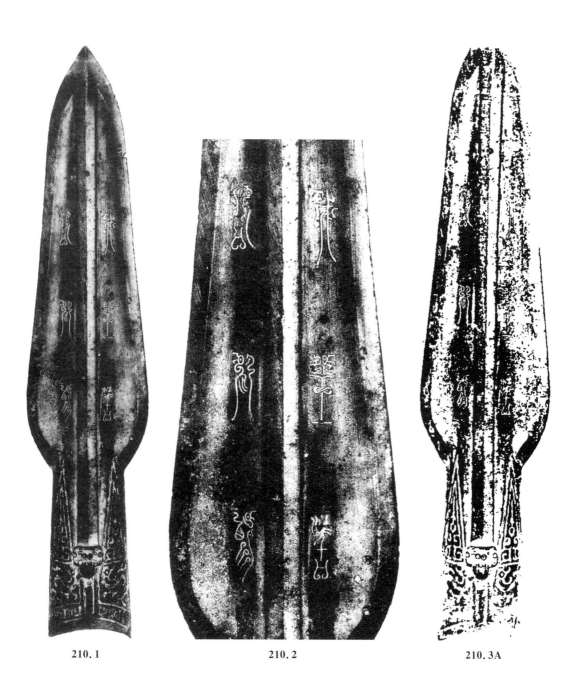

210.1 210.2 210.3A

器名:戉王者旨於賜矛(越王者旨於賜矛)
時代:戰國早期(越王鼫與,公元前 464 年至公元前 459 年)
國族:越
出土:傳安徽省壽縣
流傳:日本東京細川護立氏舊藏
現藏:日本永青文庫

著錄:《周漢遺寶》五四;《燕京學報》第 17 期《鳥書考補正》補圖一〇;《兩周金文辭大系圖錄考釋》補錄二;《中山大學學報》1964 年第 1 期《鳥書考》圖四;《書道全集》第 1 卷一〇五;《三代吉金文存補》844;《金文總集》7634;《商周金文集成》8534;《吳越徐舒金文集釋》第 217 頁;《殷周金文集成》11511;《吳越文化新探》第 354 頁;《古文字研究》第十七輯第 95 頁右圖;《"中央"研究院歷史語言研究所集刊》第 61 本第 1 分第 63 頁附圖十一;《吳越徐舒金文集釋》第 217 頁;《東周鳥篆文字編》74;《吳越地區青銅器研究論文集》第 229 頁圖二;《書法研究》1996 年第 3 期第 72 頁圖 29;《中國書法全集》(3)81;《安徽出土金文訂補》一三三;《吳越文字彙編》127;《鳥蟲書通考》圖 40;《安徽出土青銅器銘文研究》67;《商周青銅器銘文暨圖像集成》17622;《吳越題銘研究》圖 77;《鳥蟲書通考》(增訂版)圖 69;《鳥蟲書字彙》圖 69

210.3B

形制:長葉形,中有脊,橢圓形骹,鋒口呈弧形。柄有鼻,骹上飾三角雲紋和夔紋。葉部有錯金鳥篆銘文六字。

度量:通長 37 釐米。

說明:據觀察,矛上的錯金文字微高于器的表面。(李學勤:《海外訪古記(四)》,《文博》,1987 年第 3 期。)

字數:6

釋文:

戉(越)王者(諸)

旨(稽)於賜。

211 王刮刀

211.1

211.2

器名:王刮刀(王匕首)
時代:戰國早期
出土:1959年12月安徽省淮南市蔡家崗北趙家孤堆二號戰國墓M2:3.1
現藏:安徽博物院
著錄:《考古》1963年第4期第205頁圖一:4;《殷周金文集成》11817;《安徽出土金文訂補》八九:二;《安徽出土青銅器銘文研究》38－1;《商周青銅器銘文暨圖像集成》18309
形制:扁平,長條形,棱脊,斷面作弧形。兩刃一鋒,尾端齊平。一面脊的一側有銘文一字。
度量:通長25.9釐米,寬1.8釐米,鋒刃長4釐米。
字數:1
釋文:
王。

212　王刮刀

212.1

212.2

212.3

器名:王刮刀(王匕首)
時代:戰國早期
出土:1959年12月安徽省淮南市蔡家崗北趙家孤堆二號戰國墓 M2:3.2
現藏:安徽博物院
著錄:《考古》1963年第4期第205頁圖一:3;《殷周金文集成》11818;《安徽出土金文訂補》八九:一;《安徽出土青銅器銘文研究》38－2;《商周青銅器銘文暨圖像集成》18310
形制:扁平,長條形,棱脊,斷面作弧形。兩刃一鋒,尾端齊平。脊一面的兩側上下各有銘文一字。
度量:通長23.2釐米,寬1.8釐米,鋒刃長4釐米。
字數:2
釋文:
王。
王。

213　王鐸

213.1　　　　　　　　213.2

器名:王鐸

時代:戰國

出土:1942年冬安徽壽縣(《岩窟吉金圖錄》)

著錄:《岩窟吉金圖錄》下67;《殷周金文集成》00418;《安徽出土金文訂補》四九;《安徽出土青銅器銘文研究》75;《商周青銅器銘文暨圖像集成》15957

形制:體呈橢圓形,方形柄,柄首有高隆綫一周。柄上有銘文一字。

度量:通高7.5釐米,口縱5.5釐米,口橫6.8釐米。

字數:1

釋文:

王。

214　集䊓甗

214.1　　　　　　　　　214.2A　214.2B

器名：集䊓甗（鑄器客甗）
時代：戰國晚期
國族：楚
出土：1933年安徽省壽縣朱家集南李三孤堆（今屬淮南市楊公鎮）楚幽王墓

現藏：上海博物館

著録：《楚文化研究論集》（第一集）第 322 頁；《殷周金文集成》00914；《中國文物精華大辭典》（青銅卷）0832；《楚系青銅器研究》第 481 頁 91；《安徽出土金文訂補》一九；《中國青銅器全集》（10）一八（銘文拓片）；《夏商周青銅器研究》六〇四；《楚系銘文綜合研究》第 371 頁（一五一）3；《楚系金文彙編》第 460 頁一三五：2；《安徽壽縣朱家集出土青銅器銘文集釋》第 355 頁圖五一；《安徽出土青銅器銘文研究》125；《商周青銅器銘文暨圖像集成》03302

形制：甗爲分體式，甑和鬲分鑄。甑爲折沿侈口，頸部略有收縮，頸兩側附耳微向外張，下腹收斂，平底設有鏤孔格狀箅，下有榫圈。鬲呈扁球形，直口短頸，圓肩圜底，肩部兩側附耳向外曲張，腹外側蹄足甚高。甑頸、腹部和鬲肩部均飾變形交龍紋，内有雲紋作充填，蹄足上部作獸首形。口沿外側刻有銘文八字。在甗類青銅器中，此器形制巨大。甗的上半部爲上海博物館舊藏，下半部鬲爲 1964 年安徽省博物館調撥。甑的圈足徑爲 28 釐米，下部鬲的口徑爲 27.5 釐米，不能密合，其有一箍另設，將上下連在一起。

度量：通高 118 釐米，口徑 27.5 釐米。重 93.2 千克。

說明：《中國青銅器全集》（10）圖一八中銘文拓本爲上海博物館所藏之鑄器客甗，而器物圖像則爲安徽博物院所藏鑄客甗。

字數：8

釋文：

鑄器客爲集糈，小（少）麿（府）。

215　集䐗鑐

215.1　　　　　　　　　215.2

器名：集䐗鑐（鑄客鑐、鑄客大銅鑐）

時代：戰國晚期

國族：楚

出土：1933 年安徽省壽縣朱家集南李三孤堆（今屬淮南市楊公鎮）楚幽王墓

現藏：安徽博物院

著錄：《楚文物圖典》第 30 頁；《楚系銘文綜合研究》第 371 頁（一五一）3；《安徽壽縣朱家集出土青銅器銘文集釋》第 364 頁圖七四；《安徽出土青銅器銘文研究》126；《商周青銅器銘文暨圖像集成》03257

形制：鑐爲分體式。上部甑失。下部鬲，圓口，方脣，直頸，扁圓腹，圓底，腹下置三蹄足（三足脫下，現存兩足）。肩上有一對附耳向外曲張，全器素面，耳下飾一周凸弦紋，足根作獸首狀。鬲上腹部刻有銘文五字。

度量：殘高 41 釐米，口徑 30 釐米，腹深 38.4 釐米，腹圍 178 釐米。殘重 55 千克。

說明：䐗，讀爲屠。（李家浩：《包山 266 號簡所記木器研究》，《著名中年語言學家自選集·李家浩卷》，合肥：安徽教育出版社，2002 年，第 224 頁。）集屠，職官，（郭永秉：《談談戰國文字中可能與"庖"相關的資料》，《出土文獻研究》第十一輯，上海：中西書局，2012 年，第 84～112 頁。）當是負責肉食的屠宰機構。

字數：5

釋文：

鑄客爲集䐗（屠）。

216 集脞甗

216.1

216.2

216.3

器名：集脞甗（鑄客甗、鑄客銅甗）
時代：戰國晚期
國族：楚
出土：1933年安徽省壽縣朱家集南李三孤堆（今屬淮南市楊公鎮）楚幽王墓
現藏：安徽博物院
著録：《安徽省博物館籌備處所藏楚器圖録》圖13；《安徽省博物館藏青銅器》八五；《中國青銅器全集》(10)一八（器物圖像）；《安徽出土金文訂補》二〇；《新收殷周青銅器銘文暨器影彙編》1326；《楚文物圖典》第30頁；《楚系銘文綜

合研究》第372頁(一五一)5;《楚系金文彙編》第462頁一三六:2;《安徽壽縣朱家集出土青銅器銘文集釋》第354頁圖四八;《近出殷周金文集錄二編》114;《中國美術全集》(青銅器)(三)第804頁;《安徽出土青銅器銘文研究》122;《商周青銅器銘文暨圖像集成》03303、03304。

形制:甗爲分體式。上部爲甑,直口,平緣外折,附耳,腹微鼓,下腹收斂,底有箅。下部鬲器體扁圓,圓口,矮直頸,球腹,圓底,腹下置三蹄足。肩上有一對附耳外張,雙耳微曲。甑腹部飾兩道凸弦紋,弦紋至器口飾蟠螭紋。鬲腹部飾一道凸弦紋。甑口沿有銘文八字,一耳頂有銘文一字。

度量:通高78釐米。甑高36釐米,口徑44.5釐米,腹深26.5釐米,腹圍130.5釐米,足高2.5釐米。鬲高42釐米,口徑26釐米,腹深27.5釐米,腹圍141.5釐米,足高27.5釐米。重16.6千克。

說明:《中國青銅器全集》(10)一八圖像爲安徽省博物博物館所藏的鑄客甗,而銘文拓本爲上海博物館所藏之鑄器客甗。《商周金文資料通鑒》03296、03318爲同一器。《商周青銅器銘文暨圖像集成》03303、03304爲同一器。

字數:9

釋文:

鑄客爲集脰鑄爲之。

七。

217　盤埜匕

217.1　　　　　217.2　　217.3

器名：盤埜匕（朏盤埜匕、冶盤野斗、冶盤野匕、冶盤埜勺）
時代：戰國晚期
國族：楚
出土：1933年安徽省壽縣朱家集南李三孤堆（今屬淮南市楊公鎮）楚幽王墓
流傳：方燫經舊藏
現藏：天津歷史博物館
著錄：《寶楚齋藏器圖釋》勺甲；孫壯《楚器拓本》2；《楚器選拓》9；《楚器圖釋》6；《十二家吉金圖錄》寶15；《三代吉金文存》卷十八：二十八：2；《楚文物展覽圖錄》十；《金文總集》6662；《北京圖書館藏青銅器全形拓片集》（第四冊）第148頁；《殷周金文集成》00976；《商周青銅器銘文選》666；《安徽出土金文訂補》二九：2；《安徽壽縣朱家集出土青銅器銘文集釋》第344頁

圖一一;《安徽出土青銅器銘文研究》144;《商周青銅器銘文暨圖像集成》06315
　　形制:體呈箕形,柄上折而中空,以納木柄。柄上有銘文十字。
　　度量:通柄長 19.8 釐米;口寬 14 釐米。(《十二家吉金圖錄》)
　　說明:銘文"㠯(冶)史秦"三字似誤刻而刮磨掉,因而筆劃不顯。
　　字數:10
　　釋文：
　　　㠯(冶)盤埜、秦忑爲之,
　　　㠯(冶)史秦。

218 盤埜匕

218.1   218.2

器名：盤埜匕（冶盤野斗、冶盤野匕、冶盤埜勺）
時代：戰國晚期
國族：楚
出土：1933年安徽省壽縣朱家集南李三孤堆（今屬淮南市楊公鎮）楚幽王墓
流傳：方煥經舊藏
現藏：天津歷史博物館
著録：《寶楚齋藏器圖釋》勺乙；《十二家吉金圖録》寶13～14；《三代吉金文存》卷十八：二十八：1；《商周彝器通考》886；《金文總集》6659；《殷周金文集成》00975；《商周青銅器銘文選》665；《楚系青銅器研究》第475頁89；《北京圖書館藏青銅器全形拓片集》（第四冊）第148頁；

《安徽出土金文訂補》二九:1;《楚系銘文綜合研究》第366頁一四六:右;《楚系金文彙編》第438頁一二八:4:盤埜匕;《安徽壽縣朱家集出土青銅器銘文集釋》第344頁圖一〇;《安徽出土青銅器銘文研究》143;《商周青銅器銘文暨圖像集成》06314

形制:體呈箕形,柄上折而中空,以納木柄。柄上有銘文七字。
度量:通柄高19.3釐米,口寬14.5釐米。(《十二家吉金圖録》)
字數:7
釋文:

𠂤(冶)盤埜、秦忑爲之。

219　紹坴匕

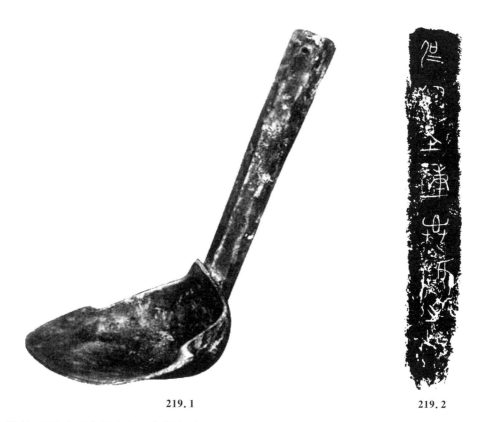

219.1　　　　　　　　219.2

器名：紹坴匕（冶紹坴匕、冶紹坴斗）

時代：戰國晚期

國族：楚

出土：1933年安徽省壽縣朱家集南李三孤堆（今屬淮南市楊公鎮）楚幽王墓

流傳：劉體智、于省吾、容庚舊藏

現藏：廣州博物館

著錄：《壽縣所出銅器考略》圖十二；《善齋吉金圖錄》度量衡2；《小校經閣金文拓本》9.99.2；《安徽通志金石古物考稿》一六：二：1；《三代吉金文存》卷十八：二十八：3；《頌齋吉金續錄》98；《雙劍誃古器物圖錄》上39；《殷周青銅器通論》71.3、圖281；《金文總集》6660；《殷周金文集成》00977；《商周青銅器銘文選》669；《安徽出土金文訂補》二七：一、圖版一〇：一；《安徽壽縣朱家集出土青銅器銘文集釋》第344頁圖一二；《安徽出土青銅器銘文研究》150；《商周青銅器銘文暨圖像集成》06316

形制：體呈箕形，柄呈六棱形，上折而中空，以納木柄。柄上有銘文七字。

度量:通柄高 21.3 釐米。匕高 6.4 釐米,横 4.4 釐米,縱 3.5 釐米。銎口徑横 0.9 釐米,縱 0.7 釐米。

字數:7

釋文:

叴(冶)絮(紹)夆、墜(陳)共爲之。

220　紹坴匕

220.1　　　　　　　　　　　220.2

器名：紹坴匕（冶紹坴匕、冶紹坴斗）
時代：戰國晚期
國族：楚
出土：1933年安徽省壽縣朱家集南李三孤堆（今屬淮南市楊公鎮）楚幽王墓
流傳：劉體智、于省吾舊藏
現藏：遼寧省博物館
著錄：《壽縣所出銅器考略》圖十三；《善齋吉金圖錄》度量衡3；《小校經閣金文拓本》9.99.3；《三代吉金文存》卷十八：二十八：4；《雙劍誃古器物圖錄》上38；《金文總集》6661；《殷周時代青銅器の研究——殷周青銅器綜覽》匕9；《殷周金文集成》00978；《楚系青銅器研究》第474頁89；《國史金石志稿》第3014頁；《楚系銘文綜合研究》第366頁一四六；《楚系金文彙編》第438頁一二八：4：紹坴匕；《安徽壽縣朱家集出土青銅器銘文集釋》第344頁圖一三；《安徽出土青銅器銘文研究》151；《商周青銅器銘文暨圖像集成》06317
形制：體呈箕形，柄呈六棱形，上折而中空，以納木柄。柄上有銘文七字。
字數：7

釋文：
㱾（冶）䋊（紹）㙓、墜（陳）共爲之。

221　專秦匕

221.1

221.2

器名：專秦匕（專秦苟賸匕）

時代：戰國晚期

國族：楚

出土：1933年安徽省壽縣朱家集南李三孤堆（今屬淮南市楊公鎮）楚幽王墓

現藏：安徽博物院

著錄：《商周青銅器銘文選》（二）667甲；《商周青銅器銘文選》（四）665、667；《安徽壽縣朱家集出土青銅器銘文集釋》第345頁圖一六；《安徽出土青銅器銘文研究》148

形制：體呈箕形，柄上折而中空，以納木柄。柄上有銘文七字。

度量：柄高14.5釐米，柄徑2.1～2.9釐米。匕橫15釐米，縱12釐米。重0.613千克。

字數：7

釋文：

𨤲（冶）專（傅）秦，苟賸爲之。

222 尃秦匕

222.1

222.1

器名：尃秦匕（尃秦苛滕匕、冶吏勺）
時代：戰國晚期
國族：楚
出土：1933年安徽省壽縣朱家集南李三孤堆（今屬淮南市楊公鎮）楚幽王墓
現藏：安徽博物院
著錄：《安徽出土青銅器銘文研究》149；《安徽文明史陳列》第177頁
形制：匕口前方凹進，呈半桃形。柄上部平，前細後粗，漸向上翹，上端中空，以納木柄。柄側有銘文七字。
度量：柄長14.5釐米，口橫徑15釐米，口縱徑12釐米。重0.542千克。
字數：7
釋文：
㠯（冶）尃（傅）秦，苛滕爲之。

223 客豊愈鼎

223.1

223.2（蓋）

223.3（腹）

器名：客豊愈鼎（客鑄鼎、客豊鰓鼎、客登隥鼎、客豊鼎）

時代：戰國晚期

國族：楚

出土：1933年安徽省壽縣朱家集南李三孤堆（今屬淮南市楊公鎮）楚幽王墓

現藏：安徽博物院

著錄：朱拜石《楚器拓本》9；《小校經閣金文拓本》2.24.2；《三代吉金文存》卷二：三十五：3；《安徽省博物館籌備處所藏楚器圖録》（八）；《金文總集》0493；《殷周金文集成》01803；《安徽省博物館藏青銅器》八一；《安徽出土金文訂補》一二；《楚文物圖典》彩版四：4、第26頁；

《楚系銘文綜合研究》第 365 頁（一四五）中；《安徽壽縣朱家集出土青銅器銘文集釋》第 360 頁圖六三；《安徽文明史陳列》第 171 頁；《商周青銅器銘文暨圖像集成》01097

形制：口內斂，球腹，圓底，三蹄足較高。有蓋，蓋爲圓拱形，蓋面有二道凸弦紋，外弦紋上置三個環鈕，蓋中心有鼻鈕，銜環捉手。口沿置一對附耳外侈。腹部飾一道凸弦紋，足根部飾獸面紋。蓋和腹部刻有相同的銘文三字。

度量：通高 33 釐米，口徑 29.5 釐米，腹圍 105 釐米。重 11.12 千克。

說明：或以爲《三代吉金文存》卷二：三十五：3 與卷二：三十六：1 爲一器，蓋、腹同銘。諸家著錄中《商周青銅器銘文暨圖像集成》著錄蓋銘，《安徽省博物館藏青銅器》《安徽出土金文訂補》著錄蓋、腹銘，其餘皆著錄腹銘。

字數：6（蓋 3，腹 3）

釋文：

蓋：

客豊鰓（愆）。

腹：

客豊鰓（愆）。

224　客豐愆鼎

器名:客豐愆鼎(客登隉鼎)
時代:戰國晚期
國族:楚
出土:1933年安徽省壽縣朱家集南李三孤堆(今屬淮南市楊公鎮)楚幽王墓
流傳:安徽省立圖書館舊藏(《安徽通志金石古物考稿》)
現藏:安徽博物院
著錄:朱拜石《楚器拓本》10;《小校經閣金文拓本》2.24.1;《安徽通志金石古物考稿》一:七:三;《三代吉金文存》卷二:三十五:2;《金文總集》0492;《殷周金文集成》01804;《楚系銘文綜合研究》第365頁(一四五)左;《安徽壽縣朱家集出土青銅器銘文集釋》第360頁圖六四;《安徽出土青銅器銘文研究》131;《商周青銅器銘文暨圖像集成》01099
形制:口沿有銘文三字。
度量:通高33釐米,口徑29.5釐米。重11.15千克。
字數:3
釋文:
客豐戀(愆)。

224.1

225　客豐愆鼎

器名:客豐愆鼎(客豋陹鼎、客豐衍鼎)
時代:戰國晚期
國族:楚
出土:1933年安徽省壽縣朱家集南李三孤堆(今屬淮南市楊公鎮)楚幽王墓
流傳:安徽省立圖書館舊藏(《安徽通志金石古物考稿》)
現藏:安徽博物院
著錄:朱拜石《楚器拓本》6;《小校經閣金文拓本》2.24.3;《安徽通志金石古物考稿》一·七·二;《三代吉金文存》卷二·三十五·2;《金文總集》0494;《殷周金文集成》01805;《楚系青銅器研究》第482頁圖92;《楚系金文彙編》第465頁一三八·2;《安徽壽縣朱家集出土青銅器銘文集釋》第360頁圖六五;《安徽出土青銅器銘文研究》132;《商周青銅器銘文暨圖像集成》01100
形制:口沿有銘文三字。
字數:3
釋文:
客豐鯢(愆)。

225.1

226 客豐愆鼎

器名：客豐愆鼎（客登陞鼎）
時代：戰國晚期
國族：楚
出土：1933年安徽省壽縣朱家集南李三孤堆（今屬淮南市楊公鎮）楚幽王墓
著錄：朱拜石《楚器拓本》7；《小校經閣金文拓本》2.24.4；《三代吉金文存》卷二：三十六：1；《金文總集》0495；《殷周金文集成》01806；《安徽壽縣朱家集出土青銅器銘文集釋》第360頁圖六六；《安徽出土青銅器銘文研究》133；《商周青銅器銘文暨圖像集成》01098
形制：體扁圓，口微斂，子口淺腹，一對附耳外張。蓋面隆起，上有兩道凸弦紋，三個臥獸，分置第一道弦紋上，中央有銜環小鈕。三條高蹄足，腹部有一條凸弦紋。足上部飾浮雕獸首。口沿下有銘文三字。
說明：或以爲《三代吉金文存》卷二：三十五：3與卷二：三十六：1爲一器，器蓋同銘。《商周青銅器銘文暨圖像集成》將此器與061視爲一器，認爲均爲《安徽博物館藏青銅器》八一。按，《商周青銅器銘文暨圖像集成》01098錄銘文拓片與01097銘文拓片全同，實爲01097器腹部銘文拓片另一剪切形式，而細審銘文便可發現其拓片字形完全相同，只是01097放大了一些，非此器拓片。此器銘文拓片應以《殷周金文集成》01086號

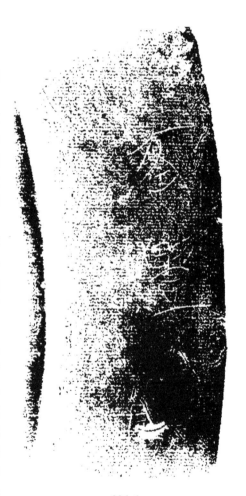

226.1

所錄爲准。《三代吉金文存》卷二：三十五：3與二：三十六：1非爲一器拓片，061蓋銘拓片與此不同。《三代吉金文存》卷二：三十六：1與《殷周金文集成》所錄拓片同。《商周青銅器銘文暨圖像集成》所錄器物圖像爲《安徽博物館藏青銅器》八二鑄客鼎圖像，非此器圖像。
字數：3
釋文：
客豐鯤（愆）。

227　客豐愈鼎

227.1　　　　　　　　　　　227.2

器名：客豐愈鼎
時代：戰國晚期
國族：楚
出土：1933年安徽省壽縣朱家集南李三孤堆（今屬淮南市楊公鎮）楚幽王墓
現藏：淮南市博物館
著錄：《淮南市博物館文物集珍》036

形制：體扁圓，口微斂，子口淺腹，一對附耳外張。蓋面隆起，上有兩道凸弦紋，三個銜環鈕，分置第一道弦紋上，中央有銜環鈕。三條高蹄足，腹部有一條凸弦紋。足上部飾浮雕獸首。口沿下有銘文三字。

度量：通高35.5釐米，口徑29.4釐米，腹徑34.5釐米，柱高20.7釐米。重11.8千克。
字數：3
釋文：

客豐鰓（愈）。

228 愆鼎

器名：愆鼎（愍鼎、衍字大鼎、陞鼎）
時代：戰國晚期
國族：楚
出土：1933年安徽省壽縣朱家集南李三孤堆（今屬淮南市楊公鎮）楚幽王墓
流傳：龍游余氏寒柯堂舊藏
著錄：《金石書畫》七一期第四版左；《殷周金文集成》01250；《楚系青銅器研究》第482頁圖92；《新收殷周青銅器銘文暨器影彙編》1697；《楚系銘文綜合研究》第365頁（一四五）右；《楚系金文彙編》第464頁一三八：1；《近出殷周金文集錄二編》164；《安徽壽縣朱家集出土青銅器銘文集釋》第359頁圖六一；《安徽出土青銅器銘文研究》134；《商周青銅器銘文暨圖像集成》00299

形制：口沿有銘文一字。

說明：另有同銘一器現藏安徽博物院。十分殘破，口徑71釐米。僅存口沿、兩耳、三足及底部殘片，口沿上存有銘文一字，銘文未見著錄。《商周青銅器銘文暨圖像集成》01101與00299分爲二器，使用拓片相同。《楚系青銅器研究》第482頁圖92、《新收殷周青銅器銘文暨器影彙編》1697、《楚系金文彙編》一三八：1、《近出殷周金文集錄二編》164、《安徽壽縣朱家集出土青銅器銘文集釋》第359頁圖六一、《安徽出土青銅器銘文研究》134、《商周青銅器銘文暨圖像集成》01101皆言安徽博物院藏器，但拓片與《殷周金文集成》拓片相同。

字數：1

釋文：
愍（愆）。

228.1

229　集脀鼎

229.1

229.2　　　229.3　　　229.4

器名：集脀鼎（集剤大子鼎、集腏鼎、大子鼎、太子鼎、集脀銅鼎）
時代：戰國晚期
國族：楚
出土：1933年安徽省壽縣朱家集南李三孤堆（今屬淮南市楊公鎮）楚幽王墓

現藏:安徽博物院

著錄:朱拜石《楚器拓本》12;《安徽省博物館籌備處所藏楚器圖錄》九;《殷周金文集成》01807;《安徽文博》1981年第1期第13頁;《楚文化研究論集》第1集第206頁;《安徽出土金文訂補》一七;《楚文物圖典》第24頁;《楚系銘文綜合研究》第372頁(一五一);《楚系金文彙編》第452頁一三二.3;《安徽壽縣朱家集出土青銅器銘文集釋》第358頁圖五六;《安徽出土青銅器銘文研究》114;《商周青銅器銘文暨圖像集成》00714

形制:口沿外一對方形附耳外張。扁圓形腹,一周飾凸弦紋。圓底,底外有二至三釐米的長條形鑄痕。三高蹄足,足根作獸首狀。一耳頂部有銘文一字(或認爲是"×"形符號),另一耳頂部有銘文二字,腹部有銘文二字。

度量:通高33.2釐米,口徑26.5釐米,腹徑30.5釐米,腹深15.3釐米,腹圍95釐米,耳高10釐米,耳寬5釐米,足高21釐米。重6.8千克。

說明:"羱"字徐在國先生認爲是個雙聲符字,"夎""刿"(胖)均爲聲符,讀爲"胖"。(徐在國:《談楚文字中從"胖"的幾個字》,《楚簡楚文化與先秦歷史文化國際學術研討會論文集》,武漢:湖北教育出版社,2013年,第487頁。)郭永秉先生隸定作"羱",釋爲"庖廚"之"庖"。(郭永秉:《談談戰國文字中可能與"庖"相關的資料》,《出土文獻研究》第十一輯,上海:中西書局,2012年,第84～112頁。《古文字與古文獻論集續編》,上海:上海古籍出版社,2015年,第32～59頁。)腹銘"大子"二字刻工較粗,有學者認爲是後世僞刻。右耳銘文或認爲是刻符"×",或爲"五"字俗寫。按,當是數字"五",爲此類鼎的記數。

字數:5(一耳2、一耳1、腹部2)

釋文:

耳:

集羱(胖)。

耳:

五。

腹:

大(太)子。

230 集脰鼎

230.1

器名：集脰鼎（集膴鼎、鑄客羊鈕銅鼎、鑄客爲集腏鼎、鑄客鼎）
時代：戰國晚期
國族：楚
出土：1933年安徽省壽縣朱家集南李三孤堆（今屬淮南市楊公鎮）楚幽王墓
流傳：1954年安徽省壽縣曹庵區政府交出
現藏：安徽博物院
著錄：《安徽省博物館藏青銅器》八二；《安徽出土金文訂補》一六；《楚文物圖典》彩版4：5，第26頁；《新收殷周青銅器銘文暨器影彙編》1325；《近出殷周金文集錄二編》270；《商周

青銅器銘文暨圖像集成》01770

形制:弧形蓋,與器扣合成一個扁圓體。圓拱蓋面有內外兩圈同心圓凸弦紋,外圈弦紋上分置三個臥獸,頂中心有鼻鈕銜環。子口微斂,口沿外側置長方形附耳,微曲。鼓腹,腹部飾凸弦紋一道,圓底,腹下置瘦高三蹄足,足根部爲獸面紋。蓋一側有銘文七字。

度量:通高 28.5 釐米,口徑 24.7 釐米,腹圍 90 釐米,腹深 15 釐米,耳高 19 釐米,蓋口徑 28 釐米。重 10.25 千克。

字數:7

釋文:

鑄客爲集脀(胖)爲之。

230.2

231　集鬲、俈鬲、鳴䏶鬲鼎

231.1

231.2(口沿)

231.3（腹）　　　231.4（足膝）

器名：集𦉢、佸𦉢、鳴腋𦉢鼎（鑄客鼎、鑄客大鼎、楚大鼎、大侶鼎）
時代：戰國晚期
國族：楚
出土：1933年安徽省壽縣朱家集南李三孤堆（今屬淮南市楊公鎮）楚幽王墓
流傳：安徽省立圖書館舊藏（《安徽通志金石古物考稿》）
現藏：安徽博物院
著錄：朱拜石《楚器拓本》1；《小校經閣金文拓本》2.61.1～3；《安徽通志金石古物考稿》一：八：3（又一八：五）；《三代吉金文存》卷三：二十六：1～3；《兩周金文辭大系圖錄考釋》補遺；《安徽省博物館籌備處所藏楚器圖錄》（一）；《考古學報》1972年第1期第81頁；《文物天地》1981年第2期第16頁；《金文總集》1004；《殷周金文集成》02480；《商周青銅器銘文選》674A；《楚系青銅器研究》第481頁圖91；《安徽省博物館藏青銅器》八〇；《安徽省博物館》四三；《中國文物精華大辭典》（青銅卷）0825；《中國書法全集》（3）12；《安徽出土金文訂補》四；《國史金石志稿》第2150頁；《楚系銘文綜合研究》第372頁（一五一）6：鼎1；《安徽館藏珍寶》048；《楚系金文彙編》第450頁一三二：1；《安徽壽縣朱家集出土青銅器銘文集釋》第356～357頁圖五三、五四；《文物選粹》第46～47頁；《中國美術全集》（青銅器）（三）第797頁；《安徽出土青銅器銘文研究》80；《安徽文明史陳列》第168、169頁；《商周青銅器銘文暨圖像集成》01981

形制：無蓋，圓口，方唇，平沿外折。頸外側雙附耳，粗巨外折。鼓腹，圓底，三蹄足。腹上飾一周凸起的圓箍，箍飾模印花紋。雙耳和頸外壁飾模印菱形幾何紋，足根部飾浮雕漩渦紋。圓底外壁有烟炱痕迹。口沿上有銘文十二字。前足膝下和左腹下各有銘文二字，銘文內容相同。

度量：通高113釐米，口徑87釐米，腹深52釐米，腹圍290釐米，耳高36.5釐米，足高67釐米，足至口高89釐米。重400千克。

字數：16（口平沿12、左腹外壁下2、前足膝2）

釋文：

口沿：

鑄客爲集脀（胖）、佢（造）脀（胖）、鳴腋脀（胖）爲之。

腹：

安邦。

足膝：

安邦。

232 巨荁鼎

232.1

232.2

器名：巨荁鼎（巨莔鼎、巨萱銅鼎、巨莔十九鼎）
時代：戰國晚期
國族：楚
出土：1955年安徽省蚌埠市東郊八里橋
現藏：安徽博物院
著錄：《文物參考資料》1957年第7期第83頁；《金文總集》0657；《殷周金文集成》01994；《殷周金文集錄》880；《古文字研究》第十三輯第385頁；《安徽出土金文訂補》七八：二；《楚文物圖典》第26頁；《安徽出土青銅器銘文研究》24－2；《商周青銅器銘文暨圖像集成》01347
　　形制：蓋凸起，圓緣，正中有環鈕，鈕外飾兩道凸弦紋，在外圈凸弦紋上等分設三臥牛飾。子口，鼓腹，圓底，附耳，下置三高獸蹄足。腹飾一道凸弦紋，足根作獸首狀。左耳上有銘文四字。
　　度量：通高25釐米，口徑22.5釐米，腹圍79.5釐米。重5.7千克。
　　字數：4
　　釋文：
　　巨荁（莔）十九。

233 巨荁王鼎

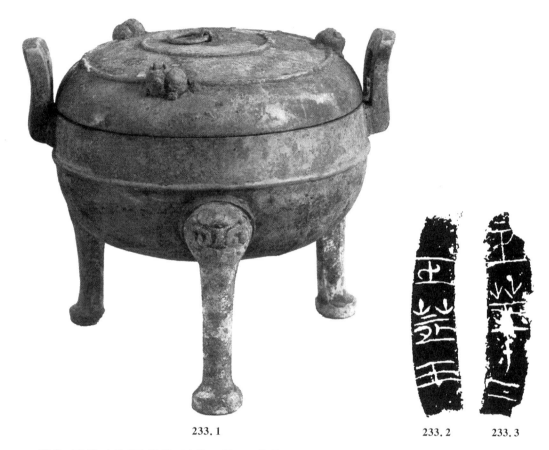

233.1　　　　　　　　233.2　233.3

器名:巨荁王鼎(巨蒿鼎、巨蒿王鼎、巨蒼鼎)
時代:戰國晚期
國族:楚
出土:1955年安徽省蚌埠市東郊八里橋
現藏:安徽博物院
著錄:《文物參考資料》1957年第7期第83頁;《金文總集》0658;《殷周金文集成》02301;《殷周金文集錄》879;《古文字研究》第十三輯第385頁;《安徽省博物館藏青銅器》九五;《安徽出土金文訂補》七八:一;《楚文物圖典》彩版四:6、第27頁;《安徽出土青銅器銘文研究》24—1;《商周青銅器銘文暨圖像集成》01773
形制:蓋隆起,蓋面有兩圈凸弦紋,外圈弦紋爲立三犧形鈕飾,頂心置小鈕活動提環。子口,附耳,耳微曲外侈,鼓腹,圓底,下置三高獸蹄足,足根部飾獸面紋。腹飾一圈凸弦紋。兩耳頂有銘文,左耳陰刻銘文三字,右耳陰刻銘文四字。

度量:通高 29 釐米,口徑 22.4 釐米,腹圍 79 釐米,腹深 12 釐米,足高 16 釐米。重 6 千克。

字數:7(一耳 3、一耳 4)

釋文:

巨茻(梅)王。

巨茻(梅)十二。

234 大子鼎

234.1　　　　　　　234.2　234.3

器名：大子鼎（集脰太子鼎、太子鼎）
時代：戰國晚期
國族：楚
出土：1933年安徽省壽縣朱家集南李三孤堆（今屬淮南市楊公鎮）楚幽王墓
流傳：安徽省立圖書館舊藏（《安徽通志金石古物考稿》）
現藏：安徽博物院
著錄：朱拜石《楚器拓本》5；《小校經閣金文拓本》2.37.2～4；《安徽通志金石古物考稿》一：七：5；《三代吉金文存》卷二：五十五：2～3；《金文總集》0729；《殷周金文集成》02095；《安徽出土金文訂補》六：二；《國史金石志稿》第2084頁；《楚系銘文綜合研究》第364頁（一四四：2）；《楚系金文彙編》第432頁一二七：1；《安徽壽縣朱家集出土青銅器銘文集釋》第359頁圖五九；《安徽出土青銅器銘文研究》113；《商周青銅器銘文暨圖像集成》01483

形制：子口，長方形附耳外侈。扁圓腹，中部飾一圈凸弦紋，圓底。三個高獸蹄足，斷面呈六棱形,足根部飾獸面紋。一耳有銘文二字,另一耳有銘文三字。

度量:通高 34.3 釐米,外口徑 26.2 釐米,內口徑 25.3 釐米,腹徑 30.5 釐米,足高 21.8 釐米,壁厚 0.3 釐米。重 7.68 千克。

字數:5(一耳 2、一耳 3)

釋文:

集䏽(廚),

大(太)子鼎。

235 大子鼎

235.1

235.2（蓋）　　　235.3（耳）　　　235.4（耳）

器名：大子鼎（集脰太子鼎、太子銅鼎、太子鼎）
時代：戰國晚期
國族：楚
出土：1933年安徽省壽縣朱家集南李三孤堆（今屬淮南市楊公鎮）楚幽王墓
著録：朱拜石《楚器拓本》11；《小校經閣金文拓本》2.37.5；《安徽通志金石古物考稿》一：七：四；《三代吉金文存》卷二：五十五：1；《金文總集》0730；《殷周金文集成》02096；《安徽出土金文訂補》六：一；《楚文物圖典》第25頁；《楚系銘文綜合研究》第364頁（一四四：1）；《楚系金文彙編》第431頁一二七：1；《安徽壽縣朱家集出土青銅器銘文集釋》第358頁圖五八；《安徽出土青銅器銘文研究》112；《安徽文明史陳列》第170頁；《商周青銅器銘文暨圖像集成》01482
形制：子口，長方形附耳外侈。扁圓腹，中部飾一圈凸弦紋，圓底。三個高獸蹄足，斷面呈六棱形，足根部飾獸面紋。圓拱形蓋，蓋面有二道同心圓凸弦紋，頂心有鼻鈕銜環，外圈弦紋上分布三個臥獸形鈕。蓋沿有銘文五字，一耳有銘文二字，另一耳有銘文三字。
度量：通高33.5釐米，口徑26.4釐米，腹圍94釐米。重9.15千克。
字數：10（蓋5、一耳2、一耳3）
釋文：
蓋：
集脰（廚），大（太）子鼎（鼎）。
耳：
集脰（廚），
大（太）子鼎（鼎）。

正 編

236 集脰鼎

236.1

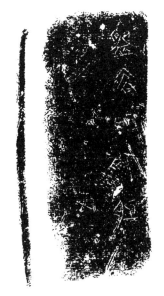

236.2A

236.2B

236.3

器名:集脰鼎(鑄客鼎、集醻鼎、鑄客爲集脰鼎)
時代:戰國晚期
國族:楚
出土:1933 年安徽省壽縣朱家集南李三孤堆(今屬淮南市楊公鎮)楚幽王墓
流傳:安徽省立圖書館舊藏(《安徽通志金石古物考稿》)
現藏:安徽博物院
著錄:朱拜石《楚器拓本》13;《小校經閣金文拓本》2.37.4;《安徽通志金石古物考稿》一:一〇:3;《三代吉金文存》卷二:五十四:6~7;《安徽省博物館籌備處所藏楚器圖錄》(五);《金文總集》0731;《殷周金文集成》02296;《安徽出土金文訂補》八;《楚文物圖典》第 25 頁;《楚系銘文綜合研究》第 370 頁(一五一)1:鼎 3;《楚系金文彙編》第 453 頁一三三:1(下);《安徽壽縣朱家集出土青銅器銘文集釋》第 353 頁圖四三;《安徽出土青銅器銘文研究》117;《商周青銅器銘文暨圖像集成》01767
形制:失蓋。子口內斂,一對附耳外張。鼓腹,腹部有一道凸弦紋。圓底,底部有鑄疣形成的一個圓圈似假圈足。三條高蹄足,足根部飾獸面紋。口沿外側有銘文五字,一耳頂上有銘文二字。
度量:通高 52 釐米,口徑 42.5 釐米。
說明:容庚先生以爲"集脰"二字在耳上,《三代吉金文存》誤以爲在器。一耳刻有一"△"符號。
字數:7(口沿外側 5、左耳 2)
釋文:
口沿外側:
鑄客爲集脰(廚)。
耳:
集脰(廚)。

237 集脰鼎

237.1

237.2

器名：集脰鼎（鑄客鼎、鑄客爲集脰鼎）
時代：戰國晚期
國族：楚
出土：1933年安徽省壽縣朱家集南李三孤堆（今屬淮南市楊公鎮）楚幽王墓
流傳：安徽省立圖書館舊藏（《安徽通志金石古物考稿》）
現藏：安徽博物院
著錄：朱拜石《楚器拓本》13；《小校經閣金文拓本》2.48.1；《安徽通志金石古物考稿》一：一〇：2；《三代吉金文存》卷三：十三：1；《安徽省博物館籌備處所藏楚器圖錄》（六）；《殷周金文集成》02297；《商周青銅器銘文選》678；《楚系青銅器研究》第480頁圖91（器圖）；《安徽出土金文訂補》七；《楚文物圖典》第26頁；《國史金石志稿》第2116頁；《楚系銘文綜合研究》第370頁（一五一）1：鼎2；《楚系金文彙編》第453頁一三三：1（上）；《安徽壽縣朱家集出土青銅器銘文集釋》第353頁圖四四；《安徽出土青銅器銘文研究》118；《商周青銅器銘文暨圖像集成》01769

形制：失蓋。子口内斂，一對附耳外張。鼓腹，腹部有一道凸弦紋。圓底。三條高蹄足，足根部飾獸面紋。口沿下有銘文七字。

度量：通高 31 釐米，口徑 24.5 釐米，腹圍 91.5 釐米。重 8.21 千克。

說明：《楚系青銅器研究》第 480 頁圖 91 器物圖像爲此器，銘文爲下一器。

字數：7

釋文：

鑄客爲集胆（廚）爲之。

238　集脰鼎

器名：集脰鼎（集脰鼎蓋、鑄客鼎、鑄客爲集脰鼎）
時代：戰國晚期
國族：楚
出土：1933年安徽省壽縣朱家集南李三孤堆（今屬淮南市楊公鎮）楚幽王墓
流傳：安徽省立圖書館舊藏（《安徽通志金石古物考稿》）
現藏：安徽博物院
著録：朱拜石《楚器拓本》17；《小校經閣金文拓本》2.48.2；《安徽通志金石古物考稿》一：一〇：1；《三代吉金文存》卷三：十三：2；《安徽省博物館籌備處所藏楚器圖録》（十）；《金文總集》0874；《殷周金文集成》02298；《楚系青銅器研究》第480頁圖91；《安徽出土金文訂補》一八；《安徽壽縣朱家集出土青銅器銘文集釋》第35頁圖四五；《安徽出土青銅器銘文研究》119；《商周青銅器銘文暨圖像集成》01771
形制：體扁圓，口微斂，子口淺腹，一對附耳外張，蓋面隆起，上有三個臥獸，分置第一道弦紋上，中央有銜環小鈕，三條高蹄足，腹部有一道凸弦紋。足上部飾浮雕獸首。蓋上有銘文七字。
度量：通高33釐米，口徑29.5釐米。
說明：《楚系青銅器研究》第480頁圖91銘文拓片爲此器，器物圖像爲上一器。
字數：7
釋文：
鑄客爲集脰（廚）爲之。

238.1

239　集𧰙鼎

239.1

器名：集𧰙鼎（鑄客鼎）
時代：戰國晚期
國族：楚
出土：1933年安徽省壽縣朱家集南李三孤堆（今屬淮南市楊公鎮）楚幽王墓
現藏：安徽博物院
著錄：《小校經閣金文拓本》2.47.4；《安徽通志金石古物考稿》一·一〇·4；《三代吉金文存》卷三·十二·6；《金文總集》0871；《殷周金文集成》02299；《商周青銅器銘文選》675；《安徽出土金文訂補》一一；《國史金石志稿》第2112頁；《楚系銘文綜合研究》第371頁（一五一）3·鼎；《楚系金文彙編》第459頁一三五·1；《安徽壽縣朱家集出土青銅器銘文集釋》第352頁圖四二；《安徽出土青銅器銘文研究》124；《商周青銅器銘文暨圖像集成》01772
形制：口沿有銘文七字。
字數：7
釋文：
鑄客爲集𧰙（腏）爲之。

240 集脀鼎

240.1　　　　240.2（蓋）　240.3（腹）

器名：集脀鼎（鑄客爲集醻鼎、鑄客鼎、集醻鼎）
時代：戰國晚期
國族：楚
出土：1933年安徽省壽縣朱家集南李三孤堆（今屬淮南市楊公鎮）楚幽王墓
現藏：日本東京國立博物館
著録：《小校經閣金文拓本》2.47.3；《安徽通志金石古物考稿》一·九：3；《三代吉金文存》卷三·十二：7～8；《金文總集》0872；《殷周金文集成》02300；《殷周青銅器綜覽》鼎255；《商周

青銅器銘文選》676;《楚系青銅器研究》第 479 頁圖 91;《安徽出土金文訂補》一〇;《國史金石志稿》第 2115 頁;《楚系銘文綜合研究》第 371 頁(一五一)4;鼎;《楚系金文彙編》第 456 頁一三四:1;《安徽壽縣朱家集出土青銅器銘文集釋》第 352 頁圖三九;《安徽出土青銅器銘文研究》127;《商周青銅器銘文暨圖像集成》01768

形制:子口,一對厚側耳,深腹圓底。平蓋折沿,蓋中有一很小的橋形鈕,分立三個 H 形鼻鈕。三條獸蹄形高足,飾蟠螭紋。蓋內和鼎內腹壁銘文內容相同,各有銘文七字。

度量:通高 60 釐米。

字數:14(蓋 7,腹 7)

釋文:

蓋:

鑄客爲集酷(肶)爲之。

腹:

鑄客爲集酷(肶)爲之。

241 王句小䏪鼎

241.1

器名：王句小䏪鼎（"鑄客"銅升鼎、王句七府鼎、王后七府鼎、鑄客爲王后鼎）
時代：戰國晚期
國族：楚
出土：1933年安徽省壽縣朱家集南李三孤堆（今屬淮南市楊公鎮）楚幽王墓
流傳：龍游余氏塞柯堂舊藏（《東南日報》特種副刊《金石書畫》第71期）
現藏：安徽博物院
著錄：朱拜石《楚器拓本》4；《小校經閣金文拓本》2.52.1；《安徽通志金石古物考稿》一：九：1（又一八：六）；《三代吉金文存》卷三：十九：6；《東南日報》特種副刊《金石書畫》第71期第4版右；《金文總集》0946；《殷周金文集成》02393；《安徽省博物館藏青銅器》八三；《中國青銅器全集》(10)十；《安徽省博物館》二七；《中國文物精華大辭典》（青銅卷）0826；《安徽出土金文訂補》九；《國史金石志稿》第2133頁；《楚系銘文綜合研究》第373頁（一五一）9；《安徽

館藏珍寶》049;《楚系金文彙編》第 441 頁一三〇:1 右(拓片、圖像);《安徽壽縣朱家集出土青銅器銘文集釋》第 355 頁圖五二;《文物選粹》第 50 頁;《中國美術全集》(青銅器)(三)第 792 頁;《安徽出土青銅器銘文研究》89;《商周青銅器銘文暨圖像集成》01886

形制:口微敞,口沿竪一對外侈方耳,圓口,直壁。平沿外折,圓腹束腰,平底,蹄足。腹有四獸,攀援而上,探首于沿,腹飾羽紋。足根作獸首狀。口沿有銘文九字。

度量:高 51 釐米,口徑 48 釐米,腹深 18 釐米,腹圍 145 釐米,底徑 45.5 釐米,足高 20.5 釐米。重 35.8 千克。

說明:"小賡"之"小"有學者釋爲"七"。

字數:9

釋文:

鑄客爲王句(后)小(少)賡(府)爲之。

241.2A　　　　241.2B

242　王句小廥鼎

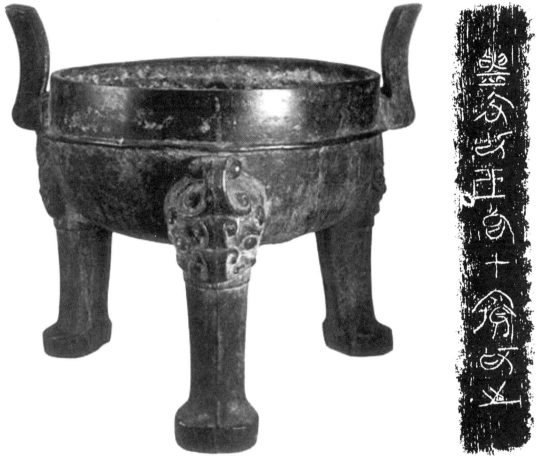

242.1　　　　　　　　　242.2

器名：王句小廥鼎（鑄客爲王后鼎、王后七府鼎）
時代：戰國晚期
國族：楚
出土：1933年安徽省壽縣朱家集南李三孤堆（今屬淮南市楊公鎮）楚幽王墓
現藏：上海博物館
著錄：《殷周金文集成》02394；《商周青銅器銘文選》673；《楚系青銅器研究》第478頁圖91；《夏商周青銅器研究》596；《楚系銘文綜合研究》第373頁（一五一）8：右；《楚系金文彙編》第441頁一三〇：1左（拓片）；《安徽壽縣朱家集出土青銅器銘文集釋》第358頁圖五五；《安

徽出土青銅器銘文研究》90;《商周青銅器銘文暨圖像集成》01887

形制:直口,一對附耳外張,淺腹,腹飾凸弦紋一道。自腹壁起置三個獸蹄高足,足根飾獸面紋。口沿有銘文九字。

度量:通高55.9釐米,口徑48.1釐米。重42.76千克。

說明:同銘之鼎共三器,另兩件現藏安徽博物院,均爲同時出土之器。

字數:9

釋文:

鑄客爲王句(后)小(少)廥(府)爲之。

243　王句小廚鼎

器名:王句小廚鼎(鑄客爲王后少府鼎)
時代:戰國晚期
國族:楚
出土:1933年安徽省壽縣朱家集南李三孤堆(今屬淮南市楊公鎮)楚幽王墓
現藏:安徽博物院
著録:《安徽出土青銅器銘文研究》91
形制:同時出土三件。直口,一對附耳外張,淺腹,腹飾凸弦紋一道。自腹壁起置三個獸蹄高足,足根飾獸面紋。口沿有銘文九字。
字數:9
釋文:
鑄客爲王句(后)小(少)廚(府)爲之。

243.1

244 大句脰官鼎

245.1   245.2

器名:大句脰官鼎(太后脰官匜鼎、鑄客爲太后脰官鼎)
時代:戰國晚期
國族:楚
出土:1933年安徽省壽縣朱家集南李三孤堆(今屬淮南市楊公鎮)楚幽王墓
現藏:安徽博物院
著録:朱拜石《楚器拓本》3;《小校經閣金文拓本》2.52.2;《安徽通志金石古物考稿》一:九:2;《三代吉金文存》卷三:十九:5;《金文總集》0945;
《殷周金文集成》02395;《中國文物精華大辭典》(青銅卷)0827;《楚系青銅器研究》第477頁圖91;《安徽出土金文訂補》五;《楚文物圖典》第27頁;《國史金石志稿》第2132頁;《楚系銘文綜合研究》第373頁(一五一)8左;《安徽出土青銅器銘文研究》88;《商周青銅器銘文暨圖像集成》01888
形制:整體似盤形,直口,一側有流,下應一足,直淺腹,平底,附耳,高蹄足,足根作獸面狀。全器素面,腹部有一周凸弦紋。口沿近流處有銘文九字。
度量:通高48釐米,口徑44.5釐米,流長9釐米,腹深16釐米,腹圍147釐米。重29.1千克。
字數:9
釋文:
鑄客爲大(太)句(后)脰(廚)官爲之。

245　大句䏪官鼎

器名:大句䏪官鼎(大后廚官鼎、鑄客爲太后鼎)
時代:戰國晚期
國族:楚
出土:1933年安徽省壽縣朱家集南李三孤堆(今屬淮南市楊公鎮)楚幽王墓
現藏:安徽博物院
著録:《商周青銅器銘文選》670;《安徽壽縣朱家集出土青銅器銘文集釋》第351頁圖三七
度量:通高38釐米,口徑44.5釐米。
說明:《安徽壽縣朱家集出土青銅器銘文集釋》《安徽出土青銅器銘文研究》《商周青銅器銘文暨圖像集成》以爲此器與上一器(244大句䏪官鼎)爲同一器,實際上爲二器。
字數:9
釋文:
鑄客爲大(太)句(后)䏪(廚)官爲之。

245.1

246 楚王酓腈鈍鼎

246.1　　　　　　246.2

器名：楚王酓腈鈍鼎（酓肯鈍鼎、楚王酓前鉈鼎、酓肯銅匜鼎、楚王匜鼎）
時代：戰國晚期
國族：楚
出土：1933年安徽省壽縣朱家集南李三孤堆（今屬淮南市楊公鎮）楚幽王墓
流傳：安徽省圖書館舊藏（《商周彝器通考》）

現藏:安徽博物院

著録:朱拜石《楚器拓本》2;《小校經閣金文拓本》2.60.1～3;《參加倫敦中國藝術國際展覽會出品圖說》(第一冊銅器)105;《楚器圖釋》第 7 頁左;《安徽通志金石古物考稿》一:一○:5(又一八:六後);《三代吉金文存》卷三:二十五:1～4;《商周彝器通考》98;《安徽省博物館籌備處所藏楚器圖録》(二);《兩周金文辭大系圖録考釋》録補遺考 170;《古史考存》第 116 頁;《殷周青銅器通論》18;《金文通釋》40.539;《金文總集》1003;《殷周金文集成》02479;《商周青銅器銘文選》661A;《安徽省博物館藏青銅器》八四;《中國文物精華大辭典》(青銅卷)0829;《中國青銅器全集》(10)一一;《中國書法全集》(3)9;《安徽出土金文訂補》一四;《楚文物圖典》第 27 頁;《國史金石志稿》第 2152 頁;《楚系銘文綜合研究》第 362 頁(一三七);《安徽館藏珍寶》050;《楚系金文彙編》第 427 頁一二六:2;《安徽壽縣朱家集出土青銅器銘文集釋》第 337 頁圖二;《文物選粹》第 48 頁;《中國美術全集》(青銅器)(三)第 800 頁;《安徽出土青銅器銘文研究》82;《安徽文明史陳列》第 174、175 頁;《商周青銅器銘文暨圖像集成》01980

形制:形體似匜,呈淺盤狀。平口內折,一側有外突流口。方耳外折,圓腹,直壁,平底,三蹄足。腹上部飾一周凸弦紋,腹部光素無紋。足根作獸首形。口沿外有銘文十二字。

度量:通高 38.5 釐米,口徑 55.5 釐米,流長 12 釐米,腹深 14 釐米,腹圍 174 釐米,耳長 13.5 釐米,足高 19 釐米。重 40 千克。

字數:12

釋文:

楚王酓(熊)脡(延)复(作)鑄鈚(匜)鼎(鼎),台(以)共(供)歲棠(嘗)。

247　楚王酓朏鼎

247.1

247.2

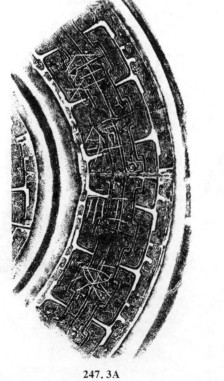

247.3A

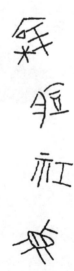

247.3B

247.4

器名:楚王酓腏鼎(楚王酓前鈢鼎、楚王酓肯鈢鼎、楚王酓朏鼎)
時代:戰國晚期
國族:楚
出土:1933年安徽省壽縣朱家集南李三孤堆(今屬淮南市楊公鎮)楚幽王墓
現藏:北京故宮博物院
著錄:《小校經閣金文拓本》2.59;《安徽通志金石古物考稿》一:一一:3(又一八:二);《三代吉金文存》卷三:四十三:3、卷三:四十四:1;《楚器圖釋》第7頁右;《參加倫敦中國藝術國際展覽會出品圖說》(第一册銅器)105;《古代銘刻匯考續編》38;《兩周金文辭大系圖錄考釋》185;《古史考存》第126頁、第127頁圖1;《金文總集》0659.1、1005、1115;《故宫青銅器》319;《殷周金文集成》02623;《楚系青銅器研究》第470頁圖89;《安徽出土金文訂補》一三;《楚文物圖典》第23頁;《讀金日劄》第147頁圖73;《故宮博物院藏文物珍品大系——青銅禮樂器》58;《楚系銘文綜合研究》第361頁(一三六);《楚系金文彙編》第425~426頁一二六:1;《安徽壽縣朱家集出土青銅器銘文集釋》第336頁圖一;《故宫青銅器圖典》174;《安徽出土青銅器銘文研究》81;《商周青銅器銘文暨圖像集成》02165

形制:體圓,直口,方唇,雙附耳,深腹,三蹄形足。有蓋,蓋上有三短足,蓋正中一紐凸起可穿環,蓋頂中心有一雙獸首銜環(環已失),周圍有三紐,紐上飾直綫紋。通體飾雲雷紋,蓋面飾凸弦紋兩道,腹上飾凸弦紋一道,足上端釋浮雕獸面紋。蓋頂有銘文四字,蓋內有銘文三字,器口沿有銘文一行十二字。
度量:通高59.7釐米,寬60.5釐米,口徑46.6釐米。重53.8千克。
字數:19(蓋頂4,蓋內3,口沿12)
釋文:
蓋頂:
集胆(廚)杠鼎(鼎)。
蓋內:
□集胆(廚)。
口沿:
楚王酓(熊)腏(延)戈(作)鑄喬(鐈)盅(鼎),㠯(以)共(供)歲棠(嘗)。

247.5

248　楚王酓忎鼎

248.1

248.2（蓋外沿）

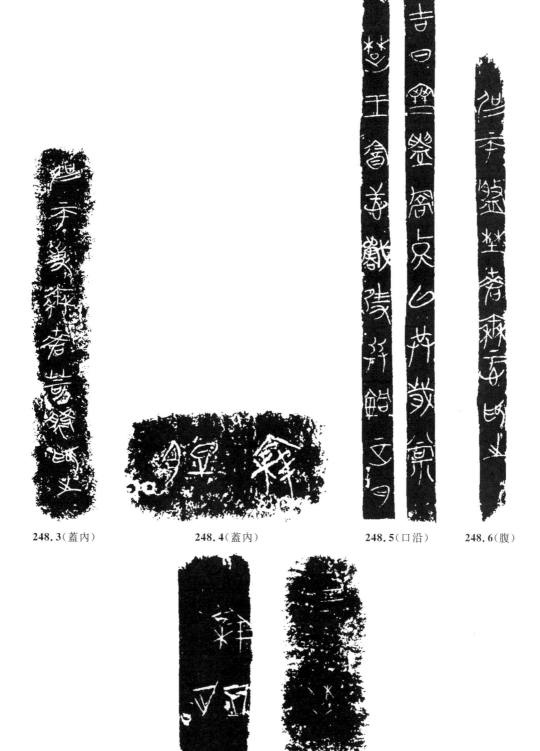

248.3（蓋內）　　248.4（蓋內）　　248.5（口沿）　　248.6（腹）

248.7（腹）　　248.8（底）

器名:楚王酓忎鼎(酓悍鼎、楚王酓悍鼎)
時代:戰國晚期(楚幽王,公元前237年至公元前228年)
國族:楚
出土:1933年安徽省壽縣朱家集南李三孤堆(今屬淮南市楊公鎮)楚幽王墓
流傳:方焕經舊藏,後歸天津市歷史博物館。
現藏:天津博物館
著錄:《金文叢考》414;《寶楚齋藏器圖釋》圖1;《古代銘刻匯考續編》34;《壽縣所出銅器考略》圖八;《十二家吉金圖錄》寶3~4;《小校經閣金文拓本》2.90.3~2.91;《三代吉金文存》卷四:十七;《商周彝器通考》99;《楚文物展覽圖錄》2;《兩周金文辭大系圖錄考釋》圖41、錄184、考168;《殷周青銅器通論》第30頁、圖版拾:19;《古史考存》114;《積微居金文說》147;《金文通釋》40.543;《金文總集》1231;《殷周金文集成》02794;《商周青銅器銘文選》664;《楚系青銅器研究》第472~473頁圖89;《北京圖書館藏青銅器全形拓片集》(第一冊)112;《中國書法全集》(3)11;《安徽出土金文訂補》一五:乙;《楚文物圖典》第23頁;《讀金日劄》第60頁圖14;《國史金石志稿》第2243頁;《楚系銘文綜合研究》第368頁(一四八);《楚系金文彙編》第433~434頁一二八:1:其一;《安徽壽縣朱家集出土青銅器銘文集釋》第341頁圖七;《安徽出土青銅器銘文研究》85;《商周青銅器銘文暨圖像集成》02359

形制:蓋平,圓緣,蓋上有內外兩道凸起的弦紋,中心處置一活動環。外弦紋處分置三個"H"形帶孔鈕,蓋可以却置。子母口,方唇,附雙耳,腹部微弧,底圓,高蹄足,足根部作浮雕獸首狀。蓋和耳部滿飾渦紋。腹上部飾渦紋,腹中部飾一條凸弦紋。蓋外沿有銘文二十二字,蓋內有銘文十一字,口沿有銘文二十字,腹部有銘文十一字,器底有銘文二字。
度量:通高55.6釐米,口徑45.5釐米,腹深28釐米,耳高16.5釐米,足高33釐米。
字數:66(蓋外沿22,蓋內11,口沿20,腹部11,器底2)
釋文:
蓋外沿:
楚王酓(熊)忎(悍),戰隻(獲)兵銅,正月吉日,窒(令)鑄喬(鐈)鼎(鼎)之盍(蓋),㠯(以)共(供)歲裳(嘗)。
蓋內:
冶(冶)帀(師)專秦差(佐)苛朕爲之。集脰(廚)。
口沿:
楚王酓(熊)忎(悍),戰隻(獲)兵銅,正月吉日,窒鑄喬(鐈)鼎(鼎),㠯(以)共(供)歲裳(嘗)。
腹:
冶(冶)帀(師)盤埜(野)差(佐)秦忎爲之。
集脰(廚)。
底:
三楚。

249 楚王酓忎鼎

249.1

249.2(蓋外沿)

249.3（蓋內）　　249.4（蓋內）　　249.5（口沿）　　249.6（器腹）

器名：楚王酓忎鼎（楚王酓悍鼎、酓悍鼎、楚王熊悍銅鼎）
時代：戰國晚期（楚幽王，公元前237年至公元前228年）
國族：楚
出土：1933年安徽省壽縣朱家集南李三孤堆（今屬淮南市楊公鎮）楚幽王墓
流傳：安徽省博物館蕪湖分館舊藏（《楚文物展覽圖錄》），1959年中國歷史博物館調撥。
現藏：中國國家博物館
著錄：《楚文物展覽圖錄》一；《考古通訊》1955年第2期圖版五：1；《金文總集》1232；《殷周金文集成》02795；《安徽出土金文訂補》一五：甲；《中國通史陳列》4－1－7；《楚系金文彙編》第435頁一二八：1：其二；《安徽壽縣朱家集出土青銅器銘文集釋》第342頁圖八；《安徽

出土青銅器銘文研究》86;《商周青銅器銘文暨圖像集成》02360;《中國國家博物館百年收藏集粹》92

形制:蓋平,圓緣,蓋上有內外兩道凸起的弦紋,中心處置一活動環。外弦紋處分置三個"H"形帶孔鈕,蓋可以却置。子母口,方唇,附雙耳,直腹壁,腹部微弧,底平稍圓,高蹄足,足根部作浮雕獸首狀。蓋和耳部滿飾渦紋。腹上部飾渦紋,腹中部飾一條凸弦紋。器、蓋均有銘文,器存銘文二十九字,蓋存銘文三十一字。

度量:通高 53.5 釐米,口徑 55.4 釐米。

字數:62(蓋存 33、器 29)

釋文:

蓋外沿:

楚王酓(熊)忎(悍),戰隻(獲)兵銅,正月吉日,窒鑄喬(鐈)鼎(鼎)之盇(蓋),呂(以)共(供)歲嘗(嘗)。

蓋內:

匝(冶)帀(師)䊷(紹)圣差(佐)墜(陳)共爲之。集脰(廚)。

口沿:

楚王酓(熊)忎(悍),戰隻(獲)兵銅,正月吉日,窒鑄喬(鐈)鼎(鼎),呂(以)共(供)歲嘗(嘗)。

器腹:

匝(冶)帀(師)䊷(紹)圣差(佐)墜(陳)共爲之。

250　壽春府鼎

250.1

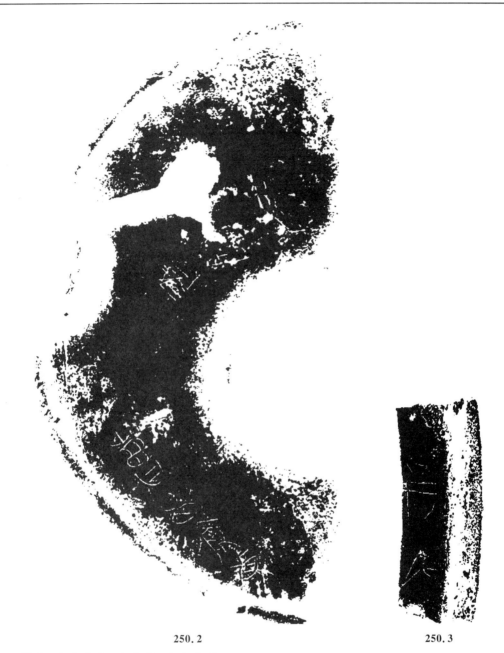

250.2   250.3

器名：壽春𩵀鼎（壽春鼎、壽春府鼎）
時代：戰國晚期
國族：楚
出土：安徽省壽縣
流傳：天津市文化局文物組收集
現藏：天津歷史博物館
著錄：《文物》1964年9期第35頁圖四、第36頁圖五：上；《金文總集》0951；《殷周金文集成》02397；《楚系青銅器研究》第355頁圖81；《楚文化研究論集》第1集第318頁（摹），《安徽

出土金文訂補》九三;《安徽出土青銅器銘文研究》184;《商周青銅器銘文暨圖像集成》01890

形制:器已殘損,蓋亦壓傷。體呈扁圓形,一對環形附耳,三條細高的蹄足,蓋面中部有一個活動的環鈕,向外有三個臥伏的圓雕獸。蓋上和器腹各有一道弦紋。蓋沿有銘文兩行七字,鼎口沿銘文殘破存二字。

度量:高 23.4 釐米,口徑 20.2 釐米。

說明:"暑(睹——曙)官"似當是負責貴族早餐的飲食機構。(郭永秉:《古文字與古文獻論集》,上海:上海古籍出版社,2011 年,第 86 頁。)蓋沿末一字字形中的"ᆇ"(樊)、"肦"(胖)均爲聲符,讀爲"笲"。(徐在國:《談楚文字中從"胖"的幾個字》,《楚簡楚文化與先秦歷史文化國際學術研討會論文集》,武漢:湖北教育出版社,2013 年,第 487 頁。)

字數:9(蓋沿 7,口沿 2)

釋文:

蓋沿:

壽旾(春)䢉(府)鼎,暑(睹——曙)官䙷(笲)。

口沿:

暑(睹——曙)官。

251　子首氏鼎

251.1　　　　　　　　251.2

器名：子首氏鼎（子馬氏鼎、子馬鼎）
時代：戰國
國族：
出土：1942年春安徽省壽縣
流傳：梁上椿舊藏
著錄：《巖窟吉金圖錄》（上）十；《殷周金文集成》01798；《安徽出土金文訂補》四八；《安徽出土青銅器銘文研究》74；《商周青銅器銘文暨圖像集成》01089
形制：扁形雙附耳，耳外曲張，蓋上有三個圓環鈕，耳外側飾雲雷紋，蓋上飾三圈蟠虺紋，頸、腹各飾蟠虺紋一圈。腹外壁有銘文三字。
度量：通高17釐米，口徑13.8釐米。
說明：《安徽出土金文訂補》無拓片。銘文或釋"子馬氏"。
字數：3
釋文：
子首氏。

252　北鄉武里畢九鼎

252.1

252.2

252.3

器名：北鄉武里畢九鼎（北鄉武里鼎）
時代：戰國
國族：楚
出土：六安市戰國晚期墓葬（M99:5）
現藏：安徽省文物考古研究所
著錄：《文物》2007年第11期第38～40頁圖二:3、圖三、圖六、圖七；《安徽出土青銅器銘文研究》46
形制：模鑄，斂口。腹呈扁鼓形，圓底，三蹄足。附耳，長方形，略向外侈。蓋上置三個環形紐，蓋面隆起。器口沿外側有銘文十三字，刻痕較淺。
度量：通高19.6釐米，口徑17.4釐米，腹徑20.6釐米。
說明：銘文"畢"或釋"異"。按，此字與"異"不同，當釋"畢"。畢，姓氏。《通志·氏族略》二："畢氏，周文王第十五子畢公高始封於此，其子萬，事晉，乃封於魏。居於畢者，以畢爲氏。"《新唐書·宰相世系表》二中："魏氏出自姬姓。周文王第十五子畢公高受封於魏，河中河西縣是也，因爲魏氏。"
字數：13
釋文：
北鄉武里畢九，容二斗，重十六斤。

253　大府簠

253.1

253.2

器名：大府簠（大府匡、大府瑚）
時代：戰國晚期
國族：楚
出土：1933年安徽省壽縣朱家集南李三孤堆（今屬淮南市楊公鎮）楚幽王墓
流傳：安徽省立圖書館舊藏
現藏：安徽博物院
著錄：朱拜石《楚器拓本》21；《小校經閣金文拓本》9.1.1；《安徽通志金石古物考稿》一：二八：1（摹）；《三代吉金文存》卷十·一·2；《金文總集》2860；《殷周金文集成引得》3090；《殷周金文集成》04476；《安徽出土金文訂補》二一；《國史金石志稿》第1789頁2；《楚系銘文綜合研究》第364頁（一四一）；《楚系金文彙編》一三一1；《商周金文資料通鑒》05757；《安徽壽縣朱家集出土青銅器銘文集釋》第364頁圖七〇；《安徽出土青銅器銘文研究》136；《商周青銅器銘文暨圖像集成》05759
形制：失蓋，器爲長方形，直口直壁，斜腹平底，四個蹼形足。四壁飾粗綫勾連雲紋，勾連雲紋間飾變形卷雲紋。内底有銘文四字。
度量：通高10.1釐米，口縱徑21.6釐米，口横徑32釐米。
字數：4
釋文：
大（太）廥（府）之匡（簠）。

254 王句六室簠

254.1

器名：王句六室簠（鑄客簠、鑄客銅簠、王后六室簠、王后六室瑚）
時代：戰國晚期
國族：楚
出土：1933年安徽省壽縣朱家集南李三孤堆（今屬淮南市楊公鎮）楚幽王墓
流傳：方焕經舊藏
現藏：天津歷史博物館
著錄：孫壯《楚器拓本》7；《楚器選拓》2；《十二家吉金圖錄》寶11；《三代吉金文存》卷十·三·4；《金文總集》2880；《殷周金文集成》04506；《商周青銅器銘文選》671（器）；《北京圖書館藏青銅器全形拓片集》（第一冊）第172頁；《楚文物圖典》第39頁；《安徽壽縣朱家集出土青銅器銘文集釋》第346頁圖一八；《安徽出土青銅器銘文研究》94；《商周青銅器銘文暨圖像集成》05804
　　形制：長方形高直口，上腹直壁，下腹折收，平底，曲尺形方足。通體飾菱形紋和雲紋組成的幾何紋圖案。器口沿有銘文九字。
　　度量：通高24.6釐米，口縱徑21.9釐米，口橫徑32釐米，腹深8釐米，底縱徑15.1釐米，底橫徑26.2釐米。
　　字數：9
　　釋文：
　　鑄客爲王句（后）六室爲之。

254.2

255　王句六室簠

255.1

器名：王句六室簠（鑄客匜、鑄客簠、王后六室簠、王后六室瑚）
時代：戰國晚期
國族：楚
出土：1933年安徽省壽縣朱家集南李三孤堆（今屬淮南市楊公鎮）楚幽王墓
流傳：方煥經舊藏
現藏：天津歷史博物館
著錄：孫壯《楚器拓本》6；《楚器選拓》1；《十二家吉金圖錄》寶九至十；《三代吉金文存》卷十·四·1；《安徽省博物館籌備處所藏楚器圖錄》（一六）；《楚文物展覽圖錄》3；《金文總集》2881；《殷周金文集成》04507；《商周青銅器銘文選》671（蓋）；《楚系青銅器研究》第478頁91；《北京圖書館藏青銅器全形拓片集》（第一冊）第173頁；《安徽出土金文訂補》二二；《楚系銘文綜合研究》第374頁（一五一）10；《楚系金文彙編》第443頁一三〇·3；《安徽壽縣朱家集出土青銅器銘文集釋》第346頁圖一九；《安徽出土青銅器銘文研究》95；《商周青銅器銘文暨圖像集成》05805
形制：長方形高直口，上腹直壁，下腹折收，平底，曲尺形方足。通體飾菱形紋和雲紋組成的幾何紋圖案。器口沿有銘文九字。
度量：高12.6釐米，口縱徑21.6釐米，口橫徑31.6釐米，腹深7.8釐米。
字數：9
釋文：
鑄客爲王句（后）六室爲之。

255.2

256　王句六室簠

256.1

器名：王句六室簠（铸客臣、铸客簠、王后六室簠、王后六室瑚）
時代：戰國晚期
國族：楚
出土：1933年安徽省壽縣朱家集南李三孤堆（今屬淮南市楊公鎮）楚幽王墓
流傳：安徽省立圖書館舊藏
現藏：安徽博物院
著録：朱拜石《楚器拓本》18；《安徽通志金石古物考稿》一：二八：3；《小校經閣金文拓本》9.3.2；《三代吉金文存》卷十：四：2；《參加倫敦中國藝術國際展覽會出品圖説》（The Chinese Exhibition, A Commemorative Catalogue of the International Exhibition of Chinese Art, Royal Academy of Arts, November 1935—March 1936, London.）PL. 31. 99；《金文總集》2882；《殷周金文集成》04508；《安徽省博物館藏青銅器》八九（銘文拓片右）；《安徽壽縣朱家集出土青銅器銘文集釋》第346頁圖二〇；《安徽出土青銅器銘文研究》96；《商周青銅器銘文暨圖像集成》05806

256.2

形制：蓋、器爲相同的長方形，合而爲一，分之爲二，口部有直壁，平底，曲尺方足。通體飾菱形紋和雲紋組成的幾何紋狀。器口沿有銘文9字。
度量：通高25釐米，口縱徑21釐米，口橫徑31.7釐米，足縱徑15釐米，足橫徑26釐米，腹深8.2釐米。重9.2千克。
説明：《安徽省博物館藏青銅器》八九器銘拓片1爲另一器銘文。
字數：9
釋文：
鑄客爲王句（后）六室爲之。

257　王句六室簠

257.1

器名:王句六室簠(铸客匜、铸客簠、王后六室簠、王后六室瑚)
時代:戰國晚期
國族:楚
出土:1933年安徽省壽縣朱家集南李三孤堆(今屬淮南市楊公鎮)楚幽王墓
流傳:安徽省立圖書館舊藏
現藏:安徽博物院
著錄:朱拜石《楚器拓本》19;《小校經閣金文拓本》9.2.3;《三代吉金文存》卷十·四·3;《金文總集》2883;《殷周金文集成》04509;《安徽省博物館藏青銅器》八九(銘文拓片左);《安徽壽縣朱家集出土青銅器銘文集釋》第347頁圖二一;《安徽出土青銅器銘文研究》97;《商周青銅器銘文暨圖像集成》05810
形制:長方形高直口,上腹直壁,下腹折收,平底,曲尺形方足。通體飾菱形紋和雲紋組成的幾何紋圖案。器口沿有銘文九字。
度量:高12釐米,口縱徑21.5釐米,口橫徑31.3釐米。
字數:9
釋文:
鑄客爲王句(后)六室爲之。

257.2

258　王句六室簠

器名：王句六室簠（铸客臣、铸客簠、王后六室簠、王后六室瑚）
時代：戰國晚期
國族：楚
出土：1933年安徽省壽縣朱家集南李三孤堆（今屬淮南市楊公鎮）楚幽王墓
流傳：安徽省立圖書館舊藏
現藏：安徽博物院
著錄：朱拜石《楚器拓本》20；《小校經閣金文拓本》9.3.1；《三代吉金文存》卷十：四：4；《金文總集》2884；《殷周金文集成》04510；《安徽壽縣朱家集出土青銅器銘文集釋》第347頁圖二二；《安徽出土青銅器銘文研究》98；《商周青銅器銘文暨圖像集成》05811
形制：長方形高直口，上腹直壁，下腹折收，平底，曲尺形方足。通體飾菱形紋和雲紋組成的幾何紋圖案。器口沿有銘文九字。
字數：9
釋文：
鑄客爲王句（后）六室爲之。

258.1

259 王句六室簠

259.1

259.2

259.3　　　　　　　259.4

器名：王句六室簠（鑄客簠、王后六室簠）

時代：戰國晚期

國族：楚

出土：1933年安徽省壽縣朱家集南李三孤堆（今屬淮南市楊公鎮）楚幽王墓

流傳：安徽博物院舊藏

現藏：壽縣博物館

著録：《安徽出土青銅器銘文研究》103

形制：長方形高直口，上腹直壁，下腹折收，平底，曲尺形方足。通體飾菱形紋和雲紋組成的幾何紋圖案。器口沿有銘文九字，殘存七字。

說明：器口沿有殘缺，銘文後二字"爲之"殘去。

字數：存7

釋文：

鑄客爲王句（后）六室［爲之］。

260　王句六室簠

260.1

器名：王句六室簠（铸客臣、铸客簠、王后六室簠、王后六室瑚）
時代：戰國晚期
國族：楚
出土：1933年安徽省壽縣朱家集南李三孤堆（今屬淮南市楊公鎮）楚幽王墓
流傳：1959年北京市文化局調撥
現藏：北京故宮博物院
著錄：《商周金文錄遺》171.1～2；《故宮青銅器》323；《金文總集》2885；《殷周金文集成》04511；《國史金石志稿》第1795頁；《故宮青銅器圖典》179；《安徽壽縣朱家集出土青銅器銘文集釋》第347頁圖二三；《安徽出土青銅器銘文研究》99；《商周青銅器銘文暨圖像集成》05807
形制：長方形高直口，上腹直壁，下腹折收，平底，曲尺形四方足。通體飾菱形紋和雲紋組成的幾何紋圖案。器兩側口沿各有銘文九字，銘文內容相同。
度量：高12.5釐米，長31.6釐米，寬21.7釐米。重2.18千克。
說明：《故宮青銅器圖典》179號銘文拓本誤植，實際爲同書181號鑄客豆銘文的另一拓本。
字數：18
釋文：
鑄客爲王句（后）六室爲之。
鑄客爲王句（后）六室爲之。

260.2　260.3

261 王句六室簠

261.1

器名：王句六室簠（鑄客簠、王后六室簠、王后六室瑚）
時代：戰國晚期
國族：楚
出土：1933年安徽省壽縣朱家集南李三孤堆（今屬淮南市楊公鎮）楚幽王墓
現藏：上海博物館
著錄：《夏商周青銅器研究》六〇五；《殷周金文集成》04513；《安徽壽縣朱家集出土青銅器銘文集釋》第348頁圖二五；《安徽出土青銅器銘文研究》101；《商周青銅器銘文暨圖像集成》05808
形制：長方形高直口，上腹直壁，下腹折收，平底，曲尺形方足。通體飾菱形紋和雲紋組成的幾何紋圖案。蓋缺失，蓋藏於北京故宮博物院。器口沿有銘文九字。
度量：高12.4釐米，口縱徑22.3釐米，口橫徑31.6釐米，底縱徑15.4釐米，底橫25.9釐米。重4.68千克。
字數：9
釋文：
鑄客爲王句（后）六室爲之。

261.2

262　王句六室簠

262.1

器名：王句六室簠（鑄客簠、王后六室簠、王后六室瑚）
時代：戰國晚期
國族：楚
出土：1933年安徽省壽縣朱家集南李三孤堆（今屬淮南市楊公鎮）楚幽王墓
現藏：南京大學考古與藝術博物館
著錄：《南京大學文物珍品圖錄》32；《近出殷周金文集錄二編》468；《安徽壽縣朱家集出土青銅器銘文集釋》第348頁圖二六；《安徽出土青銅器銘文研究》102；《商周青銅器銘文暨圖像集成》05809
形制：長方形高直口，上腹直壁，下腹折收，平底，曲尺形方足。通體飾菱形紋和雲紋組成的幾何紋圖案。器口沿有銘文九字。
度量：高12.5釐米，口縱徑21.8釐米，口橫徑31.6釐米。
字數：9
釋文：
鑄客爲王句（后）六室爲之。

262.2

263　王句六室簠

器名：王句六室簠（鑄客簠、王后六室簠、王后六室瑚）

時代：戰國晚期

國族：楚

出土：1933年安徽省壽縣朱家集南李三孤堆（今屬淮南市楊公鎮）楚幽王墓

著錄：《商周金文錄遺》172.1～2；《金文總集》2886；《殷周金文集成》04512；《安徽壽縣朱家集出土青銅器銘文集釋》第348頁圖二四；《安徽出土青銅器銘文研究》100；《商周青銅器銘文暨圖像集成》05812

形制：長方形高直口，上腹直壁，下腹折收，平底，曲尺形方足。通體飾菱形紋和雲紋組成的幾何紋圖案。器口沿有銘文九字。外底鑄陽文一字。

字數：10

釋文：

口沿：

鑄客爲王句（后）六室爲之。

底：

八。

263.1（口沿）　　263.2（底）

264　楚王酓朏簠

264.1

264.3（底）

264.2（口）

器名:楚王酓脭簠(楚王酓肯簠、楚王酓前臣、楚王酓肯簠)
時代:戰國晚期
國族:楚
出土:1933年安徽省壽縣朱家集南李三孤堆(今屬淮南市楊公鎮)楚幽王墓
流傳:1959年北京市文化局調撥。國立北平圖書館舊藏。
現藏:北京故宮博物院
著錄:朱拜石《楚器拓本》25;孫壯《楚器拓本》9;《壽縣所出銅器考略》圖七之二;《小校經閣金文拓本》9.7.4;《楚器圖釋》6;《十二家吉金圖錄》尊17~18;《兩周金文辭大系圖錄考釋》補遺;《三代吉金文存》卷十;八;4;《商周彝器通考》360.15、圖365;《古史考存》圖10;《殷周青銅器通論》38.2(1)、圖7;《金文總集》2909;《殷周金文集成》04550;《北京圖書館藏青銅器全形拓片集》(第一冊)第175頁;《安徽出土金文訂補》二三:一;《故宮青銅器》321;《國史金石志稿》第1801頁;《楚系銘文綜合研究》第363頁(一三八)3;《楚系金文彙編》第428頁一二六 3;其二;《安徽壽縣朱家集出土青銅器銘文集釋》第338頁圖四;《安徽出土青銅器銘文研究》83－1;《商周青銅器銘文暨圖像集成》05842
形制:長方形,直壁斜腹,四個矩形蹼足,腹飾蟠虺紋。器口有銘文十二字,底部有銘文一字。
度量:通高12釐米,口縱徑21.6釐米,口橫徑32釐米,足縱徑16釐米,足橫徑27釐米,腹深7.3釐米。重5.26千克。
字數:13(口12,底1)
釋文:
口:
楚王酓脭(延)夋(作)鑄金臣(簠),吕(以)共(供)歲(歲)崇(嘗)。
底:
乙。

265　楚王酓朏簠

265.1

265.3（底）

265.2（口）

器名：楚王酓腏簠（楚王酓肯簠、楚王酓前匜、楚王酓朏簠、楚王酓肯簠）
時代：戰國晚期
國族：楚
出土：1933年安徽省壽縣朱家集南李三孤堆（今屬淮南市楊公鎮）楚幽王墓
流傳：1959年北京市文化局調撥。國立北平圖書館舊藏。
現藏：北京故宮博物院
著錄：朱拜石《楚器拓本》27；孫壯《楚器拓本》5；《壽縣所出銅器考略》圖七之三；《小校經閣金文拓本》9.7.5；《楚器圖釋》7；《十二家吉金圖錄》尊20～21；《兩周金文辭大系圖錄考釋》補遺；《三代吉金文存》卷十：八：5；《古史考存》圖11；《金文通釋》第40輯542；《殷周青銅器通論》38.2(1)、圖7；《金文總集》2910；《殷周金文集成》04551；《楚系青銅器研究》第470頁87(口銘)；《北京圖書館藏青銅器全形拓片集》(第一冊)第176頁；《安徽出土金文訂補》二三：三；《故宮青銅器》320；《國史金石志稿》第1802頁；《故宮青銅器圖典》178；《楚系銘文綜合研究》第363頁(一三八)1；《楚系金文彙編》第428～429頁一二六3：其一（器圖、口銘）、其三（底銘）；《安徽壽縣朱家集出土青銅器銘文集釋》第339頁圖五；《安徽出土青銅器銘文研究》83－3；《商周青銅器銘文暨圖像集成》05843

形制：長方形，直壁斜腹，四個矩形蹼足，腹飾蟠虺紋。器口有銘文十二字，底有銘文一字。

度量：通高12釐米，口長31.9釐米，口寬21.7釐米，足長25.7釐米，足寬16釐米，腹深7.3釐米。重5千克。

字數：13（口12，底1）

釋文：

口：

楚王酓腏（延）复（作）鑄金匜（簠），吕（以）共（供）歲（歲）棠（嘗）。

底：

辛。

266 楚王酓朏簠

266.1

266.3(底)

266.2(口)

器名:楚王酓腵簠(楚王酓肯簠、楚王酓前匜、楚王酓肯簠)
時代:戰國晚期
國族:楚
出土:1933年安徽省壽縣朱家集南李三孤堆(今屬淮南市楊公鎮)楚幽王墓
流傳:1959年北京市文化局調撥。國立北平圖書館舊藏。
現藏:北京故宮博物院
著錄:朱拜石《楚器拓本》24;孫壯《楚器拓本》8;《壽縣所出銅器考略》圖七之一;《小校經閣金文拓本》9.7.3;《楚器圖釋》5;《十二家吉金圖錄》尊19~20;《兩周金文辭大系圖錄考釋》補遺;《三代吉金文存》卷十:八:3;《古史考存》圖9;《金文總集》2908;《殷周金文集成引得》3144;《殷周金文集成》04549;《商周青銅器銘文選》662;《北京圖書館藏青銅器全形拓片集》第一冊第177頁;《安徽出土金文訂補》二三:二;《故宮青銅器》322;《國史金石志稿》第1803頁;《青銅禮樂器·故宮博物院藏文物珍品大系》62;《商周金文資料通鑒》05830;《楚系銘文綜合研究》第363頁(一三八)2;《楚系金文彙編》一二六 3:其一(器圖、底銘)、其三(口銘);《安徽壽縣朱家集出土青銅器銘文集釋》第338頁圖三;《安徽出土青銅器銘文研究》83-2;《商周青銅器銘文暨圖像集成》05844
形制:長方形,直壁斜腹,四個矩形蹼足,腹飾蟠虺紋。器口有銘文十二字,底有銘文二字。
度量:通高12釐米,口縱徑21釐米,口橫徑32釐米,足縱徑16.2釐米,足橫徑26.3釐米,腹深7.3釐米。重5.08千克。
字數:14(口12,底2)
釋文:
口:
楚王酓腵(延)复(作)鑄金匜(簠),吕(以)共(供)歲(歲)棠(嘗)。
底:
戊寅。

267　大賸盞

267.1　　　　　　　　　　　　　267.2

器名:大賸盞(大府盞、大府敦、大府之饋盞)
時代:戰國晚期
國族:楚
出土:1933年安徽省壽縣朱家集南李三孤堆(今屬淮南市楊公鎮)楚幽王墓
流傳:1959年北京市文化局調撥
現藏:北京故宮博物院
著錄:《小校經閣金文拓本》2.38.2;《安徽通志金石古物考稿》一:八:2(摹);《金文總集》0732(摹);《殷周金文集成》04634;《楚系青銅器研究》第477頁90;《安徽出土金文訂補》三五(摹);《故宮青銅器》圖版324;《楚文物圖典》第49頁;《國史金石志稿》第2073頁1;故宮博物院藏文物珍品大系——青銅禮樂器》61;《楚系銘文綜合研究》第369頁(一四九);《楚系金文彙編》第448頁一三一:2;《故宮青銅器圖典》180;《安徽壽縣朱家集出土青銅器銘文集釋》第364頁圖七一;《安徽出土青銅器銘文研究》137;《商周青銅器銘文暨圖像集成》06055

形制:器整體作半球形,似敦的一半,口沿內折,器腹兩側各有一環耳,耳飾回紋。三個虺形扁足,虺首著地作倒立狀。一足有原補鑄痕迹,器外壁光滑無範痕。器口沿上有銘文一行五字。

度量:通高14.4釐米,口徑23.3釐米。重3.24千克。

說明:《國史金石志稿》第2073頁誤以爲鼎。此器造型具有敦的特徵,但銘文中却自名爲"盞",對戰國銅器命名有一定價值。

字數:5

釋文:

大(太)廥(府)之饋盞。

268　王句六室豆

268.1

268.2

器名:王句六室豆(鑄客豆、王后六室豆)
時代:戰國晚期
國族:楚
出土:1933年安徽省壽縣朱家集南李三孤堆(今屬淮南市楊公鎮)楚幽王墓
流傳:方焕經舊藏
現藏:天津歷史博物館
著録:孫壯《楚器拓本》13;《楚器選拓》8;《寶楚齋藏器圖釋》豆甲;《十二家吉金圖録》寶12;《三代吉金文存》卷十:四十六:6;《楚文物展覽圖録》五;《書道全集》第1卷113;《金文總集》3105;《殷周金文集成》04675;《商周青銅器銘文選》672;《楚系青銅器研究》第478頁91;《北京圖書館藏青銅器全形拓片集》(第四册)第130頁;《安徽出土金文訂補》二四:一;《楚文物圖典》第51頁;《國史金石志稿》第1835頁;《楚系銘文綜合研究》第374頁(一五一)10;《楚系金文彙編》第444頁一三〇:4;《安徽壽縣朱家集出土青銅器銘文集釋》第349頁圖二七;《安徽出土青銅器銘文研究》104;《商周青銅器銘文暨圖像集成》06135

形制:直口,深腹,圓底,形同大半個球狀。器柄細高,柄下端部略收束。餅狀圈足較厚重。通體素面無紋飾。口沿外有銘文一行九字。
度量:通高30.6釐米,口徑14釐米,腹深8.5釐米,足高1.6釐米,足徑9.7釐米。
字數:9
釋文:
鑄客爲王句(后)六室爲之。

269　王旬六室豆

269.1

269.2

器名:王句六室豆(鑄客豆、王后六室豆)
時代:戰國晚期
國族:楚
出土:1933年安徽省壽縣朱家集南李三孤堆(今屬淮南市楊公鎮)楚幽王墓
流傳:方煥經舊藏
現藏:天津歷史博物館
著錄:孫壯《楚器拓本》12;《楚器選拓》6;《寶楚齋藏器圖釋》豆乙;《十二家吉金圖錄》寶13;《三代吉金文存》卷十:四十七:1;《金文總集》3106;《北京圖書館藏青銅器全形拓片集》(第四冊)第127頁;《殷周金文集成》04676;《安徽壽縣朱家集出土青銅器銘文集釋》第349頁圖二八;《安徽出土青銅器銘文研究》105;《商周青銅器銘文暨圖像集成》06136
形制:直口,深腹,圓底,形同大半個球狀。柄細高,柄下端部略收束。餅狀圈足較厚重。通體素面無紋飾。口沿外有銘文一行九字。
度量:通高30.4釐米,口徑13.8釐米,腹深8.5釐米。
字數:9
釋文:
鑄客爲王句(后)六室爲之。

270　王句六室豆

270.1

270.2

器名:王句六室豆(鑄客豆、王后六室豆)
時代:戰國晚期
國族:楚
出土:1933年安徽省壽縣朱家集南李三孤堆(今屬淮南市楊公鎮)楚幽王墓
流傳:國立北平圖書館金石部舊藏(《楚器圖釋》)
現藏:北京故宫博物院
著録:孫壯《楚器拓本》29;《楚器選拓》11;《壽縣所出銅器考略》六圖十五;《十二家吉金圖録》尊22;《楚器圖釋》3;《小校經閣金文拓本》9.94.2;《三代吉金文存》卷十:四十七:2;《商周彝器通考》402;《殷周青銅器通論》41.1(3)、圖85;《古史考存》圖7;《金文總集》3107;《北京圖書館藏青銅器全形拓片集》(第四册)第128頁;《楚系青銅器研究》第478頁91;《殷周金文集成》04677;《安徽出土金文訂補》二四:2(無拓片);《故宫青銅器》325;《故宫博物院藏文物珍品大系——青銅禮樂器》64;《安徽壽縣朱家集出土青銅器銘文集釋》第349頁圖二九;《故宫青銅器圖典》181;《中國美術全集》(青銅器)(三)第811頁;《安徽出土青銅器銘文研究》106;《商周青銅器銘文暨圖像集成》06133
形制:圓體,上部呈碗狀,直口,深腹,圓底。柄細高,上端粗,下端部略收束。餅狀圈足較厚重。通體素面無紋飾。口沿外有銘文一行九字。
度量:通高30.2釐米,口徑14.3釐米,腹深8.3釐米。重2.34千克。
說明:《安徽出土金文訂補》無銘文拓片。
字數:9
釋文:
鑄客爲王句(后)六室爲之。

271　王句六室豆

271.1

272.2

器名:王句六室豆(鑄客豆、王后六室豆)
時代:戰國晚期
國族:楚
出土:1933年安徽省壽縣朱家集南李三孤堆(今屬淮南市楊公鎮)楚幽王墓
流傳:國立北平圖書館金石部舊藏(《楚器圖釋》)
現藏:中國國家博物館
著錄:朱拜石《楚器拓本》26;孫壯《楚器拓本》10;《壽縣所出銅器考略》六圖十四;《楚器圖釋》4;《十二家吉金圖錄》尊23;《小校經閣金文拓本》9.94.1;《三代吉金文存》卷十:四十七:3;《古史考存》圖8;《金文總集》3108;《北京圖書館藏青銅器全形拓片集》4.129;《殷周金文集成》04678;《安徽出土金文訂補》二四:3(無拓片);《安徽壽縣朱家集出土青銅器銘文集釋》第349頁圖三〇;《安徽出土青銅器銘文研究》107;《商周青銅器銘文暨圖像集成》06137
形制:直口,深腹,圓底,形同大半個球狀。柄細高,柄下端部略收束。餅狀圈足較厚重。通體素面無紋飾。口沿外有銘文一行九字。
度量:通高30.2釐米,口徑16.3釐米,腹深8.3釐米。
說明:《安徽出土金文訂補》無銘文拓片。
字數:9
釋文:
鑄客爲王句(后)六室爲之。

272 王句六室豆

272.1

272.2

器名:王句六室豆(鑄客豆、王后六室豆)
時代:戰國晚期
國族:楚
出土:1933年安徽省壽縣朱家集南李三孤堆(今屬淮南市楊公鎮)楚幽王墓
流傳:1958年旅順登峰街道撥交。
現藏:旅順博物館
著錄:《殷周金文集成》04679;《旅順博物館》第35、47頁;《旅順博物館館藏文物選粹:青銅器卷》25;《安徽壽縣朱家集出土青銅器銘文集釋》第350頁圖三一;《安徽出土青銅器銘文研究》108;《商周青銅器銘文暨圖像集成》06134
形制:直口,深腹,圓底,形同大半個球狀。柄細高,柄下端部略收束。餅狀圈足較厚重。通體素面無紋飾。口沿外有銘文一行九字。
度量:通高15.5釐米,口徑13.8釐米。
字數:9
釋文:
鑄客爲王句(后)六室爲之。

273　王句六室豆

器名：王句六室豆（鑄客豆、王后六室豆）
時代：戰國晚期
國族：楚
出土：1933 年安徽省壽縣朱家集南李三孤堆（今屬淮南市楊公鎮）楚幽王墓
流傳：羅振玉舊藏
現藏：吉林大學考古系文物標本室
著錄：《殷周金文集成》04680；《楚文化研究論集》（第三集）第 448 頁圖一：3、第 449 圖二：2；《安徽壽縣朱家集出土青銅器銘文集釋》第 350 頁圖三二；《安徽出土青銅器銘文研究》109；《商周青銅器銘文暨圖像集成》06138
形制：直口，深腹，圓底，形同大半個球狀。柄細高，柄下端部略收束。餅狀圈足較厚重。通體素面無紋飾。口沿外有銘文一行九字。
度量：通高 30.8 釐米，深 8.3 釐米，口徑 13.9 釐米，柄高 22.5 釐米，圈足直徑 9.8 釐米。
字數：9
釋文：
鑄客爲王句（后）六室爲之。

273.1

274　集醻盉

274.1

274.2　　　　　　274.3（蓋）　　　　　274.4（口）

器名：集酪盉（鑄客盉、集醻盉、鑄客爲集酪盉）
時代：戰國晚期
國族：楚
出土：1933年安徽省壽縣朱家集南李三孤堆（今屬淮南市楊公鎮）楚幽王墓
流傳：葉恭綽舊藏。1957年由北京故宮博物院收購。
現藏：北京故宮博物院
著錄：《故宫青銅器》圖版327；《殷周金文集成》09420；《楚文物圖典》第67頁；《楚系銘文綜合研究》第371頁（一五一）4；《楚系金文彙編》一三四：2；《安徽壽縣朱家集出土青銅器銘文集釋》第352頁圖四一；《故宫青銅器圖典》188；《中國美術全集》（青銅器）（三）第840頁；

《安徽出土青銅器銘文研究》129;《商周青銅器銘文暨圖像集成》14739

形制:體呈扁圓形,有蓋,有梁。提梁中部作棱狀,兩端爲獸首形,獸嘴張開銜住肩部兩個凸起短柱,提梁與蓋以二環相連。小口,圓鼓腹,腹部有流,流作獸首形,液體可從獸嘴中流出。腹下三個鐵質短獸足,下端殘斷。蓋上與腹上部飾羽狀紋,腹中部有一圈凸棱。蓋外側、器口旁各有銘文一行七字,銘文内容相同。

度量:通高 21.9 釐米,寬 32.5 釐米。重 3.52 千克。

字數:14(蓋 7,口 7)

釋文:

蓋:

鑄客爲集酭(酏)爲之。

口:

鑄客爲集酭(酏)爲之。

275　余憩壺

275.1

275.2

器名：余憩壺（余訢壺）

時代：戰國晚期

國族：楚

出土：1978年春安徽省舒城縣秦家橋鄉楊店村尹莊村北戰國楚墓（M1∶5）

現藏：舒城縣文物管理所

著錄：《文物研究》第六輯第141頁圖一一、圖一二；《安徽出土金文訂補》一○七、圖版二二∶一；《新收殷周青銅器銘文暨器影彙編》1320；《新出殷周青銅器銘文整理與研究》1007；《近出殷周金文集錄二編》842；《安徽出土青銅器銘文研究》193；《商周青銅器銘文暨圖像集成》12025

形制：口微侈，鼓腹，圈足略外撇，肩上有兩個對稱的鋪首銜環，腹部有三道凹弦紋，頸部圍以尖端向上的三角，內填雷紋，自肩部到圈足圍以四條帶狀三角紋，內填雷紋。頸部刻有銘文二字。
　　度量:通高 29.5 釐米,圈足高 3 釐米,腹徑 20 釐米,口徑 9.6 釐米,圈足徑 12.8 釐米。
　　說明:銘文"慭"或釋"訢",不確。慭,訓字異體,增形符"心"。余慭(訓),人名。
字數:2
　　釋文:
　　余慭(訓)。

276　秦犄壺

276.1

276.2

276.3A

276.3B

器名:㮸徛壺(孝徛壺)

時代:戰國晚期

國族:楚

出土:1978年春安徽省舒城縣秦家橋鄉楊店村尹莊村北戰國楚墓(M1:6)

現藏:舒城縣文物管理所

著錄:《文物研究》第六輯第141頁圖一三;《安徽出土金文訂補》一○八、圖版二二:二;《楚文物圖典》第63頁;《新收殷周青銅器銘文暨器影彙編》1321;《新出殷周青銅器銘文整理與研究》1009;《近出殷周金文集錄二編》841;《安徽出土青銅器銘文研究》194;《商周青銅器銘文暨圖像集成》12024

形制:口微侈,鼓腹,圈足略外撇,肩上有兩個對稱的鋪首銜環,腹部有三道凹弦紋,頸部圍以尖端向上的三角,內填雷紋,自肩部到圈足圍以四條帶狀三角紋,內填雷紋。頸部刻有銘文二字。

度量:通高29.5釐米,口徑9.6釐米,腹徑20釐米,圈足高3釐米,圈足徑12.8釐米。

說明:銘文"㮸"或釋"孝",不確。㮸,从子,來聲,𣏌字異體,用作姓氏,典籍及後世多借作"李"。㮸(李)徛,人名。

字數:2

釋文:

㮸(李)徛。

277　鄅駒壺

277.1A

277.1B

277.2

器名：鄅駒壺

時代：戰國晚期

國族：楚

出土：1978年春安徽省舒城縣秦家橋鄉楊店村尹莊村北戰國楚墓(M2:3)

現藏：舒城縣文物管理所

著錄：《文物研究》第六輯第141頁圖一四；《安徽出土金文訂補》一〇九；《新收殷周青銅器銘文暨器影彙編》1323；《新出殷周青銅器銘文整理與研究》1024；《近出殷周金文集錄二編》862；《安徽出土青銅器銘文研究》195；《商周青銅器銘文暨圖像集成》12261

形制：口微侈，鼓腹，圈足略外撇，肩上有兩個對稱的鋪首銜環，素面，肩較寬平，肩及腹部有凹弦紋三道。頸部有銘文四行十字。

度量：通高30.8釐米，口徑10.5釐米，腹徑20.5釐米，圈足徑13.7釐米，圈足高5.1釐米。

說明："南州"或釋爲"華州"。(《新收殷周青銅器銘文暨器影彙編》)

字數：10

釋文：
南州喦
里鄢駒。
喦夌（陵）
鄢駒。

278　尃秦勺

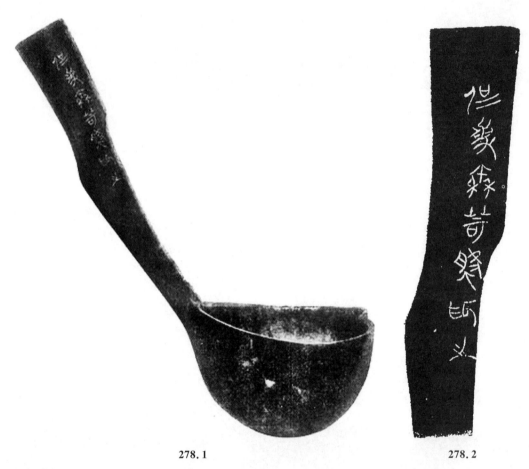

278.1　　　　　　　　　　　　　　278.2

器名：尃秦勺（秦苛滕勺、冶史秦斗、吏秦勺、史秦勺、冶史秦勺、尃秦苛滕匕）
時代：戰國晚期
國族：楚
出土：1933年安徽省壽縣朱家集南李三孤堆（今屬淮南市楊公鎮）楚幽王墓
流傳：原北平圖書館舊藏
現藏：中國國家博物館
著錄：朱拜石《楚器拓本》28；孫壯《楚器拓本》15；《楚器圖釋》2；《十二家吉金圖錄》尊27；《小校經閣金文拓本》9.99.5；《三代吉金文存》卷十八：二十七：5；《商周彝器通考》885；《壽縣所出銅器考略》圖十；《古史考存》圖6；《金文總集》6657；《殷周金文集成》09931；《商周青銅器銘文選》第432頁667乙；《楚系青銅器研究》第475頁89；《北京圖書館藏青銅器全形拓片

集》(第四冊)第 147 頁;《安徽出土金文訂補》二八:2(無拓片);《殷周金文集成》(修訂增補本)05224;《楚系金文彙編》第 437 頁一二八:3;《安徽壽縣朱家集出土青銅器銘文集釋》第 345 頁圖一四;《安徽出土青銅器銘文研究》145;《商周青銅器銘文暨圖像集成》14187

形制:勺口前方凹進,呈半桃形。柄上部平,前細後粗,漸向上翹,上端中空,以納木柄。柄側有銘文七字。

度量:通高 25.7 釐米,柄長 16.7 釐米,口深 6 釐米,口橫徑 12.5 釐米,口縱徑 8.8 釐米。

說明:《安徽出土金文訂補》無拓片,僅有著錄信息。

字數:7

釋文:

臣(冶)專(傅)秦、苛朕爲之。

279 專秦勺

279.1

279.2

器名：專秦勺（秦苛脍勺、冶史秦斗、冶史秦勺、專秦苛脍匕）
時代：戰國晚期
國族：楚
出土：1933年安徽省壽縣朱家集南李三孤堆（今屬淮南市楊公鎮）楚幽王墓
流傳：于省吾、容庚、原北平圖書館舊藏
現藏：中國國家博物館
著録：《小校經閣金文拓本》9.99.4；《十二家吉金圖録》尊28；《安徽通志金石古物考稿》一六：二：2（摹）；《三代吉金文存》卷十八：二十七：6；《頌齋吉金續録》97；《雙劍誃吉金圖録》一一一、一一二；《壽縣所出銅器考略》圖十一；《兩周金文辭大系圖録考釋》録184；《金文總集》6658；《殷周金文集成》09932；《安徽出土金文訂補》二八：一、圖版一〇：2；《國史金石志稿》第 3012 頁;《楚系銘文綜合研究》第 366 頁(一四六);《殷周金文集成》9932;《安徽壽縣朱家集出土青銅器銘文集釋》第 345 頁圖一五;《安徽出土青銅器銘文研究》146;《商周青銅器銘文暨圖像集成》14188

形制:勺口前方凹進,呈半桃形。柄上部平,前細後粗,漸向上翹,上端中空,以納木柄。柄側有銘文七字。

度量:通高 25.7 釐米,柄長 16.5 釐米,口深 6.2 釐米,口橫徑 12.1 釐米,口縱徑 8.6 釐米。

字數:7

釋文:

𢗎(冶)專(傅)秦、苛謄爲之。

280　專秦勺

280.1　　　　　　280.2

器名：專秦勺（吏秦勺）

時代：戰國晚期

國族：楚

出土：1933 年安徽省壽縣朱家集南李三孤堆（今屬淮南市楊公鎮）楚幽王墓

現藏：安徽博物院

著錄：《商周青銅器銘文選》667 甲、（四）665（拓片）；《安徽壽縣朱家集出土青銅器銘文集釋》第 345 頁圖一六；《安徽出土青銅器銘文研究》147、148

形制：勺口前方凹進，呈半桃形。柄上部平，前細後粗，漸向上翹，上端中空，以納木柄。柄側有銘文七字。

度量：柄長 14.5 釐米，柄寬 2.1～2.9 釐米，口橫徑 15 釐米，口縱徑 12 釐米。重 613 克。

字數：7

釋文：

冶（冶）專（傅）秦、苛朕爲之。

281　王句六室缶

281.1

281.2

281.3

器名：王句六室缶（鑄客缶、王后六室缶）
時代：戰國晚期
國族：楚
出土：1933年安徽省壽縣朱家集南李三孤堆（今屬淮南市楊公鎮）楚幽王墓
流傳：1954年北京市文化局調撥。原北平圖書館舊藏。
現藏：北京故宮博物院
著錄：《壽縣所出銅器考略》圖一六；《十二家吉金圖錄》尊23；《小校經閣金文拓本》4.70.1；《楚器圖釋》1；《三代吉金文存》卷十一：四十三：1；《商周彝器通考》804；《金文總集》5571；《殷周金文集成》10002；《安徽出土金文訂補》二五；《故宮青銅器》326；《楚文物圖典》第57頁；《國史金石志稿》第493頁；《故宮博物院藏文物珍品大系——青銅禮樂器》115；《故宮青銅器圖典》182；《安徽出土青銅器銘文研究》110；《商周青銅器銘文暨圖像集成》14076
形制：失蓋。圓體，直口，口下有一圈凸棱，細頸，廣肩，肩部四周有對稱的四環鈕，鼓腹下收，底部有圈足。通體素面無紋。口沿下頸部有銘文一行九字。
度量：通高46.9釐米，寬46釐米，口徑18.4釐米，腹深40.2釐米。重16.22千克。
說明：《國史金石志稿》誤器爲罍。
字數：9
釋文：
鑄客爲王句（后）六室爲之。

282　王句六室缶

282.1(蓋)　　　282.2(頸)

器名：王句六室缶(鑄客缶、王后六室缶)

時代：戰國晚期

國族：楚

出土：1933年安徽省壽縣朱家集南李三孤堆(今屬淮南市楊公鎮)楚幽王墓

著錄：《商周金文録遺》215.1~2；《金文總集》5572；《殷周金文集成》10003；《安徽出土青銅器銘文研究》111；《商周青銅器銘文暨圖像集成》14077

形制：圓體，圈足，大腹，子口有蓋，肩部鑄有四環。蓋及口沿下頸部各有銘文一行九字，銘文內容相同。

字數：18(蓋9,頸9)

釋文：

蓋：
鑄客爲王句(后)六室爲之。
頸：
鑄客爲王句(后)六室爲之。

283　楚王酓朏盤

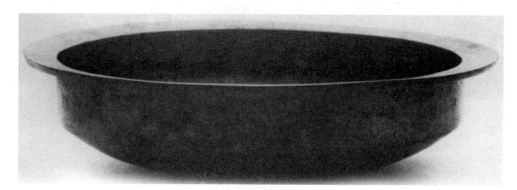

283.1

283.2

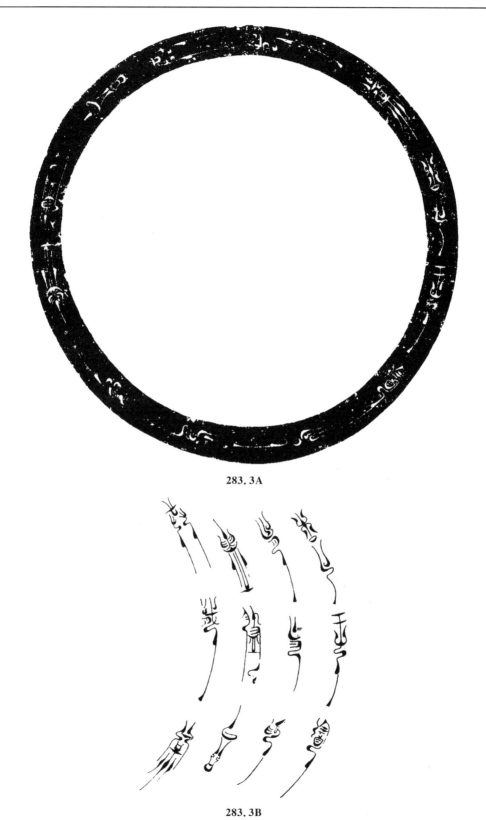

283.3A

283.3B

器名:楚王酓肯盤(楚王酓肯盤、楚王酓前盤、楚王酓肯盤)
時代:戰國晚期(楚考烈王,公元前262年至公元前238年)
國族:楚
出土:1933年安徽省壽縣朱家集南李三孤堆(今屬淮南市楊公鎮)楚幽王墓
流傳:1978年7月出現在英國倫敦富士比拍賣行
現藏:英國皮特·莫斯爵士
著錄:《三代吉金文存》卷十七:五:2至卷十七:六:1;《兩周金文辭大系圖錄考釋》插圖二;《金文總集》6732;《古文字研究》第九輯第351頁;《殷周青銅器通論》第100頁插圖28;《金文總集》6723;《文字學概要》圖28(摹);《北京圖書館藏青銅器銘文拓本選編》246;《殷周金文集成》10100;《北京圖書館藏青銅器銘文拓本選編》246;《商周青銅器銘文選》663;《"中央"研究院歷史語言研究所集刊》第61本第1分第75頁附圖四十;《東周鳥篆文字編》58;《安徽出土金文訂補》三〇;《鳥蟲書通考》圖121;《國史金石志稿》第1242頁2;《流散歐美殷周有銘青銅器集錄》340;《楚系銘文綜合研究》第363頁(一三九);《楚系金文彙編》第430頁一二六:4;《安徽壽縣朱家集出土青銅器銘文集釋》第340頁圖六;《安徽出土青銅器銘文研究》84;《商周青銅器銘文暨圖像集成》14425;《鳥蟲書通考》(增訂版)圖309;《鳥蟲書字彙》圖309
形制:體圓,淺腹,寬口沿外折,腹斜收,通體素面無紋飾。口沿有銘文十二字。
度量:口徑37.4釐米。
字數:12
釋文:
楚(楚)王酓肯(延)夏(作)爲鑄盤,台(以)共(供)歲(歲)崇(嘗)。

284 楚王畲忑盤

284.1

器名:楚王畲忑盤
時代:戰國晚期(楚幽王熊悍,公元前237年至公元前228年)
國族:楚
出土:1933年安徽省壽縣朱家集南李三孤堆(今屬淮南市楊公鎮)楚幽王墓
流傳:原北平圖書館舊藏。
現藏:北京故宮博物院
著錄:朱拜石《楚器拓本》30;孫壯《楚器拓本》16;《壽縣所出銅器考略》圖九;《十二家吉金圖錄》尊24;《楚器圖釋》圖8.2;《三代吉金文存》卷十七:十六:1~3;《商周彝器通考》465.29、圖848;《兩周金文辭大系圖錄考釋》錄補1、考補2;《古史考存》圖12;《殷周青銅器通論》67.4(1)、圖259;《積微居金文說》147;《金文通釋》40.546;《書道全集》第1卷114;《金文總集》6776;《殷周金文集成》10158;《楚系青銅器研究》第474頁89;《北京圖書館藏青銅器全形拓片集》(三)618;《商周青銅器銘文選》668;《故宮青銅器》328;《安徽出土金文訂補》三一;《中國青銅器全集》(五)(說明)11;《楚文物圖典》第80頁;《國史金石志稿》第1257頁;《楚系銘文綜合研究》第365～366頁(一四六);《故宮博物院藏文物珍品大系——青銅禮樂器》第226頁141;《楚系金文彙編》第436頁一二八2;《故宮青銅器圖典》189;《安徽出土青銅器銘文研究》87;《商周青銅器銘文暨圖像集成》14508
形制:盤體圓形,淺腹無足,凸底平唇,寬口沿外折,淺腹,腹斜收,圓底。通體光素無紋飾。盤破損嚴重,後經修補。器口沿上有銘文一行二十字,腹外壁有銘文一行九字。
度量:通高7.9釐米,口徑38.5釐米。重3.08千克。
說明:畲忑即楚幽王熊悍,公元前237年至公元前228年在位。
字數:29(口20,腹9)
釋文:

口：

楚王酓（熊）忎（悍）戰隻（獲）兵銅，正月吉日，窒（令）鑄少盤，㠯（以）共（供）歲棠（嘗）。

腹：

㫰（冶）帀（師）絮（紹）圣差（佐）墜（陳）共爲之。

284.2（口） 284.3（腹）

285 岗盤

285.1

285.2

器名：岗盤（甫（郙）以公盤）
時代：戰國晚期
國族：楚
出土：1933年安徽省壽縣朱家集南李三孤堆（今屬淮南市楊公鎮）楚幽王墓
現藏：安徽博物院
著錄：《壽縣李三孤堆楚國大墓出土銅器的初步研究——以安徽省博物館藏該墓青銅器爲中心》第29頁（無拓片）；《安徽出土青銅器銘文研究》159

形制：圓唇，淺腹，圓底，三足。由内及外飾三道弦紋，第一道弦紋較寬，約0.8釐米，第二段爲條索紋，第三道弦紋實際上是一條箍飾。一二道弦紋間殘留兩個凸榫。二三道弦紋滿飾蟠龍紋，其間置四個對稱的環形紐，其中有兩個套有環形提鏈，提鏈飾紋飾。盤内側中央有縱行銘文兩行八字。

度量：殘高7釐米，口徑42釐米，厚0.6釐米。重4.48千克。
字數：8
釋文：
甫（郙）吕（以）公君
岗之[盟]䀇（盤）。

286 苛畲匜

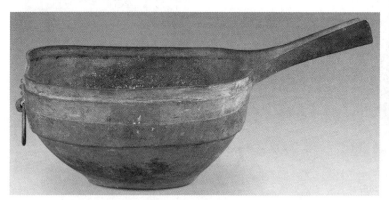
286.1

286.2

器名:苛畲匜(苛意匜、蔡卒銅匜)
時代:戰國晚期
國族:楚
出土:1978年春安徽省舒城縣秦家橋鄉楊店村尹莊村北戰國楚墓(M2)
現藏:舒城縣文物管理所
著錄:《文物研究》第六輯第140頁圖十;《安徽出土金文訂補》一一〇;《楚文物圖典》第86頁;《新收殷周青銅器銘文暨器影彙編》1322;《新出殷周青銅器銘文整理與研究》1108;《近出殷周金文集錄二編》945;《安徽出土青銅器銘文研究》196;《商周青銅器銘文暨圖像集成》14858;《安徽江淮地區商周青銅器》185

形制:口方形略呈橢圓,前有槽流,後有鋪首銜環,平底。出土兩件,發表一件。流槽內刻有銘文一行五字。
度量:通長30.5釐米,高9釐米,流長11釐米,縱徑19.5釐米,橫徑25釐米。
字數:5
釋文:
蔡倀俰(卒)苛畲(意)。

287　辻銍匜

287.1　　　　　　　　　287.2

器名:辻銍匜(鑄客匜)
時代:戰國晚期
國族:楚
出土:1933年安徽省壽縣朱家集南李三孤堆(今屬淮南市楊公鎮)楚幽王墓
流傳:方焕經舊藏
現藏:天津歷史博物館
著録:孫壯《楚器拓本》17;《楚器選拓》7;《楚器圖釋》9;《十二家吉金圖録》寶16;《小校經閣金文拓本》9.57.1;《安徽通志金石古物考稿》一·三八·2;《三代吉金文存》卷十七·二十六·2;《商周彝器通考》871;《楚文物展覽圖録》4;《古史考存》119;《殷周青銅器通論》68.4(3)、圖269;《考古學報》1972年第1期第88頁;《金文總集》6814;《殷周金文集成》10199;《商周青銅器銘文選》679;《楚系青銅器研究》第479頁91;《北京圖書館藏青銅器全形拓片集》第三册177;《安徽出土金文訂補》三二;《楚文物圖典》第86頁;《國史金石志稿》第1278頁1;《楚系銘文綜合研究》第373頁(一五一)7;《楚系金文彙編》第463頁一三七;《安徽壽縣朱家集出土青銅器銘文集釋》第351頁圖三八;《安徽出土青銅器銘文研究》139;《商

周青銅器銘文暨圖像集成》14884

形制:瓢形,平底,口緣較平直。前有管狀流,上方下圓,後有環鈕形鋬。流上飾卷雲紋,口沿飾一圈雲紋條形帶。腹外壁有銘文一行七字。

度量:通高 7.5 釐米,口寬 21.5 釐米,口長 23 釐米,腹深 6.8 釐米(《十二家吉金圖錄》)。通高 11 釐米,口橫徑 19 釐米,口縱徑 21.5 釐米,底徑 13.4 釐米,流長 7.2 釐米(《楚文物圖典》)。

字數:7

釋文:

鑄客爲辻䤪(令)爲之。

288　楚王鑄客匜

288.1

器名:楚王鑄客匜(楚王銀匜)
時代:戰國晚期
國族:楚
出土:1933年安徽省壽縣朱家集南李三孤堆(今屬淮南市楊公鎮)楚幽王墓
流傳:1996年北京市文化局撥交。
現藏:北京故宮博物院
著錄:《江漢考古》1986年第4期第30頁;《中國造型藝術辭典》第617頁;《中華國粹大辭典》第953頁;《中國金銀珐琅器收藏與鑒賞全書》第475頁;《安徽出土青銅器銘文研究》160

形制:銀質,通體光亮無紋,似瓢形。圓唇,敞口,平底,無鋬,流下腹部有銘文六字,底部有銘文三字,刻銘極淺。
度量:通高4.9釐米,口橫徑11.8釐米,口縱徑12.5釐米。重0.1千克。
字數:9(腹6,底3)
釋文:
腹:
楚王鑄客爲之。
底:
鑄客。七。

289 大右人鑒

289.1

289.2　　　289.3

器名:大右人鑒(四環大鑒、大右鑒)
時代:戰國晚期
國族:楚
出土:1933年安徽省壽縣朱家集南李三孤堆(今屬淮南市楊公鎮)楚幽王墓
現藏:中國國家博物館
著錄:朱拜石《楚器拓本》23;《小校經閣金文拓本》9.102.4～5;《安徽通志金石古物考稿》一六:一:2;《三代吉金文存》卷十八:二十五:1～2;《安徽省博物館籌備處所藏楚器圖錄》圖27;《金文總集》6882;《殷周金文集成》10287;《安徽省博物館藏青銅器》九二;《安徽出土金文訂補》三三、圖版一一:一;《國史金石志稿》第1401頁;《楚系銘文綜合研究》第274頁(一五二);《楚系金文彙編》第467頁一四〇;《安徽壽縣朱家集出土青銅器銘文集釋》第359頁圖六〇;《安徽出土青銅器銘文研究》138;《商周青銅器銘文暨圖像集成》15051

形制:大口,深腹,平沿外伸,圓鼓腹,小平底,外底有鑄疣。腹部素無紋飾,四周有四個鋪首銜環。左、右口上各有銘文一行三字,銘文內容相同。

度量:通高45釐米,口徑77釐米,腹深44釐米,腹圍222釐米,底徑40釐米。重69.4千克。

說明:"人",崔恒昇、張亞初先生等或釋"刀"。(《安徽出土金文訂補》三三、《殷周金文集成引得》7658、《殷周金文集成》(修訂增補本)7.5543)

字數:6(左口3,右口3)
釋文:
大右人。
大右人。

290　王句六室鎬

290.1

290.2

器名：王句六室鎬（王后鎬、鑄客鑒、鑄客鎬、王后六室鑒鎬）
時代：戰國晚期
國族：楚
出土：1933年安徽省壽縣朱家集南李三孤堆（今屬淮南市楊公鎮）楚幽王墓
現藏：安徽博物院
著錄：朱拜石《楚器拓本》16；《小校經閣金文拓本》9.102.2；《三代吉金文存》卷十八：二十五：5；《安徽省博物館籌備處所藏楚器圖錄》1.41；《楚文物展覽圖錄》6；《金文總集》6884、7949；《殷周金文集成》10293；《安徽出土金文訂補》三四、圖版一一：二；《安徽壽縣朱家集出土青銅器銘文集釋》第351頁圖三五；《安徽出土青銅器銘文研究》93；《商周青銅器銘文暨圖像集成》15057
形制：器作圓形，直口微斂，深腹，上腹直壁，下腹內收，平底，素面無紋。上腹部有四個小鈕貫環耳。腹外壁口沿下有銘文一行九字。
度量：通高36.3釐米，口徑67釐米，底徑37.3釐米。
說明：《殷周金文集成》或稱器名爲鑒。
字數：9
釋文：
鑄客爲王句（后）六室爲之。

正 編

291 王句六室鎬

291.1　　　　　　　　291.2　291.3

器名：王句六室鎬（王后鎬、鑄客器、王后銅鎬、鑄客鎬、王后六室鎬）
時代：戰國晚期
國族：楚
出土：1933年安徽省壽縣朱家集南李三孤堆（今屬淮南市楊公鎮）楚幽王墓
現藏：安徽博物院
著錄：朱拜石《楚器拓本》15；《小校經閣金文拓本》9.102.3；《三代吉金文存》卷十八：二十五：4；《金文總集》7948；《安徽省文物志稿》上冊第130頁（無拓片）；《殷周金文集成》10578；《楚文物圖典》第30頁；《北京圖書館藏青銅器全形拓片集》第四冊167；《楚系銘文綜合研究》第374頁（一五一）10；《安徽壽縣朱家集出土青銅器銘文集釋》第351頁圖三六；《文物選粹》第52頁；《安徽出土青銅器銘文研究》92；《安徽文明史陳列》第172頁；《商周青銅器銘文暨圖像集成》15058

形制：器作圓形，直口微斂，深腹，上腹直壁，下腹內收，平底，素面無紋。上腹部有4個小鈕貫環耳。環鈕鉚接腹壁,內壁對應圓餅形鉚榫頭。腹外壁口沿下有銘文一行九字。

度量:通高27釐米,口徑52釐米,腹圍164.5釐米,底徑27.5釐米。重5.85千克。(《安徽省文物志稿》)通高26.5釐米,腹徑53釐米,口徑52.2釐米,底徑30.5釐米。(《文物選粹》)

說明:《殷周金文集成》歸入類別不明之器類。

字數:9

釋文:

鑄客爲王句(后)六室爲之。

292 集胆太子鎬

292.1A   292.1B

器名:集胆太子鎬(集胆鎬)
時代:戰國晚期
國族:楚
出土:1933年安徽省壽縣朱家集南李三孤堆(今屬淮南市楊公鎮)楚幽王墓
現藏:安徽博物院
著録:朱拜石《楚器拓本》14,《小校經閣金文拓本》9.102.1;《安徽通志金石古物考稿》

一：四一;《三代吉金文存》卷十八：二十六：1;《金文總集》7932;《殷周金文集成》10291;《安徽出土金文訂補》三六;《國史金石志稿》第 3783 頁;《楚系銘文綜合研究》第 364 頁(一四三);《楚系金文彙編》第 432 頁一二七 2;《安徽壽縣朱家集出土青銅器銘文集釋》第 358 頁圖五八;《安徽出土青銅器銘文研究》115;《商周青銅器銘文暨圖像集成》15055

形制：器作圓形,直口微斂,折腹下收,平底,腹上部等分鉚接四個鼻鈕銜環,內壁對應處有鉚榫頭。全器素面無紋。壁外側有銘文一行六字。

度量：通高 26.5 釐米,口徑 49 釐米。重 4.275 千克。(《安徽出土青銅器銘文研究》)通高 26.5 釐米,口徑 54.5 釐米,腹圍 169 釐米,底徑 30.5 釐米。重 6.9 千克。

字數：6

釋文：

集胆(廚)大(太)子之鎬。

293　集脰太子鎬

293.1

293.2

器名：集脰太子鎬（太子銅鎬）
時代：戰國晚期
國族：楚
出土：1933年安徽省壽縣朱家集南李三孤堆（今屬淮南市楊公鎮）楚幽王墓
現藏：安徽博物院
著錄：《楚文物圖典》第31頁
形制：器作圓形，直口微斂，折腹下收，平底，腹上部等分鉚接四個鼻鈕銜環，內壁對應處有鉚榫頭。全器素面無紋。壁外側有銘文一行六字。
度量：通高22.4釐米，口徑49釐米，底徑22.2釐米。
字數：6
釋文：
集脰（廚）大（太）子之鎬。

294 大廈鎬

294.1

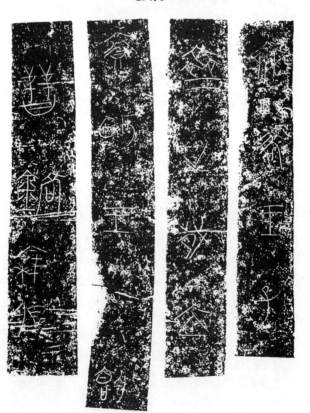

294.2

器名：大䇓鎬（大府鎬、王會鎬、大府銅鎬）
時代：戰國晚期
國族：楚
出土：1933年安徽省壽縣朱家集南李三孤堆（今屬淮南市楊公鎮）楚幽王墓
現藏：安徽博物院
著錄：《考古通訊》1955年第2期第22頁引；《楚文化研究論集》第一集第327頁；《文物》1980年第8期第26頁圖一、第28頁圖二；《金文總集》7933；《戰國銘文選》第20頁；《楚系銘文綜合研究》第476頁90；《安徽出土金文訂補》三七；《中國青銅器全集》(10)五九；《楚文物圖典》第31頁；《新收殷周青銅器銘文暨器影彙編》1327；《近出殷周金文集錄二編》943；《楚系銘文綜合研究》第369頁（一五〇）；《楚系金文彙編》第449頁一三一3；《安徽壽縣朱家集出土青銅器銘文集釋》第363頁圖六九；《中國美術全集》（青銅器）（三）第843頁；《安徽出土青銅器銘文研究》135；《商周青銅器銘文暨圖像集成》15064
形制：器作圓形，直口微斂，折腹較深，下内收，小平底，口沿下等分鉚接四個鼻鈕貫環，内壁對應有鉚榫頭。通體素面無紋飾。腹外壁口沿下有銘文一行十七字。
度量：通高25.6釐米，口徑53.8釐米，底徑26.1釐米。重6.77千克。
字數：17
釋文：
秦客王子齊之䰴（歲），大（太）䇓（府）爲王□（句？）飤晉鎬。集朋（廚）。

295 王衡杆

295.1

器名:王衡杆
時代:戰國晚期
國族:楚
出土:傳安徽省壽縣
現藏:中國國家博物館

著錄:《文物》1979年第4期第73頁圖一上、第74頁圖二上;《中國古代度量衡圖集》一六四:甲;《中國歷代度量衡考》權29甲;《殷周金文集成》10375;《中國文物精華大辭典》(青銅卷)0918;《安徽出土金文訂補》四一;《中國通史陳列》4-2-20上;《中國古代計量史圖鑒》第32頁;《商周金文資料通鑒》18841;《安徽出土青銅器銘文研究》154;《商周青銅器銘文暨圖像集成》18842

形制:衡體扁平,橫截面作長方形,臂平直(因長期埋於地下,已顯彎曲)。正中有鼻鈕,鈕下拱肩略顯彎曲,正面貫通上下等分刻綫。衡杆正面中間二寸有寸刻綫,其餘每半寸皆有刻度。鈕孔兩側均有磨損痕迹。衡杆正面中部刻有尖端向下的夾角,並爲第五寸刻綫所平分。背面中部和一端各橫刻銘文一字,背面鈕下橫刻銘文一字。衡表面另有刻銘文字,模糊不清。

度量:長23.1釐米,臂高1.22釐米,臂厚0.35釐米,鼻鈕外緣高2.15釐米,鼻鈕孔徑0.38釐米。重93.2克。

說明:衡表面另有刻畫文字,暫時未能通讀。(劉東瑞:《談戰國時期的不等臂秤"王"銅衡》,文物1979年第4期,第73頁。)

字數:3

釋文:

王。

王。

王。

296　王衡杆

296.1

器名:王衡杆
時代:戰國晚期
國族:楚
出土:傳安徽省壽縣
現藏:中國國家博物館
著錄:《文物》1979年第4期第73頁圖一下、第74頁圖二下;《中國古代度量衡圖集》一六四:乙;《中國歷代度量衡考》權29乙;《殷周金文集成》10376;《中國通史陳列》4－2－20下;《中國古代計量史圖鑒》第32頁;《安徽出土青銅器銘文研究》155;《商周青銅器銘文暨圖像集成》18843
形制:衡體扁平,橫截面作長方形,臂平直。正中有鼻鈕,鈕下拱肩略顯彎曲,正面貫通上下等分刻綫。衡杆正面中間二寸有寸刻綫,其餘每半寸皆有刻度。鈕孔兩側均有磨損痕迹。衡杆正面中部刻有尖端向下的夾角,並爲第五寸刻綫所平分。背面中部和一端各橫刻銘文一字,背面鈕下和一端橫刻銘文一字。衡表面另有刻畫文字,目前未能通讀。
度量:長23.15釐米,臂高1.3釐米,臂厚0.35釐米,鼻鈕高2.15釐米,鼻鈕孔徑0.34釐米。重97.6克。
說明:衡表面另有刻畫文字,初步辨識有文、相子等字,未能通讀。(劉東瑞:《談戰國時期的不等臂秤"王"銅衡》,文物1979年第4期,第73頁。)
字數:4
釋文:
王。
王。
王。
王。

297　卧子環權

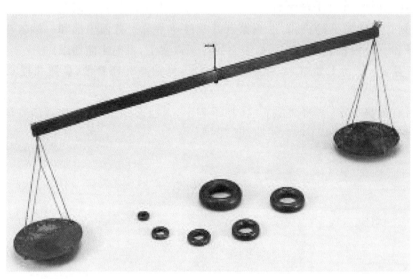

297.1　　　　　　　　　　　　　　　297.2

器名：卧子環權（盱子銅環權、卧子砝碼）
時代：戰國晚期
國族：楚
出土：1933年安徽省壽縣朱家集南李三孤堆（今屬淮南市楊公鎮）楚幽王墓
現藏：重慶中國三峽博物館（重慶博物館）
著録：《商周金文録遺》538；《考古》1982年第5期第518頁圖五；《金文總集》7982；《中國古代度量衡圖集》一六〇；《中國歷代度量衡考》權7；《殷周金文集成》10379；《安徽出土金文訂補》四〇；《楚文物圖典》第419～420頁；《楚系銘文綜合研究》第377頁（一六二）；《楚系金文彙編》第482頁一五四；《安徽壽縣朱家集出土青銅器銘文集釋》第364頁圖七二；《安徽出土青銅器銘文研究》153；《商周青銅器銘文暨圖像集成》18850

形制：衡杆爲木制，中間有提鈕，兩端各以四根絲綫系銅盤。環權均爲圓環形，截面爲圓形。出土時1號、2號權粘連在一起。除1號權銹損過甚外，各權之間重量略呈兩倍遞增，分別爲六銖、十二銖、一兩、二兩、四兩、半斤。以半斤權推算，一斤合251克。第四枚環權上刻有銘文五字（合文一）。

度量：木衡杆長41.1釐米，銅盤直徑7.3釐米。環權共6枚。1號環權外徑1.4釐米，重3.7克；2號環權外徑2釐米，重7.6克；3號環權外徑2.5釐米，重15.6克；4號環權外徑3.1釐米，重31.4克；5號環權外徑3.9釐米，重62克；6號環權外徑4.9釐米，重125.5克。

字數：5（合文1）

釋文：

臥子₌之倌（官）環。

298 郢大賡量

298.1

298.2（外壁）　　　298.3（底）

器名：郢大賸量（郢大府铜量、郢大賸铜量、郢大府量）

時代：戰國晚期

國族：楚

出土：安徽省鳳台縣城郊

流傳：1976 年 4 月阜陽地區展覽館收集

現藏：阜陽博物館

著錄：《文物》1978 年第 5 期第 96 頁圖一至三；《中國考古學會第二次年會論文集》第 91 頁圖 3.3；《中國古代度量衡圖集》九三；《古文字研究》第七輯第 173 頁圖 1；《金文總集》7867；《中國歷代度量衡考》量 25；《楚系青銅器研究》第 371 頁圖 104；《殷周金文集成》10370；《安徽出土金文訂補》一〇五；《楚文物圖典》第 419 頁；《阜陽亳州出土文物文字編》202；《中國古代計量史圖鑒》第 33 頁；《商周青銅器銘文暨圖像集成》18813

形制：圓筒形，腹壁有一環鋬。廣口方唇，直壁平底。鋬右側外壁刻有銘文六字，外底刻有銘文一字。

度量：通高 12.5 釐米，外口徑 11.6 釐米，內口徑 11 釐米，內深 11.5 釐米，內底徑 10.6 釐米。容 1110 毫升。

字數：7（外壁 6，底 1）

釋文：

外壁：

郢大賸（府）之□笿（筲）。

底：

少。

299　陳郢量

299.1

299.2A

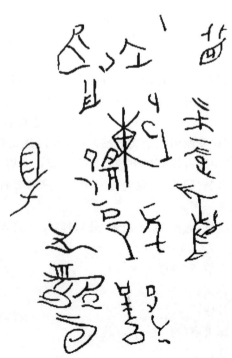

299.2B

299.3A　　　　　　　　299.3B

器名:陳郢量(王量)

時代:戰國晚期

國族:楚

出土:安徽省鳳台縣

流傳:1957年淮南市博物館在廢品收購站揀選

現藏:淮南市博物館

著錄:《中國考古學會第二次年會論文集》第90頁圖2、第91頁圖3.1～3.2;《中國古代度量衡圖集》九四;《古文字研究》第7輯第173～174頁圖二;《中國歷代度量衡考》量26;《殷周金文集成》10364;《安徽出土金文訂補》八一;《楚文物圖典》第419頁;《淮南市博物館文物集珍》035;《安徽出土青銅器銘文研究》39;《商周青銅器銘文暨圖像集成》18814

形制:廣口,直壁。有一環形柄。器壁刻銘文兩處,近柄處有銘文一字。另一處銘文筆劃極細,已磨損,難以辨認。

度量:通高11.7釐米,外口徑11.8釐米,內口徑11釐米,內深11.3釐米,內底徑11.2釐米。重1.85千克。容1125毫升。

字數:約14

釋文:

□楚□□陳郢□□□之□㠯(以)旻(得)。

王。

300　絮夅車飾

器名:絮夅車飾(冶紹車飾、陳共車飾)
時代:戰國晚期
國族:楚
出土:1933年安徽省壽縣朱家集南李三孤堆(今屬淮南市楊公鎮)楚幽王墓
現藏:北京故宮博物院
著録:《殷周金文集成》12040;《楚系銘文綜合研究》第367頁圖147;《山東金文集成》第745頁;《楚系金文彙編》第439頁一二八:5;《安徽壽縣朱家集出土青銅器銘文集釋》第345頁圖17;《安徽出土青銅器銘文研究》152;《商周青銅器銘文暨圖像集成》19035
形制:表面有銘文七字。
字數:7
釋文:
𠂤(冶)絮(紹)夅、塦(陳)共爲之。

301 鄂君啓車節

301.1

301.2A 301.2B

器名：鄂君啓車節（噩君啓車節）
時代：戰國晚期
國族：楚
出土：1957年4月安徽省壽縣丘家花園
現藏：中國國家博物館
著録：《文物參考資料》1958年第4期第7頁圖（二）、第9頁圖二；《文物精華》（二）第16頁左圖、第50頁左圖；《考古》1963年第8期圖版八右圖；《三代吉金文存補》851右圖；《金文總集》7899；《中國歷史博物館》68右圖；《殷周金文集成》12110；《商周青銅器銘文選》659.1；《中國文物精華大辭典》（青銅卷）1049右圖；《中國通史陳列》4－2－7左；《中國書法全集》(3)8右圖；《安徽出土青銅器銘文研究》183－1；《商周青銅器銘文暨圖像集成》19178
形制：共發現車節三件，形制和銘文均相同。自銘"金節"，是楚懷王頒發給鄂君啓運輸貨物的免稅通行憑證。金節系剖竹形，青銅製成，面呈竹節狀，橫截面呈圓拱形。中間有一個竹節，分器爲兩段，上長下短。器面上鏤刻八條陰紋直綫，以爲錯金字的直格。錯金銘文，字形耀目，筆畫熟練勁秀。銘文九行一百四十四字（重文三，合文一）。
度量：長29.6釐米，寬7.3釐米，厚0.7釐米，高1.7釐米，弧長8釐米。
字數：147（重文3，合文1）
釋文：
大司馬卲（昭）鄔（陽）毇（敗）晉帀（師）於襄陵之歳（歲），夏层之
月，乙亥之日，王尻（處）於葴郢之遊宫，大攻（工）尹
脽台（以）王命＝（命，命）集尹恖（悼）糈（瘏），裁（織）尹逆，裁（織）毃（令）阩，爲鄱（鄂）
君啓之膚（府）賦（就）鑄金節，車五十乘，歳（歲）罷（一）返，母（毋）
載金、革、黽（笴）箭，女（如）馬、女（如）牛、女（如）德（特），屯十台（以）堂（當）一車＝，
女（如）檐（擔）徒，屯廿＝檐（擔）台（以）堂（當）一車＝，台（以）毁于五十乘之
中，自鄱（鄂）坅（市），鼍（就）昜（陽）埀（丘），鼍（就）邡（方）城，鼍（就）象禾，鼍（就）栖（柳）焚（棼），
鼍（就）緐昜（陽），鼍（就）高垂（丘），鼍（就）下鄵（蔡），鼍（就）居鄵（巢），鼍（就）郢，見其
金節則母（毋）政（政、徵），母（毋）舍（舍、捨）桴（槤、饌）飤，不見其金節則政（政、徵）。

302　鄂君啓車節

302.1

302.2

器名：鄂君啓車節（䲆君啓車節）
時代：戰國晚期
國族：楚
出土：1957年4月安徽省壽縣丘家花園
現藏：安徽博物院
著錄：《文物參考資料》1958年第4期第7頁（三）、9頁圖二；《考古》1963年第8期圖版八右圖；《殷周金文集成》12111；《安徽出土青銅器銘文研究》183－2；《商周青銅器銘文暨圖像集成》19179
形制：共發現車節三件，形制和銘文均相同。自銘"金節"，是楚懷王頒發給鄂君啓運輸貨物的免稅通行憑證。金節系剖竹形，青銅製成，面呈竹節狀，横截面呈圓拱形。中間有一個竹節，分器爲兩段，上長下短。器面上鏤刻八條陰紋直綫，以爲錯金字的直格。錯金銘文，字形耀目，筆畫熟練勁秀。銘文九行一百四十四字（重文三，合文一）。
度量：長29.6釐米，寬7.3釐米，厚0.7釐米，高1.7釐米，弧長8釐米。
字數：144（重文3，合文1）
釋文：
大司馬卲（昭）鄦（陽）敗（敗）晉帀（師）於襄陵之戠（歲），夏层之
月，乙亥之日，王凥（处）於葴郢之遊宮，大攺（工）尹
脽台（以）王命＝（命，命）集尹恧（悼）糏（糟），䜌（織）尹逆，䜌（織）嗀（令）肌，爲鄦（鄂）
君啟之腐（府）賕（就）鑄金節，車五十乘，戠（歲）罷（一）返，母（毋）
載金、革、黽（箵）箭，女（如）馬、女（如）牛、女（如）德（特），屯十台（以）堂（當）一車＝，
女（如）檐（擔）徒，屯廿檐（擔）台（以）堂（當）一車＝，台（以）毀于五十乘之
中，自鄦（鄂）坅（市），橐（就）易（陽）埀（丘），橐（就）邡（方）城，橐（就）象禾，橐（就）栖（柳）焚（棼），
橐（就）緐易（陽），橐（就）高埀（丘），橐（就）下鄰（蔡），橐（就）居鄙（巢），橐（就）郢，見其
金節則母（毋）政（政、徵），母（毋）舍（舍、捨）桴（槈、饌）飤，不見其金節則政（政、徵）。

303　鄂君啓車節

303.1　　　　　　　　303.2

303.3　　　　　　　　　303.4A

303.4B

器名：鄂君啓車節（噩君啓車節）
時代：戰國晚期
國族：楚
出土：1957年4月安徽省壽縣丘家花園
現藏：安徽博物院
著録：《文物參考資料》1958年第4期第7頁（四）、9頁圖二；《殷周金文集成》12112；《安徽省博物館藏青銅器》79左圖；《安徽出土金文訂補》八〇：二、彩版捌左圖；《安徽省博物館》二六左圖；《中國青銅器全集》(10)九八右圖；《安徽館藏珍寶》047左圖；《中國美術全集》(青銅器)(三)第864頁右圖；《安徽出土青銅器銘文研究》183－3；《安徽文明史陳列》第180右圖、181頁右圖；《商周青銅器銘文暨圖像集成》19180
形制：共發現車節三件，形制和銘文均相同。自銘"金節"，是楚懷王頒發給鄂君啓運輸貨物的免稅通行憑證。金節系剖竹形，青銅製成，面呈竹節狀，橫截面呈圓拱形。中間有一個竹節，分器爲兩段，上長下短。器面上鏤刻八條陰紋直綫，以爲錯金字的直格。錯金銘文，字形耀目，筆畫熟練勁秀。銘文九行一百四十四字（重文三，合文一）。
度量：長29.6釐米，寬7.3釐米，厚0.7釐米，高1.7釐米，弧長8釐米。重1.3千克。
字數：144（重文3，合文1）
釋文：
大司馬卲（昭）鄔（陽）敗（敗）晉帀（師）於襄陵之戠（歲），夏层之
月，乙亥之日，王尻（処）於藏郢之遊宮，大攻（工）尹
雎台（以）王命＝（命，命）集尹悡（悼）糈（楮），裁（繊）尹逆，裁（繊）般（令）阢，爲鄂（鄂）
君啓之廈（府）賦（就）鑄金節，車五十乘，戠（歲）罷（一）返，母（毋）
載金、革、黽（箇）箭，女（如）馬、女（如）牛、女（如）德（特），屯十台（以）堂（當）一車＝，
女（如）檐（擔）徒，屯廿＝檐（擔）台（以）堂（當）一車＝，台（以）毁于五十乘之
中，自鄂（鄂）坤（市），熹（就）易（陽）屋（丘），熹（就）邡（方）城，熹（就）象禾，熹（就）栖
（柳）焚（棼），
熹（就）緜易（陽），熹（就）高屋（丘），熹（就）下鄵（蔡），熹（就）居鄵（巢），熹（就）郢，見其
金節則母（毋）政（政、徵），母（毋）舍（舍、捨）桴（椽、饌）飤，不見其金節則政（政、徵）。

304 鄂君啟舟節

304.1

304.2A

304.2B

器名：鄂君啓舟節（噩君啓舟節）
時代：戰國晚期
國族：楚
出土：1957年4月安徽省壽縣丘家花園
現藏：中國國家博物館
著録：《文物參考資料》1958年第4期第7頁（一）、9頁圖一；《文物精華》（二）第16頁右圖、50頁右圖；《考古》1963年第8期圖版八左圖；《三代吉金文存補》851左圖；《金文總集》7900；《中國歷史博物館》68左圖；《殷周金文集成》12113；《商周青銅器銘文選》659.2；《中國文物精華大辭典》（青銅卷）1049左圖；《中國通史陳列》4－2－7；《中國書法全集》（3）6左圖；《安徽出土青銅器銘文研究》183－4；《商周青銅器銘文暨圖像集成》19181

形制：共發現舟節兩件，形制和銘文均相同。自銘"金節"，是楚懷王頒發給鄂君啓運輸貨物的免税通行憑證。金節系剖竹形，青銅製成，面呈竹節狀，横截面呈圓拱形。中間有一個竹節，分器爲兩段，上長下短。器面上鏤刻八條陰紋直綫，以爲錯金字的直格。錯金銘文，字形耀目，筆畫熟練勁秀。銘文九行一百六十一字（重文一、合文一）。

度量：長31釐米，寬7.3釐米，厚0.7釐米，高1.8釐米，弧長8釐米。

字數：161（重文1、合文1）

釋文：

大司馬卲（昭）鄔（陽）敗（敗）晉帀（師）於壤（襄）陵之歲（歲），夏𣎵之月，乙亥之日，王尻（處）於茨郢之遊宫，大攻（工）尹脽台（以）王命，命

集尹悤（悼）糈（糈），裁（織）尹逆，裁（織）𥙒（令）𨒅，爲鄂（鄂）君啓之𢊍（府）賸（就）鑄

金節，屯三舟爲一䑵（舸），五十䑵（舸），歲（歲）罷（一）返，自鄂（鄂）坿（市），逾沽（沽），

让（上）灘（漢），臺（就）䈞（穀），臺（就）芸（郳）昜（陽），逾灘（漢），臺（就）𨛷（襄），逾夏，内（入）㵋（溳），逾江，臺（就）

彭射（澤），臺（就）松（樅）昜（陽），内（入）澔（瀘）江，臺（就）爰陵，让（上）江，内（入）湘，臺（就）䏑（睞），臺（就）

𨛳（洮）昜（陽），内（入）瀾（潾、耒），臺（就）郚（郴），内（入）浶（濱、資）、沅、澧、滶（油），让（上）江，臺（就）木𨶥（關），臺（就）郢，

㝊（得）其金節則母（毋）政（政、徵），母（毋）舍（舍、捨）桴（梴、饋）飤，不㝊（得）其金節則政（政、徵），

女（如）載馬、牛、羊，台（以）出内（入）𨶥（關）則政（徵）於大𢊍（府），母（毋）政（徵）於𨶥（關）。

305　鄂君啓舟節

305.1

305.2

305.3

305.4A

305.4B

器名：鄂君啓舟節（噩君啓舟節）

時代：戰國晚期

國族：楚

出土：安徽省壽縣

流傳：1960年蒙城縣新集公社王懷君出售。

現藏：安徽博物院

著録：《安徽省博物館藏青銅器》79右圖；《安徽出土金文訂補》八十：一、彩版8右圖；《安徽省博物館》26右圖；《中國青銅器全集》(10)九八左圖；《安徽館藏珍寶》047右圖；《中國美術全集》(青銅器)(三)第864頁左圖；《安徽文明史陳列》第180左圖、181頁左圖；《商周青銅器銘文暨圖像集成》19182

形制：共發現舟節兩件，形制和銘文均相同。自銘"金節"，是楚懷王頒發給鄂君啓運輸貨物的免税通行憑證。金節系剖竹形，青銅製成，面呈竹節狀，横截面呈圓拱形。中間有一個竹節，分器爲兩段，上長下短。器面上鏤刻八條陰紋直綫，以爲錯金字的直格。錯金銘文，字形耀目，筆畫熟練勁秀。銘文九行一百六十一字（重文一、合文一）。

度量：長31釐米，寬7.3釐米，厚0.7釐米，高1.8釐米，弧長8釐米。重1.5千克。

字數：161（重文1、合文1）

釋文：

大司馬卲（昭）鄒（陽）敗（敗）晉帀（師）於壞（襄）陵之戢（歲），夏层之月，乙

亥之日，王凥（処）於蔵郢之遊宮，大攻（工）尹脽台（以）王命，命

集尹悳（悼）𥝘（𥝘），裁（織）尹逆，裁（織）敆（令）阢，爲鄙（鄂）君啟之腐（府）賦（就）鑄

金節，屯三舟爲一舿（舸），五十舿（舸），戢（歲）罷（一）返，自鄙（鄂）坤（市），逾油（淯），

让（上）灘（漢），庚（就）盾（穀），庚（就）芸（郧）昜（陽），逾灘（漢），庚（就）鄑（襄），逾夏，内（入）图（涓），逾江，庚（就）

彭射（澤），庚（就）松（樅）昜（陽），内（入）濤（瀘）江，庚（就）爰陵，让（上）江，内（入）湘，庚（就）䐑（牒），庚（就）

郷（洮）昜（陽），内（入）灃（溜、耒），庚（就）鄗（郴），内（入）消（濱、資）、沅、澧、灉（油），让（上）江，庚（就）木闡（關），庚（就）郢，

旻（得）其金節則母（毋）政（政、徵），母（毋）舍（舍、捨）桴（𣗥、饌）飤，不旻（得）其金節則政（政、徵），

女（如）載馬、牛、羊，台（以）出内（入）闡（關）則政（徵）於大腐（府），母（毋）政（徵）於闡（關）。

306 王命遟虎節

306.1

306.2

器名:王命遟虎節
時代:戰國晚期
國族:楚

出土:傳安徽省壽縣

現藏:中國國家博物館

形制:符節作虎形,自銘"虎"節,是楚人關驛的一種憑證。虎節腹部銘文一行五字,重文一。

說明:"命"字爲重文,无重文符号。

字數:5(重文1)

釋文:

王命(命,命)遱(傳),虎。

307　集酷爐

307.1

器名：集酷爐（鑄客爐、鑄客盤、集酬鏇、鑄客盧、集醅爐）
時代：戰國晚期
國族：楚
出土：1933年安徽省壽縣朱家集南李三孤堆（今屬淮南市楊公鎮）楚幽王墓
流傳：葉恭綽舊藏
現藏：上海博物館
著錄：《十二家吉金圖録》遐一〇；《三代吉金文存》卷十七：三：5；《商周彝器通考》附圖八四九、第465頁；《殷周青銅器通論》圖版壹三三：257；《金文總集》6707；《殷周金文集成》10388；《商周青銅器銘文選》677；《楚系青銅器研究》第479頁91；《安徽出土金文訂補》四三、圖版一三：二；《中國青銅器全集》（10）七三；《夏商周青銅器研究》六四〇；《國史金石志稿》第1240頁；《楚系銘文綜合研究》第371頁（一五一）4；《楚系金文彙編》第458頁一三四3；《安徽壽縣朱家集出土青銅器銘文集釋》第352頁圖四〇；《安徽出土青銅器銘文研究》128；《商周青銅器銘文暨圖像集成》19263、19265

　　形制：直口，方唇，直壁，淺腹，平底，三蹄足作獸首形，腹兩側有一對小鈕，套接麻花形環鏈，無梁。腹壁飾連續菱形幾何紋，菱格內有各種雲紋作爲襯填，形成繁密的幾何紋樣。口上沿有銘文一行七字。
　　度量：通提鏈高36.8釐米，爐高14.6釐米，腹深6.8釐米，口徑33.5釐米。重6千克。

307.2

說明:此器也稱爲盤,但此盤是燒炭用,有提鏈,可稱作爐。(《夏商周青銅器研究》)《三代吉金文存》亦稱此器爲盤。

字數:7

釋文:

鑄客爲郵(集)酩(酰)爲之。

308　集既爐

器名:集既爐(鑄客盧、鑄客爐)
時代:戰國晚期
國族:楚
出土:1933年安徽省壽縣朱家集南李三孤堆(今屬淮南市楊公鎮)楚幽王墓
現藏:美國紐約某氏
著錄:《中日歐美澳紐所見所拓所摹金文彙編》583;《殷周金文集成》10389;《楚系銘文綜合研究》第372頁(一五一)5;《楚系金文彙編》第462頁一三六2;《安徽壽縣朱家集出土青銅器銘文集釋》第354頁圖四七;《安徽出土青銅器銘文研究》123;《商周青銅器銘文暨圖像集成》19266
形制:口沿有銘文一行八字。
字數:8
釋文:
鑄客爲集既鑄爲之。

308.1A　　308.1B

309　集脰爐

309.1

器名：集脰爐（鑄客器、環梁方盤、環梁方爐、集脰爐、集脰銅器、鑄客銅爐、奉脰薦盤、鑄客爐）

時代：戰國晚期

國族：楚

出土：1933年安徽省壽縣朱家集南李三孤堆（今屬淮南市楊公鎮）楚幽王墓

現藏：安徽博物院

著錄：《小校經閣金文拓本》9.109.6；《三代吉金文存》卷十八：二十五：3；《安徽通志金石古物考稿》一六：一：3；《安徽省博物館籌備處所藏楚器圖錄》（二六）；《金文總集》7947；《殷周金文集成》10577；《安徽出土金文訂補》四二、四四、圖版一三：一；《安徽出土金文訂補》四四；《楚文物圖典》第199頁；《國史金石志稿》第4023頁；《楚系銘文綜合研究》第370頁（一五一）2；《楚系金文彙編》第455頁一三三3；《安徽壽縣朱家集出土青銅器銘文集釋》第354頁圖五○；《安徽出土青銅器銘文研究》121；《商周青銅器銘文暨圖像集成》19264

309.2

形制：長方形，口大底小。直壁，深腹，平底，下置四個蹄形足，足根部飾獸面紋。兩端外壁置鼻鈕環鏈提梁。長邊口沿外側附有對稱的四個垂直長方形插孔。腹外壁飾菱形幾何紋。口沿有銘文七字。

度量：通高24.5釐米，口縱徑72.6釐米，口橫徑29.8釐米，腹深16.7釐米，底縱徑67釐米，底橫徑26.7釐米，鏈長41釐米。重26.35千克。

字數：7

釋文：

鑄客爲集脰爲之。

310　集脰爐

310.1

器名:集脰爐(奉脰薦盤、鑄客爐)
時代:戰國晚期
國族:楚
出土:1933年安徽省壽縣朱家集南李三孤堆(今屬淮南市楊公鎮)楚幽王墓
現藏:安徽博物院
著錄:《安徽省博物館籌備處所藏楚器圖錄》二六;《安徽出土金文訂補》四二、圖版一三:一

　　形制:長方形,口大底小。直壁,深腹,平底,下置四個蹄足,足根部飾獸面紋。兩端外壁置鼻鈕環鏈提梁。口部有銘文七字"鑄客爲集脰爲之"。
　　度量:通高35釐米,器高21.7釐米,口縱徑97釐米,口橫徑39釐米,鏈長53.3釐米。重26.5千克。
　　說明:《商周青銅器銘文暨圖像集成》將此器與其19264號鑄客爐歸爲一器。按,此二器形制差別較大,應該不是一器。《安徽出土金文訂補》有器物圖像,無銘文拓片。
　　字數:7
　　釋文:
　　鑄客爲集脰爲之。

311　䢈䇫筲

311.1

311.2

器名:䢈䇫筲（鑄客銅筲、鑄客炭筲、鑄客筲）
時代:戰國晚期
國族:楚
出土:1933年安徽省壽縣朱家集南李三孤堆（今屬淮南市楊公鎮）楚幽王墓
現藏:安徽博物院
著録:《安徽省博物館籌備處所藏楚器圖録》（三〇）;《安徽省文物志稿》第131頁（無拓片）;《安徽省志》（文物志）第365頁（無拓片）;《楚文物圖典》第199～200頁;《安徽出土青銅器銘文研究》140;《安徽文明史陳列》第179頁

形制:器壁較薄，通體素面。器作簸箕形，前侈後斂。上邊緣較厚，後壁高，兩側壁成斜坡形。筲口低平形成廣面。後壁飾一鋪首。鋪首采用鉚接法，鉚在後壁上部。筲一側陰刻銘文一行七字。

度量:通長30.9釐米，底長26.7釐米，高13.7釐米，口沿寬27.4釐米。重812.5克。

說明:《安徽省文物志稿》《安徽省志》（文物志）介紹器物，無拓片。

字數:7

釋文:
鑄客爲䢈䇫（令）爲之。

312 大膚臥牛鎮

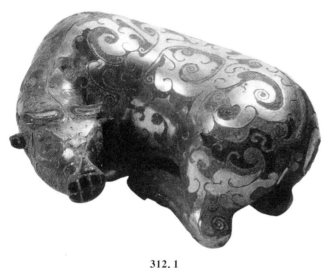

312.1　　　　　　　　　　　　　312.2

器名:大膚臥牛鎮(大府之器銅牛、"大府之器"錯銀銅臥牛、大府臥牛、大府銅牛)
時代:戰國晚期
國族:楚
出土:1956年安徽省壽縣丘家花園附近李家墳
流傳:1958年11月安徽省博物館調查收集。
現藏:中國國家博物館
著錄:《文物》1959年第4期第1頁、封內第1頁;《金文總集》7977;《中國歷史博物館》77;《殷周金文集錄》876;《殷周金文集成》10438;《古文字研究》第十三輯第386～387頁;《中國青銅器全集》(10)八五;《中國文物精華大辭典》(青銅卷)1032;《安徽出土金文訂補》七九;《中國通史陳列》4-1-10;《文物選粹》第44頁;《中國美術全集》(青銅器)(三)第874頁;《安徽出土青銅器銘文研究》182;《商周青銅器銘文暨圖像集成》19345
　　形制:銅臥牛爲席鎮。牛作臥伏狀,脊部和股部豐圓。頭頂回伸仰起,尾甩貼于左股之上,前膝雙跪,後腿屈于腹部,整個造型極其生動有力。牛眼、眉、鼻用白色金屬縷錯而成,周身及其後蹄鑲嵌舒展捲曲雲紋。脊梁是中綫,花紋相互對稱,于綠色斑銹中呈現出銀白光彩。蹄在鑄造時未分瓣,鑄成後用白色金屬嵌入成偶蹄狀。腹下有銘文四字。
　　度量:身長10釐米,前脊高5釐米,後股高4.5釐米,臂寬5.5釐米。重1.7千克。
　　字數:4
　　釋文:
　　大(太)膚(府)之器。

313　以共歲棠殘器

313.1

器名:以共歲棠殘器(以供器、以供歲嘗器)
時代:戰國晚期
國族:楚
出土:1981年4月長豐縣朱集鄉(原屬壽縣)李三孤堆楚王墓
現藏:安徽省文物考古研究所
著錄:《安徽省考古學會會刊》第六輯第39頁;《安徽出土金文訂補》一一七;《新收殷周青銅器銘文暨器影彙編》1318;《近出殷周金文集錄二編》1040;《安徽出土青銅器銘文研究》161;《商周青銅器銘文暨圖像集成》19502
形制:銅器口沿殘片,殘存銘文四字。
字數:存4
釋文:
吕(以)共(供)歲棠(嘗)

314　左厎馬銜

314.1　　　　　　　　　　314.2

器名:左厎馬銜(右厎銜)
時代:戰國
出土:1940年安徽省壽縣
流傳:梁上椿舊藏
著録:《岩窟吉金圖録》下六八;《殷周金文集成》12067;《安徽出土金文訂補》四七;《安徽出土青銅器銘文研究》73;《商周青銅器銘文暨圖像集成》19061
形制:以同形兩環聯結而成,中部各作紐繩紋。一環上有銘文二字。
度量:通長20釐米。
說明:左厎(胥),職官。
字數:2
釋文:
左厎(胥)。

315　廿七年㳫鄴戈

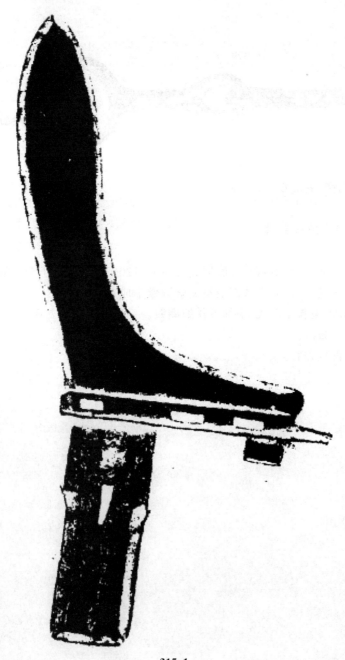

315.1

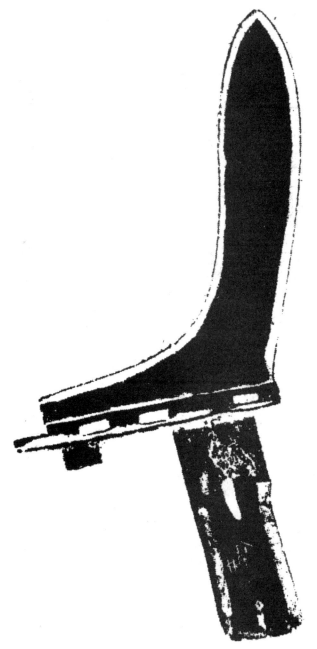

315.2

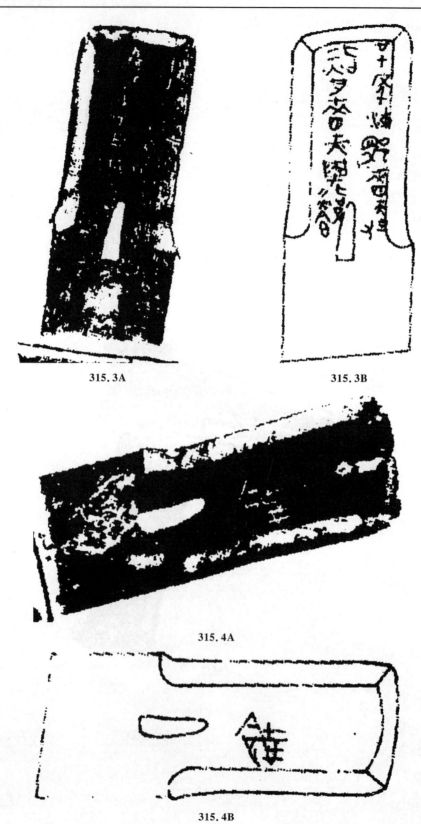

315.3A   315.3B

315.4A

315.4B

器名:廿七年涑鄸戈
時代:戰國晚期
國族:魏
現藏:安徽某氏
著録:《古文字研究》第二十七輯第 326 頁圖二
形制:援狹長,援中起脊,前端尖銳上翹。內上端、下端和末端有刃,內部一穿。闌側三穿。內部一面有銘文十五字,一面有銘文一字。銘文刻寫,極其纖細。
度量:通長 21.2 釐米,援長 12.7 釐米,內長 7.7 釐米,內寬 3 釐米,闌長 9.6 釐米,闌寬 0.8 釐米,胡長 8.5 釐米。
字數:16
釋文:

廿七年涑鄸嗇夫担,冶勻嗇夫雩冶餃。

餂。

316　廿四年晉□上庫戈

316.1A　　　　　　　316.1B

器名:廿四年晉□上庫戈(廿四年晉□戈、廿四年晉上庫戈、晉上庫戈)

時代:戰國晚期

國族:魏

出土:1986年安徽省臨泉縣縣城西郊戰國墓葬

現藏:臨泉縣博物館

著錄:《東南文化》1991年第2期第260頁圖七;《安徽出土金文訂補》一二二、圖版二六;《近出殷周金文集錄》1176;《新收殷周青銅器銘文暨器影彙編》1331;《阜陽亳州出土文物文字篇》208;《新出殷周青銅器銘文整理與研究》1364;《安徽出土青銅器銘文研究》13;《商周青銅器銘文暨圖像集成》17149

形制:長援,微上翹。內長上昂,中有一長方形穿,內上下及尾作雙面刃。胡近闌處有三個長方形穿。內部有銘文三行十一字。

度量:通長24釐米,援長14.5釐米,內長9.5釐米,胡長10釐米,闌高11.2釐米。

字數:12

釋文：
廿三(四)年，晉
□上庫工帀(師)
黝、厇(冶)陞(愈)。

317　七年大梁司寇綏戈

 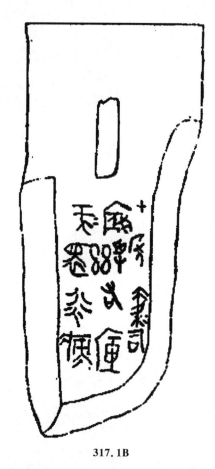

317.1A　　　　　　　　　　　317.1B

器名:七年大梁司寇綏戈(七年大梁司寇綏戈)
時代:戰國晚期
國族:魏
出土:1958年安徽省臨泉縣楊橋區戰國墓葬
現藏:阜陽博物館
著錄:《東南文化》1991年第2期第259頁圖五;《安徽出土金文訂補》八二;《近出殷周金文集錄》1181;《新收殷周青銅器銘文暨器影彙編》1330;《阜陽亳州出土文物文字篇》204;《新出殷周青銅器銘文整理與研究》1386;《安徽出土青銅器銘文研究》10;《商周青銅器銘文暨圖像集成》17195

形制:前援和胡尾均殘缺,援胡後修復。內中有一長方穿,內前部寬,中、後部收分變窄,上下及尾部均作雙面刃。闌側四穿。戈內正面後部有銘文三行十四字,其中合文二。

度量:通長 20.8 釐米,援長 12.8 釐米,內長 8 釐米,胡長 11 釐米。

字數:14(合文 2)

釋文:

七年,大梁₌(大梁)司

寇綏、右庫

工帀(師)₌繯、辰(冶)痠。

318　芒昜守命虡戈

318.1A

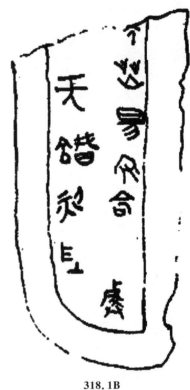
318.1B

器名：芒昜守命虡戈（□年芒碭守令虡戈、芒陽守令虡戈）
時代：戰國晚期
國族：魏
出土：1967年安徽省太和縣廢品公司倉庫揀選
現藏：阜陽博物館
著錄：《東南文化》1991年第2期第259頁圖六；《安徽出土金文訂補》九五；《近出殷周金文集錄》1172；《新收殷周青銅器銘文暨器影彙編》1998；《阜陽亳州出土文物文字篇》205；《安徽出土青銅器銘文研究》8；《新出殷周青銅器銘文整理與研究》1363；《商周青銅器銘文暨圖像集成》17126
形制：僅存內穿以下部分，上下及尾部均作雙面刃。內的一面存有銘文兩行十字，其中合文一。
度量：殘長5.5釐米，寬2.6釐米。
字數：存11（合文1）

釋文：
□年,芒昜(碭)守命(令)虒(虖),
□□工帀(師)=錯、辰(冶)阜。

319　三年𥃝命□戈

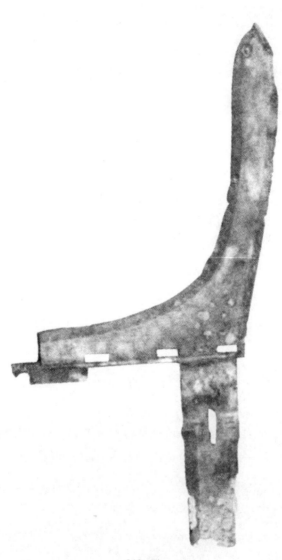

319.1A

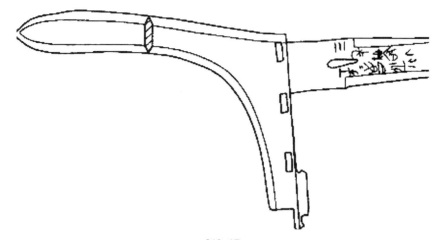

319.1B

319.2A

319.2B

器名:三年奇命□戈(三年奇令戈)
時代:戰國晚期
國族:魏
出土:2005年5月霍邱縣洪集鎮唐畈村馮老莊戰國墓(M21:1)
現藏:安徽省文物考古研究所
著錄:《考古》2011年第11期第96頁圖四,《飛諾藏金》(春秋戰國篇)第36頁
形制:狹援内刃式。無脊,援狹長,弧形前鋒。長胡,闌側三穿。長方形内,三面有刃,前部一穿,後段略收窄。内部有銘文兩行十字。
度量:援長15.7釐米,胡長11.2釐米,内長8.6釐米。
字數:10(合文1)
釋文:
三年,奇命(令)□,
工帀(師)=晉、辰(冶)非。

320　二年梁令長猷戟朿

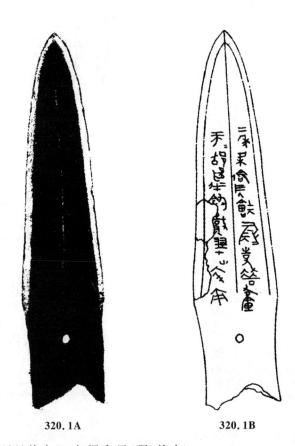

320.1A　　　　320.1B

器名：二年梁令長猷戟朿（二年梁令長（張）戟朿）
時代：戰國
國族：魏
現藏：安徽某氏
著錄：《古文字研究》第二十七輯第 327 頁圖三
形制：戟朿矛形，橫斷面略呈菱形，中空，脊部與刃部起棱，骸呈扁圓形，骸部一穿，鋬部稍殘。中脊兩側有銘文兩行二十二字。銘文針刻，極其纖細。
度量：通長 14 釐米，朿身最寬處 3 釐米。
字數：24（合文 2）
釋文：
二年，梁（梁）令長猷，司寇=事昔，左庫
工帀（師）=部㠯，冶鈞散（造）□旂（戟）朿。

321　右敀戈

321.1A　　　321.1B

器名:右敀戈(右造戟)
時代:戰國晚期
國族:韓
出土:1987年安徽省臨泉縣韓樓鄉老邵莊泉河北岸墓葬
現藏:臨泉縣博物館
著錄:《東南文化》1991年第2期第259頁圖四;《安徽出土金文訂補》一二三、圖版二七;《近出殷周金文集錄》1106;《新收殷周青銅器銘文暨器影彙編》1332;《阜陽亳州出土文物文字篇》210;《新出殷周青銅器銘文整理與研究》1223;《安徽出土青銅器銘文研究》14;《商周青銅器銘文暨圖像集成》16464
形制:長援,微翹,援中起脊。內上昂,中有一長方形穿,上下及尾有刃。胡近闌處有三個長方形穿。胡部有銘文二字。
度量:通長24釐米,援長16釐米,內長8釐米,胡長10釐米,闌高11釐米。
字數:2
釋文:
　右敀(造)。

322　雎氏戈

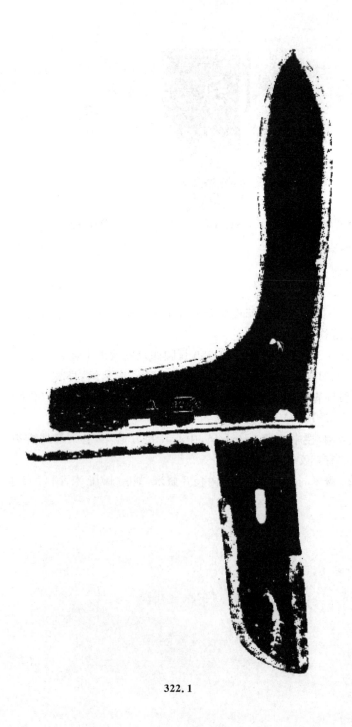

322.1

正 編

322.2A 　　　　　　　　322.2B

器名:雝氏戈(雍氏戈)

時代:戰國晚期

國族:韓

流傳:安徽某氏

著録:《古文字研究》第二十七輯第 327 頁圖四

形制:援狹長,援中起脊。内上端、下端及末端有刃,内部一穿。闌側三穿。胡中部有銘文二字。

度量:通長 22.7 釐米,援長 13.8 釐米,内長 8.9 釐米,内寬 2.8 釐米,胡長 9.9 釐米。

字數:2

釋文:

雝(雝)氏。

323　十年宅陽倫隔登戟

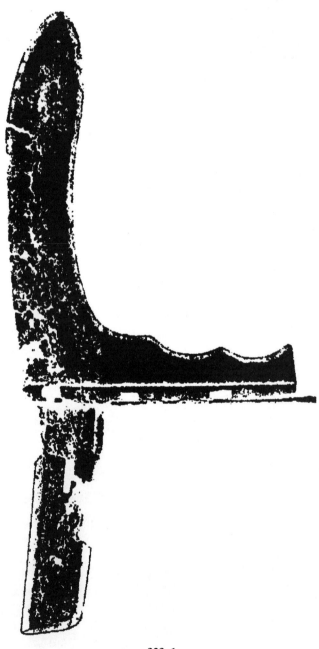

323.1

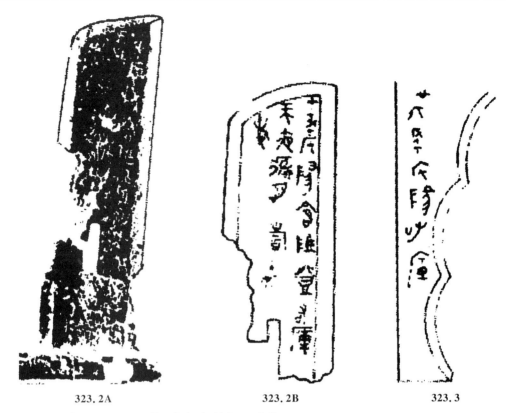

323.2A　　　323.2B　　　323.3

器名：十年宅陽倫隃登戟（十年宅陽令□登戟）
時代：戰國晚期
國族：韓
流傳：安徽某氏
著録：《古文字研究》第二十七輯第327頁圖五
形制：援狹長，援中起脊。內上端、下端及末端有刃，內部一穿。闌側三穿。內部有銘文三行十八字，合文一；胡部有銘文七字。
度量：通長22.7釐米，援長13.5釐米，援最寬處2.7釐米，內長8.5釐米，內寬2.3釐米，胡長10.2釐米。
字數：25（內部18，合文1；胡7）
釋文：
內部：
十年宅陽倫隃登，右庫
工帀（師）夜疨（瘥）名痐□□
族（戟）。
胡部：
廿六年宅陽右庫。

324　八年亲城大命軑定戈

324.1

324.2A　　　　　　　324.2B

器名:八年亲城大命觟定戈(八年新城大令戈)
時代:戰國晚期
國族:韓
出土:1942年安徽省壽縣(《岩窟吉金圖録》)
流傳:梁上椿舊藏
著録:《岩窟吉金圖録》下五七;《商周金文録遺》581;《考古學報》1974年第1期第15頁;《金文總集》7544;《殷周金文集成》11345;《安徽出土金文訂補》五三、圖版一七;《安徽出土青銅器銘文研究》79;《商周青銅器銘文暨圖像集成》17206
形制:尖鋒直援,中胡三穿,闌下出齒,内首出刃,内胡有受柲孔。内部有銘文十四字,其中合文一。
度量:援長12釐米,内長8釐米,胡長10.5釐米。
字數:14(合文1)
釋文:
八年,亲(新)城大命(令)觟(韓)
定,工帀(師)=宋費、叴(冶)褚。

325　廿九年相邦肖狐戈

325.1

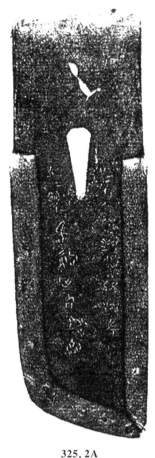 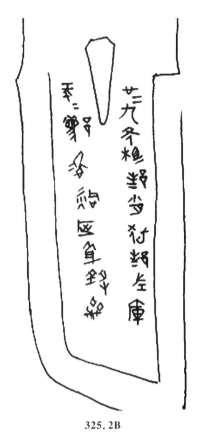

325.2A　　　　　　　325.2B

器名:廿九年相邦肖狐戈(廿九年相邦趙□戈、二十九年相邦趙戈、相邦趙狐戈)
時代:戰國晚期(趙惠文王二十九年,公元前270年)
國族:趙
出土:安徽省壽縣(《安徽通志金石古物考稿》)
流傳:溧陽濮氏舊藏(《貞松堂集古遺文》),後藏天津市歷史博物館。
現藏:天津博物館
著錄:《貞松堂集古遺文》一二:一〇:2;《小校經閣金文拓本》一〇:五七:1;《安徽通志金石古物考稿》一六:六:1;《考古學報》1974年第1期第23頁圖四:2;《金文總集》7561;《殷周金文集成》11391;《安徽出土金文訂補》一二七;《國史金石志稿》第2691頁;《安徽出土青銅器銘文研究》57;《商周青銅器銘文暨圖像集成》17264
形制:直援尖鋒,援微內彎,長胡三穿,內上有三角形橫穿,後段三邊開刃。內上有銘文十八字,其中合文一。
度量:通長26.7釐米,闌高14.1釐米。
字數:18(合文1)
釋文:
廿═九年,相邦肖(趙)狐,邦左庫
工帀(師)═鄭哲,冶匜敦(執)齊(劑)。

326　盧氏戈

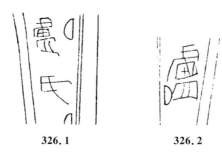

326.1　　　　326.2

器名:盧氏戈
時代:戰國晚期
國族:秦
流傳:1973年安徽省阜陽廢品收購站揀選
現藏:阜陽博物館
著錄:《東南文化》1991年第2期第258頁圖二;《安徽出土金文訂補》一〇二;《近出殷周金文集錄》1105;《新收殷周青銅器銘文暨器影彙編》2001;《阜陽亳州出土文物文字篇》209;《安徽出土青銅器銘文研究》6;《新出殷周青銅器銘文整理與研究》1222;《商周青銅器銘文暨圖像集成》16482
形制:長援,上翹。內部已殘斷,有一半圓形穿,穿以下斷缺。闌側三半圓形穿。內部有銘文一字,胡部有銘文二字。
度量:通長20釐米,援長15.5釐米,內長4.5釐米,胡長12釐米,闌長13釐米。
字數:3(內1,胡2)
釋文:
內:
盧。
胡:
盧氏。

327　十四年上郡守匽氏戈

327.1

327.2A

327.2B

327.3A

327.3B

327.4A

327.4B

器名:十四年上郡守匼氏戈

時代:戰國晚期

國族:秦

出土:傳出土於安徽省馬鞍山一帶。

現藏:河南省漯河市宛鵬飛收藏

著錄:吳良寶《十四年上郡守匼氏戈考》簡帛網 2012 年 5 月 22 日;《華夏文化論壇》第七輯第 102 頁圖二;《飛諾藏金》(春秋戰國篇)第 6~9 頁;《商周青銅器銘文暨圖像集成》17290

形制:直援微上揚,前鋒尖銳,平脊,直內,內部開刃,胡部三穿,闌下出齒。內部正面刻有銘文兩行十一字,內部背面刻有銘文二字,胡部刻有銘文二字。

度量:通長 22.1 釐米,援長 13.8 釐米,內長 8.3 釐米,胡高 10.9 釐米。

說明:從形制與銘文來看,此戈應是秦惠文王時的兵器。(吳良寶:《十四年上郡守匼氏戈考》,簡帛網,2012 年 5 月 22 日)吳良寶先生提供器物圖片。

字數:15(內正 11,內背 2,胡 2)

釋文:

內正:

十四年,上郡守

匼氏造,工鸞。

內背:

洛都。

胡:

博望。

328　十九年上郡守逜戈

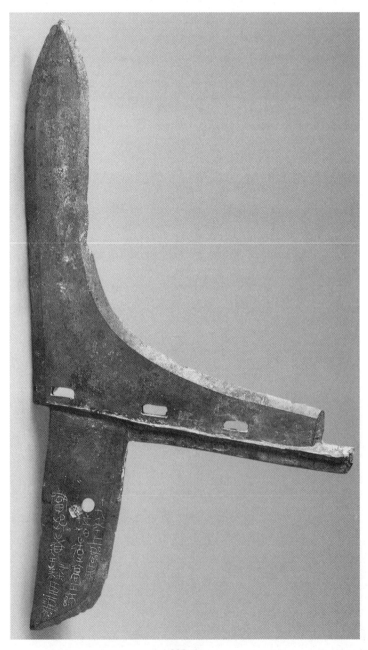

328.1

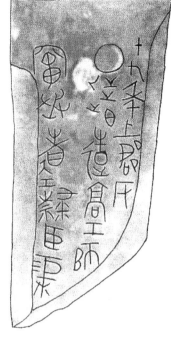

328.2　　　　　　　　　　　　　　328.3

器名：十九年上郡守逪戈

時代：戰國晚期（秦昭襄王十九年，公元前 288 年）

國族：秦

出土：1996 年 5 月安徽省桐城市孔城鎮崗頭村戰國墓葬

現藏：桐城市博物館

著録：《考古與文物》2009 年 3 期第 31 頁圖 1、第 32 頁圖 2；劉釗、江小角《安徽桐城出土秦十九年上郡守逪戈考》復旦大學出土文獻與古文字研究中心網 2009 年 6 月 4 日；《考古與文物》2009 年第 3 期第 31 頁；《桐城文物精華》第 300 頁；《安徽出土青銅器銘文研究》212；《商周青銅器銘文暨圖像集成》17285

形制：戈援狹窄，中長胡三穿，有闌。内上下有刃，中有一圓形穿。内上刻有銘文三行十八字。

度量：通長 22 釐米，闌高 12 釐米。

字數：18

釋文：

十九年，上郡守

逪造，高工師

竈，丞豬，工隸臣渠。

329 廿四年上郡守疾戈

329.1

329.2

329.3

329.4

器名:廿四年上郡守疾戈
時代:戰國晚期
國族:秦
出土:1998年6月安徽省潛山縣梅城鎮公山崗戰國墓(M12:6)
現藏:潛山縣博物館
著錄:《文物研究》第十二輯第260頁圖二、第261頁圖三;《考古學報》2002年第1期第112頁圖一八:14、圖一九、圖版壹肆:六;《新收殷周青銅器銘文暨器影彙編》1329;《新出殷周青銅器銘文整理與研究》1413;《近出殷周金文集錄二編》1247;《安徽出土青銅器銘文研究》210;《商周青銅器銘文暨圖像集成》17275
形制:援上揚,中起脊,雙面有刃。闌側有三長方形穿。內中部有一圓圈,末端向上呈弧狀,上下及末端有刃。近鋒處斷殘。內正面有銘文十九字,背面有銘文三字。
度量:殘長17.1釐米,闌高12釐米,內長8.2釐米。
字數:22
釋文:
廿四年,上郡守疾
造,高奴工師竈、
丞申、工隸臣渠;
上,徒□。

330 平陻右戟

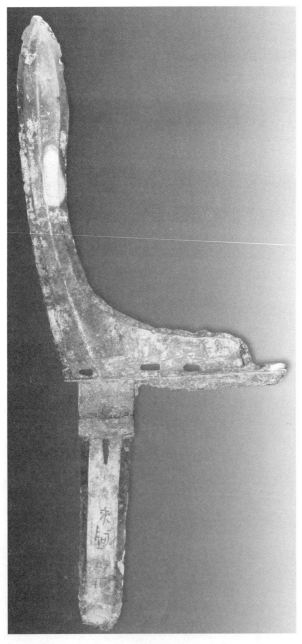

330.1

330.2

器名:平㠯右戟("平阿右鉞"銅戈、平阿右戟)
時代:戰國
國族:齊
出土:壽縣八公山鄉珍珠泉
現藏:壽縣博物館
著録:《璀璨壽春:壽縣文化遺産精粹》第 28 頁;《安徽出土青銅器銘文研究》188
形制:援部中起脊,援及胡部刃口綫明顯,闌側三穿。內有一横穿,有明顯的刃口綫。內上有銘文四字。
度量:通長 27.6 釐米,胡長 6 釐米,內長 11.3 釐米。
字數:4
釋文:
平㠯(阿)右戈(戟)。

331　墜侯因脊戟

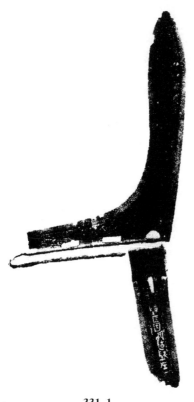

331.1　　　　　　　　331.2

器名:墜侯因脊戟("陳侯因脊造陵左"戟)
時代:戰國
國族:齊
現藏:安徽某氏
著錄:《阜陽亳州出土文物文字篇》222;《中國歷史文物》2007年第5期第15頁圖一
形制:狹援內刃式。援狹長,無中脊。內一穿,三面皆有刃,似刀。胡部三穿。內上有銘文七字,用印戳在範上打印成模後鑄成。
度量:通長25.5釐米,援長15.5釐米,內長10釐米,胡長10釐米,胡下寬1.5釐米,闌長11.4釐米,闌寬0.9釐米。
字數:7
釋文:
墜(陳)侯因脊(齊)造陵左。

332 左賡戟

332.1　　　　　332.2

器名:左腐戟("左腐之敁栓"雙援戟)
時代:戰國
國族:齊
現藏:安徽某氏
著錄:《中國歷史文物》2007年第5期第15頁圖二
形制:雙援戟。上戈爲狹援寬胡式。援中有脊,鋒銳利。長方形內,一穿,尾銳角。胡部三穿。闌下殘。後援中脊下部和胡部有銘文五字。下戈,援身有中脊,鋒尖銳。胡部三穿。後援中脊下部和胡部有銘文五字。
度量:上戈通長29.5釐米,援長20.9釐米,內長8釐米,內寬2.6釐米,胡長8.5釐米,胡上寬2.5釐米,下寬1.5釐米,闌寬1釐米。下戈通長19.8釐米,援長18.5釐米,內長1.3釐米,胡長8釐米,闌長9.2釐米,闌寬1釐米。
字數:5
釋文:
上戈:
左腐(府)之
敁(造)栓(戟)。
下戈:
左腐(府)之
敁(造)栓(戟)。

333 右眂戈

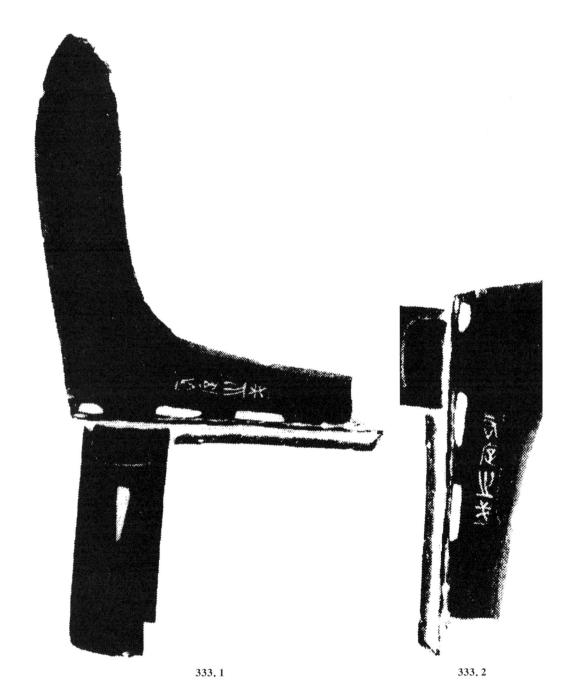

333.1   333.2

器名:右厑戈(右厑之戈)
時代:戰國
國族:齊
現藏:安徽某氏
著錄:《中國歷史文物》2007 年第 5 期第 16 頁圖三
形制:狹援,長胡,無中脊,前鋒作弧形尖削,援狹與胡相等。長方形內,尾下角有缺口,一楔形穿,內前部正背有一銳角長方形凸起。胡部三穿。胡部有銘文四字。銘文是用印戳在範上打成模後鑄成,戳印邊痕明顯。
度量:通長 19.5 釐米,援長 12 釐米,援寬 2.7 釐米,內長 7.3 釐米,內寬 2.7 釐米,胡長 8.9 釐米,闌長 9.8 釐米,闌寬 0.6 釐米。
說明:右厑(胥),職官。
字數:4
釋文:
右厑(胥)之戈。

334 蒙戈

334.1A

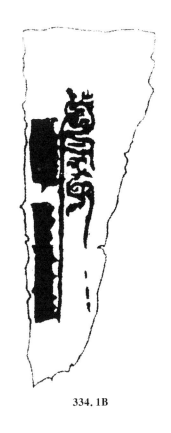
334.1B

器名:蒙戈

時代:戰國晚期

國族:宋

出土:1974 年 3 月安徽省臨泉縣城關廢品收購站揀選

現藏:臨泉縣博物館

著録:《東南文化》1991 年第 2 期第 258 頁圖一;《安徽出土金文訂補》一〇三;《近出殷周金文集録》1085;《新收殷周青銅器銘文暨器影彙編》1990;《楚系金文彙編》第 672 頁圖二②;《阜陽亳州出土文物文字篇》206;《新出殷周青銅器銘文整理與研究》1208;《安徽出土青銅器銘文研究》12;《商周青銅器銘文暨圖像集成》16301;《鳥蟲書通考》(增訂版)圖 348;《鳥蟲書字彙》圖 348

形制:長援,上翹,呈弧形,内平直無刃,尾圓,内中一長方穿。闌長過胡,闌側三個長方穿。胡部有鳥篆銘文一字。

度量:通長 24 釐米,援長 15.5 釐米,内長 8.5 釐米,胡長 10 釐米,闌高 11 釐米。

說明:或認爲屬楚器。(韓自强、馮耀堂:《安徽阜陽地區出土的戰國時期銘文兵器》,《東南文化》1991年第2期,第258頁。)曹錦炎先生考證爲宋。(曹錦炎:《鳥蟲書通考》(增訂版),上海辭書出版社,2014年,第439頁。)

字數:1

釋文:

蒙。

335 壽戈

335.1

335.2

器名:壽戈("壽之行"戈)
時代:戰國晚期
國族:楚
流傳:1980年10月14日合肥市物資回收公司揀選
現藏:合肥市文物管理處
著錄:《安徽省志》(文物志)第354頁(無拓片);《安徽出土青銅器銘文研究》203
形制:戈體呈綠色。平突脊,兩邊援有刃,內上有一長方形穿,飾有弦紋和圓圈紋,闌側三個長方穿。胡部刻有銘文三字。
度量:通長18.3釐米,援長11.6釐米,內長6.7釐米,胡長8.2釐米,厚0.8釐米。
字數:3
釋文:
壽之行。

336 新易戈

336.1

336.2

器名:新昜戈(新陽戈)

時代:戰國

國族:楚

現藏:安徽某氏

著錄:《南方文物》2004年第4期第43頁;《阜陽亳州出土文物文字篇》221

形制:短援,闊內,前鋒較圓鈍。援脊無棱,援根部一圓形穿,援與胡之間弧度大,闌側二穿。內尾上方弧圓,中部一穿。內尾部有銘文二字。

度量:通長22.8釐米,援長14.8釐米,援寬2.8釐米,胡長10.5釐米,內長8釐米,內寬3.5釐米。

字數:2

釋文:

新昜(陽)。

337　戠之王造戈

337.1

337.2

器名:戠之王造戈

時代:戰國

國族:楚

現藏:安徽某氏

著錄:《南方文物》2004年第4期第43頁

形制:短援,闊內。援脊無棱,援根部一圓形穿,闌側二長方形穿,胡部一穿。內尾下方有缺。胡部有銘文四字。

度量:通長19.5釐米,援長12釐米,援寬2.9釐米,胡長9.8釐米,內長7.5釐米,內寬2.8釐米。

字數:4

釋文:

戠之王佶(造)。

338 南君戈

338.1

338.2

器名:南君戈

時代:戰國

國族:楚

現藏:安徽阜陽某氏

著錄:《中國歷史文物》2007年第5期第17頁圖六;《安徽阜陽所見楚銘文兵器綜述》圖五;《近出殷周金文集錄二編》1170;《鳥蟲書通考》(增訂版)圖327;《鳥蟲書字彙》圖327

形制:中脊偏上援,鋒如舌形,援身上翹。內中一微斜長穿,內尾兩面飾鳳鳥紋,內尾下角有缺口。有鳥篆銘文七字,其中援部兩行四字,胡部三字。

度量:通長19.2釐米,援長11.7釐米,援寬2.5釐米,胡長9釐米,胡下寬1.7釐米,內長7.5釐米,內寬2.7釐米,闌長10.5釐米,闌寬0.6釐米。

字數:7

釋文:

南君

旆郢

之車戈。

339　冶疕戈

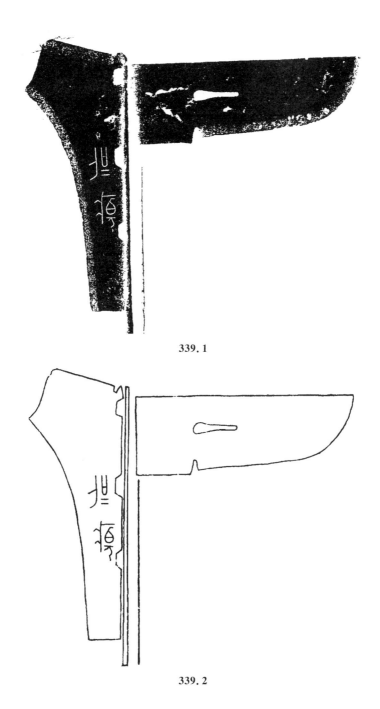

339.1

339.2

339.3

器名：冶瘄戈（冶揚戈）

時代：戰國晚期

出土：安徽省壽縣（《安徽通志金石古物考稿》）

流傳：陳介祺舊藏（《奇觚室吉金文述》）

現藏：上海博物館

著錄：《奇觚室吉金文述》10.8.2；《周金文存》6.48.1；《善齋吉金錄》10.15；《小校經閣金文拓本》10.19.1；《安徽通志金石古物考稿》一六：三：1；《三代吉金文存》卷二十：五：2；《金文總集》7350；《殷周金文集成》10941；《安徽出土金文訂補》一三〇、圖版三〇；《郁華閣金文》第439頁；《安徽出土青銅器銘文研究》61；《商周青銅器銘文暨圖像集成》16488

形制：窄援，長胡，闌側三穿，內上有一橫穿，後端作刀形。胡部有銘文二字。

度量：殘長6.8寸，胡長6寸。（《善齋吉金圖錄》）殘長15.4釐米，內長10.7釐米，闌高13釐米。（《商周青銅器銘文暨圖像集成》）

說明：

字數：2

釋文：

㠯（冶）瘄。

340 腳右戈

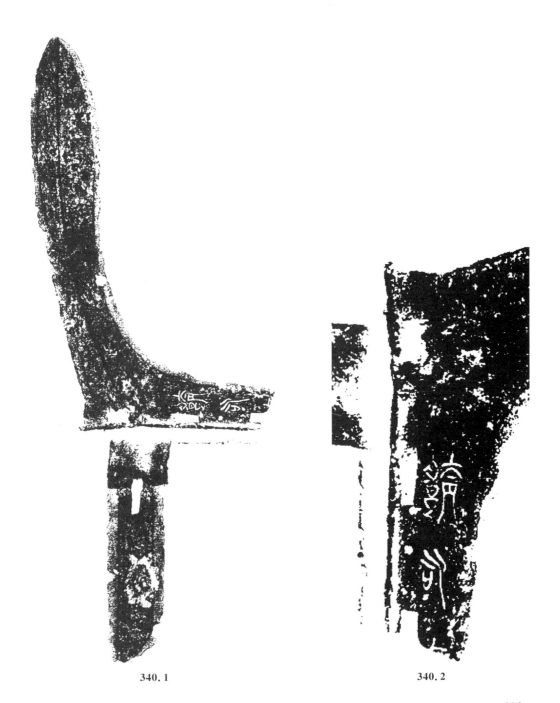

340.1　　　　　　　340.2

器名:腳右戈

時代:戰國晚期

出土:安徽省壽縣(與壽州楚器同時出土)

流傳:李泰棻舊藏

著錄:《痴盦藏金》58;《殷周金文集成》11007;《商周青銅器銘文暨圖像集成》16469

形制:直援上揚,援中起脊,援前寬後窄,略向下彎。胡下端殘,闌側二長條形穿。內作刀形,三邊開刃,前部有一橫穿。胡部有銘文二字。

度量:通長 21.4 釐米。

字數:2

釋文:

腳右。

341　武城左冶戈

341.1

器名：武城左冶戈（武城左□戈）
時代：戰國
現藏：安徽某氏
著録：《阜陽亳州出土文物文字篇》223
形制：胡部有銘文四字。
字數：4
釋文：
武城左冶。

342　蒙劍

342.1

器名：蒙劍
時代：戰國晚期
國族：宋
流傳：1974年6月安徽省潁上縣廢品倉庫揀選
現藏：阜陽博物館
著録：《東南文化》1991年第2期第58頁（無拓片）；《楚系金文彙編》第672頁圖二①b；《阜陽亳州出土文物文字篇》207；《安徽出土青銅器銘文研究》23；《鳥蟲書通考》（增訂版）圖346；《鳥蟲書字彙》圖346
形制：殘斷。僅存劍身一段，斷面呈菱形。劍鋒內側有鳥篆銘文1字。
度量：殘長13.3釐米，寬3.8～4.2釐米。
說明：或認爲屬楚器，據曹錦炎先生考證，定爲宋器。（曹錦炎：《鳥蟲書通考》（增訂版），上海辭書出版社，2014年，第439頁。）
字數：1
釋文：
蒙。

343 䣄左庫劍

343.1　　　　343.2

器名：䣄左庫劍（荊左庫銅劍、䣄左庫劍）

時代：戰國晚期

流傳：1958年安徽省蚌埠市合作社收購

現藏：安徽博物院

著錄：《楚文物圖典》第110頁；《楚系銘文綜合研究》第222頁（一五八）；《安徽出土青銅器銘文研究》31；《商周青銅器銘文暨圖像集成》17813

形制：劍身有從，寬平脊。扁莖，側有兩小突。無鐔，無首。劍身一面有銘文3字。

度量：通長33釐米，寬4.1釐米。重0.4千克。

字數：3

釋文：

䣄（管）左庫。

344 王矛

341.1　　　341.2

器名:王矛
時代:戰國晚期
國族:越
出土:2005年合阜高速公路淮南段
現藏:淮南市博物館
形制:骸較爲寬大,兩側呈弧形坡面。刃部鋒鋭,葉狹長而均勻,中脊起棱,刃下端的本作圓弧形,骸的正面偏下側有一橋形鈕,橢圓形銎。身飾三個蟬形紋。骸的上端正面有一雙綫"王"字。
字數:1
釋文:
王。

345 王矛

345.1   345.2

器名：王矛
時代：戰國
出土：壽縣
現藏：壽縣博物館

形制：骹較爲寬大，兩側呈弧形坡面。刃部鋒銳，葉狹長而均勻，中脊起棱，刃下端的本作圓弧形，骹的正面偏下側有一橋形鈕。身飾三個蟬形紋。骹的上端正面有一雙綫"王"字。

字數：1

釋文：

王。

346 王矛

346.1

346.2

器名：王矛
時代：戰國晚期
國族：越
出土：1972年3月20日安徽省淮南市謝家集區紅衛窰廠（M2）
現藏：淮南市博物館
著録：《淮南市博物館文物集珍》043
　　形制：骹較爲寬大，兩側呈弧形坡面。刃部鋒銳，葉狹長而均匀，脊凸起，刃下端的本作圓弧形，骹的正面偏下側有一橋形鈕，近鈕的下端有一不規則的方形穿，橢圓形銎。矛的前鋒因使用形成弧面。骸的上端正面有一雙綫"王"字。
度量：長17釐米。重0.0776千克。
字數：1
釋文：
王。

347　王矛

器名:王矛
時代:戰國
出土:1976 年肥西縣嚴店鄉莫崗村
現藏:肥西縣文物管理所
著録:《肥西縣志》第 524 頁(無拓片)
形制:通體漆黑光亮,鋒利,葉占全長的五分之三,呈柳葉形,中起脊,最寬處在身基部,脊兩邊有凹槽,骹呈圓形,口沿爲弧形。骹中空直達矛鋒,圓銎内納木柲,出土時殘存木柲,脊飾兩個蟬形紋。近骹處一面有一環鈕孔。骹的一面有雙綫銘文"王"。
度量:通長 18 釐米,葉長 11.8 釐米,骹長 7.2 釐米。重 0.142 千克。
字數:1
釋文:
王。

348　葉矛

348.1

348.2

器名：葉矛
時代：戰國晚期
國族：秦
出土：安徽省臨泉縣
流傳：1972年安徽省臨泉縣城關廢品收購站揀選
現藏：臨泉縣博物館
著録：《東南文化》1991年第2期第259頁圖三；《安徽出土金文訂補》一○一；《近出殷周金文集録》1203；《新收殷周青銅器銘文暨器影彙編》1699；《阜陽亳州出土文物文字篇》211；《新出殷周青銅器銘文整理與研究》1423；《安徽出土青銅器銘文研究》11；《商周青銅器銘文暨圖像集成》17527

形制：中脊隆起，通前鋒，葉有凹槽，骹口成橢圓形，骹中部有釘孔。骹中部釘孔右下側刻有銘文一字。

度量：通長14.8釐米。

字數：1

釋文：

葉。

349　邦司寇陳授鈹

器名：邦司寇陳授鈹（十九年邦司寇鈹、十九年邦司寇陳授戈、邦司寇陳授鈹）
時代：戰國晚期
國族：趙
出土：傳安徽省太和縣趙廟
現藏：私人收藏
著錄：《東南文化》1991 年第 2 期第 261 頁圖八；《安徽出土金文訂補》一三八；《近出殷周金文集錄》1232；《新收殷周青銅器銘文暨器影彙編》1313；《阜陽亳州出土文物文字篇》212；《新出殷周青銅器銘文整理與研究》1495；《安徽出土青銅器銘文研究》8；《商周青銅器銘文暨圖像集成》18005
形制：體呈扁條形，柄中有圓穿孔。莖折斷。莖偏下部有銘文兩行十八字，合文一。
度量：通長 34.3 釐米，寬 2.5～3.3 釐米，柄長 10.5 釐米，柄寬 2 釐米。
字數：18（合文 1）
釋文：
十九年，邦司寇（寇）陳授，
庫工市（師）₌長（張）義，冶奚易敦（執）齋（劑）。

349.1

350 角刮刀

350.1　　　　　350.2

器名：角刮刀（角刃）
時代：戰國
出土：安徽省壽縣（《安徽通志金石古物考稿》）
著録：《小校經閣金文拓本》一〇：一一二：5；《安徽通志金石古物考稿》一六：六：3；《殷周金文集成》11820；《安徽出土金文訂補》一三七；《安徽出土青銅器銘文研究》69；《商周青銅器銘文暨圖像集成》18308
形制：長條形，尖鋒，中有脊，兩遍開刃，後部微内凹。後部脊側有銘文一字。
度量：高 20 釐米，寬 2.83 釐米。
字數：1
釋文：
角。

安徽商周金文彙編

附編　貨幣銘文

1 "枋比垈忻"布幣

幣名:"枋比垈忻"布幣("橈比垈忻"布幣、楚大布)
時代:戰國
國族:楚
出土:1958年宿縣(今宿州市)
現藏:宿州博物館
形制:俗稱"楚大布"。布幣形似鏟狀,仿青銅器農具鑄造而成,體長腰瘦,雙足似燕尾垂挂,首闊呈倒梯形,上端有一圓穿。面部有郭,中有凸起的豎劃。正面有四字,背部有二字。
度量:通長約10釐米。重31.25克。
說明:"展"或釋"愼",此從陳劍先生釋"展"。(陳劍:《釋展》,《追尋中華古代文明的蹤跡——李學勤先生學術活動五十年紀念文集》,上海:復旦大學出版社,2002年,第51頁。)"枋"或釋"橈",或釋"杬",此從李守奎先生釋"枋"。(李守奎:《略識"之""旡"》,《美文(上半月)》,2015年第3期,第63頁。)
字數:6
釋文:
枋(方)比(幣)垈(堂——當)忻(釿)
七展(錘)

2 "枋比坣忻"布幣

幣名:"枋比坣忻"布幣("橈比坣忻"布幣、"旆錢當鋝"銅布幣)
時代:戰國
國族:楚
出土:1971年宿州蘄縣張邱園村出土
現藏:宿州博物館
著録:《安徽館藏珍寶》257
形制:俗稱"楚大布"。布幣形似鏟狀,仿青銅器農具鑄造而成,體長腰瘦,雙足似燕尾垂挂,首闊呈倒梯形,上端有一圓穿。面部有郭,中有凸起的豎劃。正面有四字,背部有二字。
度量:通長10.8釐米,首長2.5釐米,穿徑0.8釐米,單肩寬0.8釐米,單足寬1.5釐米。重40.6克。
字數:2
釋文:
七展(錘)

3 "枋比坣忻"布幣

幣名："枋比坣忻"布幣（"橈比坣忻"布幣、"旆錢當鈢"銅布幣）
時代：戰國
國族：楚
出土：1971年宿州蘄縣張邱園村出土
現藏：宿州博物館
著錄：《安徽館藏珍寶》257
形制：俗稱"楚大布"。布幣形似鏟狀，仿青銅器農具鑄造而成，體長腰瘦，雙足似燕尾垂挂，首闊呈倒梯形，上端有一圓穿。面部有郭，中有凸起的豎劃。正面有四字，背部有二字"七展（錘）"。
度量：通長10.8釐米，首長2.5釐米，穿徑0.8釐米，單肩寬0.8釐米，單足寬1.5釐米。重40.6克。
字數：4
釋文：
枋（方）比（幣）坣（堂——當）忻（鈢）

4 "枋比垯忻"布幣

幣名:"枋比垯忻"布幣("橈比垯忻"布幣、"旆錢當釿"銅布幣)
時代:戰國
國族:楚
出土:1971年宿州蘄縣張邱園村出土
現藏:宿州博物館
著錄:《安徽館藏珍寶》257
　　形制:俗稱"楚大布"。布幣形似鏟狀,仿青銅器農具鑄造而成,體長腰瘦,雙足似燕尾垂挂,首闊呈倒梯形,上端有一圓穿。面部有郭,中有凸起的豎劃。正面有四字,背部有二字。
　　度量:通長10.8釐米,首長2.5釐米,穿徑0.8釐米,單肩寬0.8釐米,單足寬1.5釐米。重40.6克。
　　字數:2
　　釋文:
　　七屏(錘)

5 "枋比垱忻"布幣

幣名:"枋比垱忻"布幣("橈比垱忻"布幣、"斾錢當釿"銅布幣)
時代:戰國
國族:楚
出土:1971年宿州蘄縣張邱園村出土
現藏:宿州博物館
著録:《安徽館藏珍寶》257

形制:俗稱"楚大布"。布幣形似鏟狀,仿青銅器農具鑄造而成,體長腰瘦,雙足似燕尾垂挂,首闊呈倒梯形,上端有一圓穿。面部有郭,中有凸起的豎劃。正面有四字,背部有二字。

度量:通長10.8釐米,首長2.5釐米,穿徑0.8釐米,單肩寬0.8釐米,單足寬1.5釐米。重40.6克。

字數:2

釋文:

七展(錘)

6 "枋比垱忻"布幣

幣名:"枋比垱忻"布幣("橈比垱忻"布幣、"旆錢當斱"銅布幣)
時代:戰國
國族:楚
出土:1971年宿州蘄縣張邱園村出土
現藏:宿州博物館
著錄:《安徽館藏珍寶》257
形制:俗稱"楚大布"。布幣形似鏟狀,仿青銅器農具鑄造而成,體長腰瘦,雙足似燕尾垂挂,首闊呈倒梯形,上端有一圓穿。面部有郭,中有凸起的豎劃。正面有四字,背部有二字"七展(錘)"。
度量:通長10.8釐米,首長2.5釐米,穿徑0.8釐米,單肩寬0.8釐米,單足寬1.5釐米。重40.6克。
字數:4
釋文:
枋(方)比(幣)垱(堂——當)忻(斱)

7 "枋比垱忻"布幣

幣名:"枋比垱忻"布幣("橈比垱忻"布幣、"旆錢當釿"銅布幣)
時代:戰國
國族:楚
出土:1971年宿州蘄縣張邱園村出土
現藏:宿州博物館
著錄:《安徽館藏珍寶》257
形制:俗稱"楚大布"。布幣形似鏟狀,仿青銅器農具鑄造而成,體長腰瘦,雙足似燕尾垂挂,首闊呈倒梯形,上端有一圓穿。面部有郭,中有凸起的豎劃。正面有四字,背部有二字。
度量:通長10.8釐米,首長2.5釐米,穿徑0.8釐米,單肩寬0.8釐米,單足寬1.5釐米。重40.6克。
字數:2
釋文:

七展(錘)

8 "枋比垱忻"布幣

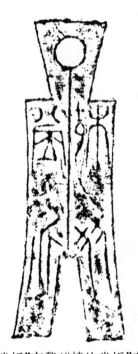 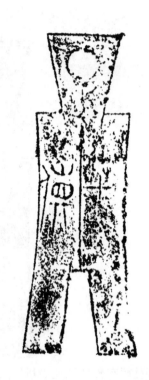

幣名:"枋比垱忻"布幣("橈比垱忻"布幣)
時代:戰國
國族:楚
出土:2002年9月初宿州市近郊
著録:《安徽錢幣》2003年第2期第40、52頁
形制:布幣形似鏟狀,仿青銅器農具鑄造而成,體長腰瘦,雙足似燕尾垂挂,首闊呈倒梯形,上端有一圓穿。正面有四字,背部有二字。
字數:6
釋文:
枋(方)比(幣)垱(堂——當)忻(釿)
七展(錘)

9 "枋比垱忻"布幣

幣名:"枋比垱忻"布幣("橈比垱忻"布幣)
時代:戰國
國族:楚
出土:淮北市相山區
現藏:淮北市博物館(隋唐大運河博物館)
著錄:《淮北煤師院學報》(哲學社會科學版)1987年第1期第194頁圖一
　形制:布幣形似鏟狀,仿青銅器農具鑄造而成,體長腰瘦,雙足似燕尾垂挂,首闊呈倒梯形,上端有一圓穿。正面有四字,背部有二字。
　度量:通長9.8釐米,肩寬3釐米。殘重30克。
　字數:6
　釋文:
枋(方)比(幣)垱(堂——當)忻(釿)
七展(錘)

10 "枋比垱忻"布幣

幣名:"枋比垱忻"布幣("橈比垱忻"布幣)
時代:戰國
國族:楚
出土:淮北市相山區
現藏:淮北市博物館(隋唐大運河博物館)
著錄:《淮北煤師院學報》(哲學社會科學版)1987年第1期第193頁圖二
　　形制:布幣形似鏟狀,仿青銅器農具鑄造而成,體長腰瘦,雙足似燕尾垂挂,一足殘斷,首闊呈倒梯形,上端有一圓穿。正面有四字,背部有二字。
　　度量:通長9.9釐米,肩寬3釐米。殘重30克。
　　字數:6
　　釋文:
　　枋(方)比(幣)垱(堂——當)忻(釿)
　　七展(錘)

11 "枋比尚忻"布幣

幣名："枋比尚忻"布幣（"橈比尚忻"布幣）
時代：戰國
國族：楚
出土：壽縣
現藏：壽縣博物館
形制：布幣形似鏟狀，仿青銅器農具鑄造而成，體長腰瘦，雙足似燕尾垂挂，一足殘斷，首闊呈倒梯形，上端有一圓穿。正面有四字，背部有二字。
字數：6
釋文：
枋（方）比（幣）尚（堂——當）忻（釿）
七展（錘）

12　"枋比忻四"布幣

幣名:"枋比忻四"布幣("橈比忻四"布幣)
時代:戰國
國族:楚
出土:安徽省固鎮縣
著錄:《安徽錢幣》2003 年第 2 期封二、第 22 頁
形制:布幣形似鏟狀,仿青銅器農具鑄造而成,體長腰瘦,雙足似燕尾垂挂,首闊呈倒梯形,上端有一圓穿。正面有四字,背部有四字。
字數:8
釋文:
枋(方)比(幣)忻(釿)四
一展(錘)　六展(錘)

13 "四比垈忻"布幣

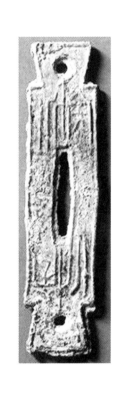

幣名:"四比垈忻"布幣
時代:戰國
國族:楚
現藏:宿州博物館
形制:布幣身呈長條形,正中一長穿,兩端呈倒梯形,各有一圓穿。正面有四字,背部有四字。

字數:8
釋文:
四比(幣)
垈(堂——當)忻(釿)
四比(幣)
垈(堂——當)忻(釿)

14 "視金四朱"銅錢牌

幣名:"視金四朱"銅錢牌
時代:戰國
國族:楚
現藏:宿州博物館
字數:4
釋文:
視金四朱

15　巽貝

幣名:巽貝
時代:戰國
國族:楚
出土:宿州市
現藏:宿州博物館
形制:青銅鑄。鬼臉形。底平,面隆起。
字數:1
釋文:
巽

16　巽貝

幣名:巽貝
時代:戰國
國族:楚
出土:宿州市
現藏:宿州博物館
形制:青銅鑄。鬼臉形。底平,面隆起。下端透穿。
字數:1
釋文:
巽

17　巽貝

幣名:巽貝
時代:戰國
國族:楚
出土:淮北市相山區
現藏:淮北市博物館(隋唐大運河博物館)
著錄:《淮北煤師院學報》(哲學社會科學版)1987年第1期第194頁圖三
形制:布幣形似鏟狀,仿青銅器農具鑄造而成,體長腰瘦,雙足似燕尾垂挂,首闊呈倒梯形,上端有一圓穿。正面有四字,背部有二字。
度量:重2.5克。
字數:1
釋文:
巽

18　巽貝

幣名:巽貝
時代:戰國
國族:楚
出土:淮北市相山區
現藏:淮北市博物館(隋唐大運河博物館)
著錄:《淮北煤師院學報》(哲學社會科學版)1987年第1期第194頁圖三
形制:布幣形似鏟狀,仿青銅器農具鑄造而成,體長腰瘦,雙足似燕尾垂挂,首闊呈倒梯形,上端有一圓穿。正面有四字,背部有二字。
度量:重1.5克。
字數:1
釋文:
巽

19　巽貝

幣名:巽貝
時代:戰國
國族:楚
出土:1983年6月10日臨泉縣崔寨鄉史莊村
現藏:臨泉縣博物館
著録:《中原文物》1985年第1期第97頁
形制:青銅鑄。鬼臉形。底平,面隆起。下端透穿。
度量:長2.1釐米,寬1.3釐米,厚0.2釐米。重3.4克。
字數:1
釋文:
巽

20　巽貝

幣名:巽貝
時代:戰國
國族:楚
出土:1983年6月10日臨泉縣崔寨鄉史莊村
現藏:臨泉縣博物館
著錄:《中原文物》1985年第1期第97頁
形制:青銅鑄。鬼臉形。底平,面隆起。下端透穿。
度量:長2釐米,寬1.3釐米,厚0.3釐米。重3.6克。
字數:1
釋文:
巽

21　巽貝

幣名:巽貝
時代:戰國
國族:楚
出土:1983年6月10日臨泉縣崔寨鄉史莊村
現藏:臨泉縣博物館
著錄:《中原文物》1985年第1期第97頁
形制:青銅鑄。鬼臉形。底平,面隆起。下端透穿。
度量:長1.8釐米,寬1.1釐米,厚0.2釐米。重2.4克。
字數:1
釋文:
巽

22　巽貝

幣名:巽貝
時代:戰國
國族:楚
出土:1983年6月10日臨泉縣崔寨鄉史莊村
現藏:臨泉縣博物館
著録:《中原文物》1985年第1期第97頁
形制:青銅鑄。鬼臉形。底平,面隆起。下端透穿。
度量:長1.8釐米,寬1.6釐米,厚0.3釐米。重3克。
字數:1
釋文:
巽

23　巽貝

幣名:巽貝(蟻鼻錢)
時代:戰國
國族:楚
出土:1985年8月26日肥西縣新倉鄉
著錄:《中國錢幣》1994年第3期插圖一、第45頁圖2
形制:鬼臉形。底平,面隆起。
度量:長1.84釐米,寬1.1釐米,厚0.29釐米。重2克。
字數:1
釋文:
巽

24　巺貝

幣名:巺貝(蟻鼻錢)
時代:戰國
國族:楚
出土:1985年8月26日肥西縣新倉鄉
著録:《中國錢幣》1994年第3期第45頁圖3
形制:鬼臉形。底平,面隆起。
度量:長1.75釐米,寬1.05釐米,厚0.22釐米。重2克。
字數:1
釋文:
巺

25 巽貝

幣名:巽貝(蟻鼻錢)
時代:戰國
國族:楚
出土:1985年8月26日肥西縣新倉鄉
著錄:《中國錢幣》1994年第3期第45頁圖4
形制:鬼臉形。底平,面隆起。
度量:長1.9釐米,寬1.15釐米,厚0.27釐米。重2.2克。
字數:1
釋文:
巽

26　巽貝

幣名：巽貝（蟻鼻錢）
時代：戰國
國族：楚
出土：1985年8月26日肥西縣新倉鄉蟻鼻錢窖藏
著錄：《中國錢幣》1994年第3期第45頁圖5
形制：鬼臉形。底平，面隆起。
度量：長2釐米，寬1.2釐米，厚0.28釐米。重2.4克。
字數：1
釋文：
巽

27　巽貝

幣名:巽合背貝(蟻鼻錢)
時代:戰國
國族:楚
出土:1985年8月26日肥西縣新倉鄉
著錄:《中國錢幣》1994年第3期第45頁圖6
形制:合背貝。錢體較輕薄,兩面皆有文字。
度量:長1.8釐米,寬1.18釐米,厚0.22釐米。重1.75克。
字數:2
釋文:
巽
巽

28　巽貝

幣名:巽貝(蟻鼻錢)
時代:戰國
國族:楚
出土:1985年8月26日肥西縣新倉鄉蟻鼻錢窖藏
著錄:《中國錢幣》1994年第3期第45頁圖7
形制:鬼臉形。底平,面隆起。
度量:長2.1釐米,寬1.25釐米,厚0.3釐米。重2.6克。
字數:1
釋文:
巽

29　巽貝

幣名：巽貝（蟻鼻錢）
時代：戰國
國族：楚
出土：2008 年 4 月 3 日太湖縣小池鎮中心村后河輪窯廠
現藏：太湖縣文物管理所（博物館）
著錄：《西部金融》2008 年第 9 期第 84 頁；《大眾文藝》2013 年第 16 期第 271 頁圖四
形制：鬼臉形。底平，面隆起。上寬下狹，文字下有一穿。
度量：長 1.8 釐米，寬 1.2 釐米，厚 0.2 釐米。重 2.44 克。
字數：1
釋文：
巽

30　巽貝

幣名:巽貝(戰國蟻鼻錢)
時代:戰國
出土:2001年8月22日六安九里溝三窑M223
現藏:皖西博物館
著錄:皖西博物館網站
形制:青銅鑄。鬼臉形。底平,面隆起。
度量:長1.9釐米,寬1.3釐米。
字數:1
釋文:
巽

31　巽貝

幣名：巽貝（戰國蟻鼻錢）
時代：戰國
出土：2001年8月22日六安九里溝三窯M223
現藏：皖西博物館
著錄：皖西博物館網站
形制：青銅鑄。鬼臉形。底平，面隆起。
度量：長1.9釐米，寬1.3釐米。
字數：1
釋文：
巽

32　巽貝

幣名：巽貝（戰國蟻鼻錢）
時代：戰國
出土：2001年8月22日六安九里溝三窯M223
現藏：皖西博物館
著錄：皖西博物館網站
形制：青銅鑄。鬼臉形。底平，面隆起。
度量：長1.9釐米，寬1.3釐米。
字數：1
釋文：
巽

33　巽貝

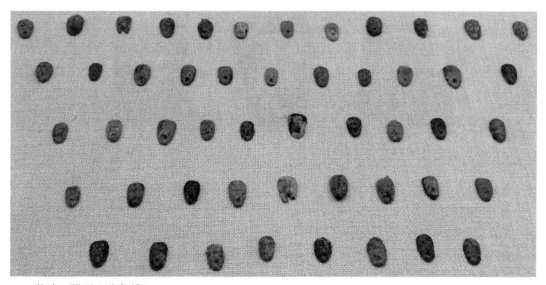

幣名:巽貝(蟻鼻錢)
時代:戰國
國族:楚
出土:壽縣
現藏:壽縣博物館
形制:青銅鑄。鬼臉形。底平,面隆起。
字數:1
釋文:
巽

34 安貝

幣名:安貝(蟻鼻錢)
時代:戰國
國族:楚
出土:1985年8月26日肥西縣新倉鄉
著錄:《中國錢幣》1994年第3期插圖一、第45頁圖1
形制:鬼臉形。底平,面隆起。
度量:長1.9釐米,寬1.18釐米,厚0.3釐米。重2.5克。
字數:1
釋文:
安

35　忻貝

幣名：忻貝（蟻鼻錢）

時代：戰國

國族：楚

出土：1985年8月26日肥西縣新倉鄉

著錄：《中國錢幣》1994年第3期第45頁圖8

形制：鬼臉形。底平，面隆起。錢體厚重。幣面近字處有明顯的模壓痕跡，當是製範時用戳記模壓時所留。

度量：長2.1釐米，寬1.4釐米，厚0.3釐米。重4克。

字數：1

釋文：

忻（釿）

36 忻貝

幣名：忻貝
時代：戰國
國族：楚
出土：宿州市
現藏：宿州博物館
形制：鬼臉形。底平，面隆起。下端透穿。
字數：1
釋文：
忻（釿）

37　君貝

幣名：君貝（蟻鼻錢）
時代：戰國
國族：楚
出土：1985年8月26日肥西縣新倉鄉蟻鼻錢窖藏
著錄：《中國錢幣》1994年第3期第45頁圖9
形制：鬼臉形。底平，面隆起。錢體短而厚，透穿，多爲水坑銹色。
度量：長1.8釐米，寬1.2釐米，厚0.2釐米。重2克。
字數：1
釋文：
君

38　君貝

幣名:君貝
時代:戰國
國族:楚
出土:宿州市
著録:宿州博物館
形制:鬼臉形。底平,面隆起。下部透穿。
字數:1
釋文:
君

39　坌朱貝

幣名：坌朱貝（蟻鼻錢）
時代：戰國
國族：楚
出土：1985年8月26日肥西縣新倉鄉蟻鼻錢窖藏
著錄：《中國錢幣》1994年第3期第45頁圖10
形制：底平，面隆起。錢體狹長，文字上方有一穿。
度量：長1.98釐米，寬1.1釐米，厚0.27釐米。重3克。
字數：2
釋文：
坌朱

40　坐朱貝

幣名:坐朱貝(蟻鼻錢)
時代:戰國
國族:楚
出土:2008 年 4 月 3 日太湖縣小池鎮中心村后河輪窯廠
現藏:太湖縣文物管理所(博物館)
著錄:《西部金融》2008 年第 9 期第 84 頁;《大眾文藝》2013 年第 16 期第 271 頁圖五
形制:底平,面隆起。錢體狹長,上狹下寬,上端有一穿未穿透。腹部左右各有有兩道對稱的向內凹陷。
字數:2
釋文:
坐朱

41　坌朱貝

幣名:坌朱貝(蟻鼻錢)
時代:戰國
國族:楚
出土:2008年4月3日太湖縣小池鎮中心村后河輪窯廠
現藏:太湖縣文物管理所(博物館)
著錄:《西部金融》2008年第9期第84頁
形制:底平,面隆起。錢體狹長,上狹下寬,上端有一穿未穿透。腹部左右各有有兩道對稱的向內凹陷。
字數:2
釋文:
坌朱

42　坙朱貝

幣名:坙朱貝(蟻鼻錢)
時代:戰國
國族:楚
出土:2008 年 4 月 3 日太湖縣小池鎮中心村后河輪窯廠
現藏:太湖縣文物管理所(博物館)
著錄:《西部金融》2008 年第 9 期第 84 頁
形制:底平,面隆起。錢體狹長,上狹下寬,上端有一穿未穿透。腹部左右各有有兩道對稱的向內凹陷。
字數:
釋文:2
坙朱

43　郢爯金版

幣名:郢爯金版

時代:戰國

國族:楚

出土:1967年臨泉縣銅城鄉墳塘村(阜49)

現藏:阜陽博物館

著錄:《考古》1973年第3期第163頁圖二:阜49號;《阜陽亳州出土文物文字篇》231;《楚系金文彙編》第755頁

形制:長條形。正面平,戳印兩行直列,每行六字,計十二枚。一側有切割痕。正面鈐陰文"郢爯"方印十二枚。

度量:長7.1釐米,寬3.2~3.5釐米,厚0.3釐米。重170.015克。

釋文:

郢爯

44　郢爯金版

幣名：郢爯金版
時代：戰國
國族：楚
出土：1967 年臨泉縣銅城鄉墳塘村（阜 50）
現藏：阜陽博物館
著錄：《考古》1973 年第 3 期第 165 頁；《阜陽亳州出土文物文字篇》230；《楚系金文彙編》第 755 頁
形制：正面鈐陰文"郢爯"方印一枚半。
度量：重 24.9618 克。
釋文：
郢爯

45　郢爯金版

幣名:郢爯金版
時代:戰國
國族:楚
出土:1967 年臨泉縣鮦城鄉墳塘村(阜 51)
現藏:阜陽博物館
著錄:《考古》1973 年第 3 期第 163 頁圖二:阜 51 號
形制:正面鈐陰文"郢爯"方印四枚。
度量:重 30.6046 克。
釋文:
郢爯

46　郢爯金版

幣名:郢爯金版

時代:戰國

國族:楚

出土:1970年底臨泉縣艾亭集西南(阜63)

現藏:阜陽博物館

著錄:《考古》1973年第3期第163頁圖二;阜63號

形制:正面鈐陰文"郢爯"方印三枚。背面刻有數字符號。

度量:重49.6862克。

釋文:

郢爯

47　郢爯金版

幣名：郢爯金版
時代：戰國
國族：楚
出土：1970 年底臨泉縣艾亭集西南（阜 64）
現藏：阜陽博物館
著錄：《考古》1973 年第 3 期第 163 頁圖二：阜 64 號
形制：正面鈐阴文"郢爯"方印兩枚。側面刻有數字符號。
度量：重 43.0649 克。
釋文：
郢爯

48　郢爯金版

幣名：郢爯金版
時代：戰國
國族：楚
出土：1970 年底臨泉縣艾亭集西南（阜 65）
現藏：阜陽博物館
著錄：《考古》1973 年第 3 期第 163 頁圖二：阜 65 號
形制：正面鈐陰文"郢爯"方印兩枚。側面刻有數字符號。
度量：重 40.2207 克。
釋文：
郢爯

49　郢爯金版

幣名：郢爯金版
時代：戰國
國族：楚
出土：1970年底臨泉縣艾亭集西南（阜83）
現藏：阜陽博物館
著録：《考古》1973年第3期第163頁圖二；阜83號
形制：正面鈐阴文"郢爯"方印兩枚。
度量：重30.3913克。
釋文：
郢爯

50　郢爯金版

幣名:郢爯金版
時代:戰國
國族:楚
出土:1970 年底臨泉縣艾亭集西南(阜 88)
現藏:阜陽博物館
著錄:《考古》1973 年第 3 期第 163 頁圖二;阜 88 號
形制:正面鈐陰文"郢爯"方印一枚。
度量:重 17.9343 克。
釋文:
郢爯

51　郢爯金版

幣名：郢爯金版
時代：戰國
國族：楚
出土：1969 年安徽六安三十鋪公社立新大隊陳小莊
流傳：1971 年安徽省人民銀行調撥安徽博物院
現藏：安徽博物院
著錄：《考古》1972 年第 1 期第 32 頁圖五；《安徽錢幣》1997 年第 3 期第 17 頁；《先秦貨幣通論》第 345 頁
形制：近方形，兩側中間凹入，四角外伸，類似龜腹版形狀。正面鈐陰文"郢爯"方印十六枚。
度量：通長 6.8 釐米，最寬 6.8 釐米，厚約 0.4 釐米。重 268.3 克。
釋文：
郢爯

52　郢爯金版

幣名：郢爯金版
時代：戰國
國族：楚
出土：1969年安徽六安三十鋪公社立新大隊陳小莊
流傳：1971年安徽省人民銀行調撥安徽博物院
現藏：安徽博物院
著錄：《考古》1972年第1期第32頁圖五；《安徽錢幣》1997年第3期第17頁；《先秦貨幣通論》第345頁
形制：近方形，兩側中間凹入，四角外伸，類似龜腹版形狀。正面鈐陰文"郢爯"方印十六枚。
度量：通長7.1釐米，最寬7.8釐米，厚約0.5釐米。重269.8克。
釋文：
郢爯

53　郢爯金版

幣名:郢爯金版
時代:戰國
國族:楚
出土:1969年安徽六安三十鋪公社立新大隊陳小莊
著錄:《考古》1972年第1期第32頁圖五
形制:正面鈐陰文"郢爯"方印三枚。
釋文:
郢爯

54　郢爯金版

幣名：郢爯金版
時代：戰國
國族：楚
出土：1969 年安徽六安三十鋪公社立新大隊陳小莊
著錄：《考古》1972 年第 1 期第 32 頁圖五
形制：正面鈐阴文"郢爯"方印三枚。
釋文：
郢爯

55　郢爯金版

幣名:郢爯金版
時代:戰國
國族:楚
出土:1970年5月阜南縣三塔鄉朱大灣村(阜7)
現藏:阜陽博物館
著錄:《考古》1972年第1期第32頁圖五;《考古》1973年第3期第163頁圖二:阜7號、第164頁圖三:阜7號;《安徽錢幣》1997年第3期第18頁;《阜陽亳州出土文物文字篇》225;《先秦貨幣通論》第340頁圖一一二;《楚系金文彙編》第754、755頁
　形制:近方形,兩側中間凹入,四角外伸,類似龜腹版形狀。正面鈐陰文"郢爯"方印十九枚。側面刻有數字符號。
　度量:通長7.8釐米,寬6.8釐米,左右束腰處寬4.8釐米,厚0.45釐米。重280克。
　釋文:
　郢爯

56　郢再金版

幣名:郢再金版
時代:戰國
國族:楚
出土:1970年5月阜南縣三塔鄉朱大灣村(阜8)
現藏:阜陽博物館
著錄:《考古》1973年第3期第163頁圖二:阜8號;《阜陽亳州出土文物文字篇》227;《先秦貨幣通論》第340頁圖一一二;《楚系金文彙編》第754、755頁
形制:近方形,兩側中間凹入,四角外伸,類似龜腹版形狀。正面鈐陰文"郢再"方印十七枚。
度量:通長8～8.5釐米,寬5.4～7.4釐米,左右束腰處寬4.7釐米,厚約0.4釐米。重262.825克。
釋文:
郢再

57　郢爯金版

幣名:郢爯金版
時代:戰國
國族:楚
出土:1970年5月阜南縣三塔鄉朱大灣村(阜9)
現藏:阜陽博物館
著録:《考古》1973年第3期第163頁圖二:阜9號、第164頁圖三:阜9號;《阜陽亳州出土文物文字篇》226;《先秦貨幣通論》第340頁圖一一二;《楚系金文彙編》第754、755頁
　　形制:近方形,兩側中間凹入,四角外伸,類似龜腹版形狀。正面鈐陰文"郢爯"方印十八枚。側面和背面刻有數字符號。
　　度量:通長6.4～7釐米,寬5.2～6.8釐米,左右束腰處寬5釐米,厚約0.2～0.5釐米。重263.3627克。
　　釋文:
　　郢爯

58　郢爯金版

幣名：郢爯金版
時代：戰國
國族：楚
出土：1970 年 5 月阜南縣三塔鄉朱大灣村（阜 11）
現藏：阜陽博物館
著錄：《考古》1973 年第 3 期第 163 頁圖二：阜 11 號
形制：正面鈐陰文"郢爯"方印一枚。
度量：重 12 克。
釋文：
郢爯

59　郢爯金版

幣名：郢爯金版
時代：戰國
國族：楚
出土：1970 年 5 月阜南縣三塔鄉朱大灣村（阜 12）
現藏：阜陽博物館
著錄：《考古》1973 年第 3 期第 163 頁圖二：阜 12 號
形制：正面鈐陰文"郢爯"方印一枚。
度量：重 11.8 克。
釋文：
郢爯

60　郢爯金版

幣名:郢爯金版
時代:戰國
國族:楚
出土:1970 年 5 月阜南縣三塔鄉朱大灣村(阜 16)
現藏:阜陽博物館
著錄:《考古》1973 年第 3 期第 163 頁圖二:阜 16 號
形制:正面鈐陰文"郢爯"方印二枚。
度量:重 31 克。
釋文:
郢爯

61　郢爯金版

幣名:郢爯金版
時代:戰國
國族:楚
出土:1970年5月阜南縣三塔鄉朱大灣村(阜17)
現藏:阜陽博物館
著錄:《考古》1973年第3期第163頁圖二:阜17號
形制:正面鈐陰文"郢爯"方印二枚。
度量:重20.7克。
釋文:
郢爯

62　郢爯金版

幣名:郢爯金版
時代:戰國
國族:楚
出土:1970年5月阜南縣三塔鄉朱大灣村(阜18)
現藏:阜陽博物館
著錄:《考古》1973年第3期第163頁圖二;阜18號
形制:正面鈐陰文"郢爯"方印二枚。
度量:重29.5克。
釋文:
郢爯

63　郢爯金版

幣名：郢爯金版
時代：戰國
國族：楚
出土：1970年5月阜南縣三塔鄉朱大灣村（阜21）
現藏：阜陽博物館
著錄：《考古》1973年第3期第163頁圖二：阜21號
形制：正面鈐陰文"郢爯"方印一枚。
度量：重17.7克。
釋文：
郢爯

64　郢爯金版

幣名：郢爯金版
時代：戰國
國族：楚
出土：1970年5月阜南縣三塔鄉朱大灣村（阜22）
現藏：阜陽博物館
著録：《考古》1973年第3期第163頁圖二；阜22號
形制：正面鈐陰文"郢爯"方印一枚。
度量：重13.3克。
釋文：
郢爯

65 郢爯金版

幣名:郢爯金版
時代:戰國
國族:楚
出土:1970年5月阜南縣三塔鄉朱大灣村
現藏:阜陽博物館
形制:正面鈐陰文"郢爯"方印八枚半。
釋文:
郢爯

66　郢爯金版

幣名：郢爯金版
時代：戰國
國族：楚
出土：1970 年 5 月阜南縣三塔鄉朱大灣村
現藏：安徽博物院
著錄：《安徽館藏珍寶》255
形制：平面呈龜板狀，四角形，凹弧邊，中間鼓，邊角上翹。正面鈐陰文"郢爯"方印十六枚。
度量：長 7.8 釐米，寬 6.8 釐米，厚 0.45 釐米。重 280 克。
釋文：
郢爯

67　郢爯金版

幣名：郢爯金版
時代：戰國
國族：楚
出土：1970年底臨泉縣艾亭集西南
現藏：阜陽博物館
形制：正面鈐阴文"郢爯"方印四枚半。
釋文：
郢爯

68　郢爯金版

幣名:郢爯金版
時代:戰國
國族:楚
出土:淮南市
流傳:1974年5月淮南市謝家集區人民銀行調撥
現藏:淮南市博物館
著錄:《淮南市博物館文物集珍》第134頁
形制:四面有割痕。正面鈐陰文"郢爯"方印一枚。
度量:長1.9釐米,寬1.8釐米,厚0.4釐米。重13克。
釋文:
郢爯

69　郢爯金版

幣名：郢爯金版
時代：戰國
國族：楚
出土：宿州市
現藏：宿州博物館
形制：四面有割痕。正面鈐阴文"郢爯"方印一枚。
释文：
郢爯

70　郢爯金版

幣名:郢爯金版
時代:戰國
國族:楚
出土:1979年8月9日壽縣壽春鎮東津鄉花園村門朝西隊(壽春城遺址)(壽5号)
現藏:壽縣博物館
著録:《文物》1980年第10期圖版伍:4左、5左,第68頁圖一:3,第69頁圖二:5;《安徽錢幣》1997年第3期第18頁圖一;《楚文物圖典》第413頁;《先秦貨幣通論》第338頁圖一一〇:1;《楚系金文彙編》第752頁圖1
形制:上寬下窄,兩端中間凹入,四角外伸,類似龜腹版形狀。正面鈐陰文"郢爯"方印二十二枚。背面和側面刻有數字符號。一側呈切割痕。
度量:通長4.6~4.9釐米,寬6.8~7.9釐米,厚0.3~0.5釐米。重263.5克。
釋文:
郢爯

71　郢爯金版

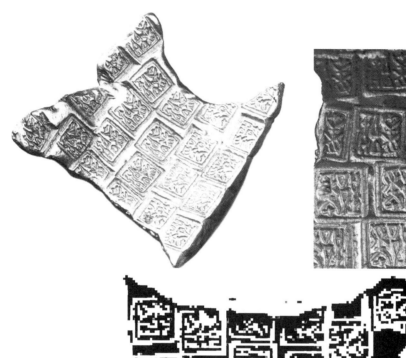

幣名：郢爯金版
時代：戰國
國族：楚
出土：1979年8月9日壽縣壽春鎮東津鄉花園村門朝西隊（壽春城遺址）（壽6號）
現藏：中國國家博物館

著錄:《文物》1980年第10期圖版伍:4右、5右,第68頁圖一:4,第69頁圖二:6;《安徽錢幣》1997年第3期第18頁;《中國通史陳列》4－2－18左

形制:上寬下窄,兩端中間凹入,四角外伸,類似龜腹版形狀。正面鈐阴文"郢爰"方印二十二枚。背面和側面刻有數字符號。一側呈切割痕。

度量:長7釐米,寬7.3釐米,厚0.3～0.5釐米。重259.1克。

釋文:

郢爰

72　郢爯金版

幣名：郢爯金版
時代：戰國
國族：楚
出土：1986年2月13日壽縣東津鄉周寨村周家油坊隊（壽春城遺址）(DJ:1)
現藏：壽縣博物館
著錄：《文物》1992年第10期第93頁圖七：1、圖八
形制：類似龜壳狀，上寬下窄，表面內凹，背面隆起，有範模條紋痕跡。背面刻有數字符號。一側平而直，似切割痕。正面鈐阴文"郢爯"方印。
度量：通長5.5～8.8釐米，寬4.4～8釐米，厚0.2～0.6釐米。重256～272克。
釋文：
郢爯

73　郢爯金版

幣名：郢爯金版
時代：戰國
國族：楚
出土：1986年2月13日壽縣東津鄉周寨村周家油坊隊（壽春城遺址）(DJ:2)
現藏：壽縣博物館
著錄：《文物》1992年第10期第93頁圖八
形制：類似龜壳狀，上寬下窄，表面內凹，背面隆起，有範模條紋痕跡。背面刻有數字符號。一側平而直，似切割痕。正面鈐陰文"郢爯"方印。
度量：通長5.5～8.8釐米，寬4.4～8釐米，厚0.2～0.6釐米。重256～272克。
釋文：
郢爯

74 郢爯金版

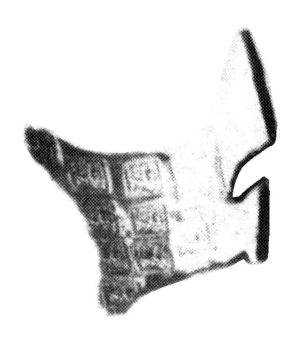

幣名：郢爯金版
時代：戰國
國族：楚
出土：1986年2月13日壽縣東津鄉周寨村周家油坊隊（壽春城遺址）(DJ:3)
現藏：壽縣博物館
著錄：《文物》1992年第10期第93頁圖八
形制：類似龜壳狀，上寬下窄，表面內凹，背面隆起，有範模條紋痕跡。背面刻有數字符號。一側平而直，似切割痕。正面鈐陰文"郢爯"方印。
度量：通長5.5～8.8釐米，寬4.4～8釐米，厚0.2～0.6釐米。重256～272克。
釋文：
郢爯

75　郢禹金版

幣名:郢禹金版
時代:戰國
國族:楚
出土:1986年2月13日壽縣東津鄉周寨村周家油坊隊(壽春城遺址)(DJ:4)
現藏:壽縣博物館
著錄:《文物》1992年第10期第93頁圖八
形制:類似龜壳狀,上寬下窄,表面內凹,背面隆起,有範模條紋痕跡。背面刻有數字符號。一側平而直,似切割痕。正面鈐阴文"郢禹"方印。
度量:通長5.5~8.8釐米,寬4.4~8釐米,厚0.2~0.6釐米。重256~272克。
釋文:
郢禹

76　郢爯金版

幣名：郢爯金版
時代：戰國
國族：楚
出土：1986年2月13日壽縣東津鄉周寨村周家油坊隊（壽春城遺址）（DJ:5）
現藏：壽縣博物館
著錄：《文物》1992年第10期第93頁圖八
形制：類似龜壳狀，上寬下窄，表面內凹，背面隆起，有範模條紋痕跡。背面刻有數字符號。一側平而直，似切割痕。正面鈐陰文"郢爯"方印。
度量：通長5.5～8.8釐米，寬4.4～8釐米，厚0.2～0.6釐米。重256～272克。
釋文：
郢爯

77　郢爯金版

幣名：郢爯金版
時代：戰國
國族：楚
出土：1986年2月13日壽縣東津鄉周寨村周家油坊隊（壽春城遺址）（DJ：6）
現藏：壽縣博物館
著錄：《文物》1992年第10期第93頁圖八
形制：類似龜壳狀，上寬下窄，表面內凹，背面隆起，有範模條紋痕跡。背面刻有數字符號。一側平而直，似切割痕。正面鈐陰文"郢爯"方印。
度量：通長5.5～8.8釐米，寬4.4～8釐米，厚0.2～0.6釐米。重256～272克。
釋文：
郢爯

78 郢爯金版

幣名:郢爯金版
時代:戰國
國族:楚
出土:1986年2月13日壽縣東津鄉周寨村周家油坊隊(壽春城遺址)(DJ:13)
現藏:壽縣博物館
著錄:《文物》1992年第10期第92頁圖五
形制:類似龜壳狀,上寬下窄,表面內凹,背面隆起,有範模條紋痕跡。背面刻有數字符號。一側平而直,似切割痕。正面鈐陰文"郢爯"方印。
度量:通長5.5～8.8釐米,寬4.4～8釐米,厚0.2～0.6釐米。重256～272克。
釋文:
郢爯

79　郢爯金版

幣名：郢爯金版
時代：戰國
國族：楚
出土：1986年2月13日壽縣東津鄉周寨村周家油坊隊（壽春城遺址）（DJ：14）
現藏：壽縣博物館
著錄：《文物》1992年第10期第92頁圖五
形制：類似龜殼狀，上寬下窄，表面內凹，背面隆起，有範模條紋痕跡。背面刻有數字符號。一側平而直，似切割痕。正面鈐陰文"郢爯"方印。
度量：通長5.5～8.8釐米，寬4.4～8釐米，厚0.2～0.6釐米。重256～272克。
釋文：
郢爯

80　郢爯金版

幣名:郢爯金版
時代:戰國
國族:楚
出土:1986年2月13日壽縣東津鄉周寨村周家油坊隊(壽春城遺址)(DJ:19)
現藏:壽縣博物館
著錄:《文物》1992年第10期第93頁圖七:2
形制:類似龜殼狀,上寬下窄,表面內凹,背面隆起,有範模條紋痕跡。背面刻有數字符號。一側平而直,似切割痕。正面鈐陰文"郢爯"方印。
度量:通長5.5～8.8釐米,寬4.4～8釐米,厚0.2～0.6釐米。重256～272克。
釋文:
郢爯

81　郢爯金版

幣名：郢爯金版
時代：戰國
國族：楚
出土：1986年2月13日壽縣東津鄉周寨村周家油坊隊（壽春城遺址）（DJ：22）
現藏：壽縣博物館
著錄：《文物》1992年第10期第93頁圖七：3
形制：類似龜壳狀，上寬下窄，表面內凹，背面隆起，有範模條紋痕跡。背面刻有數字符號。一側平而直，似切割痕。正面鈐陰文"郢爯"方印。
度量：通長5.5～8.8釐米，寬4.4～8釐米，厚0.2～0.6釐米。重256～272克。
釋文：
郢爯

82 郢爯金版

幣名:郢爯金版
時代:戰國
國族:楚
出土:1986年2月13日壽縣東津鄉周寨村周家油坊隊(壽春城遺址)(DJ:15)
現藏:壽縣博物館
著録:《文物》1992年第10期第93頁圖七:4
形制:類似龜壳狀,上寬下窄,表面內凹,背面隆起,有範模條紋痕跡。背面刻有數字符號。一側平而直,似切割痕。正面鈐陰文"郢爯"方印。
度量:通長5.5~8.8釐米,寬4.4~8釐米,厚0.2~0.6釐米。重256~272克。
釋文:
郢爯

83　郢爯金版

幣名：郢爯金版
時代：戰國
國族：楚
出土：1986年2月13日壽縣東津鄉周寨村周家油坊隊（壽春城遺址）
現藏：壽縣博物館
著錄：《璀璨壽春——壽縣文化遺產精粹》第104頁
形制：類似龜殼狀，上寬下窄，表面內凹，背面隆起，有範模條紋痕跡。背面刻有數字符號。一側平而直，似切割痕。正面鈐陰文"郢爯"方印二十枚。
度量：通長7.6釐米，寬6.8釐米，厚0.47釐米。重263克。
釋文：
郢爯

84　陳爯金版

幣名:陳爯金版

時代:戰國

國族:楚

出土:1970 年底臨泉縣艾亭集西南(阜 55)

現藏:阜陽博物館

著錄:《考古》1973 年第 3 期第 163 頁圖二:阜 55 號、第 164 頁圖三:阜 55 號;《阜陽亳州出土文物文字篇》229;《楚系金文彙編》第 755 頁

形制:正面鈐阴文"陳爯"方印二枚。側面和背面刻有數字。

度量:重 30.7207 克。

釋文:

陳爯

85　陳爯金版

幣名：陳爯金版
時代：戰國
國族：楚
出土：1970 年底臨泉縣艾亭集西南（阜 57）
現藏：安徽博物院
著錄：《考古》1973 年第 3 期第 163 頁圖二：阜 57 號、第 164 頁圖三：阜 57 號；《安徽錢幣》1997 年第 3 期第 18 頁；《安徽館藏珍寶》256
形制：五邊形，一邊圓滑未經切割，四邊有切割痕。正面鈐陰文"陳爯"方印一枚半。
度量：長 2.6 釐米，寬 1.5 釐米，厚 0.25 釐米。重 18.2087 克。
釋文：
陳爯

86　陳爯金版

幣名:陳爯金版
時代:戰國
國族:楚
出土:1970年底臨泉縣艾亭集西南(阜58)
現藏:阜陽博物館
著錄:《考古》1973年第3期第163頁圖二:阜58號、第164頁圖三:阜58號;《安徽錢幣》1997年第3期第18頁;《阜陽亳州出土文物文字篇》228;《楚系金文彙編》第755頁
形制:正面鈐阴文"陳爯"方印一枚。背面刻有數字。
度量:最長處1.9釐米,最寬處1.6釐米,最厚處0.4釐米。重15.2533克。
釋文:
陳爯

87　陳禹金版

幣名:陳禹金版
時代:戰國
國族:楚
出土:1986年2月13日壽縣東津鄉周寨村周家油坊隊(壽春城遺址)
現藏:壽縣博物館
著錄:《璀璨壽春——壽縣文化遺產精粹》第106頁
形制:類似方形,四面有切割痕。正面鈐阴文"陳禹"方印一枚。
度量:長1.6釐米,寬1.3釐米,厚0.4釐米。重7.3克。
釋文:
陳禹

88　盧金金版

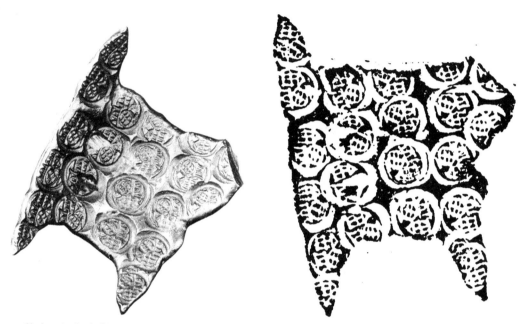

幣名:盧金金版

時代:戰國

國族:楚

出土:1979年8月9日壽縣壽春鎮東津鄉花園村門朝西隊(壽春城遺址)(壽1號)

現藏:中國國家博物館

著錄:《文物》1980年第10期圖版伍:1上右、2上右,第68頁圖一:1,第69頁圖二:1;《安徽錢幣》1997年第3期第19頁圖二;《中國通史陳列》4-2-18右;《楚文物圖典》第414頁

形制:上寬下窄,兩端中間凹入,四角外伸,類似龜腹版形狀。正面鈐陰文"盧金"圓印二十一枚。背面和側面刻有數字符號。一側呈切割痕。

度量:通長5.5～9.7釐米,寬6.1～7.7釐米,厚0.3～0.4釐米。重250.15克。

釋文:

盧(鹽)金

89　盧金金版

幣名:盧金金版
時代:戰國
國族:楚
出土:1979年8月9日壽縣壽春鎮東津鄉花園村門朝西隊(壽春城遺址)(壽2号)
現藏:壽縣博物館
著錄:《文物》1980年第10期圖版伍:1上左、2上左,第68頁圖一:2,第69頁圖二:2;《安徽錢幣》1997年第3期第19頁
形制:上寬下窄,兩端中間凹入,四角外伸,類似龜腹版形狀。正面鈐陰文"盧金"圓印十九枚。背面和側面刻有數字符號。一側呈切割痕。
度量:通長5.9～7.2釐米,寬5.9～7釐米,厚0.3～0.4釐米。重261.33克。
釋文:
盧(鹽)金

90　鹽金金版

幣名：鹽金金版
時代：戰國
國族：楚
出土：1979年8月9日壽縣壽春鎮東津鄉花園村門朝西隊（壽春城遺址）（壽3號）
現藏：壽縣博物館
著錄：《文物》1980年第10期圖版伍：1下右、2下右，第69頁圖二：3；《安徽錢幣》1997年第3期第19頁
形制：上寬下窄，兩端中間凹入，四角外伸，類似龜腹版形狀。正面鈐陰文"鹽金"圓印十八枚。背面和側面刻有數字符號。一側呈切割痕。
度量：通長5～7.2釐米，寬6.5～7.4釐米，厚0.3～0.5釐米。重264.55克。
釋文：
鹽（鹽）金

91　盧金金版

幣名：盧金金版
時代：戰國
國族：楚
出土：1979年8月9日壽縣壽春鎮東津鄉花園村門朝西隊（壽春城遺址）（壽4号）

現藏:壽縣博物館

著録:《文物》1980 年第 10 期圖版肆:1 下左、2 下左,第 69 頁圖二:4;《安徽錢幣》1997 年第 3 期第 19 頁;《璀璨壽春——壽縣文化遺產精粹》第 105 頁

形制:上寬下窄,兩端中間凹入,四角外伸,類似龜腹版形狀。正面鈐阴文"盧金"圓印十六枚。背面和側面刻有數字符號。一側呈切割痕。

度量:通長 7 釐米,寬 7.7 釐米,厚 0.45 釐米。重 266.05 克。

釋文:

盧(鹽)金

92　盬金金版

幣名：盬金金版
時代：戰國
國族：楚
出土：1979 年 8 月 9 日壽縣壽春鎮東津鄉花園村門朝西隊(壽春城遺址)(壽 19 号)
現藏：壽縣博物館
著録：《文物》1980 年第 10 期圖版伍：6 右
形制：正面鈐阴文"盬金"圓印。存約四分之三。
度量：重 9.3 克。
釋文：
盬(鹽)金

93　郢爯銀版

幣名:郢爯銀版
時代:戰國
國族:楚
出土:安徽壽縣
著錄:《中國古代貨幣發展史》第 200 頁;《先秦貨幣通論》第 354 頁
形制:銀質。正面鈐陰文"郢爯"方印,存一印半。
度量:重 9.3 克。
釋文:
郢爯

94　銀巺貝

幣名:銀巺貝
時代:戰國
出土:安徽寧國
流傳:湖州郭氏於安徽寧國收集
現藏:浙江省湖州市劉健平收藏
著錄:《安徽錢幣》1998年第3期封底;《先秦貨幣通論》第354頁、第66頁圖二九:3
形制:貝幣,銀制。
度量:上下徑0.9釐米,左右徑1釐米。殘重1.16克。
字數:1
釋文:
巺

95 銀巽貝

幣名:銀巽貝
時代:戰國
國族:楚
出土:安徽省當塗縣
著録:《安徽錢幣》2004年第1期彩圖插頁二、第63頁
形制:貝幣,銀制。下孔未穿透。
度量:長1.3釐米,寬0.9釐米。重0.9克。
字數:1
釋文:
巽

96　銀巽貝

幣名:銀巽貝
時代:戰國
國族:楚
出土:安徽省當塗縣
著錄:《安徽錢幣》2004 年第 1 期彩圖插頁二、第 63 頁
形制:貝幣,銀制。下孔穿透。
度量:長 1.5 釐米,寬 1 釐米。重 0.8 克。
字數:1
釋文:
巽

97　銀巽貝

幣名:銀巽貝
時代:戰國
國族:楚
出土:安徽省當塗縣
著錄:《安徽錢幣》2004 年第 1 期彩圖插頁二、第 63 頁
形制:貝幣,銀制。下孔有穿透、有未穿透。有些鑄口毛邊明顯,還有漏鑄現象。
度量:最大長 1.6 釐米,寬 1.1 釐米,重 1.3 克。最小長 1.2 釐米,寬 0.9 釐米,重 0.5 克。長多在 1.4 釐米,寬 1 釐米,重 0.7~1.1 克之間。
字數:1
釋文:
巽

參 考 文 獻

[1]安徽阜陽地區展覽館文博組:《安徽鳳台發現楚國"郘大齎"銅量》,《文物》,1978年第5期,第96頁。

[2]安徽省地方志編纂委員會:《安徽省志》(文物志),北京:方志出版社,1998年。

[3]安徽省博物館:《遵循毛主席的指示,做好文物博物館工作》,《文物》,1978年第8期,第1～11頁。

[4]安徽省博物館:《安徽省博物館籌備處所藏楚器圖錄》,1953年。

[5]安徽省博物館:《安徽省博物館》(中國博物館叢書第13卷),北京:文物出版社,1984年。

[6]安徽省博物館:《安徽省博物館藏青銅器》,上海:上海人民美術出版社,1987年。

[7]安徽省文物管理委員會、安徽省博物館:《壽縣蔡侯墓出土遺物》,北京:科學出版社,1956年。

[8]安徽省文物考古研究所:《鳳陽大東關與卞莊》,北京:科學出版社,2010年。

[9]安徽省文物考古研究所、安徽大學:《皖南商周青銅器》,北京:文物出版社,2006年。

[10]安徽省文物考古研究所、蚌埠市博物館:《安徽省蚌埠市雙墩一號春秋墓發掘收穫與意義》,《文物研究》第十六輯,合肥:黃山書社,第164～176頁。

[11]安徽省文物事業管理局:《安徽館藏珍寶》,北京:中華書局,2008年。

[12]巴納、張光裕:《中日歐美澳紐所見所拓所摹金文彙編》,臺北:藝文印書館,1978年。

[13]北京圖書館:《北京圖書館藏青銅器全形拓片集》,北京:北京圖書館出版社,1977年。

[14]蔡成鼎:《楚君熊氏非熊爲圖騰析》,《江漢考古》,1994年第4期,第86～87頁。

[15]《參加倫敦中國藝術國際展覽會出品圖說》The Chinese Exhibition, A Commemorative Catalogue of the International Exhibition of Chinese Art, Royal Academy of Arts, November 1935—March 1936, London.

[16]曹錦炎:《吳越青銅器銘文述編》,《古文字研究》第十七輯,北京:中華書局,1989年,第67～119頁。

[17]曹錦炎:《鳥蟲書通考》,上海:上海書畫出版社,1999年。

[18]曹錦炎:《東陲鼎蓋考釋——兼釋"膚"字》,《古文字研究》第十四輯,北京:中華書局,2005年,第40～50頁。

[19]曹錦炎:《吳越歷史與考古論叢》,北京:文物出版社,2007年。

[20]曹錦炎:《鳥蟲書銘文考釋(二則)》,《古文字研究》第二十八輯,北京:中華書局,2010年,第321～325頁。

[21]曹錦炎:《鳥蟲書通考》(增訂版),上海:上海辭書出版社,2014年。

[22]曹錦炎:《鳥蟲書字彙》,上海:上海古籍出版社,2014年。

[23]曹錦炎等:《浙江省博物館新入藏的越王者旨於賜劍筆談》,《文物》,1964年第4期,第4~9頁。

[24]曹錦炎、吳振武:《釋戠》,《吉林大學社會科學學報》,1981年第1期,第24~25頁。

[25]曹淑琴、殷瑋璋:《壽縣朱家集銅器群研究》,《考古學文化論集》(1),北京:文物出版社,1987年,第199~220頁。

[26]曹錦炎、張光裕主編:《東周鳥篆文字編》,香港:香港翰墨軒出版有限公司,1994年。

[27]崔志遠:《天津市新收集的商周青銅器》,《文物》,1964年第9期,第33~36+40+64頁。

[28]陳秉新:《釋戠崇》,《文物研究》第一期,合肥:黃山書社,1985年,第67~68頁。

[29]陳秉新:《壽縣楚器銘文考釋拾零》,《楚文化研究論集》第一集,武漢:荊楚書社,1987年,第327~340頁。

[30]陳秉新:《安徽霍山縣出土吳工叙戟考》,《東南文化》,1990年第1、2合期,第71~73頁。

[31]陳秉新:《安徽新出楚器銘文考釋》,楚文化研究會第五次年會論文,長沙,1990年。

[32]陳芳妹:《青銅粢盛器特展》,《故宮文物月刊》第11期,1984年,第116頁。

[33]陳芳妹:《商周青銅兵器的發展——商周青銅兵器特展介紹之三》,《故宮文物月刊》第93期,1990年,第94~95頁。

[34]陳漢平:《〈金文編〉訂補》,北京:中國社會科學出版社,1993年。

[35]陳劍:《青銅器自名代稱、連稱研究》,《中國文字研究》第一輯,南寧:廣西教育出版社,1999年,第335~370頁。

[36]陳劍:《釋展》,《追尋中華古代文明的蹤跡——李學勤先生學術活動五十年紀念文集》,上海:復旦大學出版社,2002年,第49~56頁。

[37]陳絜:《商周姓氏制度研究》,北京:商務印書館,2007年。

[38]陳隆文:《先秦貨幣地理研究》,北京:科學出版社,2008年。

[39]陳夢家:《壽縣蔡侯墓出土銅器》,《考古學報》,1956年第2期,第95~124頁。

[40]陳夢家:《海外中國銅器圖錄第一集》,上海:商務印書館,1946年。

[41]陳佩芬:《夏商周青銅器研究》,上海:上海古籍出版社,2010年。

[42]陳佩芬:《中國青銅器辭典》,上海:上海辭書出版社,2013年。

[43]陳仁濤:《金匱論古初集》,香港:亞洲石印局,1952年。

[44]陳世輝、湯余惠:《古文字學概要》,長春:吉林大學出版社,1988年。

[45]陳偉:《包山楚簡初探》,武漢:武漢大學出版社,1996年。

[46]陳偉:《讀新蔡簡札記(三則)》,簡帛研究網 http://www.jianbo.org/admin3/list.asp?id=1096,2004年1月30日。

[47]陳曉啓:《中國金銀琺瑯器收藏與鑒賞全書》,天津:天津古籍出版社,2005年。

[48]陳直:《讀金日札》,西安:西北大學出版社,2000年。

[49]陳治軍:《安徽出土青銅器銘文研究》,合肥:黃山書社,2012年。

[50]程鵬萬:《安徽壽縣朱家集出土青銅器銘文集釋》,哈爾濱:黑龍江人民出版社,2009年。

[51]出土文物展覽工作組:《文化大革命期間出土文物》(第一輯),北京:文物出版社,1972年。

[52]楚文物展覽會:《楚文物展覽圖錄》,北京:北京歷史博物館,1954年。

[53]叢文俊:《鳥鳳龍蟲書合考》,《書法研究》,1996年第3期,第40~80頁。

[54]崔恒昇:《安徽出土金文訂補》,合肥:黃山書社,1998年。

[55]鄧峙一:《李品仙盜掘楚墓親歷記》,《安徽文史資料選輯》,合肥:安徽人民出版社,1964年,第120~124頁。

[56]丁佛言:《說文古籀補補》,北京:中華書局,1988年。

[57]董楚平:《吳越文化新探》,杭州:浙江人民出版社,1988年。

[58]董楚平:《吳越徐舒金文集釋》,杭州:浙江古籍出版社,1992年。

[59]董蓮池:《金文編校補》,長春:東北師範大學出版社,1995年。

[60]董珊:《讀清華簡〈繫年〉》,復旦大學出土文獻與古文字研究中心網 http://www.gwz.fudan.edu.cn/SrcShow.asp?Src_ID=1752,2011年12月26日。

[61]董珊:《簡帛文獻考釋論叢》,上海:上海古籍出版社,2014年。

[62]董珊:《吳越題銘研究》,北京:科學出版社,2014年。

[63]杜迺松主編:《故宮博物院藏文物珍品大系——青銅禮樂器》,上海:上海科學技術出版社,2007年。

[64]范常喜:《"曾姬無卹壺"器銘文補說》,《南方文物》,2007年第1期,第84~85頁。

[65]范毓周:《關於子湯鼎的幾個問題》,《南方文物》,1997年第4期,第52~56頁。

[66]方煥經:《寶楚齋藏器圖釋》,天津:天津大公報館,1934年。

[67]肥西縣地方志編纂委員會編:《肥西縣志》,合肥:黃山書社,1994年。

[68]馮耀堂:《臨泉出土一批鬼臉錢》,《中原文物》,1985年第1期,第97~98頁。

[69]馮志余:《安徽六安市出土蔡侯產戈》,《文物研究》第十一輯,合肥:黃山書社,1998年,第325~329頁。

[70]馮志余、萬永林:《安徽六安市城西窰廠5號墓清理簡報》,《文物》,1999年第7期,第31~38頁。

[71]馮志余、許玲:《六安市出土吳王諸樊戈》,《文物研究》第十三輯,合肥:黃山書社,2001年,第320~321頁。

[72]高明:《䀇、簠考辨》,《文物》,1982年第6期,第70~73、85頁。

[73]高明:《中國古文字學通論》,北京:北京大學出版社,1996年。

[74]高明、葛英會:《古陶文字徵》,北京:中華書局,1991年。

[75]高至喜主編:《楚文物圖典》,武漢:湖北教育出版社,2000年。

[76]故宮博物院:《故宮青銅器》,北京:紫禁城出版社,1999年。

[77]故宮博物院:《故宮博物院50年入藏文物精品集》,北京:紫禁城出版社,2005年。

[78]故宮博物院:《故宮青銅器圖典》,北京:紫禁城出版社,2010年。

[79]郭寶均:《商周銅器群綜合研究》,北京:文物出版社,1981年。

[80]郭沫若:《金文叢考》,1932年,北京:人民出版社,1954年影印本。

[81]郭沫若:《古代銘刻匯考續編》,東京影印本,1934年。

[82]郭沫若:《兩周金文辭大系圖錄考釋》,1935年,北京:科學出版社,1957年影印本。

[83]郭沫若:《由壽縣蔡器論到蔡墓的年代》,《考古學報》,1956年第1期,第1~5+127~134頁。

[84]郭沫若:《關於鄂君啟節的研究》,《文物參考資料》,1958年第4期,第3~6頁。

[85]郭沫若:《石鼓文研究 詛楚文考釋》,北京:科學出版社,1982年。

[86]郭沫若:《中國古代度量衡圖集》,北京:文物出版社,1984年。

[87]郭永秉:《古文字與古文獻論集》,上海:上海古籍出版社,2011年。

[88]郭永秉:《談談戰國文字中可能與"庖"相關的資料》,《出土文獻研究》第十一輯,上海:中西書局,2012年,第84~112頁。

[89]郭永秉:《古文字與古文獻論集續集》,上海:上海古籍出版社,2015年。

[90]國家文物局:《中國文物精華大辭典》(青銅卷),上海:上海辭書出版社,1995年。

[91]國家文物局:《2008年度全國十大考古新發現》,《中國文物報》,2009年4月3日第6~7版。

[92]韓朝、劉海洋:《新見楚國銘文兵器》,《南方文物》,2004年第4期,第42~44頁。

[93]韓自強:《安徽阜陽地區出土的楚國金幣》,《考古》,1973年3期,第162~170頁。

[94]韓自強:《新見六件齊、楚銘文兵器》,《中國歷史文物》,2007年第5期,第15~18頁。

[95]韓自強:《過眼雲烟——記新見五件晉系銘文兵器》,《古文字研究》第二十七輯,北京:中華書局,2008年,第323~327頁。

[96]韓自強:《楚國有銘兵器的重要發現》,中國古文字研究會等編,《紀念中國古文字研究會成立三十周年國際學術研討會論文集》,2008年,第92~98頁。

[97]韓自強主編:《阜陽亳州出土文物文字篇》,阜陽:阜陽市老年專家協會、阜陽市博物館,2004年。

[98]韓自強、馮耀堂:《安徽阜陽地區出土的戰國時期銘文兵器》,《東南文化》,1991年第2期,第258~261頁。

[99]韓自強、劉海超:《近年所見銘文兵器》,《楚文化研究論集》第五集,合肥:黃山書社,2003年,第361~364頁。

[100]韓自強、劉海洋:《近年所見有銘銅器簡述》,《古文字研究》第二十四輯,北京:中華書局,2002年,第166~169頁。

[101]韓自強、劉海洋:《安徽阜陽所見楚銘文兵器綜述》,中國古文字年會會議論文,長春,2008年。

[102]郝本性:《試論楚國器銘中所見的府和鑄造組織》,《楚文化研究論集》第一集,武漢:荊楚書社,1987年,第313~326頁。

[103]郝本性:《壽縣楚器集脰諸銘考釋》,《古文字研究》第十輯,北京:中華書局,1983年,第205~213頁。

[104]何浩:《羕器、羕國與楚國養縣》,《江漢考古》,1989年第2期,第63~71頁。

[105]何琳儀:《楚官肆師》,《江漢考古》,1991年第1期,第77~81頁。

[106]何琳儀:《南越王墓虎節考》,《汕頭大學學報》,1991年第3期,第26~27頁。

[107]何琳儀：《戰國古文字典——戰國文字聲系》，北京：中華書局，1998年。

[108]何琳儀：《戰國文字通論》（訂補），南京：江蘇教育出版社，2003年。

[109]洪颺：《對楚地名中"陵"的文字學解釋》，《社會科學戰線》，2004年第6期，第125～128頁。

[110]洪颺：《古文字考釋中的通假關係研究》，吉林大學博士論文，2005年。

[111]洪銀興、蔣贊初：《南京大學文物珍品圖錄》，北京：科學出版社，2002年。

[112]胡長春：《新出殷周青銅器銘文整理與研究》，北京：線裝書局，2008年。

[113]胡長春、闞緒杭：《徐王義楚耑"永保訇身"新解及安徽雙墩一號鐘離墓的年代推定》，復旦大學出土文獻與古文字研究中心網 http://www.gwz.fudan.edu.cn/SrcShow.asp? Src_ID＝1954，2012年10月29日；《古文字研究》第二十九輯，北京：中華書局，2012年，第409～419頁。

[114]胡光煒：《安徽省立圖書館新得壽春出土楚王酡鼎銘釋》，《國風半月刊》第5卷第8、9期，1934年。

[115]胡光煒：《壽縣新出楚王鼎考釋》，《國風半月刊》第4卷第3期，1934年。

[116]胡光煒：《壽縣新出楚王鼎考釋又一器》，《國風半月刊》第4卷第6期，1934年。

[117]胡仁宜：《六安市九里溝出土的銅簠》，《文物研究》第二期，合肥：黃山書社，1986年，第39頁。

[118]胡欣民：《壽縣李三孤堆大墓墓主考辯》，《楚文化研究論集》第六集，武漢：湖北教育出版社，第299～308頁。

[119]胡悅謙：《安徽省宿縣出土兩件銅樂器》，《文物》，1964年第7期，第30～32頁。

[120]胡悅謙：《試論安徽出土的楚國銅量》，《中國考古學會第二次年會論文集》，北京：文物出版社，1982年，第90～92頁。

[121]湖北省文物考古研究所：《曾國青銅器》，北京：文物出版社，2007年。

[122]淮南市博物館：《淮南市博物館文物集珍》，北京：文物出版社，2010年。

[123]黃盛璋：《新發現之戰國銅器與國別》，《文博》，1989年第2期，第27～32頁。

[124]黃德寬：《蔡侯產劍銘文補釋及其他》，《文物研究》第二期，合肥：黃山書社，1986年，第95～98頁。

[125]黃德寬：《曾姬無卹壺銘文新釋》，《古文字研究》第二十三輯，合肥：安徽大學出版社，2002年，第102～107頁。

[126]黃光新：《安慶王家山戰國墓出土越王丌北古劍等器物》，《文物》，2000年第8期，第84～88＋97頁。

[127]黃靜吟：《楚金文研究》，台灣中山大學博士論文，1997年。

[128]黃濬：《尊古齋古兵精拓》，上海：上海古籍出版社，1990年。

[129]黃盛璋：《試論三晉兵器的國別和年代及其相關問題》，《考古學報》，1974年第1期，第13～44頁。

[130]黃盛璋：《戰國"冶"字結構類型與分國研究》，《古文字論集》（初編），香港：香港中文大學，1983年，第425～438頁。

[131]黃盛璋：《楚銘刻中"陵、埅"的考辨及其相關問題》，《安徽史學》，1984年第1期，第41～46頁。

[132]黃盛璋:《新發現的"羕陵"金版及其相關的羕器、曾器銘文中諸問題的考索》,《出土文獻研究續集》,北京:文物出版社,1989年,第107~119頁。

[133]黃盛璋:《鄝器與鄝國地望與楚之間關係考辨》,《江漢考古》,1988年第1期,第49~51頁。

[134]黃錫全:《房夯考辨》,《江漢考古》,1991年第1期,第63~72頁。

[135]黃錫全:《古文字中所見楚官府官名輯證》,《文物研究》第七輯,合肥:黃山書社,1991年。

[136]黃錫全:《楚幣新探》,《中國錢幣》,1994年第2期,第10~16頁。

[137]黃錫全:《"洦前"玉圭跋》,《古文字論叢》,臺北:藝文印書館,1999年,第371~377頁。

[138]黃錫全:《尖足空首布新品六種述考》,《中國文字研究》第1輯,長春:吉林大學出版社,1999年,第161~169頁。

[139]黃錫全:《楚國黃金貨幣稱量單位"半鎰"》,《古文字研究》第22輯,北京:中華書局,2000年,第181~188頁。

[140]黃錫全:《試說楚國黃金貨幣稱量單位"半鎰"》,《江漢考古》,2001年第1期,第56~62頁。

[141]黃錫全:《楚國衡制單位"間鎰"》,《中國錢幣》,2001年第2期,第33頁。

[142]黃錫全:《先秦貨幣通論》,北京:紫禁城出版社,2001年。

[143]黃錫全:《安徽固鎮新見楚布補議》,《安徽錢幣》,2004年第3期,第3~4頁。

[144]黃錫全:《關于安徽固鎮新見楚布的一點意見》,《錢幣文論特輯》第三輯,合肥:安徽人民出版社,2006年,第1~5頁。

[145]闞緒杭:《安徽潛山公山崗戰國墓發掘報告》,《考古學報》,2002年第1期,第95~124+131~144頁。

[146]闞緒杭主編:《鐘離君柏墓》,北京:文物出版社,2013年。

[147]闞緒杭、周群、錢仁發:《安徽蚌埠市雙墩一號春秋墓葬》,國家文物局主編,《2008中國重要考古發現》,北京:文物出版社,2009年,第62~67頁。

[148]闞緒杭、周群、錢仁發:《安徽蚌埠市雙墩一號春秋墓葬》,《考古》,2009年第7期,第39~45+2+108~110頁。

[149]闞緒杭、周群、唐更生:《安徽鳳陽卞莊一號春秋墓發掘簡報》,《文物》,2009年第8期,第21~29+1頁。

[150]闞緒杭、周群、錢仁發、唐更生:《春秋鐘離國墓的發掘收穫》,《東南文化》,2009年第1期,第40~47+129~132頁。

[151]闞緒杭、周群、錢仁發、王元宏:《安徽蚌埠雙墩一號春秋墓發掘簡報》,《文物》,2010年第3期,第4~18+97+99頁。

[152]柯昌濟:《金文分域編》二十一卷,1930年。

[153]柯昌濟:《韡華閣集古錄跋尾》十五卷,1916年。

[154]孔令遠、李艷華、闞緒杭:《徐王容居戈銘文考釋》,《文物》,2013年第3期,第77~79頁。

[155]郎紹君、劉樹杞、周茂生主編:《中國造型藝術辭典》,北京:中國青年出版社,

1996年。

[156]李德文:《李三孤堆楚王墓鉆探簡況》,《安徽省考古學會會刊》第六輯,1982年。

[157]李德文:《朱家集楚王墓的形制與棺槨制度》,《楚文化研究論集》第一集,武漢:荊楚書社,1987年,第240~245頁。

[158]李德文、胡援:《安徽六安戰國晚期墓發掘簡報》,《文物》,2007年第11期,第37~41頁。

[159]李丁生:《潛山縣出土"二十四年上郡守臧"戈考》,合肥:黃山書社,2000年,第260~262頁。

[160]李國梁:《"大子鼎"辨偽》,《楚文化研究論集》第一集,武漢:荊楚書社,1987年,第206~210頁。

[161]李國梁:《皖南出土的青銅器》,《文物研究》第四期,合肥:黃山書社,1988年,第161~186頁。

[162]李國梁:《安徽宿縣謝蘆村出土周代青銅器》,《文物》,1991年第11期,第92~93+102頁。

[163]李國梁主編:《屯溪土墩墓發掘報告》,合肥:安徽人民出版社,2006年。

[164]李家浩:《試論戰國時期楚國的貨幣》,《考古》,1973年第3期,第192~196頁。

[165]李家浩:《戰國貨幣文字中的"𠔼"和"比"》,《中國語文》,1980年第5期,第373~376、372頁。

[166]李家浩:《關於邶陵君銅器銘文的幾點意見》,《江漢考古》,1986年第4期,第83~86頁。

[167]李家浩:《楚國官印考釋(兩篇)》,《語言研究》,1987年第1期,第121~127頁。

[168]李家浩:《攻五王光韓劍與"虡"王光"趄"戈》,《古文字研究》第十七輯,北京:中華書局,1989年,第138~146頁。

[169]李家浩:《從曾姬無卹壺銘文談楚滅曾的年代》,《文史》第33輯,北京:中華書局,1990年,第11~18頁。

[170]李家浩:《楚大府鎬銘文新釋》,《語言學論叢》第22輯,北京:商務印書館,1999年,第94~101頁。

[171]李家浩:《包山祭禱簡研究》,《簡帛研究二〇〇一》(上),桂林:廣西師範大學出版社,2001年,第25~36頁。

[172]李家浩:《著名中年語言學家自選集·李家浩卷》,合肥:安徽教育出版社,2002年。

[173]李景聃:《壽縣楚墓調查報告》,《田野考古報告》第1冊,上海:商務印書館,1936年,第213~279頁。

[174]李零:《楚國銅器銘文編年匯釋》,《古文字研究》第十三輯,北京:中華書局,1986年,第353~398頁。

[175]李零:《古文字雜識(六篇)》,《古文字研究》第十七輯,北京:中華書局,1989年,第282~290頁。

[176]李零:《釋"利津㱃"和戰國人名中的"𤔔"與"𤔲"字》,《出土文獻研究續集》,北京:文物出版社,1989年,第120~121頁。

[177]李零:《論東周時期的楚國典型銅器群》,《古文字研究》第十九輯,北京:中華書局,1992年,第136~177頁。

[178]李零:《楚國族源、世系的文字學證明》,《李零自選集》,南寧:廣西教育出版社,1998年,第213~226頁。

[179]李零:《讀〈楚系簡帛文字編〉》,《出土文獻研究》第5集,北京:科學出版社,1999年,第139~162頁。

[180]李零、劉雨:《楚郰陵君三器》,《文物》,1980年第8期,第29~34頁。

[181]李守奎:《楚文字編》,上海:華東師範大學出版社,2003年。

[182]李守奎:《釋㘨距末與楚帛書中的"方"字》,《漢語言文字研究》(第一輯),上海:上海古籍出版社,2014年,第119~124頁;《古文字與古史考——清華簡整理研究》,上海:中西書局,2015年,第219~229頁。

[183]李守奎:《略識"之""无"》,《美文(上半月)》,2015年第3期,第62~63頁。

[184]李泰棻:《痴盦藏金》,1940年。

[185]李天虹:《戰國文字"歈""剀"續議》,《出土文獻研究》第七輯,上海:上海古籍出版社,2005年,第35~37頁。

[186]李天虹:《楚國銅器與竹簡文字研究》,武漢:湖北教育出版社,2012年。

[187]李曉東、錢玉春:《中國巢湖文物精華》,北京:五州傳播出版社,1999年。

[188]李曉龍:《安徽當塗縣出土銀質蟻鼻錢》,《安徽錢幣》,2004年第1期,第63頁。

[189]李孝定、周瀘高、張日昇:《金文詁林附錄》,香港:香港中文大學,1977年。

[190]李學勤:《戰國題銘概述》(上),《文物》,1959年第7期,第50~54頁。

[191]李學勤:《戰國題銘概述》(中),《文物》,1959年第8期,第60~63頁。

[192]李學勤:《戰國題銘概述》(下),《文物》,1959年第9期,第58~61頁。

[193]李學勤:《曾國之謎》,《光明日報》,1978年10月4日。

[194]李學勤:《從新出青銅器看長江下游文化的發展》,《文物》,1980年第8期,第35~40、84頁。

[195]李學勤:《楚國夫人璽與戰國時的江陵》,《江漢論壇》,1982年第7期,第70~71頁。

[196]李學勤:《青川郝家坪木牘研究》,《文物》,1982年第10期,第68~72頁。

[197]李學勤:《〈楚金爰考〉跋》,《中國錢幣》,1990年2期,第24~25+47~83頁。

[198]李學勤:《釋郭店簡祭公之顧命》,《中國哲學》第20輯,沈陽:遼寧教育出版社,2000年,第335~338頁。

[199]李學勤:《楚簡所見黃金貨幣及其計量》,《中國錢幣論文集》第四輯,北京:中國金融出版社,2002年,第61~64頁。

[200]李學勤:《長布、連布的文字和國別》,《通向文明之路》,北京:商務印書館,2010年,第201~204頁。

[201]李義海:《曾姬無卹壺銘文補釋》,《考古與文物》,2009年第2期,第66~70頁。

[202]李裕民:《古字新考》,《古文字研究》第十輯,北京:中華書局,1983年,第109~121頁。

[203]李治益:《蔡侯戟銘文補正》,《文物》,2000年第8期,第89~90頁。

[204]連劭名:《〈曾姬壺〉銘文所見楚地觀念中的地下世界》,《南方文物》,1996年第1期,第112～113頁。

[205]梁披雲主編:《中國書法大辭典》,香港書譜出版社、廣東人民出版社,1984年。

[206]梁上椿:《岩窟吉金圖録》二卷,北京:北京彩華印刷局影印,1944年。

[207]林素清:《春秋戰國美術字體研究》,《"中央"研究院歷史語言研究所集刊》第61本第1分,1990年,第29～75頁。

[208]林澐:《新版〈金文編〉正文部分釋字商榷》,中國古文字研究會第九次年會論文,太倉,1990年。

[209]林澐:《越王者旨於賜考》,《考古》,1963年第8期,第448＋460頁。

[210]劉彬徽:《楚國有銘銅器編年概述》,《古文字研究》第九輯,北京:中華書局,1984年,第331～372頁。

[211]劉彬徽:《從包山楚簡紀時材料論及楚國紀年與楚曆》,《包山楚墓》,北京:文物出版社,1991年,第533～547頁。

[212]劉彬徽:《楚系青銅器研究》,武漢:湖北教育出版社,1995年。

[213]劉彬徽、劉長武:《楚系金文彙編》,武漢:湖北教育出版社,2009年。

[214]劉波:《曾姬無恤壺銘文再探》,《考古與文物》,2015年4期,第103～106頁。

[215]劉東瑞:《談戰國時期的不等臂秤"王"銅衡》,《文物》,1979年第4期,第73～76頁。

[216]劉國勝:《楚喪葬簡牘集釋》,北京:科學出版社,2011年。

[217]劉海超:《安徽潁上王崗、趙集發現商代文物》,《文物》,1985年第10期,第36～41頁。

[218]劉和惠:《關於壽縣楚王墓的幾個問題》,《文物研究》第五輯,合肥:黃山書社,1989年,第129～134頁。

[219]劉和惠:《壽縣朱家集李三古堆大墓墓主的再認識》,《東南文化》,1991年第2期,第262～265頁。

[220]劉健平:《安徽寧國發現銀質蟻鼻錢》,《安徽錢幣》,1998年第3期,第42頁。

[221]劉節:《楚器圖釋》,北京:國立北平圖書館,1934年。

[222]劉節:《古史考存》,北京:人民出版社,1958年。

[223]劉平生:《安徽南陵縣發現吳王光劍》,《文物》,1982年第5期,第59頁。

[224]劉體智:《善齋吉金録》(石印本),1934年。

[225]劉體智:《小校經閣金文拓本》(石印本),1935年。

[226]劉心源:《奇觚室吉金文述》二十卷,1902年。

[227]劉信芳:《从"交"之字彙釋》,《容庚先生百年誕辰紀念文集》,廣州:廣東教育出版社,1998年,第607頁。

[228]劉信芳:《蒿宮、蒿間與蒿里》,《中國文字》新24期,臺北:藝文印書館,1999年,第113～119頁。

[229]劉信芳、闞緒杭、周群:《安徽鳳陽縣卞莊一號墓出土鎛鐘銘文初探》,《考古與文物》,2009年第3期,第102～108頁。

[230]劉旭:《中國古代兵器圖冊》,北京:書目文獻出版社,1986年。

[231]劉雨、盧岩:《近出殷周金文集錄》,北京:中華書局,2002年。
[232]劉雨、嚴志斌:《近出殷周金文集錄二編》,北京:中華書局,2010年。
[233]劉釗:《楚璽考釋(六篇)》,《江漢考古》,1991年第1期,第73～76頁。
[234]劉釗:《〈金文編〉附錄存疑字考釋(十篇)》,《人文雜誌》,1995年第2期,第102～109頁。
[235]劉釗、江小角:《安徽桐城出土秦十九年上郡守造戈考》,《考古與文物》,2009年第3期,第31～32頁;復旦大學出土文獻與古文字研究中心網 http://www.gwz.fudan.edu.cn/srcshow.asp? src_id=807,2009年6月4日。
[236]劉正成主編:《中國書法全集》(2～9),北京:榮寶齋,2008年。
[237]劉宗漢:《金文札記三則》,《古文字研究》第十輯,北京:中華書局,1983年,第127～137頁。
[238]盧茂村:《安徽貴池發現東周青銅器》,《文物》,1980年第8期,第21～25頁。
[239]盧茂村:《皖博館藏楚金幣》,《安徽錢幣》,1997年第3期,第17～20頁。
[240]陸勤毅、宮希成主編:《安徽江淮地區商周青銅器》,北京:文物出版社,2014年。
[241]倫敦中國藝術國際展覽會籌委會:《參加倫敦中國藝術國際展覽會出品圖說》(第一冊銅器),上海:商務印書館,1936年。
[242]羅福頤:《三代吉金文存釋文》,香港:問學社,1983年。
[243]羅運環:《論楚國金文"月""舟"及"止""止""出"的演變規律》,《江漢考古》,1986年第2期,第67～71頁。
[244]羅振玉:《貞松堂集古遺文》十六卷,1930年。
[245]羅振玉:《貞松堂吉金圖》三卷,1935年。
[246]羅振玉:《三代吉金文存》二十卷,1937年。
[247]呂長禮、梅凌:《安徽肥西縣新倉鄉出土蟻鼻錢》,《中國錢幣》,1994年第3期,第45～46、82頁。
[248]呂大臨:《考古圖》十卷,1092年。
[249]呂章申主編:《中國古代青銅器藝術》,北京:中國社會科學出版社,2011年。
[250]呂章申主編:《中國國家博物館百年收藏集粹》,合肥:安徽美術出版社,2014年。
[251]旅順博物館:《旅順博物館》,北京:文物出版社,2004年。
[252]旅順博物館:《旅順博物館館藏文物選粹:青銅器卷》,北京:文物出版社,2008年。
[253]馬承源:《商周青銅器銘文選》(二),北京:文物出版社,1987年。
[254]馬承源:《商周青銅器銘文選》(四),北京:文物出版社,1990年。
[255]馬承源:《吳越地區青銅器研究論文集》,香港:兩木出版社,1997年。
[256]馬承源:《中國古代青銅器》,上海:上海人民出版社,2008年。
[257]馬道闊:《安徽淮南市蔡家崗趙家孤堆戰國墓》,《考古》,1963年第4期,第204～212+5～8頁。
[258]馬道闊:《安徽廬江發現吳王光劍》,《文物》,1986年第2期,第64頁。
[259]馬道顯:《宿州市出土大量"殊布當忻"》,《安徽錢幣》,2003年第2期,第52頁。
[260]馬國權:《鳥蟲書論稿》,《古文字研究》第十輯,北京:中華書局,1983年,第139～176頁。

[261]馬人權:《安徽潁上縣出土一批商周青銅器》,《考古》,1984年第12期,第1132~1133+1113頁。

[262]南京博物院:《南京博物院藏安徽文物選介》,《東南文化》,1991年第2期,第268~271頁。

[263]倪運熙、席爲群:《安徽肥西縣出土蟻鼻錢》,《考古》,1992年第8期,第740頁。

[264]錢伯泉:《安徽壽縣出土的楚王鎬銘文考釋》,《文物研究》第六輯,合肥:黃山書社,1990年,第249~252頁。

[265]潛山縣文物局:《潛山黃嶺春秋墓》,《文物研究》第十三輯,合肥:黃山書社,2001年,第125~127頁。

[266]強運開:《說文古籀補三補》,上海:商務印書館,1935年。

[267]丘德修:《商周金文集成》,臺北:五南圖書出版有限公司,1983年。

[268]丘光明:《中國歷代度量衡考》,北京:科學出版社,1992年。

[269]丘光明:《中國古代計量史圖鑒》,合肥:合肥工業大學出版社,2005年。

[270]裘錫圭:《文字學概要》,北京:商務印書館,1988年。

[271]任偉:《〈無匹壺〉的定名及江漢曾國的族姓問題》,《文博》,2002年第1期,第36~37、70頁。

[272](日)白川靜:《金文通釋》第1~45輯,東京:白鶴美術館,1962~1975年。又卷六,1980年。

[273](日)白川靜:《金文集》第1~4冊,東京:二玄社,1964年。

[274](日)大塚稔:《周漢遺寶》,東京:大塚巧藝社,1932年。

[275](日)河出孝雄:《定本書道全集》第1卷,東京:河出書房,1954年。

[276](日)林巳奈夫:《殷周時代青銅器の研究——殷周青銅器綜覽一》,東京:吉川弘文館,1984年。

[277](日)林巳奈夫:《殷周時代青銅器の研究——殷周青銅器綜覽二》,東京:吉川弘文館,1986年。

[278](日)林巳奈夫:《殷周時代青銅器の研究——殷周青銅器綜覽三》,東京:吉川弘文館,1989年。

[279](日)藤田國雄等:《中華人民共和國出土文物展》,東京:朝日新聞社東京本社企劃部,1973年。

[280](日)下中彌三郎:《書道全集》,東京:平凡社,1935年。

[281]容庚:《鳥書考》,《燕京學報》第16期,1934年,第195~204頁。

[282]容庚:《鳥書考補正》,《燕京學報》第17期,1934年,第73~78頁。

[283]容庚:《鳥書三考》,《燕京學報》第23期,1934年,第287~290頁。

[284]容庚:《善齋彝器圖錄》,北平:燕京大學哈佛燕京學社排印本,1936年。

[285]容庚:《頌齋吉金續錄》(石印本),1938年。

[286]容庚:《商周彝器通考》,北平:哈佛燕京學社,1941年。

[287]容庚:《鳥書考》,《中山大學學報》,1964年第1期,第75~113頁。

[288]容庚:《金文編》,北京:中華書局,1985年。

[289]容庚、張維持:《殷周青銅器通論》,北京:文物出版社,1984年。

[290]阮元:《積古齋鐘鼎彝器款識》,光緒九年鮑廷爵刻本。

[291]山東省博物館:《山東金文集成》,濟南:齊魯書社,2007年。

[292]商承祚:《十二家吉金圖錄》,南京:金陵大學中國文化研究所石印本,1935年。

[293]商承祚:《"姑發䣎反"即吳王"諸樊"別議》,《中山大學學報》,1963年第3期,第67～72頁。

[294]上海博物館:《上海博物館藏青銅器》,上海:上海人民美術出版社,1964年。

[295]盛昱:《郁華閣金文》。劉慶柱、段志洪、馮時主編:《金文文獻集成》第15集,北京:線裝書局,2005年。

[296]施謝捷:《吳越文字彙編》,南京:江蘇教育出版社,1998年。

[297]壽縣古墓清理小組:《安徽壽縣戰國墓出土的銅器群記略》,《文物參考資料》,1955年8期,第28～37頁。

[298]壽縣文化廣電新聞出版局:《璀璨壽春:壽縣文化遺産精粹》,合肥:安徽美術出版社,2012年。

[299]舒城縣文物管理所:《舒城縣秦家橋戰國楚墓清理簡報》,《文物研究》第六輯,合肥:黃山書社,1990年,第135～146頁。

[300]舒之梅、羅運環:《楚同諸侯國關係的古文字資料簡述》,《求索》,1983年第6期,第168～172頁。

[301]蘇建洲:《楚簡文字考釋三則》,簡帛研究網 http://www.bamboosilk.org/Wssf/2002/sujianzhou02.htm,2002年12月21日。

[302]孫百朋:《蔡侯墓出土的三件銅器銘文考釋》,《文物參考資料》,1956年第12期,第33頁。

[303]孫百朋:《介紹蚌埠市出土的幾件有文字銅器》,《文物參考資料》,1957年第7期,第83～84頁。

[304]孫華主編:《中國美術全集》(青銅器),合肥:黃山書社,2010年。

[305]孫壯:《楚器拓本》(中國國家圖書館藏孫壯輯寶楚齋方氏及北京圖書館舊藏拓片,收藏號:善拓260)。

[306]孫稚雛:《淮南蔡器釋文的商榷》,《考古》,1965年第9期,第467～468頁。

[307]孫稚雛:《蔡侯墓器摹本》,《古文字研究》第八輯,北京:中華書局,1983年,第39～42頁。

[308]孫仲匯:《安徽發現新的楚布》,《安徽錢幣》,2003年第2期,第22頁。

[309]臺北故宮博物院編輯委員會:《海外遺珍》(銅器續),臺北:臺北故宮博物院,HAI-WAI YI-ZHEN CHINESE ART IN OVERSEAS COLLECTIONS BRONZE Ⅱ,1988年。

[310]臺北故宮、"中央"博物院聯合管理處編:《故宮銅器圖錄》,臺北:臺北中華叢書委員會出版,1958年。

[311]臺北"國立"故宮博物院編輯委員會:《商周青銅酒器》,臺北:臺北故宮博物圖書院,1989年。

[312]臺北"國立中央"博物院圖書館:《中華文物集成》(首輯)(第一册)(銅器),臺北:臺北"國立中央"博物圖書院館聯合管理處編印,1954年。

[313]太湖縣文管所、太湖縣博物館:《太湖館藏文物》,哈爾濱:黑龙江美术出版社,2014年。

[314]湯余惠:《楚器銘文八考》,《古文字論集(一)》,西安:《考古與文物》編輯部,1983年,第60～68頁。

[315]湯余惠:《略論戰國文字形體研究中的幾個問題》,《古文字研究》第十五輯,北京:中華書局,1986年,第9～100頁。

[316]湯余惠:《包山楚簡讀後記》,《考古與文物》,1993年第2期,第69～79頁。

[317]湯余惠:《戰國銘文選》,長春:吉林大學出版社,1993年。

[318]唐蘭:《西周青銅器銅器銘文分代史徵》,北京:中華書局,1986年。

[319]唐蘭:《壽縣所出銅器考略》,《國學季刊》第4卷第1期;《唐蘭先生金文論集》,北京:紫禁城出版社,1995年,第17～24頁。

[320]唐蘭:《周王䵼鐘考》,《唐蘭先生金文論集》,1995年,第34～42頁。

[321]唐友波:《釋"賸"》,《江漢考古》,2003年第3期,第80～84頁。

[322]田福鏗、武時良:《楚國"旆錢當釿"布幣淺釋》,《淮北煤師院學報》(社會科學版),1987年第1期,第189～190、192、193、2頁;《文物研究》第五輯,合肥:黃山書社,1989年,第283頁。

[323]桐城市博物館、桐城市文物管理所:《桐城文物精華》,合肥:安徽美術出版社,2009年。

[324]塗書田:《安徽省壽縣出土一大批楚金幣》,《文物》,1980年10期,第67～71頁。

[325]宛鵬飛:《飛諾藏金》(春秋戰國篇),鄭州:中州古籍出版社,2012年。

[326]汪本初、張振才:《楚幣瑰寶——"旆錢當釿"考釋》,《錢幣文論特輯》第一輯,合肥:安徽人民出版社,1988年,第152～161頁。

[327]汪本初:《楚國銅貝的特色——兼談近年來安徽出土的"蟻鼻錢"》,《錢幣文論特輯》,合肥:安徽省錢幣學會,1988年,第10頁。

[328]汪淑琳:《安徽省太湖縣小池鎮出土蟻鼻錢》,《西部金融》,2008年第9期,第84頁。

[329]汪淑琳:《太湖縣小池鎮中心村出土器物考略》,《大衆文藝》,2013年第16期,第271頁。

[330]王步毅:《安徽霍山縣出土吳蔡兵器和車馬器》,《文物》,1986年第3期,第44～46頁。

[331]王長豐:《蔡公□宴戈考》,《中原文物》,2014年第2期,第64～68頁。

[332]王長豐、李勇、許玲:《安徽六安出土蔡公孫霍戈考》,《文物》,2014年第5期,第71～73+62頁。

[333]王丹:《介紹吉林大學收藏的兩件楚國青銅器》,《楚文化研究論集》第三集,武漢:湖北人民出版社,1994年,第448～449頁。

[334]王峰:《三年奇令戈考》,《考古》,2011年第11期,第73～75頁。

[335]王峰:《安徽霍丘縣戰國墓的清理》,《考古》,2011年第11期,第94～96頁。

[336]王海文:《故宮博物院所藏楚器》,《江漢考古》,1986年第4期,第29～30頁。

[337]王輝:《戰國"府"之考察》,《中國考古學研究論集——紀念夏鼐先生考古五十周

年》,西安:三秦出版社,1987年,第348~356頁。

[338]王樂群:《文物研究》第六輯,合肥:黄山書社,1990年,第160~252頁。

[339]王玲梅、葛曉主編:《周末賽寶會——"藏寶閣"百件珍品賞析》,合肥:安徽科學技術出版社,2015年。

[340]王强:《燕尾布幣文新解》,《中國錢幣》,2014年第2期,第10~13頁。

[341]王俅:《嘯堂集古録》二卷,1176年。

[342]王人聰:《關於壽縣楚器銘文中"ᄇ"字的解釋》,《考古》,1972年第6期,第45~47頁。

[343]王獻唐:《國史金石志稿》二十卷,1943年,青島:青島出版社,2004年。

[344]文物精華編輯委員會:《文物精華》(二),北京:文物出版社,1963年。

[345]魏宜輝:《關於"箭之初文"的補釋》,復旦大學出土文獻與古文字研究中心網 http://www.gwz.fudan.edu.cn/srcshow.asp? src_id=269,2007年12月18日。

[346]吳長青:《壽縣李三孤堆楚國大墓出土銅器的初步研究——以安徽省博物館藏該墓青銅器爲中心》,北京大學碩士學位論文,2005年。

[347]吳闓生:《吉金文録》,南宫邢氏刻本,1933年。

[348]吳良寶:《包山楚簡釋地三篇》,《漢字研究》第一輯,中國文字學會、河北大學漢字研究中心編,北京:學苑出版社,2005年,第520~525頁。

[349]吳良寶:《中國東周時期金屬貨幣研究》,北京:社會科學文獻出版社,2005年。

[350]吳良寶:《再説曾國之謎》,《新果集——慶祝林澐先生七十華誕論文集》,吉林大學邊疆考古研究中心編,北京:科學出版社,2009年,第626~631頁。

[351]吳良寶:《十四年上郡守匽氏戈考》,簡帛網 http://www.bsm.org.cn/show_article.php? id=1702,2012年5月22日;《華夏文化論壇》第七輯,2012年,第101~105頁。

[352]吳興漢:《從考古發現看安徽古代貨幣文化的幾大特色》,《錢幣文論特輯》(第二輯),1993年,第220~238頁。

[353]吳興漢:《從考古發現論安徽古代貨幣文化的幾大特色》,《中國錢幣》,1994年3期,第9~15+31頁。

[354]吳興漢:《試論壽縣楚王墓二號大鼎鑄造技術》,《楚文化研究論集》第四集,鄭州:河南人民出版社,1994年,第505~510頁。

[355]吳興漢:《楚金幣的發現與研究》,《故宫博物院院刊》,2005年第6期,第116~140頁。

[356]吳振武:《戰國貨幣銘文中的"刀"》,《古文字研究》第十輯,北京:中華書局,1983年,第305~326頁。

[357]吳振武:《楚文字中的"陵"和"陲"》,《長沙三國吳簡暨百年來簡帛發現與研究國際學術研討會論文提要》,2001年,第4頁。

[358]吳振武:《假設之上的假設——金文"筭公"的文字學解釋》,《吉林大學古籍研究所建所二十周年紀念文集》,長春:吉林文史出版社,2003年,第1~8頁。

[359]吳振武:《朱家集楚器銘文辨析三則》,《黄盛璋先生八秩華誕紀念文集》,北京:中國文化教育出版社,2005年,第291~299頁。

[360]吳振武:《〈古璽文編〉校訂》,北京:人民美術出版社,2011年。

[361]吳鎮烽:《商周青銅器銘文暨圖像集成》,上海:上海古籍出版社,2012年。

[362]五省出土重要文物展覽籌備委員會:《陝西、江蘇、熱河、安徽、山西五省出土重要文物展覽圖錄》,北京:文物出版社,1958年。

[363]夏淥:《三楚古文字新探》,《楚史論叢》初集,武漢:湖北人民出版社,1984年,第269～285頁。

[364]夏淥:《銘文中所見楚王名字考》,《江漢考古》,1985年第4期,第52～59頁。

[365]夏鼐:無產階級文化大革命中的考古新發現,《考古》1972年1期,第29～42頁。

[366]小蟲:說《上博五·弟子問》"延陵季子"的延,簡帛網 http://www.bsm.org.cn/show_article.php? id=351,200年5月20日。

[367]熊海平:《楚器紋繢的研究》,《民族學研究集刊》第1輯,第229～260頁。

[368]徐中舒:《壽州出土楚銅器補述》,《大公報》圖書副刊31期,1934年6月16日。

[369]徐中舒主編:《殷周金文集錄》,成都:四川人民出版社,1984年。

[370]徐明華:《關於楚國布幣文字的考釋》,《錢幣文論特輯》第二輯,合肥:安徽人民出版社,1993年,第173～174頁。

[371]徐乃昌:《安徽通志金石古物考稿》,安徽通志館石印本,1935年。

[372]徐世襄:《楚器選拓》(中國國家圖書館藏徐世襄輯寶楚齋藏器,收藏號:善拓271～20)。

[373]徐在國:《談楚文字中從"胖"的幾個字》,《楚簡楚文化與先秦歷史文化國際學術研討會論文集》,武漢:湖北教育出版社,2013年,第484～487頁。

[374]許建強、許璞:《安徽壽縣再次出土大量楚國郢爰》,《文物》,1992年10期,第91～94頁。

[375]許璞、建強:《壽縣肖嚴湖出土春秋青銅器》,《文物》,1990年第11期,第65～67+101頁。

[376]禤健聰:《楚文字新讀二則》,《江漢考古》,2006年第4期,第82～84頁。

[377]薛尚功:《歷代鐘鼎彝器款識法帖》,杭州:浙江出版聯合集團、浙江古籍出版社,2012年。

[378]薛尚功:《歷代鐘鼎彝器款識法帖》二十卷,1144年。

[379]嚴一萍:《金文總集》,臺北:藝文印書館,1983年。

[380]楊寬:《戰國史》(增訂本),上海:上海人民出版社,1980年。

[381]楊鳩霞:《安徽舒城九里墩春秋墓》,《考古學報》,1982年第2期,第229～242+277～282頁。

[382]楊樹達:《積微居金文說》(增訂本),北京:中華書局,1997年。

[383]楊澤生:《〈語叢四〉札記》,簡帛研究網 http://www.bamboosilk.org/wssf/2002/yangzesheng04.htm,2002年3月23日。

[384]葉其峰:《戰國官璽的國別及有關問題》,《故宮博物院院刊》,1981年第3期,第86～92頁。

[385]殷滌非:《關於壽縣楚器》,《考古通訊》,1955年第2期,第21～24頁。

[386]殷滌非:《安徽壽縣新發現的銅牛》,《文物》,1959年第4期,第1～2頁。

[387]殷非滌:《安徽屯溪西周墓葬發掘報告》,《考古學報》,1959年第4期,第59～90＋112～130頁。

[388]殷滌非:《壽縣楚器中的"大𤯍鎬"》,《文物》,1980年第8期,第26～28頁。

[389]殷滌非:《安徽近年來的考古發現與研究》,《江淮論壇》,1981年第3期,第110～113頁。

[390]殷滌非:《楚量小考》,《古文字研究》第七輯,北京:中華書局,1982年,第165～174頁。

[391]殷滌非:《九里墩墓的青銅鼓座》,《安徽省考古學會會刊》第五輯,1982年,第28～44頁;《古文字研究》第十四輯,北京:中華書局,1986年,第27～44頁。

[392]殷滌非:《"者旨於賜"考略》,《古文字研究》第十輯,北京:中華書局,1983年,第214～220頁。

[393]殷滌非:《商周考古簡編》,合肥:黃山書社,1986年。

[394]殷滌非:《憶壽縣楚器返皖》,《文物天地》,1987年第2期,第35～37頁。

[395]殷滌非、羅長銘:《壽縣出土的"鄂君啓金節"》,《文物參考資料》,1958年第4期,第8～11＋7頁。

[396]游國慶、朱林澤:《鐘鼎款識——銅器》,《故宮文物月刊》第300期,2008年,第107頁。

[397]于豪亮:《釋青川秦墓木牘》,《文物》,1982年第8期,第22～24頁。

[398]于省吾:《鄂君啟節考釋》,《考古》,1963年第8期,第442～447頁。

[399]于省吾:《壽縣蔡侯墓銅器銘文考釋》,《古文字研究》第一輯,北京:中華書局,1979年,第40～54頁。

[400]于省吾:《雙劍誃古器物圖錄》,臺北:臺聯國風出版社,1976年。

[401]于省吾:《雙劍誃吉金圖錄》,北京:中華書局,2009年。

[402]俞偉超、高明:《周代用鼎制度研究》(下),《北京大學學報》(哲社版),1979年第1期,第83～96頁。

[403]俞偉超、李家浩:《論"兵闢大歲"戈》,《出土文獻研究》,北京:文物出版社,1985年,第138～145頁。

[404]袁荃猷主編:《中國音樂文物大系》(北京卷),北京:大象出版社,1996年。

[405]曾憲通:《論齊國"遱盟之璽"及其相關問題》,《古文字與出土文獻叢考》,廣州:中山大學出版社,2005年,第181～192頁。

[406]曾憲通:《容庚先生和他的頌齋藏器》,《古文字與出土文獻叢考》,廣州:中山大學出版社,2005年,第259～270頁。

[407]曾昭岷、李瑾:《曾國和曾國銅器綜考》,《江漢考古》,1980年第1期,第69～84頁。

[408]章新亮、陶治力、陶治政:《安慶出土罐藏楚國蟻鼻錢》,《中國錢幣》,2009年第2期,第33、85頁。

[409]張愛冰、陸勤毅:《皖南出土商代青銅容器的年代與性質》,《考古》,2010年第6期,第83～92頁。

[410]張光裕:《雪齋學術論文二集》,臺北:藝文印書館,2004年。

[411]張戀容、王勇:《"王太后右和室"銅鼎考略》,《考古與文物》,1994年第3期,第

100~102頁。

［412］張世超:《釋"銅"》,《古籍整理研究學刊》,1989年第2期,第15~16,22頁。

［413］張亞初:《殷周青銅器名用途研究》,《古文字研究》第十八輯,北京:中華書局,1992年,第273~315頁。

［414］張亞初:《殷周金文集成引得》,北京:中華書局,2001年。

［415］張燕瑾:《中華國粹大辭典》,北京:國際文化出版公司,1997年。

［416］張振標、劉奕雲:《楚幣"旆錢當釿"考略》,《錢幣文論特輯》第一輯,合肥:安徽人民出版社,1988年,第162~170頁。

［417］張振標、劉奕雲:《阜陽地區古錢的遺存及其歷史背景》,《安徽金融研究》,1987年第4期(增刊);《文物研究》第五輯,合肥:黃山書社,1989年,第283頁。

［418］張振標、劉奕雲:《楚幣之鄉——阜陽》,《中國錢幣》,1990年2期,第71頁。

［419］張正明、邵學海主編:《長江流域古代美術》(史前至東漢)(青銅器),武漢:湖北教育出版社,2001年。

［420］趙平安:《從語源學的角度看東周時期鼎的一類別名》,《考古》,2008年第12期,第69~70＋2頁。

［421］鄭剛:《戰國文字中的"陵"和"李"》,《楚簡道家文獻辯證》,汕頭:汕頭大學出版社,2004年。

［422］鄭家相:《中國古代貨幣發展史》,上海:三聯出版社,1958年。

［423］智龕:《蔡公子果戈》,《文物》,1964年第7期,第33~34頁。

［424］中國科學院考古研究所:《新中國的考古收穫》,北京:文物出版社,1961年。

［425］中國歷史博物館:《中國歷史博物館》(中國博物館叢書第5卷),北京:文物出版社,1984年。

［426］中國歷史博物館編:《中國通史陳列》,北京:朝華出版社,1998年。

［427］中國青銅器全集編輯委員會:《中國青銅器全集》,北京:文物出版社,1995年。

［428］"Unearthing China's Past",Museum of Fine Arts ,Boston,1973.

［429］中國社會科學院考古研究所:《殷周金文集成》,北京:中華書局,1984~1998年。

［430］中國社會科學院考古研究所:《殷周金文集成釋文》,香港:香港中文大學,2001年。

［431］中國社會科學院考古研究所:《殷周金文集成》(修訂增補本),北京:中華書局,2007年。

［432］中國文物精華編輯委員會:《中國文物精華》,北京:文物出版社,1992、1993年。

［433］《中國古代青銅禮器展覽圖錄》"An Exhibition of Ancient Chinese Ritual Bronzes", Loaned by C. T Loo ＆ Co. The Detroit Institute of Arts. New York:The William Bradford Press,1940.

［434］鐘柏生、陳昭容、黃銘崇、袁國華:《新收殷周青銅器銘文暨器影彙編》,臺北:藝文印書館,2006年。

［435］周灝高:《金文詁林》,香港:香港中文大學,1974年。

［436］周灝高:《三代吉金文存補》,臺北:臺聯國風出版社,1980年。

［437］周永珍:《曾國與曾國銅器》,《考古》,1980年第5期,第436~442頁。

[438]朱拜石:《安徽省立圖書館藏壽縣出土楚器簡明表》,《學風》五卷七期,1935年。

[439]朱拜石:《楚器拓本》,中國國家圖書館藏朱拜石輯拓片。

[440]朱德熙:《壽縣出土楚器銘文研究》,《歷史研究》,1954年第1期,第99～108頁。

[441]朱德熙:《朱德熙文集》(第5卷),北京:商務印書館,1999年。

[442]朱德熙、裘錫圭:《戰國文字研究(六種)》,《考古學報》,1972年第1期,第73～91頁。

[443]朱多良:《文物選粹》,合肥:安徽人民出版社,2009年。

[444]朱鳳瀚:《古代中國青銅器》,天津:南開大學出版社,1995年。

[445]朱活:《古錢新譚》,北京:中華書局,1991年。

[446]朱俊明:《從甲、金文字考察楚人姓氏及其相關問題》,《貴州社會科學》,1987年第12期,第51頁。

[447]朱良劍主編:《安徽文明史陳列》,北京:文物出版社,2013年。

[448]鄒安:《周金文存》六卷,1916年。

[449]鄒芙都:《楚系銘文綜合研究》,成都:巴蜀書社,2007年。

附録一　器名索引

（按器名音序排列）

器　名	器　物　別　名	編號
八年亲城大命軌定戈	八年新城大令戈	324
白夐簋	伯辭簋、竊曲紋簋	31
白爵	"戈伯"銘弦紋銅爵	22
邦司寇陳授鈹	十九年邦司寇鈹、十九年邦司寇陳授戈、邦司寇陳授鈹	349
寶鼎	分襠銘文鼎、"十貝"分襠鼎	3
北句鑃		72
北鄉武里畢九鼎	北鄉武里鼎	252
蔡大司馬盤	蔡大司馬燮盤	121
蔡大司馬匜	蔡大司馬燮銅匜	122
蔡弔膚孜戈	"蔡叔"雙聯銅戈、蔡叔雙聯戈	41
蔡弔子所戟	蔡叔戈、蔡叔戟	145
蔡公□宴戈		143
蔡公孫鱓戈	蔡公孫戈、蔡公孫鰓戈	46
蔡公子□戈	蔡公子	142
蔡公子從劍	蔡公子用劍	209
蔡公子果戈		139
蔡公子果戈		140
蔡公子果戈		142
蔡侯龖鎛	蔡侯鎛、蔡侯龖編鎛、蔡侯龖鎛甲	67
蔡侯龖鎛	蔡侯鎛、蔡侯龖編鎛、蔡侯龖鎛乙	68
蔡侯龖鎛	蔡侯鎛、蔡侯龖編鎛、蔡侯龖鎛丙	69
蔡侯龖鎛	蔡侯鎛、蔡侯龖編鎛、蔡侯龖鎛丁	70
蔡侯產戈	夏雕戈	135
蔡侯產戈	永用戈、之用戈	136
蔡侯產戈		137
蔡侯產劍	蔡侯作畏教劍	206
蔡侯產劍	蔡侯作畏教劍	207

蔡侯產劍	蔡侯產之用劍	208
蔡侯𠦪鼎	蔡侯鼎、蔡侯紳鼎、蔡侯申鼎、蔡侯銅鼎	75
蔡侯𠦪鼎	蔡侯銅鼎、蔡侯申鼎	76
蔡侯𠦪鼎	蔡侯殘鼎、蔡侯申殘鼎、蔡侯𠦪殘鼎	77
蔡侯𠦪鼎	蔡侯鼎、蔡侯紳鼎、蔡侯申鼎、蔡侯申鼎	78
蔡侯𠦪鼎	蔡侯鼎、蔡侯紳鼎、蔡侯申鼎、蔡侯銅伙鼎	79
蔡侯𠦪鼎	蔡侯殘鼎、蔡侯申殘鼎	80
蔡侯𠦪鼎	蔡侯殘鼎、蔡侯申殘鼎	81
蔡侯𠦪鼎	蔡侯殘鼎、蔡侯申殘鼎	82
蔡侯𠦪鼎	蔡侯殘鼎、蔡侯申殘鼎	83
蔡侯𠦪鼎蓋	蔡侯殘鼎蓋、蔡侯申殘鼎蓋	84
蔡侯𠦪鼎蓋	蔡侯殘鼎蓋、蔡侯紳殘鼎蓋、蔡侯申殘鼎蓋	85
蔡侯𠦪鼎蓋	蔡侯鼎蓋、蔡侯紳之頭鼎蓋、蔡侯申鼎蓋	86
蔡侯𠦪鼎蓋	蔡侯殘鼎蓋、蔡侯申殘鼎蓋	87
蔡侯𠦪鼎蓋	蔡侯殘鼎蓋、蔡侯申殘鼎蓋	88
蔡侯𠦪缶	蔡侯紳圓尊缶、蔡侯𠦪尊缶	113
蔡侯𠦪缶	蔡侯銅尊缶	114
蔡侯𠦪缶	蔡侯紳方尊缶、蔡侯銅方尊缶、蔡侯𠦪方缶、蔡侯申尊缶	115
蔡侯𠦪缶	蔡侯紳方尊缶、蔡侯銅方尊缶、蔡侯𠦪方缶	116
蔡侯𠦪缶	蔡侯盥缶、蔡侯紳盥缶、蔡侯𠦪盥缶	117
蔡侯𠦪缶	"大孟姬"銅盥缶、蔡侯盥缶、蔡侯紳作大孟姬盥缶、蔡侯盥缶、蔡侯申尊缶	118
蔡侯𠦪簠	蔡侯簠、蔡侯紳臣、蔡侯銅簠、蔡侯申簠	98
蔡侯𠦪簠	蔡侯簠、蔡侯申簠	99
蔡侯𠦪簠	蔡侯簠、蔡侯申簠	100
蔡侯𠦪簠	蔡侯簠、蔡侯申簠	101
蔡侯𠦪戈	蔡侯紳之行戈、蔡侯申之行戈	129
蔡侯𠦪戈	蔡侯紳之用戈、蔡侯申戈	130
蔡侯𠦪戈	蔡侯申戈	131
蔡侯𠦪戈	蔡侯申戈	132
蔡侯𠦪戈	蔡侯紳之用戈、蔡侯申戈	133
蔡侯𠦪簋	蔡侯申簋、蔡侯紳簋、蔡侯簋、蔡侯銅簋	90
蔡侯𠦪簋	蔡侯申簋、蔡侯簋	91
蔡侯𠦪簋	蔡侯申簋	92
蔡侯𠦪簋	蔡侯申簋	93
蔡侯𠦪簋	蔡侯申簋	94
蔡侯𠦪簋	蔡侯申簋	95
蔡侯𠦪簋	蔡侯申簋	96
蔡侯𠦪簋	蔡侯申簋	97

蔡侯龖壺	蔡侯方壺、蔡侯申壺、蔡侯紳方壺、蔡侯龖方壺	110
蔡侯龖壺	蔡侯方壺、蔡侯申壺、蔡侯紳方壺、蔡侯龖方壺	111
蔡侯龖戟	蔡侯紳之用戟	134
蔡侯龖鑒	蔡侯紳方鑒、蔡侯龖方鑒、蔡侯方鑒、蔡侯銅方鑒、蔡侯申方鑒	124
蔡侯龖盤	蔡侯盤、蔡侯紳之飼盤、蔡侯銅盤	119
蔡侯龖盤	蔡侯紳盤、蔡侯申銅盤、蔡侯齟盤	120
蔡侯龖瓶	蔡侯瓶、蔡侯紳瓶、蔡侯申瓶	112
蔡侯朔戟	蔡□□戟、蔡侯逆戟、蔡侯乇戈、蔡侯朔之用戟	137
蔡侯龖匜	蔡侯紳盥匜、蔡侯盥鑑、蔡侯銅匜、蔡侯匜	123
蔡侯龖鐘	蔡侯鈕鐘、蔡侯紳編鐘、蔡侯申歌鐘、蔡侯龖歌鐘甲	58
蔡侯龖鐘	蔡侯鈕鐘、蔡侯申歌鐘、蔡侯龖歌鐘乙	59
蔡侯龖鐘	蔡侯鈕鐘、蔡侯申行鐘、蔡侯龖行鐘甲	60
蔡侯龖鐘	蔡侯鈕鐘、蔡侯申行鐘、蔡侯龖行鐘乙	61
蔡侯龖鐘	蔡侯鈕鐘、蔡侯申行鐘、蔡侯龖行鐘丙	62
蔡侯龖鐘	蔡侯鈕鐘、蔡侯申行鐘、蔡侯龖行鐘丁	63
蔡侯龖鐘	蔡侯鈕鐘、蔡侯申歌鐘、蔡侯龖歌鐘戊	64
蔡侯龖鐘	蔡侯鈕鐘、蔡侯申歌鐘、蔡侯龖歌鐘丙	65
蔡侯龖鐘	蔡侯鈕鐘、蔡侯申歌鐘、蔡侯龖歌鐘丁	66
蔡侯龖尊	蔡侯尊、蔡侯紳尊	108
蔡侯龖尊	蔡侯尊、蔡侯紳尊、蔡侯申尊	109
蔡加子戈	蔡加子之用戈	144
蔡爵	弦紋爵	11
曾侯邲簠	曾侯戉簠	106
曾姬無卹壺		182
曾姬無卹壺		183
曾太保慶盆	曾太保慶皿	39
曾子化簠		181
塦侯因脊戟	"陳侯因脊造陵左"戟	331
陳郢量	王量	299
楚屈叔沱屈□之孫戈	楚王戈、楚屈叔沱戈	40
楚王酓忎鼎	酓悍鼎、楚王酓悍鼎	248
楚王酓忎鼎	楚王酓悍鼎、酓悍鼎、楚王熊悍銅鼎	249
楚王酓忎盤		284
楚王酓脡鼎	楚王酓前鈃鼎、楚王酓肯鈃鼎、楚王酓朏鼎	249
楚王酓脡簠	楚王酓肯簠、楚王酓前匜、楚王酓肯簠	264
楚王酓脡簠	楚王酓肯簠、楚王酓前匜、楚王酓朏簠、楚王酓肯簠	265
楚王酓脡簠	楚王酓肯簠、楚王酓前匜、楚王酓肯簠	266
楚王酓脡盤	楚王酓肯盤、楚王酓前盤、楚王酓肯盤	283

附録一　器名索引

楚王畲脛鈕鼎	畲肯鈕鼎、楚王畲前鉈鼎、畲肯銅匜鼎、楚王匜鼎	246
楚王畲章劍		204
楚王畲章劍		205
楚王畲璋戈		187
楚王鑄客匜	楚王銀匜	288
楚犀恩鼎	楚弩鼎	180
大廥簠	大府臣、大府瑚	253
大廥鎬	大府鎬、王會鎬、大府銅鎬	294
大句脰官鼎	太后脰官匜鼎、鑄客爲太后脰官鼎	244
大句脰官鼎	大后廚官鼎、鑄客爲太后鼎	245
大廥臥牛鎮	大府之器銅牛、"大府之器"錯銀銅臥牛、大府臥牛、大府銅牛	312
大右人鑒	四環大鑒、大右鑒	289
大廥盞	大府盞、大府敦、大府之饋盞	267
大子鼎	集脰太子鼎、太子鼎	234
大子鼎	集脰太子鼎、太子銅鼎、太子鼎	235
鄀左庫劍	荊左庫銅劍、鄀左庫劍	343
鄂君啓車節	噩君啓車節	301
鄂君啓車節	噩君啓車節	302
鄂君啓車節	噩君啓車節	303
鄂君啓舟節	噩君啓舟節	304
鄂君啓舟節	噩君啓舟節	305
二年梁令長獻戟束	二年梁令長(張)戟束	319
繁伯武君鬲		35
尃秦匕	尃秦苛脛匕	221
尃秦匕	尃秦苛脛匕、冶吏勺	222
尃秦勺	秦苛脛勺、冶史秦斗、吏秦勺、史秦勺、冶史秦勺、尃秦苛脛匕	278
尃秦勺	秦苛脛勺、冶史秦斗、冶史秦勺、尃秦苛脛匕	279
尃秦勺	吏秦勺	280
父丁觚		8
父丁角	亞弜父丁角	24
父丁爵		28
父丁爵		29
父丁爵		9
父丁卣	馬豕父丁卣、豕馬父丁卣、馬天豕父丁卣	25
父丁尊	馬天豕父丁尊、馬豕父丁尊、豕馬父丁尊	26
父癸爵	"父癸"銘爵	21
父辛罍	子父辛罍	23
父辛爵		17

父辛爵		18
父辛爵		19
父乙鬲		4
父乙卣	父己人形彝、嬰父己卣	5
父乙尊	子翌父乙尊	178
辻銍箕	鑄客銅箕、鑄客炭箕、鑄客箕	311
辻銍匜	鑄客匜	287
戈爵		10
亙思左王戟	亙思公智上爲亙思左王造戟	166
工𢻻王夫差劍	吳王夫差自作用劍、吳王夫差劍	171
工盧王姑發者阪戈	工盧王姑發者阪戈、吳王姑發戈	157
工獻大子姑發䰩反劍	攻吳太子諸樊劍、姑發䰩反劍、工獻太子姑發䰩反劍、吳太子姑發晉反劍	167
公卣	鳳紋卣	177
攻敔工叙戟	攻敔工差戟、攻敔工叙戟、攻吳工差戟、攻敔戟、攻敔王差戟、吳王夫差戟	158
攻敔王夫差戈	攻敔王夫差戈	159
攻敔王夫差劍	攻吳王夫差劍、吳王夫差劍	170
攻敔王光劍	攻吳光劍、攻敔王光劍	168
攻敔王光劍	攻吳王光劍、吳王光劍、攻敔王光劍	169
龏王之卯戈	龏王止卯之造戟	164
孤竹鼎		2
虎鄩公佗戈	虎婁公佗戈	160
集𩰬、佶𩰬、鳴腋𩰬鼎	鑄客鼎、鑄客大鼎、楚大鼎、大侶鼎	231
集𩰬鼎	集酬大子鼎、集䐗鼎、大子鼎、太子鼎、集脊銅鼎	229
集𩰬鼎	集膴鼎、鑄客羊鈕銅鼎、鑄客爲集䐗鼎、鑄客鼎	230
集脽爐	鑄客器、環梁方盤、環梁方爐、集脽爐、集脽銅器、鑄客銅爐、奉脽薦盤、鑄客爐	309
集脽甗	鑄客甗、鑄客銅甗	216
集酖鼎	鑄客爲集酬鼎、鑄客鼎、集酬鼎	240
集耤鼎	鑄客鼎	239
集脽鼎	鑄客鼎、集醻鼎、鑄客爲集脽鼎	236
集脽鼎	鑄客鼎、鑄客爲集脽鼎	237
集脽鼎	集脽鼎蓋、鑄客鼎、鑄客爲集脽鼎	238
集脽爐	奉脽薦盤、鑄客爐	310
集脽太子鎬	集脽鎬	292
集脽太子鎬	太子銅鎬	293
集酩盉	鑄客盉、集醻盉、鑄客爲集酩盉	274
集既爐	鑄客盧、鑄客爐	308
集酩爐	鑄客爐、鑄客盤、集酬鏃、鑄客盧、集醍爐	307
集耤甗	鑄器客甗	214

附錄一　器名索引

集𥩈甗	鑄客甗、鑄客大銅甗	215
己鼎		32
己冈爵	入己爵	27
己冉爵		12
季子康鎛	季子康鎛甲、鐘離君柏季子康鎛鐘	53
季子康鎛	季子康鎛乙、鐘離君柏季子康鎛鐘	54
季子康鎛	季子康鎛丙、鐘離君柏季子康鎛鐘	55
季子康鎛	季子康鎛丁、鐘離君柏季子康鎛鐘	56
季子康鎛	季子康鎛戊、鐘離君柏季子康鎛鐘	57
交瓿	獸面紋瓿	7
角刮刀	角刃	350
九里墩鼓座	龍虎四環銅器座、龍虎四環器、龍虎紋鼓座	128
九里墩銅矛	銅矛	173
巨莔鼎	巨蒢鼎、巨萱銅鼎、巨蒢十九鼎	232
巨莔王鼎	巨蒢鼎、巨蒢王鼎、巨蒼鼎	233
苟畜匜	苟意匜、蔡卒銅匜	286
客豊悆鼎	客鑄鼎、客豊悤鼎、客登陾鼎、客豊鼎	223
客豊悆鼎	客登陾鼎	224
客豊悆鼎	客登陾鼎、客豊衍鼎	225
客豊悆鼎	客登陾鼎	226
客豊悆鼎		227
鑞鎛戈		188
㝅倚壺	孝倚壺	276
郊戈	六公佋傹爲六造王戈	165
盧氏戈		326
芒易守命蒦戈	□年芒碭守令虔戈、芒陽守令虔戈	318
蒙戈		334
蒙劍		342
南君戈		338
廿九年相邦肖狐戈	廿九年相邦趙□戈、二十九年相邦趙戈、相邦趙狐戈	325
廿七年涑鄢戈		315
廿四年晉□上庫戈	廿四年晉□戈、廿四年晉上庫戈、晉上庫戈	316
廿四年上郡守疾戈		329
盤埜匕	肛盤埜匕、冶盤野斗、冶盤野匕、冶盤埜勺	217
盤埜匕	冶盤野斗、冶盤野匕、冶盤埜勺	218
平阿右戟	"平阿右鈛"銅戈、平阿右戟	330
七年大梁司寇綏戈	七年大梁司寇綏戈	317
臤子環權	盱子銅環權、臤子砝碼	297

愆鼎	愋鼎、衍字大鼎、隙鼎	228
喬夫人鼎		37
喬君鉦	嵩君鉦、喬君鉦鋮、無者俞鉦鋮、高君作無者俞鉦	73
竊曲紋盤		33
夆爵	獸面紋爵	20
酋爵		13
三年奇命□戈	三年奇令戈	320
邵之瘠夫之行戈		162
紹夆匕	冶紹夆匕、冶紹夆斗	219
紹夆匕	冶紹夆匕、冶紹夆斗	220
枲夆車飾	冶紹車飾、陳共車飾	300
十九年上郡守道戈		328
十年宅陽倫隝登戟	十年宅陽令□登戟	323
十四年上郡守匽氏戈		327
壽春賡鼎	壽春鼎、壽春府鼎	250
壽戈	"壽之行"戈	335
宋公得戈		155
宋公戀戈	宋公欒戈	156
天甗	?甗	36
艋侯耆戈	滕侯耆之造戈、滕侯耆戈	154
童麗公柏戟	鐘離公柏戟	148
童麗公柏戟		149
童麗君柏簠	鍾離君柏簠、童麗君柏臣	102
童麗君柏簠		103
童麗君柏簠	柏之臣	104
童麗君柏簠	柏之臣	105
童麗君柏鐘	鐘離君柏鐘	42
童麗君柏鐘	鐘離君柏鐘	43
童麗君柏鐘	鐘離君柏鐘	44
童麗君柏鐘	鐘離君柏鐘	45
童麗君柏鐘	鐘離君柏鐘	46
童麗君柏鐘	鐘離君柏鐘	47
童麗君柏鐘	鐘離君柏鐘	48
童麗君柏鐘	鐘離君柏鐘	49
童麗君柏鐘	鐘離君柏鐘	50
王鐸		213
王句六室豆	鑄客豆、王后六室豆	268
王句六室豆	鑄客豆、王后六室豆	269

王句六室豆	鑄客豆、王后六室豆	270
王句六室豆	鑄客豆、王后六室豆	271
王句六室豆	鑄客豆、王后六室豆	272
王句六室豆	鑄客豆、王后六室豆	273
王句六室缶	鑄客缶、王后六室缶	281
王句六室缶	鑄客缶、王后六室缶	282
王句六室簠	鑄客簠、鑄客銅簠、王后六室簠、王后六室瑚	254
王句六室簠	鑄客臣、鑄客簠、王后六室簠、王后六室瑚	255
王句六室簠	铸客臣、铸客簠、王后六室簠、王后六室瑚	256
王句六室簠	铸客臣、铸客簠、王后六室簠、王后六室瑚	257
王句六室簠	铸客臣、铸客簠、王后六室簠、王后六室瑚	258
王句六室簠	鑄客簠、王后六室簠	259
王句六室簠	铸客臣、铸客簠、王后六室簠、王后六室瑚	260
王句六室簠	鑄客簠、王后六室簠、王后六室瑚	261
王句六室簠	鑄客簠、王后六室簠、王后六室瑚	262
王句六室簠	鑄客簠、王后六室簠、王后六室瑚	263
王句六室鎬	王后鎬、鑄客鑒、鑄客鎬、王后六室鑒鎬	290
王句六室鎬	王后鎬、鑄客器、王后銅鎬、鑄客鎬、王后六室鎬	291
王句小廈鼎	"鑄客"銅升鼎、王句七府鼎、王后七府鼎、鑄客爲王后鼎	241
王句小廈鼎	鑄客爲王后鼎、王后七府鼎	242
王句小廈鼎	鑄客爲王后少府鼎	243
王刮刀	王匕首	211
王刮刀	王匕首	212
王衡杆		295
王衡杆		296
王矛		174
王矛		175
王矛		344
王矛		345
王矛		346
王矛		347
王命遷虎節		306
王子臣戈		184
王子臣戈		185
王子臣戈		186
王子臣俎	王子頤俎、王子臣銅俎	107
吳王光殘鐘	蔡侯墓殘鐘、蔡侯鐘殘片,吳王光鐘、吳王光和鐘	52
吳王光帶鉤	"衣鼻"帶鉤	127

吳王光鑒	吳王光鑒甲	125
吳王光鑒	吳王光鑒乙	126
吳王光鐘	蔡侯甬鐘、蔡侯齻甬鐘、吳王光甬鐘	51
武城左冶戈	武城左□戈	341
武王攻㠯戈	武王馭用戈	163
戊鼎	丙丁夔紋足鼎	1
新易戈	新陽戈	336
洦陽戈		193
冶㾓戈	冶㾓戈	339
葉矛		348
以共歲棠殘器	以供器、以供歲嘗器	313
郢大𣪘量	郢大府銅量、郢大𣪘銅量、郢大府量	298
雝氏戈	雍氏戈	322
鄁駒壺		277
酉爵		14
右敊戈	右造戟	321
右屁戈	右屁之戈	333
郐王戟	余王戟、徐王容居戈	150
余憩壺	余訢壺	275
余子戈	余子白以戈、徐王容居戈	151
月己爵		15
月己爵		16
戉王丌北古劍	越王丌北古劍	200
戉王者旨於賜戈	越王者旨於賜戈、越王者旨於賜戈	190
戉王者旨於賜戈	越王者旨於賜戈、越王諸稽於賜戈	191
戉王者旨於賜戈	越王者旨於賜戈、越王者旨於賜戈、越王諸稽於賜戈	192
戉王者旨於賜劍	戉王者旨於賜劍、越王者旨於賜劍	194
戉王者旨於賜劍	戉王者旨於賜劍、越王者旨於賜劍	195
戉王者旨於賜劍	戉王者旨於賜劍、越王者旨於賜劍	196
戉王者旨於賜劍	戉王者旨於賜劍、越王者旨於賜劍	197
郳王者旨於賜劍	戉王者旨於賜劍、越王者旨於賜劍	198
郳王者旨於賜劍	戉王者旨於賜劍、越王者旨於賜劍	199
戉王者旨於賜矛	越王者旨於賜矛	210
戉王之子欰畨劍	越王句戔之子劍、越王之子勾踐劍	172
戉王州句劍	越王州句劍	201
戉王州句劍	越王州句劍	202
戉王嗣旨不光劍	越王嗣旨不光劍、越王劍、旨卲豖䔞劍	203
越王者旨於賜鐸		179

乍寶尊彝卣	夔紋卣	175
戠之王造戈		337
旨揚鎛	蟠螭紋鎛鐘	71
莊王之楚用戟		161
子䀉戈	子䝿之用戈、子䝿戈	189
子可期戈	□子可期戈、子可期戈	153
子射簠	天射簠	30
子首氏鼎	子馬氏鼎、子馬鼎	251
子湯鼎	子湯簠、襄脾子湯鼎、子湯蓋鼎	89
自作用戈		152
且己觚	且(祖)己觚	6
左䞳戟	"左䞳之敓捘"雙援戟	332
左厇馬衔	右厇衔	314
作寶尊彝盤		34
鼎	獸首紋鼎、春秋環帶紋銅鼎、春秋交龍紋鼎、龍紋鼎	74
簠		38
□侯戟	銅戈、□侯戈	147
卤盤	甫(郙)以公盤	285
腳右戈		340

附錄二　器目索引

（按器目音序排列）

器　名	編號	時　代	字數
匕			
𫝼秦匕	221	戰國晚期	7
𫝼秦匕	222	戰國晚期	7
盤埜匕	217	戰國晚期	10
盤埜匕	218	戰國晚期	7
紹坙匕	219	戰國晚期	7
紹坙匕	220	戰國晚期	7
鎛			
蔡侯𦅫鎛	67	春秋晚期	82
蔡侯𦅫鎛	68	春秋晚期	82
蔡侯𦅫鎛	69	春秋晚期	82
蔡侯𦅫鎛	70	春秋晚期	82
季子康鎛	53	春秋晚期	63
季子康鎛	54	春秋晚期	63
季子康鎛	55	春秋晚期	63
季子康鎛	56	春秋晚期	63
季子康鎛	57	春秋晚期	63
旨揚鎛	71	春秋	15
車馬器			
𦅫坙車飾	300	戰國晚期	7
左屍馬銜	314	戰國	2
鼎			
寶鼎	3	商代	1
北鄉武里畢九鼎	250	戰國	13

蔡侯䱷鼎	75	春秋晚期	6
蔡侯䱷鼎	76	春秋晚期	6
蔡侯䱷鼎	77	春秋晚期	6
蔡侯䱷鼎	78	春秋晚期	6
蔡侯䱷鼎	79	春秋晚期	12
蔡侯䱷鼎	80	春秋晚期	6
蔡侯䱷鼎	81	春秋晚期	6
蔡侯䱷鼎	82	春秋晚期	6
蔡侯䱷鼎	83	春秋晚期	6
蔡侯䱷鼎蓋	84	春秋晚期	6
蔡侯䱷鼎蓋	85	春秋晚期	6
蔡侯䱷鼎蓋	86	春秋晚期	6
蔡侯䱷鼎蓋	87	春秋晚期	6
蔡侯䱷鼎蓋	88	春秋晚期	6
楚王酓忎鼎	248	戰國晚期	66
楚王酓忎鼎	249	戰國晚期	62
楚王酓脡鼎	247	戰國晚期	19
楚王酓脡釶鼎	246	戰國晚期	12
楚犀恩鼎	180	戰國早期	存 7
大句胠官鼎	244	戰國晚期	9
大句胠官鼎	245	戰國晚期	9
大子鼎	234	戰國晚期	5
大子鼎	235	戰國晚期	10
🐦鼎	74	春秋晚期	1
孤竹鼎	2	商代晚期	5
集䣇、佶䣇、鳴腋䣇鼎	231	戰國晚期	16
集䣇鼎	229	戰國晚期	5
集䣇鼎	230	戰國晚期	7
集䣆鼎	240	戰國晚期	14
集䊹鼎	239	戰國晚期	7
集胠鼎	236	戰國晚期	7
集胠鼎	237	戰國晚期	7
集胠鼎	238	戰國晚期	7
己鼎	32	西周晚期	2
巨莤鼎	232	戰國晚期	4
巨莤王鼎	233	戰國晚期	7
客豐慾鼎	223	戰國晚期	6
客豐慾鼎	224	戰國晚期	3

客豐愆鼎	225	戰國晚期	3
客豐愆鼎	226	戰國晚期	3
客豐愆鼎	227	戰國晚期	3
愆鼎	228	戰國晚期	1
喬夫人鼎	37	春秋早期	7
壽春廥鼎	250	戰國晚期	9
王句小廥鼎	241	戰國晚期	9
王句小廥鼎	242	戰國晚期	9
王句小廥鼎	243	戰國晚期	9
戉鼎	1	商代晚期	2
子首氏鼎	251	戰國	3
子湯鼎	89	春秋晚期	14

豆

王句六室豆	268	戰國晚期	9
王句六室豆	269	戰國晚期	9
王句六室豆	270	戰國晚期	9
王句六室豆	271	戰國晚期	9
王句六室豆	272	戰國晚期	9
王句六室豆	273	戰國晚期	9

鐸

王鐸	213	戰國	1
越王者旨於賜鐸	179	戰國早期	16

缶

蔡侯𧊒缶	113	春秋晚期	6
蔡侯𧊒缶	114	春秋晚期	6
蔡侯𧊒缶	115	春秋晚期	12
蔡侯𧊒缶	116	春秋晚期	12
蔡侯𧊒缶	117	春秋晚期	12
蔡侯𧊒缶	118	春秋晚期	10
王句六室缶	281	戰國晚期	9
王句六室缶	282	戰國晚期	18

簠

蔡侯𧊒簠	101	春秋晚期	12
蔡侯𧊒簠	98	春秋晚期	12

蔡侯𬀪簠	99	春秋晚期	6
蔡侯𬀪簠	101	春秋晚期	12
曾侯邟簠	106	春秋晚期	5
曾子化簠	181	戰國早期	18
楚王酓朏簠	264	戰國晚期	13
楚王酓朏簠	265	戰國晚期	13
楚王酓朏簠	266	戰國晚期	14
大䞷簠	253	戰國晚期	4
童麗君柏簠	102	春秋晚期	38
童麗君柏簠	103	春秋晚期	38
童麗君柏簠	104	春秋晚期	3
童麗君柏簠	105	春秋晚期	3
王句六室簠	254	戰國晚期	9
王句六室簠	255	戰國晚期	9
王句六室簠	256	戰國晚期	9
王句六室簠	257	戰國晚期	9
王句六室簠	258	戰國晚期	9
王句六室簠	259	戰國晚期	存 7
王句六室簠	260	戰國晚期	18
王句六室簠	261	戰國晚期	9
王句六室簠	262	戰國晚期	9
王句六室簠	263	戰國晚期	10

符節

鄂君啓車節	301	戰國晚期	147
鄂君啓車節	302	戰國晚期	144
鄂君啓車節	303	戰國晚期	144
鄂君啓舟節	304	戰國晚期	161
鄂君啓舟節	305	戰國晚期	161
王命遜虎節	306	戰國晚期	4

鎬

王句六室鎬	290	戰國晚期	9
大䞷鎬	294	戰國晚期	16
集脰太子鎬	292	戰國晚期	6
集脰太子鎬	293	戰國晚期	6
王句六室鎬	291	戰國晚期	9

戈戟

八年亲城大命訢定戈	324	戰國晚期	14
蔡弔膚敄戈	41	春秋早期	6
蔡公□宴戈	143	春秋晚期	6
蔡公孫鱓戈	146	春秋晚期	7
蔡公子□戈	142	春秋晚期	6
蔡公子果戈	139	春秋晚期	6
蔡公子果戈	140	春秋晚期	6
蔡公子果戈	141	春秋晚期	6
蔡侯產戈	135	春秋晚期	6
蔡侯產戈	136	春秋晚期	6
蔡侯產戈	137	春秋晚期	6
蔡侯龖戈	129	春秋晚期	6
蔡侯龖戈	130	春秋晚期	6
蔡侯龖戈	131	春秋晚期	6
蔡侯龖戈	132	春秋晚期	6
蔡侯龖戈	133	春秋晚期	6
蔡加子戈	144	春秋晚期	6
楚屈叔沱屈□之孫戈	40	春秋早期	存 20
楚王酓璋戈	187	戰國早期	20
郊戈	165	春秋晚期	存 8
工虞王姑發者阪戈	157	春秋晚期	11
攻敔王夫差戈	159	春秋晚期	10
龏王之卯戈	164	春秋晚期	7
艦侯耆戈	154	春秋晚期	5
虎鄭公佗戈	160	春秋晚期	6
鑯鏄戈	188	戰國早期	2
盧氏戈	326	戰國晚期	3
芒易守命犀戈	318	戰國晚期	存 11
蒙戈	334	戰國晚期	1
南君戈	338	戰國	7
廿九年相邦肖狐戈	325	戰國晚期	18
廿七年涑鄸戈	315	戰國晚期	16
廿四年晉□上庫戈	316	戰國晚期	12
廿四年上郡守疾戈	329	戰國晚期	22
七年大梁司寇綏戈	317	戰國晚期	14
三年帝命□戈	319	戰國晚期	10
邵之瘠夫之行戈	162	春秋晚期	7

十九年上郡守逪戈	328	戰國晚期	18
十四年上郡守匽氏戈	327	戰國晚期	15
雎氏戈	322	戰國晚期	2
壽戈	335	戰國晚期	3
宋公得戈	155	春秋晚期	6
宋公䜌戈	156	春秋晚期	6
王子臣戈	184	戰國早期	5
王子臣戈	185	戰國早期	5
王子臣戈	186	戰國早期	5
武城左冶戈	341	戰國	4
武王攻扈戈	163	春秋早期	8
新易戈	336	戰國	2
洦陽戈	193	戰國早期	2
冶痊戈	339	戰國晚期	2
右敀戈	321	戰國晚期	2
右厔戈	333	戰國	4
腳右戈	340	戰國晚期	2
余子戈	151	春秋晚期	15
戉王者旨於賜戈	190	戰國早期	6
戉王者旨於賜戈	191	戰國早期	12
戉王者旨於賜戈	192	戰國早期	12
葳之王造戈	337	戰國	4
子昍戈	189	戰國早期	5
子可䩄戈	153	春秋晚期	5
自作用戈	152	春秋晚期	4
□侯戟	147	春秋晚期	約70
蔡弔子所戟	145	春秋晚期	6
蔡侯䶛戟	134	春秋晚期	6
蔡侯朔戟	138	春秋晚期	6
二年梁令長猷戟束	320	戰國	24
互思左王戟	166	春秋晚期	12
攻敔工叙戟	158	春秋晚期	8
壐侯因資戟	331	戰國	7
平阿右戟	330	戰國	4
十年宅陽倫䳡登戟	323	戰國晚期	25
童麗公柏戟	148	春秋晚期	7
童麗公柏戟	149	春秋晚期	7
郔王戟	150	春秋晚期	約12

莊王之楚用戟	161	春秋晚期	12
左廄戟	332	戰國	5

句鑃
北句鑃	72	春秋	1

觚
父丁觚	8	商代	4
交觚	7	商代	1
且己觚	6	商代	3

簠
白鋝簠	31	西周	12
蔡侯鑵簠	90	春秋晚期	12
蔡侯鑵簠	91	春秋晚期	12
蔡侯鑵簠	92	春秋晚期	12
蔡侯鑵簠	93	春秋晚期	12
蔡侯鑵簠	94	春秋晚期	12
蔡侯鑵簠	95	春秋晚期	12
蔡侯鑵簠	96	春秋晚期	12
蔡侯鑵簠	97	春秋晚期	6
子射簠	30	西周中期	2
𠃊簠	38	春秋早期	1

盉
集醻盉	274	戰國晚期	14

衡量器
陳郢量	299	戰國晚期	約 14
臤子環權	297	戰國晚期	5
王衡杆	295	戰國晚期	3
王衡杆	296	戰國晚期	4
郢大廄量	298	戰國晚期	7

壺
蔡侯鑵壺	110	春秋晚期	6
蔡侯鑵壺	111	春秋晚期	6
曾姬無卹壺	182	戰國早期	39

曾姬無卹壺	183	戰國早期	39
㝨徛壺	276	戰國晚期	2
鄜駒壺	277	戰國晚期	10
余悶壺	275	戰國晚期	2

罕
父辛罕	23	商代晚期	3

鑒
蔡侯𬀩鑒	124	春秋晚期	6
大右人鑒	289	戰國晚期	6
吳王光鑒	125	春秋晚期	53
吳王光鑒	126	春秋晚期	53

劍
蔡公子從劍	209	戰國早期	12
蔡侯產劍	206	戰國早期	6
蔡侯產劍	207	戰國早期	6
蔡侯產劍	208	戰國早期	6
楚王酓章劍	204	戰國早期	存 13
楚王酓章劍	205	戰國早期	8
工敔王夫差劍	171	春秋晚期	10
工𤩗大子姑發𧊒反劍	167	春秋晚期	35
攻敔王夫差劍	170	春秋晚期	10
攻敔王光劍	168	春秋晚期	12
攻敔王光劍	169	春秋晚期	16
蒙劍	342	戰國晚期	1
戉王丌北古劍	200	戰國早期	3
戉王者旨於賜劍	194	戰國早期	8
戉王者旨於賜劍	195	戰國早期	8
戉王者旨於賜劍	196	戰國早期	8
戉王者旨於賜劍	197	戰國早期	8
郘王者旨於賜劍	198	戰國早期	8
郘王者旨於賜劍	199	戰國早期	8
戉王之子欰耆劍	172	春秋晚期	8
戉王州句劍	201	戰國早期	14
戉王州句劍	202	戰國早期	14
戉王嗣旨不光劍	203	戰國早期	24

鄯左庫劍	343	戰國晚期	3

角
父丁角	24	商代晚期或西周早期	8

爵
白爵	22	商代	2
蔡爵	11	商代	1
父丁爵	28	西周早期	2
父丁爵	29	西周早期	2
父丁爵	9	商代	4
父癸爵	21	商代	2
父辛爵	17	商代	3
父辛爵	18	商代	4
父辛爵	19	商代	2
戈爵	10	商代	1
己入爵	27	西周早期	2
己冈爵	12	商代	2
雋爵	20	商代	1
酉爵	13	商代	1
西爵	14	商代	1
月己爵	15	商代	2
月己爵	16	商代	2

鬲
繁伯武君鬲	35	春秋早期	16
父乙鬲	4	商代	2

矛
九里墩銅矛	173	春秋晚期	6
王矛	174	春秋	1
王矛	175	春秋	1
王矛	344	戰國晚期	1
王矛	345	戰國晚期	1
王矛	346	戰國	1
王矛	347	戰國	1
葉矛	348	戰國晚期	1
戉王者旨於賜矛	210	戰國早期	6

附錄二　器目索引

盤			
蔡大司馬盤	121	春秋晚期	30
蔡侯🈳盤	119	春秋晚期	6
蔡侯🈳盤	120	春秋晚期	95
楚王酓忎盤	284	戰國晚期	29
楚王酓脡盤	283	戰國晚期	12
肏盤	285	戰國晚期	8
竊曲紋盤	33	西周	約10
作寶尊彝盤	34	西周	4

盆			
曾太保慶盆	39	春秋早期	8

鈹			
鈹邦司寇陳授鈹	349	戰國晚期	18

瓶			
蔡侯🈳瓶	112	春秋晚期	5

勺			
專秦勺	278	戰國晚期	7
專秦勺	279	戰國晚期	7
專秦勺	280	戰國晚期	7

甗			
集脞甗	216	戰國晚期	9
集䊮甗	214	戰國晚期	8
集䊮甗	215	戰國晚期	5
天甗	36	春秋早期	1

匜			
蔡侯匜	123	春秋晚期	6
蔡大司馬匜	122	春秋晚期	30
楚王鑄客匜	288	戰國晚期	9
苟畗匜	286	戰國晚期	5
辻𨭖匜	287	戰國晚期	7

卣
父丁卣	25	西周早期	8
父乙卣	5	商代晚期	6
公卣	177	春秋晚期至戰國早期	20
乍寶尊彝卣	176	春秋晚期至戰國早期	8

雜兵
角刮刀	350	戰國	1
王刮刀	211	戰國早期	1
王刮刀	212	戰國早期	2

雜器
九里墩鼓座	128	春秋晚期	約150
大腐臥牛鎮	312	戰國晚期	4
集脞爐	309	戰國晚期	7
集胆爐	310	戰國晚期	7
集既爐	308	戰國晚期	8
集醋爐	307	戰國晚期	7
吳王光帶鉤	127	春秋晚期	11
以共歲棠殘器	313	戰國晚期	存4
辻銈箕	311	戰國晚期	7

盞
大腐盞	267	戰國晚期	5

鉦
喬君鉦	73	春秋晚期	33

鐘
蔡侯龖鐘	58	春秋晚期	82
蔡侯龖鐘	59	春秋晚期	82
蔡侯龖鐘	60	春秋晚期	6
蔡侯龖鐘	61	春秋晚期	6
蔡侯龖鐘	62	春秋晚期	3
蔡侯龖鐘	63	春秋晚期	3
蔡侯龖鐘	64	春秋晚期	20
蔡侯龖鐘	65	春秋晚期	82
蔡侯龖鐘	66	春秋晚期	82

童麗君柏鐘	42	春秋晚期	20
童麗君柏鐘	43	春秋晚期	19
童麗君柏鐘	44	春秋晚期	20
童麗君柏鐘	45	春秋晚期	20
童麗君柏鐘	46	春秋晚期	20
童麗君柏鐘	47	春秋晚期	20
童麗君柏鐘	48	春秋晚期	17
童麗君柏鐘	49	春秋晚期	20
童麗君柏鐘	50	春秋晚期	20
吳王光殘鐘	52	春秋晚期	53
吳王光鐘	51	春秋晚期	存40餘

俎
王子臣俎	107	春秋晚期	8

尊
蔡侯🝓尊	108	春秋晚期	9
蔡侯🝓尊	109	春秋晚期	95
父丁尊	26	西周早期	4
父乙尊	178	春秋晚期至戰國早期	3

附錄三　器物出土地索引

（按出土地音序排列）

出土(發現)地	出土(發現)時間	器名	編號
安慶市大楓鄉黃花村墓葬	1990年	王矛	174
安慶市迎江寺東王家山第二自來水廠墓(M1)	1987年6月	戉王丌北古劍	200
蚌埠市東郊八里橋	1955年	巨荁鼎	232
蚌埠市東郊八里橋	1955年	巨荁王鼎	233
蚌埠市廢品站揀選	二十世紀六、七年代	作寶尊彝盤	34
蚌埠市合作社收購	1958年	鄀左庫劍	343
蚌埠市雙墩村一號春秋墓葬(M1:1)	2006年12月至2008年8月	童麗君柏鐘	42
蚌埠市雙墩村一號春秋墓葬(M1:2)	2006年12月至2008年8月	童麗君柏鐘	43
蚌埠市雙墩村一號春秋墓葬(M1:3)	2006年12月至2008年8月	童麗君柏鐘	44
蚌埠市雙墩村一號春秋墓葬(M1:4)	2006年12月至2008年8月	童麗君柏鐘	44
蚌埠市雙墩村一號墓葬(M1:432,原編號 M1:376-1)	2006年12月至2008年8月	童麗君柏簠	104
蚌埠市雙墩村一號春秋墓葬(M1:6)	2006年12月至2008年8月	童麗君柏鐘	47
蚌埠市雙墩村一號春秋墓葬(M1:7)	2006年12月至2008年8月	童麗君柏鐘	48
蚌埠市雙墩村一號春秋墓葬(M1:8)	2006年12月至2008年8月	童麗君柏鐘	49
蚌埠市雙墩村一號春秋墓葬(M1:9)	2006年12月至2008年8月	童麗君柏鐘	50
蚌埠市雙墩村一號春秋墓葬(M1：5)	2006年12月至2008年8月	童麗君柏鐘	46
蚌埠市雙墩一號春秋墓葬(M1:376)	2006年12月至2008年8月	童麗君柏簠	102
蚌埠市雙墩一號春秋墓葬(M1:377)	2006年12月至2008年8月	童麗君柏簠	103
蚌埠市雙墩一號墓葬(M1:382)	2006年12月至2008年8月	郲王戟	150
蚌埠市雙墩一號春秋墓葬(M1:383)	2006年12月至2008年8月	童麗公柏戟	149
蚌埠市雙墩一號春秋墓葬(M1:397)	2006年12月至2008年8月	童麗公柏戟	148
蚌埠市雙墩一號春秋墓葬(M1:47)	2006年12月至2008年8月	余子戈	151
蚌埠市雙墩一號春秋墓葬	2006年12月至2008年8月	童麗君柏簠	105
蚌埠市土產站廢品倉庫揀選	1965年	寶鼎	3
亳州市		吳王光帶鉤	127
長豐縣朱集鄉(原屬壽縣)李三孤堆楚幽王墓	1981年4月	以共歲棠殘器	313
繁昌縣孫村鎮犁山村		王矛	175

肥西縣城西橋鄉偶崗村刺墩遺址	20 世紀 80 年代	旨揚鎛	71
肥西縣紅衛公社小八里	1971 年	竊曲紋盤	33
肥西縣上派鎮顏灣倪小河南岸	1985 年	父丁觚	8
肥西縣上派鎮顏灣倪小河南岸	1985 年	父丁爵	9
肥西縣上派鎮顏灣倪小河南岸	1985 年	戈爵	10
肥西縣上派鎮顏灣倪小河南岸	1985 年	交觚	7
肥西縣嚴店鄉莫崗村	1976 年	王矛	347
鳳台縣		陳郢量	95
鳳台縣城郊		郢大厴量	94
鳳陽縣卞莊一號春秋墓(M1:1)	2007 年 5 月	季子康鎛	53
鳳陽縣卞莊一號春秋墓(M1:2)	2007 年 5 月	季子康鎛	54
鳳陽縣卞莊一號春秋墓(M1:3)	2007 年 5 月	季子康鎛	55
鳳陽縣卞莊一號春秋墓(M1:4)	2007 年 5 月	季子康鎛	56
鳳陽縣卞莊一號春秋墓(M1:5)	2007 年 5 月	季子康鎛	57
阜陽縣廢品收購站揀選	1973 年	盧氏戈	326
廣德縣高湖鄉張家大村		北句鑃	72
貴池縣里山公社紅旗大隊徽家沖(今池州市貴池區街道)	1977 年 8 月	楚犀恩鼎	180
合肥市四里河烏龜崗墓葬	1970 年	喬夫人鼎	37
合肥市物質回收公司揀選		蔡爵	11
合肥市物資回收公司揀選	1980 年 10 月 14 日	壽戈	335
淮南市		白爵	22
淮南市蔡家崗北趙家孤堆二號墓(M2:18.10)	1959 年 12 月	蔡侯產劍	206
淮南市蔡家崗北趙家孤堆二號墓(M2:18.11)	1959 年 12 月	蔡侯產劍	207
淮南市蔡家崗北趙家孤堆二號墓(M2:18.12)	1959 年 12 月	蔡侯產劍	208
淮南市蔡家崗北趙家孤堆二號墓(M2:18.6)	1959 年 12 月	工厰大子姑發冑反劍	167
淮南市蔡家崗北趙家孤堆二號墓(M2:19.1)	1959 年 12 月	攻敔王夫差戈	159
淮南市蔡家崗北趙家孤堆二號墓(M2:19.2)	1959 年 12 月	□侯戟	147
淮南市蔡家崗北趙家孤堆二號墓(M2:19.3)	1959 年 12 月	戉王者旨於賜戈	191
淮南市蔡家崗北趙家孤堆二號墓(M2:19.4)	1959 年 12 月	戉王者旨於賜戈	192
淮南市蔡家崗北趙家孤堆二號戰國墓 M2:3.1	1959 年 12 月	王刮刀	211
淮南市蔡家崗北趙家孤堆二號戰國墓 M2:3.2	1959 年 12 月	王刮刀	212
淮南市謝家集區紅衛窰廠(M2)	1972 年 3 月 20 日	王矛	345
合阜高速公路淮南段	2005 年	王矛	344
黃山市屯溪區奕棋鄉(M1:90)	1959 年 3 月	父乙尊	178
黃山市屯溪區弈棋鄉三號墓(M3:07)	1965 年 1 月	公卣	177
黃山市屯溪區弈棋鄉三號墓(M3:08)	1965 年 1 月	乍寶尊彝卣	176
黃山市屯溪區弈棋鄉三號墓(M3:1)	1965 年 1 月	子射簋	30
霍邱縣洪集鎮唐畈村馮老莊墓(M21:1)	2005 年 5 月	三年奇命□戈	319

霍山縣南岳公社上元街大隊十八塔生產隊小山頭墓葬	1980年3月	蔡侯鸝戈	133
霍山縣南岳上元街十八塔小山頭墓葬	1980年3月	攻敔工叙戟	158
嘉山縣泊崗引河工地		父辛斝	23
金寨縣斑竹園	1983年	父癸爵	21
金寨縣斑竹園	1983年	父乙鬲	4
利辛縣張村區柳東鄉管臺子莊西頭古淝河北岸西周銅器窖藏	1984年	己鼎	32
臨泉縣		葉矛	348
臨泉縣城關廢品收購站揀選	1974年3月	蒙戈	334
臨泉縣韓樓鄉老邵莊泉河北岸墓葬	1987年	右敨戈	321
臨泉縣縣城西郊戰國墓葬	1986年	廿四年晉□上庫戈	316
臨泉縣楊橋區戰國墓葬	1958年	七年大梁司寇綏戈	317
六安市城西窰廠5號墓	1997年6月	蔡侯產戈	138
六安市九里溝村第一輪窰廠墓	1995年7月11日	工盧王姑發者阪戈	157
六安市九里溝第三輪窰廠土坑墓(M3283)	2006年12月	蔡公孫鐔戈	146
六安市九里溝鄉九里溝村牛尾巴崗	1986年春	子湯鼎	89
六安市墓葬(M99:5)		北鄉武里畢九鼎	252
廬江縣湯池公社邊崗大隊	1974年	攻敔王光劍	169
傳馬鞍山		十四年上郡守匽氏戈	327
南陵縣三里、何灣兩鄉交界處小山頭土墩墓	1978年5月	攻敔王光劍	168
潛山縣梅城鎮公山崗墓(M12:6)	1998年6月	廿四年上郡守疾戈	329
潛山縣梅城鎮七里村黃嶺墓	1993年10月	天甗	36
壽縣		蔡弔子所戟	145
壽縣		蔡公子從劍	209
壽縣		蔡公子果戈	139
壽縣		蔡公子果戈	140
壽縣		蔡公子果戈	141
壽縣		蔡侯產戈	136
壽縣		蔡侯鸝戈	129
壽縣		楚屈叔沱屈□之孫戈	40
壽縣		鄂君啓舟節	305
壽縣		王矛	346
壽縣		角刮刀	350
壽縣		壽春麿鼎	250
壽縣		宋公得戈	155
壽縣		冶瘈戈	339
壽縣		腳右戈	340
壽縣		戉王者旨於賜戈	190
壽縣		戉王之子欨耆劍	172

壽縣		子可朞戈	153
壽縣		自作用戈	152
壽縣		父丁角	24
壽縣	1935 年	子䀈戈	189
壽縣	1936 年	宋公䜌戈	156
壽縣	1940 年	左庀馬銜	314
壽縣	1942 年	八年亲城大命軹定戈	324
壽縣	1942 年	蔡加子戈	144
壽縣	1942 年春	子首氏鼎	251
壽縣	1942 年冬	王鐸	213
壽縣	20 世紀 30 年代	邲王者旨於賜劍	199
壽縣	20 世紀 30 年代	戉王嗣旨不光劍	203
壽縣	20 世紀 70 年代初	戉王州句劍	202
傳壽縣		王衡杆	295
傳壽縣		王衡杆	296
傳壽縣		王命遱虎節	306
傳壽縣		戉王者旨於賜劍	194
傳壽縣		戉王者旨於賜矛	210
壽縣八公山鄉珍珠泉		平陘右戟	330
壽縣城北	1942 年	艦侯䓕戈	154
壽縣城西門蔡侯墓（M1）	1955 年 5 月	蔡侯䲨鼎	78
壽縣城西門蔡侯墓（M10.1）	1955 年 5 月	蔡侯䲨簋	90
壽縣城西門蔡侯墓（M11）	1955 年 5 月	蔡侯䲨簠	101
壽縣城西門蔡侯墓（M11）	1955 年 5 月	蔡侯䲨簠	99
壽縣城西門蔡侯墓（M11）	1955 年 5 月	蔡侯䲨簠	100
壽縣城西門蔡侯墓（M11.1）	1955 年 5 月	蔡侯䲨簠	98
壽縣城西門蔡侯墓（M15.1）	1955 年 5 月	蔡侯䲨壺	110
壽縣城西門蔡侯墓（M15.2）	1955 年 5 月	蔡侯䲨壺	111
壽縣城西門蔡侯墓（M16.1）	1955 年 5 月	蔡侯䲨尊	109
壽縣城西門蔡侯墓（M16.2）	1955 年 5 月	蔡侯䲨尊	108
壽縣城西門蔡侯墓（M19.1）	1955 年 5 月	蔡侯䲨缶	113
壽縣城西門蔡侯墓（M19.2）	1955 年 5 月	蔡侯䲨缶	114
壽縣城西門蔡侯墓（M2.1）	1955 年 5 月	蔡侯䲨鼎	75
壽縣城西門蔡侯墓（M20.1）	1955 年 5 月	蔡侯䲨缶	115
壽縣城西門蔡侯墓（M20.2）	1955 年 5 月	蔡侯䲨缶	116
壽縣城西門蔡侯墓（M21）	1955 年 5 月	蔡侯䲨缶	118
壽縣城西門蔡侯墓（M22）	1955 年 5 月	蔡侯䲨缶	117
壽縣城西門蔡侯墓（M23.1）	1955 年 5 月	吳王光鑒	125

壽縣城西門蔡侯墓(M23.2)	1955年5月	吳王光鑒	126
壽縣城西門蔡侯墓(M24.1)	1955年5月	蔡侯𪓐鑒	124
壽縣城西門蔡侯墓(M25.1)	1955年5月	蔡侯𪓐盤	120
壽縣城西門蔡侯墓(M25.2)	1955年5月	蔡侯𪓐盤	119
壽縣城西門蔡侯墓(M27)	1955年5月	蔡侯匜	123
壽縣城西門蔡侯墓(M29.7)	1955年5月	吳王光鐘	51
壽縣城西門蔡侯墓(M3.1)	1955年5月	蔡侯𪓐鼎	79
壽縣城西門蔡侯墓(M30.3)	1955年5月	蔡侯𪓐鎛	67
壽縣城西門蔡侯墓(M30.4)	1955年5月	蔡侯𪓐鎛	68
壽縣城西門蔡侯墓(M30.6)	1955年5月	蔡侯𪓐鎛	69
壽縣城西門蔡侯墓(M30.7)	1955年5月	蔡侯𪓐鎛	70
壽縣城西門蔡侯墓(M31.1)	1955年5月	蔡侯𪓐鐘	58
壽縣城西門蔡侯墓(M31.2)	1955年5月	蔡侯𪓐鐘	59
壽縣城西門蔡侯墓(M31.3)	1955年5月	蔡侯𪓐鐘	60
壽縣城西門蔡侯墓(M31.4)	1955年5月	蔡侯𪓐鐘	61
壽縣城西門蔡侯墓(M31.5)	1955年5月	蔡侯𪓐鐘	62
壽縣城西門蔡侯墓(M31.6)	1955年5月	蔡侯𪓐鐘	63
壽縣城西門蔡侯墓(M31.7)	1955年5月	蔡侯𪓐鐘	64
壽縣城西門蔡侯墓(M31.8)	1955年5月	蔡侯𪓐鐘	65
壽縣城西門蔡侯墓(M31.9)	1955年5月	蔡侯𪓐鐘	66
壽縣城西門蔡侯墓(M34.1)	1955年5月	蔡侯𪓐戈	130
壽縣城西門蔡侯墓	1955年5月	蔡侯𪓐戈	131
壽縣城西門蔡侯墓		蔡侯𪓐戈	132
壽縣城西門蔡侯墓(M95.1~47)	1955年5月	吳王光殘鐘	52
壽縣城西門蔡侯墓	1955年5月	蔡侯𪓐鼎	76
壽縣城西門蔡侯墓	1955年5月	蔡侯𪓐鼎	77
壽縣城西門蔡侯墓	1955年5月	蔡侯𪓐鼎	80
壽縣城西門蔡侯墓	1955年5月	蔡侯𪓐鼎	81
壽縣城西門蔡侯墓	1955年5月	蔡侯𪓐鼎	82
壽縣城西門蔡侯墓	1955年5月	蔡侯𪓐鼎	83
壽縣城西門蔡侯墓	1955年5月	蔡侯𪓐鼎蓋	86
壽縣城西門蔡侯墓	1955年5月	蔡侯𪓐鼎蓋	84
壽縣城西門蔡侯墓	1955年5月	蔡侯𪓐鼎蓋	85
壽縣城西門蔡侯墓	1955年5月	蔡侯𪓐鼎蓋	87
壽縣城西門蔡侯墓	1955年5月	蔡侯𪓐鼎蓋	88
壽縣城西門蔡侯墓	1955年5月	蔡侯𪓐簋	91
壽縣城西門蔡侯墓	1955年5月	蔡侯𪓐簋	92
壽縣城西門蔡侯墓	1955年5月	蔡侯𪓐簋	93

壽縣城西門蔡侯墓	1955年5月	蔡侯䚄簠	94
壽縣城西門蔡侯墓	1955年5月	蔡侯䚄簠	95
壽縣城西門蔡侯墓	1955年5月	蔡侯䚄簠	96
壽縣城西門蔡侯墓	1955年5月	蔡侯䚄簠	97
壽縣城西門内蔡侯墓(M18)	1955年5月	蔡侯䚄瓶	112
壽縣	傳20世紀30年代	邻王者旨於賜劍	198
壽縣	傳20世紀30年代	戊王者旨於賜劍	195
壽縣	傳20世紀30年代	戊王者旨於賜劍	196
壽縣東北淮河南岸	宋代	己入爵	27
壽縣東北淮河南岸	宋代	父乙卣	5
壽縣枸杞鄉花門村肖嚴湖堤南側魏崗西南部	1975年12月	𠃊簋	38
壽縣		鑲鎛戈	188
壽縣		廿九年相邦肖狐戈	325
壽縣丘家花園	1957年4月	鄂君啓車節	301
壽縣丘家花園	1957年4月	鄂君啓車節	302
壽縣丘家花園	1957年4月	鄂君啓車節	303
壽縣丘家花園	1957年4月	鄂君啓舟節	304
壽縣丘家花園附近李家墳	1956年	大廥臥牛鎮	312
壽縣壽春鎮南關村西圈墓地3號墓	1996年1月	蔡弜膚敄戈	41
壽縣壽春鎮南關村西圈墓地3號墓	1996年1月	戊王者旨於賜劍	197
壽縣西門内(或傳河南洛陽金村)	1935年	攻敔王夫差劍	168
壽縣朱家集		楚王酓章劍	205
壽縣朱家集(或傳河南省洛陽)		楚王酓璋戈	187
壽縣朱家集南李三孤堆(今屬淮南市楊公鎮)楚幽王墓	1933年	曾姬無卹壺	182
壽縣朱家集南李三孤堆(今屬淮南市楊公鎮)楚幽王墓	1933年	曾姬無卹壺	183
壽縣朱家集南李三孤堆(今屬淮南市楊公鎮)楚幽王墓	1933年	猱坙車飾	300
壽縣朱家集南李三孤堆(今屬淮南市楊公鎮)楚幽王墓	1933年	楚王酓忎鼎	248
壽縣朱家集南李三孤堆(今屬淮南市楊公鎮)楚幽王墓	1933年	楚王酓忎鼎	249
壽縣朱家集南李三孤堆(今屬淮南市楊公鎮)楚幽王墓	1933年	楚王酓脡鼎	247
壽縣朱家集南李三孤堆(今屬淮南市楊公鎮)楚幽王墓	1933年	楚王酓脡簠	264
壽縣朱家集南李三孤堆(今屬淮南市楊公鎮)楚幽王墓	1933年	楚王酓脡簠	265
壽縣朱家集南李三孤堆(今屬淮南市楊公鎮)楚幽王墓	1933年	楚王酓脡簠	266
壽縣朱家集南李三孤堆(今屬淮南市楊公鎮)楚幽王墓	1933年	楚王酓脡盤	283
壽縣朱家集南李三孤堆(今屬淮南市楊公鎮)楚幽王墓	1933年	楚王酓脡釶鼎	246
壽縣朱家集南李三孤堆(今屬淮南市楊公鎮)楚幽王墓	1933年	楚王酓章劍	204
壽縣朱家集南李三孤堆(今屬淮南市楊公鎮)楚幽王墓	1933年	楚王鑄客匜	288
壽縣朱家集南李三孤堆(今屬淮南市楊公鎮)楚幽王墓	1933年	大廥簠	253
壽縣朱家集南李三孤堆(今屬淮南市楊公鎮)楚幽王墓	1933年	大廥鎬	294

壽縣朱家集南李三孤堆(今屬淮南市楊公鎮)楚幽王墓	1933年	大句脰官鼎	244
壽縣朱家集南李三孤堆(今屬淮南市楊公鎮)楚幽王墓	1933年	大句脰官鼎	245
壽縣朱家集南李三孤堆(今屬淮南市楊公鎮)楚幽王墓	1933年	大右人鑒	289
壽縣朱家集南李三孤堆(今屬淮南市楊公鎮)楚幽王墓	1933年	大𪉖盞	267
壽縣朱家集南李三孤堆(今屬淮南市楊公鎮)楚幽王墓	1933年	大子鼎	234
壽縣朱家集南李三孤堆(今屬淮南市楊公鎮)楚幽王墓	1933年	大子鼎	235
壽縣朱家集南李三孤堆(今屬淮南市楊公鎮)楚幽王墓	1933年	尃秦匕	221
壽縣朱家集南李三孤堆(今屬淮南市楊公鎮)楚幽王墓	1933年	尃秦匕	222
壽縣朱家集南李三孤堆(今屬淮南市楊公鎮)楚幽王墓	1933年	尃秦勺	278
壽縣朱家集南李三孤堆(今屬淮南市楊公鎮)楚幽王墓	1933年	尃秦勺	279
壽縣朱家集南李三孤堆(今屬淮南市楊公鎮)楚幽王墓	1933年	尃秦勺	280
壽縣朱家集南李三孤堆(今屬淮南市楊公鎮)楚幽王墓	1933年	集𦉢、佫𦉢、鳴腋𦉢鼎	231
壽縣朱家集南李三孤堆(今屬淮南市楊公鎮)楚幽王墓	1933年	集𦉢鼎	229
壽縣朱家集南李三孤堆(今屬淮南市楊公鎮)楚幽王墓	1933年	集𦉢鼎	230
壽縣朱家集南李三孤堆(今屬淮南市楊公鎮)楚幽王墓	1933年	集脰爐	309
壽縣朱家集南李三孤堆(今屬淮南市楊公鎮)楚幽王墓	1933年	集脰甂	216
壽縣朱家集南李三孤堆(今屬淮南市楊公鎮)楚幽王墓	1933年	集酖鼎	240
壽縣朱家集南李三孤堆(今屬淮南市楊公鎮)楚幽王墓	1933年	集䊶鼎	239
壽縣朱家集南李三孤堆(今屬淮南市楊公鎮)楚幽王墓	1933年	集脰鼎	236
壽縣朱家集南李三孤堆(今屬淮南市楊公鎮)楚幽王墓	1933年	集脰鼎	237
壽縣朱家集南李三孤堆(今屬淮南市楊公鎮)楚幽王墓	1933年	集脰鼎	238
壽縣朱家集南李三孤堆(今屬淮南市楊公鎮)楚幽王墓	1933年	集脰爐	310
壽縣朱家集南李三孤堆(今屬淮南市楊公鎮)楚幽王墓	1933年	集脰太子鎬	292
壽縣朱家集南李三孤堆(今屬淮南市楊公鎮)楚幽王墓	1933年	集脰太子鎬	293
壽縣朱家集南李三孤堆(今屬淮南市楊公鎮)楚幽王墓	1933年	集酪盉	274
壽縣朱家集南李三孤堆(今屬淮南市楊公鎮)楚幽王墓	1933年	集既爐	308
壽縣朱家集南李三孤堆(今屬淮南市楊公鎮)楚幽王墓	1933年	集酪爐	307
壽縣朱家集南李三孤堆(今屬淮南市楊公鎮)楚幽王墓	1933年	集䊶甂	214
壽縣朱家集南李三孤堆(今屬淮南市楊公鎮)楚幽王墓	1933年	集䊶甂	215
壽縣朱家集南李三孤堆(今屬淮南市楊公鎮)楚幽王墓	1933年	客豐悆鼎	224
壽縣朱家集南李三孤堆(今屬淮南市楊公鎮)楚幽王墓	1933年	客豐悆鼎	223
壽縣朱家集南李三孤堆(今屬淮南市楊公鎮)楚幽王墓	1933年	客豐悆鼎	225
壽縣朱家集南李三孤堆(今屬淮南市楊公鎮)楚幽王墓	1933年	客豐悆鼎	226
壽縣朱家集南李三孤堆(今屬淮南市楊公鎮)楚幽王墓	1933年	客豐悆鼎	227
壽縣朱家集南李三孤堆(今屬淮南市楊公鎮)楚幽王墓	1933年	盤埜匕	217
壽縣朱家集南李三孤堆(今屬淮南市楊公鎮)楚幽王墓	1933年	盤埜匕	218
壽縣朱家集南李三孤堆(今屬淮南市楊公鎮)楚幽王墓	1933年	尚盤	285
壽縣朱家集南李三孤堆(今屬淮南市楊公鎮)楚幽王墓	1933年	臤子環權	297

壽縣朱家集南李三孤堆(今屬淮南市楊公鎮)楚幽王墓	1933年	悆鼎	228
壽縣朱家集南李三孤堆(今屬淮南市楊公鎮)楚幽王墓	1933年	紹坌匕	219
壽縣朱家集南李三孤堆(今屬淮南市楊公鎮)楚幽王墓	1933年	紹坌匕	220
壽縣朱家集南李三孤堆(今屬淮南市楊公鎮)楚幽王墓	1933年	王旬六室豆	268
壽縣朱家集南李三孤堆(今屬淮南市楊公鎮)楚幽王墓	1933年	王旬六室豆	269
壽縣朱家集南李三孤堆(今屬淮南市楊公鎮)楚幽王墓	1933年	王旬六室豆	270
壽縣朱家集南李三孤堆(今屬淮南市楊公鎮)楚幽王墓	1933年	王旬六室豆	271
壽縣朱家集南李三孤堆(今屬淮南市楊公鎮)楚幽王墓	1933年	王旬六室豆	272
壽縣朱家集南李三孤堆(今屬淮南市楊公鎮)楚幽王墓	1933年	王旬六室豆	273
壽縣朱家集南李三孤堆(今屬淮南市楊公鎮)楚幽王墓	1933年	王旬六室缶	281
壽縣朱家集南李三孤堆(今屬淮南市楊公鎮)楚幽王墓	1933年	王旬六室缶	282
壽縣朱家集南李三孤堆(今屬淮南市楊公鎮)楚幽王墓	1933年	王旬六室簠	254
壽縣朱家集南李三孤堆(今屬淮南市楊公鎮)楚幽王墓	1933年	王旬六室簠	255
壽縣朱家集南李三孤堆(今屬淮南市楊公鎮)楚幽王墓	1933年	王旬六室簠	256
壽縣朱家集南李三孤堆(今屬淮南市楊公鎮)楚幽王墓	1933年	王旬六室簠	257
壽縣朱家集南李三孤堆(今屬淮南市楊公鎮)楚幽王墓	1933年	王旬六室簠	258
壽縣朱家集南李三孤堆(今屬淮南市楊公鎮)楚幽王墓	1933年	王旬六室簠	259
壽縣朱家集南李三孤堆(今屬淮南市楊公鎮)楚幽王墓	1933年	王旬六室簠	260
壽縣朱家集南李三孤堆(今屬淮南市楊公鎮)楚幽王墓	1933年	王旬六室簠	261
壽縣朱家集南李三孤堆(今屬淮南市楊公鎮)楚幽王墓	1933年	王旬六室簠	262
壽縣朱家集南李三孤堆(今屬淮南市楊公鎮)楚幽王墓	1933年	王旬六室簠	263
壽縣朱家集南李三孤堆(今屬淮南市楊公鎮)楚幽王墓	1933年	王旬六室鎬	290
壽縣朱家集南李三孤堆(今屬淮南市楊公鎮)楚幽王墓	1933年	王旬六室鎬	291
壽縣朱家集南李三孤堆(今屬淮南市楊公鎮)楚幽王墓	1933年	王旬小廥鼎	241
壽縣朱家集南李三孤堆(今屬淮南市楊公鎮)楚幽王墓	1933年	王旬小廥鼎	242
壽縣朱家集南李三孤堆(今屬淮南市楊公鎮)楚幽王墓	1933年	王旬小廥鼎	243
壽縣朱家集南李三孤堆(今屬淮南市楊公鎮)楚幽王墓	1933年	辻𨥂箕	311
壽縣朱家集南李三孤堆(今屬淮南市楊公鎮)楚幽王墓	1933年	辻𨥂匜	287
壽縣朱家集南李三孤堆(今屬淮南市楊公鎮)楚幽王墓	1933年	楚王酓忎盤	284
壽縣紫金山漢淮南王故宮		蔡侯產戈	135
舒城縣古城鄉金墩村	1984年3月	父辛爵	18
舒城縣孔集公社九里墩墓	1980年9月	九里墩鼓座	128
舒城縣孔集公社九里墩墓	1980年9月	九里墩銅矛	173
舒城縣孔集九里墩墓葬	1980年9月	蔡侯朔戟	139
舒城縣秦家橋鄉楊店村尹莊村北楚墓(M1:5)	1978年春	余悥壺	275
舒城縣秦家橋鄉楊店村尹莊村北楚墓(M1:6)	1978年春	㮚畸壺	276
舒城縣秦家橋鄉楊店村尹莊村北楚墓(M2)	1978年春	苟畣匜	286
舒城縣秦家橋鄉楊店村尹莊村北楚墓(M2:3)	1978年春	鄗駒壺	277

傳太和縣趙廟		邦司寇陳授鈹	349
太和縣廢品公司倉庫揀選	1967年	芒昜守命矛戈	318
太湖縣牛鎮區劉畈鄉墓葬	1985年6月	隼爵	20
太湖縣寺前區寺前河	1978年	父辛爵	19
桐城市	1987年	鼎	73
桐城市孔城鎮崗頭村墓葬	1996年5月	十九年上郡守道戈	328
望江縣賽口鎮南畈村	2006年	酋爵	13
望江縣賽口鎮南畈村	2006年	戉鼎	1
無爲縣高士林捐獻	1955年	白銅簠	31
宿縣(今宿州市)許村公社蘆古城子遺址	1962年4月	喬君鉦	73
宿州市埇橋區褚蘭鎮桂山鄉謝蘆村	1987年12月	繁伯武君鬲	35
潁上縣廢品倉庫揀選	1974年6月	蒙劍	342
潁上縣王崗區鄭家灣	1982年5月	父丁卣	25
潁上縣王崗區鄭家灣	1982年5月	父丁尊	26
潁上縣王崗鄉鄭家灣村鄭小莊	1982年9月	父丁爵	28
潁上縣王崗鄉鄭家灣村鄭小莊	1982年9月	父丁爵	29
潁上縣王崗鄭小莊墓葬	1972年春	月己爵	16
潁上縣趙集王拐村	1971年	月己爵	15
潁上縣趙集王拐村	1972年	西爵	14
傳安徽出土	2009年7月	王子臣俎	107
安徽某地		虎鄭公佗戈	160
安徽某地		蔡大司馬盤	121
安徽某地		蔡大司馬匜	122
安徽某地		蔡公□宴戈	143
安徽某地		蔡公子□戈	142
安徽某地		蔡侯龖戟	134
安徽某地		曾侯邲簠	106
安徽某地		曾太保慶盆	39
安徽某地		曾子化簠	181
安徽某地		二年梁令長猷戟朿	320
安徽某地		父辛爵	17
安徽某地		郊戈	165
安徽某地		亙思左王戟	166
安徽某地		工敔王夫差劍	171
安徽某地		龏王之卯戈	164
安徽某地		孤竹鼎晚期	2
安徽某地		墜侯因資戟	331
安徽某地		己凤爵	12

安徽某地	南君戈	338
安徽某地	廿七年涑鄙戈	315
安徽某地	且己觚	6
安徽某地	邵之瘠夫之行戈	162
安徽某地	十年宅陽倫隝登戟	323
安徽某地	雎氏戈	322
安徽某地	王子臣戈	184
安徽某地	王子臣戈	185
安徽某地	王子臣戈	186
安徽某地	武城左冶戈	341
安徽某地	武王攻扈戈	163
安徽某地	新易戈	336
安徽某地	洤陽戈	193
安徽某地	右疕戈	333
安徽某地	戉王州句劍	201
安徽某地	越王者旨於睗鐸	179
安徽某地	畫之王造戈	337
安徽某地	莊王之楚用戟	161
安徽某地	左廥戟	332

附錄四 器物現藏地索引

（按收藏地音序排列）

現藏地	出土地	器名	時代	編號
安徽博物院	蚌埠市	巨荁鼎	戰國晚期	232
安徽博物院	蚌埠市	巨荁王鼎	戰國晚期	233
安徽博物院	蚌埠市	鄩左庫劍	戰國晚期	343
安徽博物院	不明	白舠簠	西周	31
安徽博物院	池州市	楚犀恩鼎	戰國早期	180
安徽博物院	肥西縣	竊曲紋盤	西周	33
安徽博物院	合肥市	喬夫人鼎	春秋早期	37
安徽博物院	淮南市	□侯戟	春秋晚期	147
安徽博物院	淮南市	蔡侯產劍	戰國早期	206
安徽博物院	淮南市	蔡侯產劍	戰國早期	207
安徽博物院	淮南市	蔡侯產劍	戰國早期	208
安徽博物院	淮南市	工𢦚大子姑發𦀚反劍	春秋晚期	167
安徽博物院	淮南市	攻敔王夫差戈	春秋晚期	159
安徽博物院	淮南市	王刮刀	戰國早期	211
安徽博物院	淮南市	王刮刀	戰國早期	212
安徽博物院	淮南市	戉王者旨於賜戈	戰國早期	191
安徽博物院	淮南市	戉王者旨於賜戈	戰國早期	192
安徽博物院	黃山市	子射簠	西周中期	30
安徽博物院	黃山市	父乙尊	春秋晚期至戰國早期	178
安徽博物院	黃山市	公卣	春秋晚期至戰國早期	177
安徽博物院	黃山市	乍寶尊彝卣	春秋晚期至戰國早期	176
安徽博物院	廬江縣	攻敔王光劍	春秋晚期	169
安徽博物院	壽縣	鹵盤	戰國晚期	285
安徽博物院	壽縣	辻䇞箕	戰國晚期	311
安徽博物院	壽縣	蔡弔子所戟	春秋晚期	145
安徽博物院	壽縣	蔡侯齹缶	春秋晚期	116
安徽博物院	壽縣	蔡侯齹鎛	春秋晚期	67

安徽博物院	壽縣	蔡侯󰀀鎛	春秋晚期	68
安徽博物院	壽縣	蔡侯󰀀鎛	春秋晚期	69
安徽博物院	壽縣	蔡侯󰀀鎛	春秋晚期	70
安徽博物院	壽縣	蔡侯󰀀鼎	春秋晚期	79
安徽博物院	壽縣	蔡侯󰀀鼎	春秋晚期	80
安徽博物院	壽縣	蔡侯󰀀鼎	春秋晚期	81
安徽博物院	壽縣	蔡侯󰀀鼎	春秋晚期	82
安徽博物院	壽縣	蔡侯󰀀鼎	春秋晚期	83
安徽博物院	壽縣	蔡侯󰀀鼎蓋	春秋晚期	84
安徽博物院	壽縣	蔡侯󰀀鼎蓋	春秋晚期	85
安徽博物院	壽縣	蔡侯󰀀鼎蓋	春秋晚期	86
安徽博物院	壽縣	蔡侯󰀀鼎蓋	春秋晚期	87
安徽博物院	壽縣	蔡侯󰀀鼎蓋	春秋晚期	88
安徽博物院	壽縣	蔡侯󰀀缶	春秋晚期	113
安徽博物院	壽縣	蔡侯󰀀缶	春秋晚期	114
安徽博物院	壽縣	蔡侯󰀀缶	春秋晚期	117
安徽博物院	壽縣	蔡侯󰀀簠	春秋晚期	98
安徽博物院	壽縣	蔡侯󰀀簠	春秋晚期	99
安徽博物院	壽縣	蔡侯󰀀戈	春秋晚期	130
安徽博物院	壽縣	蔡侯󰀀簋	春秋晚期	90
安徽博物院	壽縣	蔡侯󰀀簋	春秋晚期	95
安徽博物院	壽縣	蔡侯󰀀簋	春秋晚期	96
安徽博物院	壽縣	蔡侯󰀀簋	春秋晚期	97
安徽博物院	壽縣	蔡侯󰀀壺	春秋晚期	111
安徽博物院	壽縣	蔡侯󰀀鑒	春秋晚期	124
安徽博物院	壽縣	蔡侯󰀀盤	春秋晚期	119
安徽博物院	壽縣	蔡侯󰀀瓶	春秋晚期	112
安徽博物院	壽縣	蔡侯匜	春秋晚期	123
安徽博物院	壽縣	蔡侯󰀀鐘	春秋晚期	58
安徽博物院	壽縣	蔡侯󰀀鐘	春秋晚期	60
安徽博物院	壽縣	蔡侯󰀀鐘	春秋晚期	61
安徽博物院	壽縣	蔡侯󰀀鐘	春秋晚期	62
安徽博物院	壽縣	蔡侯󰀀鐘	春秋晚期	63
安徽博物院	壽縣	蔡侯󰀀鐘	春秋晚期	64
安徽博物院	壽縣	蔡侯󰀀鐘	春秋晚期	65
安徽博物院	壽縣	蔡侯󰀀鐘	春秋晚期	66
安徽博物院	壽縣	蔡侯󰀀尊	春秋晚期	108
安徽博物院	壽縣	楚王酓䚈鈚鼎	戰國晚期	246

安徽博物院	壽縣	大廥簠	戰國晚期	253
安徽博物院	壽縣	大廥鎬	戰國晚期	294
安徽博物院	壽縣	大句脰官鼎	戰國晚期	244
安徽博物院	壽縣	大句脰官鼎	戰國晚期	245
安徽博物院	壽縣	大子鼎	戰國晚期	234
安徽博物院	壽縣	鄂君啓車節	戰國晚期	302
安徽博物院	壽縣	鄂君啓車節	戰國晚期	303
安徽博物院	壽縣	鄂君啓舟節	戰國中期	305
安徽博物院	壽縣	專秦匕	戰國晚期	221
安徽博物院	壽縣	專秦匕	戰國晚期	222
安徽博物院	壽縣	專秦勺	戰國晚期	280
安徽博物院	壽縣	集脀、佫脀、鳴腋脀鼎	戰國晚期	231
安徽博物院	壽縣	集脀鼎	戰國晚期	229
安徽博物院	壽縣	集脀鼎	戰國晚期	230
安徽博物院	壽縣	集脞爐	戰國晚期	308
安徽博物院	壽縣	集脞甗	戰國晚期	216
安徽博物院	壽縣	集糈鼎	戰國晚期	239
安徽博物院	壽縣	集脰鼎	戰國晚期	235
安徽博物院	壽縣	集脰鼎	戰國晚期	237
安徽博物院	壽縣	集脰鼎	戰國晚期	238
安徽博物院	壽縣	集脰爐	戰國晚期	310
安徽博物院	壽縣	集脰太子鎬	戰國晚期	292
安徽博物院	壽縣	集脰太子鎬	戰國晚期	293
安徽博物院	壽縣	集糈甗	戰國晚期	215
安徽博物院	壽縣	客豐悆鼎	戰國晚期	223
安徽博物院	壽縣	客豐悆鼎	戰國晚期	224
安徽博物院	壽縣	客豐悆鼎	戰國晚期	225
安徽博物院	壽縣	王句六室簠	戰國晚期	256
安徽博物院	壽縣	王句六室簠	戰國晚期	257
安徽博物院	壽縣	王句六室簠	戰國晚期	258
安徽博物院	壽縣	王句六室鎬	戰國晚期	290
安徽博物院	壽縣	王句六室鎬	戰國晚期	291
安徽博物院	壽縣	王句小廥鼎	戰國晚期	241
安徽博物院	壽縣	王句小廥鼎	戰國晚期	243
安徽博物院	壽縣	吳王光殘鐘	春秋晚期	52
安徽博物院	壽縣	吳王光鑒	春秋晚期	125
安徽博物院	壽縣	吳王光鑒	春秋晚期	126
安徽博物院	舒城縣	蔡侯朔戟	春秋晚期	138

附錄四 器物現藏地索引

安徽博物院	舒城縣	九里墩鼓座	春秋晚期	128
安徽博物院	舒城縣	九里墩銅矛	春秋晚期	173
安徽博物院	宿州市	喬君鉦	春秋晚期	73
安徽阜陽某氏	安徽某地	虎鄭公佗戈	春秋晚期	160
安徽阜陽某氏	安徽某地	南君戈	戰國	338
安徽某氏	安徽某地	曾子化簠	戰國早期	181
安徽某氏	安徽某地	二年梁令□長猷戟束	戰國	320
安徽某氏	安徽某地	郊戈	春秋晚期	165
安徽某氏	安徽某地	互思左王戟	春秋晚期	166
安徽某氏	安徽某地	工𢻾王夫差劍	春秋晚期	171
安徽某氏	安徽某地	龔王之卯戈	春秋晚期	164
安徽某氏	安徽某地	墜侯因育戟	戰國	331
安徽某氏	安徽某地	廿七年涑鄢戈	戰國晚期	315
安徽某氏	安徽某地	邵之瘠夫之行戈	春秋晚期	162
安徽某氏	安徽某地	王子臣戈	戰國早期	184
安徽某氏	安徽某地	王子臣戈	戰國早期	185
安徽某氏	安徽某地	王子臣戈	戰國早期	186
安徽某氏	安徽某地	武城左冶戈	戰國	341
安徽某氏	安徽某地	武王攻㫃戈	春秋早期	163
安徽某氏	安徽某地	新易戈	戰國	336
安徽某氏	安徽某地	洦陽戈	戰國早期	193
安徽某氏	安徽某地	右㞘戈	戰國	333
安徽某氏	安徽某地	戉王州句劍	戰國早期	201
安徽某氏	安徽某地	䣄之王造戈	戰國	337
安徽某氏	安徽某地	莊王之楚用戟	春秋晚期	161
安徽某氏	安徽某地	左𥧑戟	戰國	332
安徽某氏	不明	蔡大司馬盤	春秋晚期	121
安徽某氏	不明	蔡公子□戈	春秋晚期	142
安徽某氏	不明	蔡侯䚄戟	春秋晚期	134
安徽某氏	不明	曾侯邲簠	春秋晚期	106
安徽某氏	不明	曾太保慶盆	春秋早期	39
安徽省文物考古研究所	霍邱縣	三年奇命□戈	戰國晚期	319
安徽省文物考古研究所	六安市	北鄉武里畢九鼎	戰國	252
安徽省文物考古研究所	長豐縣	以共歲崇殘器	戰國晚期	313
安徽省宣城市李氏	安徽某地	越王者旨於賜鐸	戰國早期	179
安慶市博物館	安慶市	戉王丌北古劍	戰國早期	200
蚌埠市博物館	蚌埠市	童麗公柏戟	春秋晚期	148
蚌埠市博物館	蚌埠市	童麗公柏戟	春秋晚期	149

蚌埠市博物館	蚌埠市	童麗君柏簠	春秋晚期	102
蚌埠市博物館	蚌埠市	童麗君柏簠	春秋晚期	103
蚌埠市博物館	蚌埠市	童麗君柏簠	春秋晚期	104
蚌埠市博物館	蚌埠市	童麗君柏簠	春秋晚期	105
蚌埠市博物館	蚌埠市	童麗君柏鐘	春秋晚期	42
蚌埠市博物館	蚌埠市	童麗君柏鐘	春秋晚期	43
蚌埠市博物館	蚌埠市	童麗君柏鐘	春秋晚期	44
蚌埠市博物館	蚌埠市	童麗君柏鐘	春秋晚期	45
蚌埠市博物館	蚌埠市	童麗君柏鐘	春秋晚期	46
蚌埠市博物館	蚌埠市	童麗君柏鐘	春秋晚期	47
蚌埠市博物館	蚌埠市	童麗君柏鐘	春秋晚期	48
蚌埠市博物館	蚌埠市	童麗君柏鐘	春秋晚期	49
蚌埠市博物館	蚌埠市	童麗君柏鐘	春秋晚期	50
蚌埠市博物館	蚌埠市	郘王戟	春秋晚期	150
蚌埠市博物館	蚌埠市	余子戈	春秋晚期	151
北京故宮博物院	壽縣	艦侯耆戈	春秋晚期	154
北京故宮博物院	壽縣	翠坌車飾	戰國晚期	300
北京故宮博物院	壽縣	楚王酓忎盤	戰國晚期	284
北京故宮博物院	壽縣	楚王酓脛鼎	戰國晚期	247
北京故宮博物院	壽縣	楚王酓脛簠	戰國晚期	264
北京故宮博物院	壽縣	楚王酓脛簠	戰國晚期	265
北京故宮博物院	壽縣	楚王酓脛簠	戰國晚期	266
北京故宮博物院	壽縣	楚王酓章劍	戰國早期	204
北京故宮博物院	壽縣	楚王鑄客匜	戰國晚期	288
北京故宮博物院	壽縣	大賡盞	戰國晚期	267
北京故宮博物院	壽縣	集酪盉	戰國晚期	274
北京故宮博物院	壽縣	王句六室豆	戰國晚期	270
北京故宮博物院	壽縣	王句六室缶	戰國晚期	281
北京故宮博物院	壽縣	王句六室簠	戰國晚期	260
北京故宮博物院	壽縣	戉王者旨於賜劍	戰國早期	194
北京故宮博物院	壽縣,或傳洛陽	楚王酓璋戈	戰國早期	187
亳州博物館	亳州市	吳王光帶鉤	春秋晚期	127
池州市秀山門博物館	不明	蔡公□宴戈	春秋晚期	143
重慶中國三峽博物館(重慶博物館)	壽縣	臤子環權	戰國晚期	297
繁昌縣博物館	繁昌縣	王矛	春秋	175
肥西縣文物管理所	肥西縣	父丁觚	商代	8
肥西縣文物管理所	肥西縣	父丁爵	商代	9
肥西縣文物管理所	肥西縣	戈爵	商代	10

附錄四　器物現藏地索引

肥西縣文物管理所	肥西縣	交觚	商代	7
肥西縣文物管理所	肥西縣	王矛	戰國	347
肥西縣文物管理所	肥西縣	旨揚鎛	春秋	71
鳳陽縣文物管理所	鳳陽縣	季子康鎛	春秋晚期	53
鳳陽縣文物管理所	鳳陽縣	季子康鎛	春秋晚期	54
鳳陽縣文物管理所	鳳陽縣	季子康鎛	春秋晚期	55
鳳陽縣文物管理所	鳳陽縣	季子康鎛	春秋晚期	56
鳳陽縣文物管理所	鳳陽縣	季子康鎛	春秋晚期	57
阜陽博物館	安徽某地	寶鼎	商代	3
阜陽博物館	安徽某地	盧氏戈	戰國晚期	326
阜陽博物館	安徽某地	芒昜守命虜戈	戰國晚期	318
阜陽博物館	安徽某地	蒙劍	戰國晚期	342
阜陽博物館	安徽某地	作寶尊彝盤	西周	34
阜陽博物館	鳳台縣	郢大廥量	戰國晚期	298
阜陽博物館	臨泉縣	七年大梁司寇綏戈	戰國晚期	317
阜陽博物館	潁上縣	酉爵	商代	14
阜陽博物館	潁上縣	月己爵	商代	15
阜陽博物館	潁上縣	月己爵	商代	16
廣德縣文物管理所	廣德縣	北句鑃	春秋	72
廣州博物館	壽縣	紹坌匕	戰國晚期	219
合肥市許氏	不明	且己觚	商代	6
合肥市文物管理處	不明	蔡爵	商代	11
合肥市文物管理處	合肥市	壽戈	戰國晚期	335
河南省漯河市宛鵬飛	傳馬鞍山	十四年上郡守匽氏戈	戰國晚期	327
淮南市博物館	淮南市	白爵	商代	22
淮南市博物館	淮南市	陳郢量	戰國晚期	299
淮南市博物館	淮南市	王矛	戰國晚期	344
淮南市博物館	淮南市	王矛	戰國晚期	345
淮南市博物館	壽縣	客豊悠鼎	戰國晚期	227
霍山縣文物管理所(霍山縣博物館)	霍山縣	蔡侯䚄戈	春秋晚期	133
霍山縣文物管理所(霍山縣博物館)	霍山縣	攻敔工叙戟	春秋晚期	158
吉林大學考古系文物標本室	壽縣	王句六室豆	戰國晚期	273
金寨縣文物管理所	金寨縣	父癸爵	商代	21
金寨縣文物管理所	金寨縣	父乙鬲	商代	4
利辛縣文物事業管理所	利辛縣	己鼎	西周晚期	32
遼寧省博物館	壽縣	紹坌匕	戰國晚期	220
臨泉縣博物館	不明	父辛爵	商代	17
臨泉縣博物館	不明	孤竹鼎	商代晚期	2

臨泉縣博物館	臨泉縣	蒙戈	戰國晚期	334
臨泉縣博物館	臨泉縣	廿四年晉□上庫戈	戰國晚期	316
臨泉縣博物館	臨泉縣	葉矛	戰國晚期	348
臨泉縣博物館	臨泉縣	右敨戈	戰國晚期	321
六安市文物局	六安市	蔡公孫鐔戈	春秋晚期	146
旅順博物館	壽縣	王句六室豆	戰國晚期	272
美國紐約某氏	壽縣	集既爐	戰國晚期	309
美國芝加哥賽芝威克	壽縣	蔡公子從劍	戰國早期	209
南京博物院	嘉山縣	父辛斝	商代晚期	23
南京大學考古與藝術博物館	壽縣	王句六室簠	戰國晚期	262
南陵縣文物管理所	南陵縣	攻敔王光劍	春秋晚期	168
潛山縣博物館	潛山縣	廿四年上郡守疾戈	戰國晚期	329
潛山縣文物局	潛山縣	天甗	春秋早期	36
日本東京國立博物館	壽縣	集酖鼎	戰國晚期	240
日本東京國立博物館	壽縣	戉王者旨於睗戈	戰國早期	190
日本永青文庫	壽縣	戉王者旨於睗矛	戰國早期	210
上海博物館	傳壽縣	戉王者旨於睗劍	戰國早期	195
上海博物館	傳壽縣	戉王者旨於睗劍	戰國早期	196
上海博物館	壽縣	蔡公子果戈	春秋晚期	141
上海博物館	壽縣	集酷爐	戰國晚期	307
上海博物館	壽縣	集緒甗	戰國晚期	214
上海博物館	壽縣	鑯鎛戈	戰國早期	188
上海博物館	壽縣	王句六室簠	戰國晚期	261
上海博物館	壽縣	王句小廬鼎	戰國晚期	242
上海博物館	壽縣	冶疾戈	戰國晚期	339
上海博物館	壽縣	子䀇戈	戰國早期	189
壽縣博物館	壽縣	冂簋	春秋早期	38
壽縣博物館	壽縣	蔡弔膚牧戈	春秋早期	41
壽縣博物館	壽縣	平陘右戟	戰國	330
壽縣博物館	壽縣	王句六室簠	戰國晚期	259
壽縣博物館	壽縣	王矛	戰國	346
壽縣博物館	壽縣	戉王者旨於睗劍	戰國早期	197
舒城縣文物管理所	舒城縣	父辛爵	商代	18
舒城縣文物管理所	舒城縣	犁徛壺	戰國晚期	276
舒城縣文物管理所	舒城縣	鄎駒壺	戰國晚期	277
舒城縣文物管理所	舒城縣	苟畜匜	戰國晚期	286
舒城縣文物管理所	舒城縣	余訑壺	戰國晚期	275
臺北故宮博物院	壽縣	蔡侯產戈	春秋晚期	136

附錄四　器物現藏地索引

臺北故宮博物院	壽縣	曾姬無卹壺	戰國早期	182
臺北故宮博物院	壽縣	曾姬無卹壺	戰國早期	183
臺灣某氏	壽縣	蔡侯𠩵戈	春秋晚期	132
太湖縣文物管理所(太湖縣博物館)	太湖縣	父辛爵	商代	19
太湖縣文物管理所(太湖縣博物館)	太湖縣	隹爵	商代	20
天津博物館	壽縣	楚王酓忎鼎	戰國晚期	248
天津博物館	壽縣	廿九年相邦肖狐戈	戰國晚期	325
天津歷史博物館	壽縣	辻銍匜	戰國晚期	287
天津歷史博物館	壽縣	盤埜匕	戰國晚期	217
天津歷史博物館	壽縣	盤埜匕	戰國晚期	218
天津歷史博物館	壽縣	壽春麿鼎	戰國晚期	250
天津歷史博物館	壽縣	王句六室豆	戰國晚期	268
天津歷史博物館	壽縣	王句六室豆	戰國晚期	269
天津歷史博物館	壽縣	王句六室簠	戰國晚期	254
天津歷史博物館	壽縣	王句六室簠	戰國晚期	255
桐城市博物館	桐城市	🐦鼎	春秋晚期	74
桐城市博物館	桐城市	十九年上郡守逪戈	戰國晚期	328
皖西博物館	不明	己冈爵	商代	12
皖西博物館	六安市	蔡侯産戈	春秋晚期	137
皖西博物館	六安市	工盧王姑發者阪戈	春秋晚期	157
皖西博物館	六安市	子湯鼎	春秋晚期	89
望江縣博物館	望江縣	酉爵	商代	13
望江縣博物館	望江縣	戉鼎	商代晚期	1
宿州市文物管理局	宿州市	繁伯武君鬲	春秋早期	35
英國皮特·莫斯爵士	壽縣	楚王酓脮盤	戰國晚期	283
穎上縣文物管理所	穎上縣	父丁爵	西周早期	28
穎上縣文物管理所	穎上縣	父丁爵	西周早期	29
穎上縣文物管理所	穎上縣	父丁卣	西周早期	25
穎上縣文物管理所	穎上縣	父丁尊	西周早期	26
中國國家博物館	安徽	王子臣俎	春秋晚期	107
中國國家博物館	安徽	蔡大司馬匜	春秋晚期	122
中國國家博物館	傳壽縣	王衡杆	戰國晚期	295
中國國家博物館	傳壽縣	王衡杆	戰國晚期	296
中國國家博物館	傳壽縣	王命遽虎節	戰國晚期	306
中國國家博物館	傳壽縣	邟王者旨於賜劍	戰國早期	198
中國國家博物館	壽縣	蔡侯𠩵盤	春秋晚期	120
中國國家博物館	壽縣	蔡侯𠩵鼎	春秋晚期	75
中國國家博物館	壽縣	蔡侯𠩵鼎	春秋晚期	76

中國國家博物館	壽縣	蔡侯龖鼎	春秋晚期	77
中國國家博物館	壽縣	蔡侯龖鼎	春秋晚期	78
中國國家博物館	壽縣	蔡侯龖缶	春秋晚期	115
中國國家博物館	壽縣	蔡侯龖缶	春秋晚期	117
中國國家博物館	壽縣	蔡侯龖簠	春秋晚期	100
中國國家博物館	壽縣	蔡侯龖簠	春秋晚期	101
中國國家博物館	壽縣	蔡侯龖戈	春秋晚期	131
中國國家博物館	壽縣	蔡侯龖簋	春秋晚期	91
中國國家博物館	壽縣	蔡侯龖簋	春秋晚期	92
中國國家博物館	壽縣	蔡侯龖簋	春秋晚期	93
中國國家博物館	壽縣	蔡侯龖簋	春秋晚期	94
中國國家博物館	壽縣	蔡侯龖壺	春秋晚期	110
中國國家博物館	壽縣	蔡侯龖鐘	春秋晚期	59
中國國家博物館	壽縣	蔡侯龖尊	春秋晚期	109
中國國家博物館	壽縣	楚王酓忎鼎	戰國晚期	249
中國國家博物館	壽縣	大府臥牛鎮	戰國晚期	312
中國國家博物館	壽縣	大右人鑒	戰國晚期	289
中國國家博物館	壽縣	鄂君啓車節	戰國晚期	301
中國國家博物館	壽縣	鄂君啓舟節	戰國晚期	304
中國國家博物館	壽縣	尃秦勺	戰國晚期	278
中國國家博物館	壽縣	尃秦勺	戰國晚期	279
中國國家博物館	壽縣	攻敔王夫差劍	春秋晚期	170
中國國家博物館	壽縣	宋公綜戈	春秋晚期	156
中國國家博物館	壽縣	王句六室豆	戰國晚期	271
中國國家博物館	壽縣	吳王光鐘	春秋晚期	51
不明	安徽某地	八年亲城大命軏定戈	戰國晚期	324
不明	安徽某地	十年宅陽倫隝登戟	戰國晚期	323
不明	安徽某地	雖氏戈	戰國晚期	322
不明	安慶市	王矛	春秋	174
不明	傳太和縣	邦司寇陳授鈹	戰國晚期	349
不明	壽縣	腳右戈	戰國晚期	340
不明	壽縣	蔡公子果戈	春秋晚期	139
不明	壽縣	蔡公子果戈	春秋晚期	140
不明	壽縣	蔡侯產戈	春秋晚期	135
不明	壽縣	蔡侯龖戈	春秋晚期	129
不明	壽縣	蔡加子戈	春秋晚期	144
不明	壽縣	楚屈叔沱屈□之孫戈	春秋早期	40
不明	壽縣	楚王酓章劍	戰國早期	205

不明	壽縣	大子鼎	戰國晚期	235
不明	壽縣	父丁角	商代晚期或西周早期	24
不明	壽縣	父乙卣	商代晚期	5
不明	壽縣	己入爵	西周早期	27
不明	壽縣	角刮刀	戰國	350
不明	壽縣	客豊愆鼎	戰國晚期	226
不明	壽縣	愆鼎	戰國晚期	228
不明	壽縣	宋公得戈	春秋晚期	155
不明	壽縣	王鐸	戰國	213
不明	壽縣	王句六室缶	戰國晚期	282
不明	壽縣	王句六室簠	戰國晚期	263
不明	壽縣	戉王之子欨旨劍	春秋晚期	172
不明	壽縣	戉王者旨於賜劍	戰國早期	199
不明	壽縣	戉王州句劍	戰國早期	202
不明	壽縣	戉王嗣旨不光劍	戰國早期	203
不明	壽縣	子可期戈	春秋晚期	153
不明	壽縣	子首氏鼎	戰國	251
不明	壽縣	自作用戈	春秋晚期	152
不明	壽縣	左厎馬銜	戰國	314

附錄五　器物國別索引

（按國別音序排列）

国別	器　名	出土地	時　代	編號
蔡	蔡大司馬盤	安徽某地	春秋晚期	121
蔡	蔡大司馬匜	安徽某地	春秋晚期	122
蔡	蔡弔虞敄戈	壽縣	春秋早期	41
蔡	蔡弔子所戟	壽縣	春秋晚期	145
蔡	蔡公□宴戈	安徽某地	春秋晚期	143
蔡	蔡公孫鱒戈	六安市	春秋晚期	146
蔡	蔡公子□戈	安徽某地	春秋晚期	142
蔡	蔡公子從劍	壽縣	戰國早期	209
蔡	蔡公子果戈	壽縣	春秋晚期	139
蔡	蔡公子果戈	壽縣	春秋晚期	140
蔡	蔡公子果戈	壽縣	春秋晚期	141
蔡	蔡侯𠨘鎛	壽縣	春秋晚期	67
蔡	蔡侯𠨘鎛	壽縣	春秋晚期	68
蔡	蔡侯𠨘鎛	壽縣	春秋晚期	69
蔡	蔡侯𠨘鎛	壽縣	春秋晚期	70
蔡	蔡侯產戈	六安市	春秋晚期	137
蔡	蔡侯產戈	壽縣	春秋晚期	135
蔡	蔡侯產戈	壽縣	春秋晚期	136
蔡	蔡侯產劍	淮南市	戰國早期	206
蔡	蔡侯產劍	淮南市	戰國早期	207
蔡	蔡侯產劍	淮南市	戰國早期	208
蔡	蔡侯𠨘鼎蓋	壽縣	春秋晚期	84
蔡	蔡侯𠨘鼎蓋	壽縣	春秋晚期	85
蔡	蔡侯𠨘鼎蓋	壽縣	春秋晚期	86
蔡	蔡侯𠨘鼎蓋	壽縣	春秋晚期	87
蔡	蔡侯𠨘鼎蓋	壽縣	春秋晚期	88
蔡	蔡侯𠨘鼎	壽縣	春秋晚期	75

蔡	蔡侯🉐鼎	壽縣	春秋晚期	76
蔡	蔡侯🉐鼎	壽縣	春秋晚期	77
蔡	蔡侯🉐鼎	壽縣	春秋晚期	78
蔡	蔡侯🉐鼎	壽縣	春秋晚期	79
蔡	蔡侯🉐鼎	壽縣	春秋晚期	80
蔡	蔡侯🉐鼎	壽縣	春秋晚期	81
蔡	蔡侯🉐鼎	壽縣	春秋晚期	82
蔡	蔡侯🉐鼎	壽縣	春秋晚期	83
蔡	蔡侯🉐缶	壽縣	春秋晚期	113
蔡	蔡侯🉐缶	壽縣	春秋晚期	114
蔡	蔡侯🉐缶	壽縣	春秋晚期	115
蔡	蔡侯🉐缶	壽縣	春秋晚期	116
蔡	蔡侯🉐缶	壽縣	春秋晚期	117
蔡	蔡侯🉐缶	壽縣	春秋晚期	118
蔡	蔡侯🉐簠	壽縣	春秋晚期	101
蔡	蔡侯🉐簠	壽縣	春秋晚期	98
蔡	蔡侯🉐簠	壽縣	春秋晚期	99
蔡	蔡侯🉐簠	壽縣	春秋晚期	100
蔡	蔡侯🉐戈	霍山縣	春秋晚期	133
蔡	蔡侯🉐戈	壽縣	春秋晚期	129
蔡	蔡侯🉐戈	壽縣	春秋晚期	130
蔡	蔡侯🉐戈	壽縣	春秋晚期	131
蔡	蔡侯🉐戈	壽縣	春秋晚期	132
蔡	蔡侯🉐簋	壽縣	春秋晚期	90
蔡	蔡侯🉐簋	壽縣	春秋晚期	91
蔡	蔡侯🉐簋	壽縣	春秋晚期	92
蔡	蔡侯🉐簋	壽縣	春秋晚期	93
蔡	蔡侯🉐簋	壽縣	春秋晚期	94
蔡	蔡侯🉐簋	壽縣	春秋晚期	95
蔡	蔡侯🉐簋	壽縣	春秋晚期	96
蔡	蔡侯🉐簋	壽縣	春秋晚期	97
蔡	蔡侯🉐壺	壽縣	春秋晚期	110
蔡	蔡侯🉐壺	壽縣	春秋晚期	111
蔡	蔡侯🉐戟	安徽某地	春秋晚期	134
蔡	蔡侯🉐鑑	壽縣	春秋晚期	124
蔡	蔡侯🉐盤	壽縣	春秋晚期	119
蔡	蔡侯🉐盤	壽縣	春秋晚期	120
蔡	蔡侯🉐瓶	壽縣	春秋晚期	112

蔡	蔡侯朔戟	舒城縣	春秋晚期	138
蔡	蔡侯匜	壽縣	春秋晚期	123
蔡	蔡侯䶊鐘	壽縣	春秋晚期	58
蔡	蔡侯䶊鐘	壽縣	春秋晚期	59
蔡	蔡侯䶊鐘	壽縣	春秋晚期	60
蔡	蔡侯䶊鐘	壽縣	春秋晚期	61
蔡	蔡侯䶊鐘	壽縣	春秋晚期	62
蔡	蔡侯䶊鐘	壽縣	春秋晚期	63
蔡	蔡侯䶊鐘	壽縣	春秋晚期	64
蔡	蔡侯䶊鐘	壽縣	春秋晚期	65
蔡	蔡侯䶊鐘	壽縣	春秋晚期	66
蔡	蔡侯䶊尊	壽縣	春秋晚期	108
蔡	蔡侯䶊尊	壽縣	春秋晚期	109
蔡	蔡加子戈	壽縣	春秋晚期	144
曾	曾侯邲簠	安徽某地	春秋晚期	106
曾	曾太保慶盆	安徽某地	春秋早期	39
曾	曾子化簠	安徽某地	戰國早期	181
楚	北鄉武里畢九鼎	六安市	戰國	252
楚	曾姬無卹壺	壽縣	戰國早期	182
楚	曾姬無卹壺	壽縣	戰國早期	183
楚	翠坙車飾	壽縣	戰國晚期	300
楚	陳郢量	鳳台縣	戰國晚期	299
楚	楚屈叔沱屈□之孫戈	壽縣	春秋早期	40
楚	楚王酓忎鼎	壽縣	戰國晚期	248
楚	楚王酓忎鼎	壽縣	戰國晚期	249
楚	楚王酓忎盤	壽縣	戰國晚期	284
楚	楚王酓胐鼎	壽縣	戰國晚期	247
楚	楚王酓胐簠	壽縣	戰國晚期	264
楚	楚王酓胐簠	壽縣	戰國晚期	265
楚	楚王酓胐簠	壽縣	戰國晚期	266
楚	楚王酓胐盤	壽縣	戰國晚期	283
楚	楚王酓胐鈕鼎	壽縣	戰國晚期	246
楚	楚王酓章劍	壽縣	戰國早期	204
楚	楚王酓章劍	壽縣	戰國早期	205
楚	楚王酓璋戈	壽縣,或傳洛陽	戰國早期	187
楚	楚王鑄客匜	壽縣	戰國晚期	288
楚	大廈簠	壽縣	戰國晚期	253
楚	大廈鎬	壽縣	戰國晚期	294

楚	大句脰官鼎	壽縣	戰國晚期	244
楚	大句脰官鼎	壽縣	戰國晚期	245
楚	大廥臥牛鎮	壽縣	戰國晚期	312
楚	大右人鑒	壽縣	戰國晚期	289
楚	大廥盍	壽縣	戰國晚期	267
楚	大子鼎	壽縣	戰國晚期	234
楚	大子鼎	壽縣	戰國晚期	235
楚	鄂君啓車節	壽縣	戰國晚期	301
楚	鄂君啓車節	壽縣	戰國晚期	302
楚	鄂君啓車節	壽縣	戰國晚期	303
楚	鄂君啓舟節	壽縣	戰國晚期	304
楚	鄂君啓舟節	壽縣	戰國中期	305
楚	尃秦匕	壽縣	戰國晚期	221
楚	尃秦匕	壽縣	戰國晚期	222
楚	尃秦勺	壽縣	戰國晚期	278
楚	尃秦勺	壽縣	戰國晚期	279
楚	尃秦勺	壽縣	戰國晚期	280
楚	郊戈	安徽某地	春秋晚期	165
楚	亙思左王戟	安徽某地	春秋晚期	166
楚	龔王之卯戈	安徽某地	春秋晚期	164
楚	虎鄭公佗戈	安徽某地	春秋晚期	160
楚	集爲、佁爲、鳴腋爲鼎	壽縣	戰國晚期	231
楚	集爲鼎	壽縣	戰國晚期	229
楚	集爲鼎	壽縣	戰國晚期	230
楚	集脞爐	壽縣	戰國晚期	309
楚	集脞甗	壽縣	戰國晚期	216
楚	集酐鼎	壽縣	戰國晚期	240
楚	集糈鼎	壽縣	戰國晚期	239
楚	集脰鼎	壽縣	戰國晚期	235
楚	集脰鼎	壽縣	戰國晚期	237
楚	集脰鼎	壽縣	戰國晚期	238
楚	集脰爐	壽縣	戰國晚期	310
楚	集脰太子鎬	壽縣	戰國晚期	292
楚	集脰太子鎬	壽縣	戰國晚期	293
楚	集酷盉	壽縣	戰國晚期	274
楚	集既爐	壽縣	戰國晚期	308
楚	集酷爐	壽縣	戰國晚期	307
楚	集糈甗	壽縣	戰國晚期	214

楚	集糈甂	壽縣	戰國晚期	215
楚	李倚壺	舒城縣	戰國晚期	276
楚	鄌駒壺	舒城縣	戰國晚期	277
楚	巨荁鼎	蚌埠市	戰國晚期	232
楚	巨荁王鼎	蚌埠市	戰國晚期	233
楚	苟畬匜	舒城縣	戰國晚期	286
楚	客豊愈鼎	壽縣	戰國晚期	223
楚	客豊愈鼎	壽縣	戰國晚期	224
楚	客豊愈鼎	壽縣	戰國晚期	225
楚	客豊愈鼎	壽縣	戰國晚期	226
楚	客豊愈鼎	壽縣	戰國晚期	227
楚	南君戈	安徽某地	戰國	338
楚	卥盤	壽縣	戰國晚期	285
楚	盤埜匕	壽縣	戰國晚期	217
楚	盤埜匕	壽縣	戰國晚期	218
楚	臥子環權	壽縣	戰國晚期	297
楚	愈鼎	壽縣	戰國晚期	228
楚	邵之瘠夫之行戈	安徽某地	春秋晚期	162
楚	紹坙匕	壽縣	戰國晚期	219
楚	紹坙匕	壽縣	戰國晚期	220
楚	壽春廥鼎	壽縣	戰國晚期	250
楚	壽戈	安徽某地	戰國晚期	335
楚	王句六室豆	壽縣	戰國晚期	268
楚	王句六室豆	壽縣	戰國晚期	269
楚	王句六室豆	壽縣	戰國晚期	270
楚	王句六室豆	壽縣	戰國晚期	271
楚	王句六室豆	壽縣	戰國晚期	272
楚	王句六室豆	壽縣	戰國晚期	273
楚	王句六室缶	壽縣	戰國晚期	281
楚	王句六室缶	壽縣	戰國晚期	282
楚	王句六室簠	壽縣	戰國晚期	254
楚	王句六室簠	壽縣	戰國晚期	255
楚	王句六室簠	壽縣	戰國晚期	256
楚	王句六室簠	壽縣	戰國晚期	257
楚	王句六室簠	壽縣	戰國晚期	258
楚	王句六室簠	壽縣	戰國晚期	259
楚	王句六室簠	壽縣	戰國晚期	260
楚	王句六室簠	壽縣	戰國晚期	261

楚	王句六室簠	壽縣	戰國晚期	262
楚	王句六室鎬	壽縣	戰國晚期	290
楚	王句六室鎬	壽縣	戰國晚期	291
楚	王句小膚鼎	壽縣	戰國晚期	241
楚	王句小膚鼎	壽縣	戰國晚期	242
楚	王句小膚鼎	壽縣	戰國晚期	243
楚	王衡杅	傳壽縣	戰國晚期	295
楚	王衡杅	傳壽縣	戰國晚期	296
楚	王命遑虎節	傳壽縣	戰國晚期	306
楚	王子臣戈	安徽某地	戰國早期	184
楚	王子臣戈	安徽某地	戰國早期	185
楚	王子臣戈	安徽某地	戰國早期	186
楚	王子臣俎	傳安徽	春秋晚期	107
楚	武王攻虘戈	安徽某地	春秋早期	163
楚	新易戈	安徽某地	戰國	336
楚	以共歲棠殘器	長豐縣(原屬壽縣)	戰國晚期	313
楚	郚大膚量	鳳台縣	戰國晚期	298
楚	余慇壺	舒城縣	戰國晚期	275
楚	盐之王造戈	安徽某地	戰國	337
楚	辻䤯箕	壽縣	戰國晚期	311
楚	辻䤯匜	壽縣	戰國晚期	287
楚	莊王之楚用戟	安徽某地	春秋晚期	161
楚	子湯鼎	六安市	春秋晚期	89
楚	王句六室簠	壽縣	戰國晚期	263
韓	八年亲城大命歔定戈	壽縣	戰國晚期	324
韓	十年宅陽倫隝登戟	安徽某地	戰國晚期	323
韓	雒氏戈	安徽某地	戰國晚期	322
韓	右敔戈	臨泉縣	戰國晚期	321
許	喬君鉦	宿州市	春秋晚期	73
齊	陸侯因資戟	安徽某地	戰國	331
齊	平陞右戟	壽縣	戰國	330
齊	右庀戈	安徽某地	戰國	333
齊	左膚戟	安徽某地	戰國	332
秦	盧氏戈	安徽某地	戰國晚期	326
秦	廿四年上郡守疾戈	潛山縣	戰國晚期	329
秦	十九年上郡守遣戈	桐城市	戰國晚期	328
秦	十四年上郡守匽氏戈	傳馬鞍山	戰國晚期	327
秦	葉矛	臨泉縣	戰國晚期	348

商	寶鼎	安徽某地	商代	3
商	白爵	淮南市	商代	2
商	蔡爵	安徽某地	商代	11
商	父丁觚	肥西縣	商代	8
商	父丁角	壽縣	商代晚期或西周早期	24
商	父丁爵	肥西縣	商代	9
商	父丁卣	潁上縣	西周早期	25
商	父癸爵	金寨縣	商代	21
商	父辛斝	嘉山縣	商代晚期	23
商	父辛爵	安徽某地	商代	17
商	父辛爵	舒城縣	商代	18
商	父辛爵	太湖縣	商代	19
商	父乙鬲	金寨縣	商代	4
商	父乙卣	壽縣	商代晚期	5
商	戈爵	肥西縣	商代	10
商	己冈爵	安徽某地	商代	12
商	隼爵	太湖縣	商代	20
商	且己觚	安徽某地	商代	6
商	酋爵	望江縣	商代	13
商	交觚	肥西縣	商代	7
商	戍鼎	望江縣	商代晚期	1
商	酉爵	潁上縣	商代	14
商	月己爵	潁上縣	商代	15
商	月己爵	潁上縣	商代	16
商	孤竹鼎	安徽某地	商代晚期	2
宋	蒙戈	臨泉縣	戰國晚期	334
宋	蒙劍	安徽某地	戰國晚期	342
宋	宋公得戈	壽縣	春秋晚期	155
宋	宋公䜌戈	壽縣	春秋晚期	156
魏	二年梁令長猷戟䇷	安徽某地	戰國	320
魏	芒昜守命犀戈	太和縣	戰國晚期	318
魏	廿七年涑鄩戈	安徽某地	戰國晚期	315
魏	廿四年晉□上庫戈	臨泉縣	戰國晚期	316
魏	七年大梁司寇綏戈	臨泉縣	戰國晚期	317
魏	三年奇命□戈	霍邱縣	戰國晚期	319
魏	洢陽戈	安徽某地	戰國早期	193
吳	工䥅王夫差劍	安徽某地	春秋晚期	167
吳	工盧王姑發者阪戈	六安市	春秋晚期	157

附錄五 器物國別索引

吳	工𢆶大子姑發𧊒反劍	淮南市	春秋晚期	167
吳	攻敔工叙戟	霍山縣	春秋晚期	158
吳	攻敔王夫差戈	淮南市	春秋晚期	159
吳	攻敔王夫差劍	壽縣	春秋晚期	170
吳	攻敔王光劍	廬江縣	春秋晚期	169
吳	攻敔王光劍	南陵縣	春秋晚期	168
吳	吳王光殘鐘	壽縣	春秋晚期	52
吳	吳王光帶鉤	亳州市	春秋晚期	127
吳	吳王光鑒	壽縣	春秋晚期	126
吳	吳王光鐘	壽縣	春秋晚期	51
吳	吳王光鑒	壽縣	春秋晚期	125
西周	白䍐簋	安徽某地	西周	31
西周	父丁爵	潁上縣	西周早期	28
西周	父丁爵	潁上縣	西周早期	29
西周	父丁尊	潁上縣	西周早期	26
西周	己鼎	利辛縣	西周晚期	32
西周	己入爵	壽縣	西周早期	27
西周	竊曲紋盤	肥西縣	西周	33
西周	作寶尊彝盤	安徽某地	西周	34
徐	余子戈	蚌埠市	春秋晚期	151
徐	郐王戟	蚌埠市	春秋晚期	150
越	子射簋	黃山市	西周中期	30
越	父乙尊	黃山市	春秋晚期至戰國早期	178
越	公卣	黃山市	春秋晚期至戰國早期	177
越	王矛	安慶市	春秋	174
越	王矛	繁昌縣	春秋	175
越	王矛	淮南市	戰國晚期	344
越	王矛	淮南市	戰國晚期	345
越	戉王丌北古劍	安慶市	戰國早期	200
越	戉王者旨於賜戈	淮南市	戰國早期	191
越	戉王者旨於賜戈	淮南市	戰國早期	192
越	戉王者旨於賜戈	壽縣	戰國早期	190
越	戉王者旨於賜劍	傳壽縣	戰國早期	194
越	戉王者旨於賜劍	傳壽縣	戰國早期	195
越	戉王者旨於賜劍	傳壽縣	戰國早期	196
越	戉王者旨於賜劍	壽縣	戰國早期	197
越	郐王者旨於賜劍	壽縣	戰國早期	199
越	戉王者旨於賜矛	壽縣	戰國早期	210

越	戉王之子攲耆劍	壽縣	春秋晚期	172
越	戉王州句劍	安徽某地	戰國早期	201
越	戉王州句劍	壽縣	戰國早期	202
越	越王者旨於賜鐸	安徽某地	戰國早期	179
越	乍寶尊彝卣	黃山市	春秋晚期至戰國早期	176
越	戉王嗣旨不光劍	壽縣	戰國早期	203
越	自作用戈	壽縣	春秋晚期	152
越	郍王者旨於賜劍	傳壽縣	戰國早期	198
趙	邦司寇陳授鈹	傳太和縣	戰國晚期	349
趙	廿九年相邦肖狐戈	壽縣	戰國晚期	325
鐘離	季子康鎛	鳳陽縣	春秋晚期	53
鐘離	季子康鎛	鳳陽縣	春秋晚期	54
鐘離	季子康鎛	鳳陽縣	春秋晚期	55
鐘離	季子康鎛	鳳陽縣	春秋晚期	56
鐘離	季子康鎛	鳳陽縣	春秋晚期	57
鐘離	九里墩鼓座	舒城縣	春秋晚期	128
鐘離	童麗公柏戟	蚌埠市	春秋晚期	148
鐘離	童麗公柏戟	蚌埠市	春秋晚期	149
鐘離	童麗君柏簠	蚌埠市	春秋晚期	102
鐘離	童麗君柏簠	蚌埠市	春秋晚期	103
鐘離	童麗君柏簠	蚌埠市	春秋晚期	104
鐘離	童麗君柏簠	蚌埠市	春秋晚期	105
鐘離	童麗君柏鐘	蚌埠市	春秋晚期	42
鐘離	童麗君柏鐘	蚌埠市	春秋晚期	43
鐘離	童麗君柏鐘	蚌埠市	春秋晚期	44
鐘離	童麗君柏鐘	蚌埠市	春秋晚期	45
鐘離	童麗君柏鐘	蚌埠市	春秋晚期	46
鐘離	童麗君柏鐘	蚌埠市	春秋晚期	47
鐘離	童麗君柏鐘	蚌埠市	春秋晚期	48
鐘離	童麗君柏鐘	蚌埠市	春秋晚期	49
鐘離	童麗君柏鐘	蚌埠市	春秋晚期	50
不明	□侯戟	淮南市	春秋晚期	147
不明	北句鑃	廣德縣	春秋	72
不明	楚犀恩鼎	池州市	戰國早期	178
不明	鼎	桐城市	春秋晚期	74
不明	繁伯武君鬲	宿州市	春秋早期	35
不明	簠	壽縣	春秋早期	38
不明	艙侯耆戈	壽縣	春秋晚期	154

不明	角刮刀	壽縣	戰國	350
不明	九里墩銅矛	舒城縣	春秋晚期	173
不明	鑞鎛戈	壽縣	戰國早期	188
不明	喬夫人鼎	合肥市	春秋早期	37
不明	王鐸	壽縣	戰國	213
不明	王刮刀	淮南市	戰國早期	211
不明	王刮刀	淮南市	戰國早期	212
不明	王矛	肥西縣	戰國	347
不明	王矛	壽縣	戰國	346
不明	武城左冶戈	安徽某地	戰國	341
不明	天甗	潛山縣	春秋早期	36
不明	冶痰戈	壽縣	戰國晚期	339
不明	腳右戈	壽縣	戰國晚期	340
不明	旨揚鎛	肥西縣	春秋	71
不明	子甪戈	壽縣	戰國早期	189
不明	子可斯戈	壽縣	春秋晚期	153
不明	子首氏鼎	壽縣	戰國	251
不明	鄯左庫劍	安徽某地	戰國晚期	343
不明	左屁馬銜	壽縣	戰國	314

後　記

　　2012年我申請教育部人文社會科學研究基金項目，有幸獲得立項資助。於是我開始對安徽出土商周金文資料進行輯錄整理，期間做了大量的工作。如今書稿雖然寫完了，但心情卻不是那麼輕鬆。一方面，自己做了一些相關的工作卻越來越覺得工作沒能做好；另一方面，感覺自己的專業素養還很不完善，需要努力的地方很多。

　　本書在寫作和修改過程中，得到了業師徐在國先生的支持和幫助，諸多材料蒙徐師提供，深表感激！恩師徐在國先生是我古文字學習的引路人，有幸得到先生的教誨，我終身受用。

　　李學勤師在百忙之中爲本書作序，令學生感動至極，在此謹致以衷心的感謝。

　　承蒙黃德寬老師賜題書名，謹此向黃德寬老師致謝。

　　感謝吳振武、吳良寶、李家浩、朱鳳瀚、趙平安、李守奎等老師在本書寫作期間給予的幫助。

　　感謝程鵬萬先生以及石小力、張雷、李鵬輝、孟良、蔣偉男等學友的諸多幫助。

　　在書稿寫作的過程中，我們參考了大量的學界研究成果。諸位先生的相關研究論著與觀點，給了我們很多參考和便利。雖然我們在引用學者成果時盡可能予以注明，但是由於書稿體例所限等原因，肯定還會有許多缺失與遺漏。在此，特向給本書以種種幫助的各位專家學者致謝。

　　本書得到教育部人文社會科學研究青年基金項目"安徽商周有銘青銅器整理研究"（項目批准號12YJC770049）的資助，亦是安徽省哲學社會科學規劃青年項目"安徽出土金文集釋"（批准號AHSKQ2014D127）的階段性成果，特此說明並向立項單位致謝。還要感謝安徽大學出版社盧坡編輯和排版部的老師，古文字書籍排版尤其不易，圖版、造字處理都費時費力，爲此，盧編輯與排版部的老師付出良多，謹此致謝。

　　在編寫過程中，雖盡心盡力爲之，但一人之力畢竟有限，書中肯定還有紕繆疏漏之處，祈盼學界專家和讀者批評指正。